*Ulrich Sieber / Malaika Nolde*



Sperrverfügungen im Internet

Schriftenreihe des Max-Planck-Instituts für
ausländisches und internationales Strafrecht

Strafrechtliche Forschungsberichte

Herausgegeben von Ulrich Sieber

in Fortführung der Reihe
„Beiträge und Materialien aus dem Max-Planck-Institut
für ausländisches und internationales Strafrecht Freiburg“
begründet von Albin Eser

Band S 113

Max-Planck-Institut für ausländisches
und internationales Strafrecht

# Sperrverfügungen im Internet

## Nationale Rechtsdurchsetzung im globalen Cyberspace?

Ulrich Sieber • Malaika Nolde

Duncker & Humblot • Berlin

Bibliografische Information der Deutschen Bibliothek

Die Deutsche Bibliothek verzeichnet diese Publikation in der Deutschen Nationalbibliografie; detaillierte bibliografische Daten sind im Internet über <http://dnb.ddb.de> abrufbar.

Redaktion: Irene Kortel


c/o Max-Planck-Institut für ausländisches und internationales Strafrecht
Günterstalstraße 73, 79100 Freiburg i.Br.
http://www.mpicc.de
Vertrieb in Gemeinschaft mit Duncker & Humblot GmbH, Berlin
http://www.duncker-humblot.de

Umschlagbild: © Martin Langhorst, Köln
Autorenfotos: Ulrich Sieber: Martin Langhorst, Malaika Nolde: Sabrina Mpogia
Druck: Stückle Druck und Verlag, Stückle-Straße 1, 77955 Ettenheim
Printed in Germany

ISSN 1860-0093
ISBN 978-3-86113-861-7 (Max-Planck-Institut)
ISBN 978-3-428-12881-5 (Duncker & Humblot)

Gedruckt auf alterungsbeständigem (säurefreiem) Papier
entsprechend ISO 9706 ♾

# Vorwort

## I.

Das Internet ermöglicht den weltweiten Zugriff auf eine Vielzahl von rechtmäßig bereitgestellten Daten. Es wird aber auch für die Begehung von Straftaten genutzt, etwa zur Verbreitung von gewaltverherrlichenden oder kinderpornographischen Inhalten sowie für Urheberrechtsverletzungen, illegales Glücksspiel oder die Werbung für terroristische Ziele.

Die Verhinderung und Verfolgung dieser weltweit abrufbaren illegalen Angebote bereitet häufig Schwierigkeiten, da die Kompetenzen der nationalen Sicherheitsbehörden grundsätzlich an den Staatsgrenzen enden. Selbst wenn man den Anwendungsbereich des materiellen Strafrechts auf ausländische Server erstreckt, ist die internationale Rechtsdurchsetzung wegen der fehlenden Gebietshoheit für Ermittlungs- und Vollstreckungsmaßnahmen im Ausland in der Praxis schwierig. Die Nationalstaaten können deswegen in vielen Fällen nicht wirksam gegen illegale Inhalte auf ausländischen Servern vorgehen. Dies gilt vor allem dann, wenn das Angebot dieser Inhalte im Ausland straflos ist, wie es etwa in den USA bei nationalsozialistischer Propaganda oder vielen gewaltverherrlichenden Äußerungen der Fall ist.

Zahlreiche Staaten versuchen daher, ihr nationales Territorium gegen illegale Inhalte im Internet abzuschotten: Wenn nicht direkt gegen die auf ausländischen Servern gespeicherten Inhalte vorgegangen werden kann, so sollen wenigstens technische Sperren der inländischen Internetprovider einen Zugriff der Bürger unterbinden. Bekannt sind vor allem die Maßnahmen der Volksrepublik China oder des Iran. Seit einigen Jahren implementieren aber auch westliche Demokratien wie Großbritannien zunehmend technische Sperren im Internet. In Deutschland bestehen bereits gesetzliche Ermächtigungsgrundlagen für die Anordnung derartiger Zugangssperren durch die Medienaufsicht. Diese „Sperrverfügungen" waren in Deutschland bisher allerdings in der praktischen Umsetzung wenig erfolgreich und wurden in der (Fach-)Öffentlichkeit wegen technischer Probleme und ihrer Eingriffe in die Informations- und Meinungsfreiheit überwiegend kritisch beurteilt.

## II.

Aufgrund der technischen und rechtlichen Unsicherheiten von Sperrmaßnahmen im Internet beauftragte die in Deutschland für die Anordnung derartiger Maßnahmen zuständige Kommission für Jugendmedienschutz (KJM) das Max-Planck-Institut für ausländisches und internationales Strafrecht mit der Erstellung eines Rechtsgutachtens. Die – durch eine informationstechnische Analyse der Technischen Universität Dresden[1] unterstützte – Arbeit sollte klären, ob die KJM nationalen Access-Providern aufgeben kann, den Zugang zu bestimmten Internetinhalten auf ausländischen Servern zu unterbinden, wenn ein unmittelbares Vorgehen gegen die Inhaltsanbieter nicht möglich ist.[2]

Das Freiburger Max-Planck-Institut für ausländisches und internationales Strafrecht hat diesen Gutachtenauftrag vor allem wegen der Bedeutung der damit verbundenen Rechtsfragen für das Spannungsverhältnis von Sicherheit und Freiheit im Internet übernommen. Das Gutachten war für das Institut aber auch deswegen interessant, weil die Verhinderung von transnationaler Kriminalität durch nationale oder supranationale Lösungsmodelle eine der zentralen Fragestellungen seines neuen strafrechtlichen Forschungsprogramms über die Herausforderungen der globalen Informations- und Risikogesellschaft ist.[3] Aus diesem Grund wurden nicht nur die von der KJM gestellten Fragen zum geltenden Recht beantwortet, sondern zusätzlich die Probleme untersucht, die mit der nationalen Kontrolle des globalen Cyberspace grundsätzlich verbunden sind. Im Mittelpunkt der Untersuchung des Instituts stehen deshalb die Grundrechtseingriffe derartiger Maßnahmen, die – unabhängig von der gesetzestechnischen Regelung – für die mögliche Entwicklung eines territorialen Lösungsansatzes im globalen Cyberspace Bedeutung haben. Nach einer Einführung (Teil 1) und einer Darstellung der rechtstatsächlichen Problemstellung (Teil 2) analysiert das Gutachten vor allem die von Sperrverfügungen betroffenen Grundrechtsträger und die berührten Grundrechte (Teil 3), die Voraussetzungen der einschlägigen Eingriffsgrundlage (Teil 4) sowie die Verhältnismäßigkeit von Sperrmaßnahmen (Teil 5). Die Ergebnisse werden abschließend – auch unter rechtspolitischen Gesichtspunkten – zusammengefasst.

---

[1] *Pfitzmann/Köpsell/Kriegelstein*, Sperrverfügung gegen Access-Provider – Technisches Gutachten vom 22.12.2006, S. 1–90.

[2] Nach dem Gutachtenauftrag sollte insbesondere geprüft werden, unter welchen Voraussetzungen eine Sperrverfügung gegen Access-Provider rechtlich zulässig ist, welche Maßnahmen einer Inanspruchnahme der Zugangsdiensteanbieter vor dem Hintergrund des „ultima-ratio“-Gedankens bereits vorausgegangen sein müssen, wie die Begriffe „nicht Erfolg versprechend“, „nicht durchführbar“, „technisch möglich“ und „zumutbar“ i.S.d. § 22 Abs. 2 und 3 MDStV (a.F., nunmehr: § 59 Abs. 3 und 4 RStV) zu verstehen sind, wer unter den Begriff der Access-Provider zu fassen ist, ob insoweit auch Suchmaschinenbetreiber einzubeziehen sind und gegen welche Inhalte Sperrungsverfügungen möglich sind.

[3] Vgl. *Sieber*, ZStW 119 (2007), S. 1 ff.

## III.

Zahlreiche Presseanfragen an das Institut haben gezeigt, dass die untersuchten Sperrverfügungen aufgrund ihrer Eingriffe in die Freiheitsrechte der Bürger auf großes öffentliches Interesse stoßen. Die Ergebnisse des Gutachtens sollen daher mit der vorliegenden Publikation zeitnah einer breiteren Öffentlichkeit zugänglich gemacht werden. Der hier abgedruckte Text ist dabei bis auf geringfügige redaktionelle Veränderungen und Klarstellungen mit dem der KJM am 10.12.2007 vorgelegten Gutachten identisch.

Im Namen des Max-Planck-Instituts für ausländisches und internationales Strafrecht danken wir der Kommission für Jugendmedienschutz und insbesondere ihrem Präsidenten Herrn Prof. Dr. *Wolf-Dieter Ring* sowie ihrer Stabsstellenleiterin Frau *Verena Weigand* für den Gutachtenauftrag und die gute Zusammenarbeit. Für die Unterstützung bei der Lösung von informationstechnischen Fragen und die freundschaftliche technisch-juristische Zusammenarbeit gilt unser herzlicher Dank Herrn Prof. Dr. *Andreas Pfitzmann*, Herrn Dipl.-Inf. *Stefan Köpsell* und Herrn Dipl.-Inf. *Thomas Kriegelstein*, die das technische Gutachten der Universität Dresden vom 22.12.2006 erstellt haben. Herr Kriegelstein stand uns auch nach beruflichen Veränderungen in seiner Freizeit zur Verfügung und hat die vorliegende Arbeit damit in besonderer Weise unterstützt. Vielen Dank sagen wir auch Frau *Irene Kortel*, die das Manuskript mit großer Sorgfalt redaktionell betreut hat.

Wir hoffen, mit der Veröffentlichung die vielfältigen Probleme und Folgen von Sperrmaßnahmen im Internet einer breiten Fachöffentlichkeit transparent zu machen und zu einer angemessenen Abwägung von Sicherheit und Freiheit bei der Regulierung des Internets beizutragen.

Freiburg, im April 2008 *Ulrich Sieber, Malaika Nolde*

# Inhaltsverzeichnis

## Teil 4: Voraussetzungen der Eingriffsgrundlage gemäß § 20 Abs. 4 JMStV i.V.m. § 59 Abs. 4 RStV

# Abkürzungsverzeichnis

| | |
|---|---|
| a.A. | anderer Ansicht |
| a.a.O. | am angegebenen Ort |
| a.F. | alte Fassung |
| Abs. | Absatz |
| AfP | Archiv für Presserecht (zit. nach Jahr und Seite) |
| AG | Amtsgericht |
| AGB | Allgemeine Geschäftsbedingungen |
| AK-GG | Alternativkommentar zum Grundgesetz |
| Anm. | Anmerkung |
| AOL | America Online |
| AöR | Archiv des öffentlichen Rechts (zit. nach Band, Jahr und Seite) |
| ArchivPT | Archiv für Post und Telekommunikation (zit. nach Jahr und Seite) |
| Art. | Artikel |
| Aufl. | Auflage |
| AVS | Altersverifikationssystem |
| Bayer. LT-Drs. | Drucksache des bayerischen Landtags (zit. nach Legislaturperiode und Seite) |
| BGH | Bundesgerichtshof |
| BGHSt | Entscheidung des Bundesgerichtshofs in Strafsachen |
| BK | Berliner Kommentar zum Grundgesetz |
| BT-Drs. | Drucksache des deutschen Bundestags (zit. nach Legislaturperiode und Seite) |
| BtX | Bildschirmtext |
| BVerfG | Bundesverfassungsgericht |
| BVerfGE | Entscheidungen des Bundesverfassungsgerichts (zit. nach Band und Seite) |
| BVerwGE | Entscheidungen des Bundesverwaltungsgerichts (zit. nach Band und Seite) |
| bzw. | beziehungsweise |
| CETS | Council of Europe Treaty Series |

| | |
|---|---|
| CR | Computer und Recht (zit. nach Jahr und Seite) |
| CRi | Computer Law Review International (seit 2003) |
| d.h. | das heißt |
| DDR | Deutsche Demokratische Republik |
| DE-CIX | German Internet Exchange |
| DFN-Verein | Verein zur Förderung eines Deutschen Forschungsnetzes |
| DNS | Domain Name System |
| DÖV | Die Öffentliche Verwaltung (zit. nach Jahr und Seite) |
| DoS | Denial of Service |
| dpa | Deutsche Presseagentur |
| DSL | Digital Subscriber Line |
| DuD | Datenschutz und Datensicherheit (zit. nach Jahr und Seite) |
| DVBl | Deutsches Verwaltungsblatt (zit. nach Jahr und Seite) |
| DVU | Deutsche Volksunion |
| e.K. | eingetragener Kaufmann |
| ECRL | E-Commerce-Richtlinie |
| EG | Europäische Gemeinschaft; Vertrag zur Gründung der Europäischen Gemeinschaft, Fassung Amsterdam |
| EGV | Vertrag zur Gründung der Europäischen Gemeinschaft |
| ElGVG | Gesetz zur Vereinheitlichung von Vorschriften über bestimmte elektronische Informations- und Kommunikationsdienste (Elektronischer-Geschäftsverkehr-Vereinheitlichungsgesetz) |
| etc. | et cetera |
| EU | Europäische Union |
| EuGH | Europäischer Gerichtshof |
| EUV | Vertrag über die Europäische Union |
| FAG | Fernmeldeanlagengesetz |
| FSF | Freiwillige Selbstkontrolle Fernsehen |
| FSK | Freiwillige Selbstkontrolle der Filmwirtschaft |
| FSM | Freiwillige Selbstkontrolle Multimedia-Diensteanbieter |
| FTP | File Transfer Protocol |
| GA | Goltdammer's Archiv für Strafrecht (zit. nach Jahr und Seite) |
| GEMA | Gesellschaft für musikalische Aufführungs- und mechanische Vervielfältigungsrechte |

| | |
|---|---|
| GewArch | Gewerbearchiv |
| GG | Grundgesetz |
| ggf. | gegebenenfalls |
| GlüStV | Staatsvertrag zum Glücksspielwesen in Deutschland |
| GRUR | Gewerblicher Rechtsschutz und Urheberrecht (zit. nach Jahr und Seite) |
| GRUR Int | Gewerblicher Rechtsschutz und Urheberrecht Internationaler Teil (zit. nach Jahr und Seite) |
| GVBl | Gesetz- und Verordnungsblatt |
| GVG | Gerichtsverfassungsgesetz |
| HRRS | Höchstrichterliche Rechtsprechung im Strafrecht (Online-Zeitschrift; zit. nach Jahr und Seite) |
| Hrsg. | Herausgeber |
| http | Hypertext Transfer Protocol |
| i.S.d. | im Sinne des |
| i.S.v. | im Sinne von |
| i.V.m. | in Verbindung mit |
| ICANN | Internet Corporation for Assigned Names and Numbers |
| ICRA | Internet Content Rating Association |
| IFPI | International Federation of the Phonographic Industry |
| INHOPE | International Association of Internet Hotlines |
| insb. | insbesondere |
| IP | Internet Protocol |
| ISO | International Organization for Standardization |
| ISP | Internet Service Provider |
| ITRB | Der IT-Rechts-Berater (zit. nach Jahr und Seite) |
| IuKDG | Gesetz zur Regelung der Rahmenbedingungen für Informations- und Kommunikationsdienste |
| IVD | Interessenverband des Video- und Medienfachhandels |
| IWF | Internet Watch Foundation |
| JMS-Report | Jugend-Medien-Schutz-Report (zit. nach Ausgabe, Jahr und Seite) |
| JMStV | Jugendmedien-Staatsvertrag |
| JurPC | Internetzeitschrift für Rechtsinformatik und Informationsrecht |
| JuSchG | Jugendschutzgesetz |
| JZ | Juristenzeitung (zit. nach Jahr und Seite) |

| | |
|---|---|
| K&R | Kommunikation und Recht (zit. nach Jahr und Seite) |
| Kap. | Kapitel |
| KEK | Kommission zur Ermittlung der Konzentration im Medienbereich |
| KG | Kammergericht |
| KIM | Kinder und Medien |
| KJM | Kommission für Jugendmedienschutz |
| LG | Landgericht |
| LICRA | Ligue Contre le Racisme et l'Antisémitisme |
| LKA | Landeskriminalamt |
| LT-Drs. NRW | Drucksache des nordrhein-westfälischen Landtags |
| m.w.N. | mit weiteren Nachweisen |
| MDStV | Mediendienste-Staatsvertrag |
| MIR | Medien, Internet und Recht |
| MMR | MultiMedia und Recht (zit. nach Jahr und Seite) |
| MMS | Multimedia Messaging Service |
| n.F. | neue Fassung |
| NJW | Neue Juristische Wochenschrift (zit. nach Jahr und Seite) |
| NPD | Nationaldemokratische Partei Deutschlands |
| Nr./Nrn. | Nummer/Nummern |
| NRW | Nordrhein-Westfalen |
| NSDAP | Nationalsozialistische Deutsche Arbeiterpartei |
| NStZ | Neue Zeitschrift für Strafrecht (zit. nach Jahr und Seite) |
| NStZ-RR | Neue Zeitschrift für Strafrecht Rechtsprechungsreport (zit. nach Jahr und Seite) |
| NVwZ | Neue Zeitschrift für Verwaltungsrecht (zit. nach Jahr und Seite) |
| OLG | Oberlandesgericht |
| ONI | OpenNet Initiative |
| OSI | Open Systems Interconnection |
| OSZE | Organisation für Sicherheit und Zusammenarbeit in Europa |
| OVG | Oberverwaltungsgericht |
| OVG NRW | Oberverwaltungsgericht für das Land Nordrhein-Westfalen |

| | |
|---|---|
| PICS | Platform for Internet Content Selection |
| PIN | Persönliche Identifikationsnummer |
| PISA | Program for International Student Assessment |
| POP3 | Post Office Protocol Version 3 |
| RÄStV | Rundfunkänderungsstaatsvertrag |
| RDF | Resource Description Framework |
| RDV | Recht der Datenverarbeitung (zit. nach Jahr und Seite) |
| RFC | Requests for Comments |
| Rn. | Randnummer |
| RPS | Rights Protection System |
| RStV | Rundfunkstaatsvertrag |
| S. | Seite |
| SEV | Sammlung der Europaratsverträge |
| sog. | sogenannt |
| StGB | Strafgesetzbuch |
| StIGHE | Entscheidungen des Ständigen Internationalen Gerichtshofs (zit. nach Band und Seite) |
| StPO | Strafprozessordnung |
| str. | streitig |
| StVollzG | Strafvollzugsgesetz |
| TCP/IP | Transmission Control Protocol/Internet Protocol |
| TDG | Teledienstegesetz |
| TK | Telekommunikation |
| TKG | Telekommunikationsgesetz |
| TKÜV | Telekommunikations-Überwachungsverordnung |
| TMG | Telemediengesetz |
| TMR | Zeitschrift für Telekommunikations- und Medienrecht (zit. nach Jahr und Seite) |
| TMZ-Gesetz | Telemedien-Zuständigkeitsgesetz |
| TU Dresden | Technische Universität Dresden |
| u.a. | und andere; unter anderem |
| UEJF | Union des Etudiants Juifs de France |
| URL | Uniform Resource Locator |
| v(s). | versus; von |

| | |
|---|---|
| VerwArchiv | Verwaltungsarchiv (zit. nach Jahr und Seite) |
| VG | Verwaltungsgericht |
| vgl. | vergleiche |
| vol. | volume |
| VStGB | Völkerstrafgesetzbuch |
| VwVfG | Verwaltungsverfahrensgesetz |
| WAP | Wireless Application Protocol |
| WWW | World Wide Web |
| z.B. | zum Beispiel |
| ZFIS | Zeitschrift für Innere Sicherheit in Deutschland und Europa (zit. nach Jahr und Seite) |
| zit. | zitiert |
| ZRP | Zeitschrift für Rechtspolitik (zit. nach Jahr und Seite) |
| ZStW | Zeitschrift für die gesamte Strafrechtswissenschaft (zit. nach Band, Jahr und Seite) |
| ZUM | Zeitschrift für Urheber- und Medienrecht (zit. nach Jahr und Seite) |
| ZUM-RD | Zeitschrift für Urheber- und Medienrecht Rechtsprechungsdienst (zit. nach Jahr und Seite) |

# Teil 1: Einführung

## A. Herausforderungen der Informationsgesellschaft für den Jugendmedienschutz

Die Herausforderungen der Informationsgesellschaft für den Jugendmedienschutz werden durch die folgende Szene eines Fernsehspots anschaulich verdeutlicht: Vier Skinheads in Bomberjacken und weiß geschnürten Springerstiefeln klingeln, von einem Kampfhund begleitet, an der Haustür von Familie Dr. Vogel. „Ist Ihr Sohn da?" lautet die Frage, nachdem sich die Gruppe vorgestellt hat. „Ja, der ist oben in seinem Zimmer. Kommt doch rein." wird der Besuch gebeten. In ebenso einladender Weise reagiert die Mutter auf die nächsten Gäste des Sohnes, die Darsteller eines Porno-Films und einen schießwütigen Roboter. Schließlich läutet auch noch ein älterer Herr und fragt sehr interessiert nach der kleinen Tochter.

Diese Szenen aus einem Fernsehspot der Kampagne *klicksafe.de*, die auf das Safer Internet Programm[1] der Europäischen Kommission zurückgeht, sollen Eltern verdeutlichen, dass ihre Kinder offline und online in gleicher Weise schutzbedürftig sind.[2] Während das dargestellte sorglose Verhalten der Mutter – versetzt in die Offline-Welt – Befremden auslöst, sind sich viele Erziehungsberechtigte noch nicht ausreichend der Tatsache bewusst, dass über die heimische Internetverbindung vergleichbar ungeeigneter Umgang einfach und ohne zu klingeln Einlass finden kann. Die Möglichkeiten der Kommunikation und der (auch grenzüberschreitenden) Informationserlangung in den neuen Medien sind überwiegend „kinderleicht" zu handhaben. Die transportierten Inhalte hingegen können für Kinder ungeeignet und insbesondere i.S.d. Jugendmedienschutz-Staatsvertrags unzulässig sein oder ihre Entwicklung beeinträchtigen. Selbst wenn die Eltern um die Risiken wissen, sind sie vielfach mit der Kontrolle des Medienkonsums ihrer Kinder überfordert und diesen im technischen Kenntnisstand unterlegen.[3]

Auch bei einer nüchternen, sich jeder Dramatisierung enthaltenden Bedrohungsanalyse, die das Internet nicht für gefahrenträchtiger hält als andere gesellschaftliche Infrastrukturen dieser Größenordnung,[4] stellt sich deshalb die Frage nach ge-

---

1 Dazu *Miller/Schmittmann*, AfP 2004, 422.

2 Der Fernsehspot „Wo ist Klaus?" ist abrufbar unter http://www.klicksafe.de/common/presse.php?site=spot.

3 *Schulz*, MMR 1998, 182, 183.

4 So *Rost/Herrmann*, Jugendschutz im Internet aus soziologischer Sicht, S. 4, http://www.maroki.de/pub/sociology/mr_jsi.html: Die Autoren vergleichen das Gefährdungspotential des Internets mit den sozial akzeptierten Gefährdungen des Straßenverkehrs.

eigneten Jugendmedienschutz-Strategien. Der Staat sieht sich hier bei der Ausübung seines Wächteramts gemäß Art. 6 Abs. 2 Satz 2 GG in der globalen Informationsgesellschaft vor besondere Herausforderungen gestellt. Aufgrund ihres immateriellen Charakters können Daten über die weltumspannenden Netze in Sekundenbruchteilen transnational verbreitet und abgerufen werden.[5] Von Staat zu Staat variiert jedoch, welche Äußerungen und Inhalte von der jeweiligen Rechtsordnung als illegal oder zumindest jugendgefährdend betrachtet werden.[6] Die Staatsgrenzen lassen sich im globalen Cyberspace nicht identisch abbilden. Online-Angebote sind grundsätzlich ubiquitär und global verfügbar.

Hieraus ergeben sich für das Straf- und das Ordnungsrecht zahlreiche Hindernisse bei der Verfolgung von inkriminierten Inhalten auf ausländischen Servern. Strafrechtlich bereitet insbesondere die Bestimmung des Erfolgsorts von Internetstraftaten Schwierigkeiten.[7] Selbst bei Bejahung eines Tatorts in Deutschland stehen einem Vorgehen gegen die im Ausland ansässigen Content-Provider aber aufgrund des völkerrechtlichen Souveränitätsprinzips gravierende Verfolgungs- und Vollstreckungsprobleme entgegen.[8] Im Ordnungsrecht liegen die Probleme ähnlich, zumal es über den Begriff der öffentlichen Sicherheit Parallelen und Verbindungen zum Strafrecht gibt. Da dem Ordnungsrecht *per se* kein Sanktionscharakter zukommt, ist der Zuständigkeitsanspruch zwar weiter als im Strafrecht.[9] Eine Störung der deutschen öffentlichen Sicherheit durch in Deutschland abrufbare und die nationale Rechtsordnung verletzende Inhalte wird unabhängig davon bejaht, wo das Angebot bereitgehalten wird und ob der Inlandsbezug für das deutsche Strafanwendungsrecht ausreichend ist.[10] Bei der Rechtsdurchsetzung stehen der ordnungsrechtlichen Inanspruchnahme der Inhaltsanbieter als Störer aber auch die erwähnten völkerrechtlichen Hindernisse entgegen.

Die nationalen Diensteanbieter hingegen unterstehen der deutschen Gerichtsbarkeit. Kann die deutsche Medienaufsicht gegen (nach der deutschen Rechtsordnung) jugendgefährdende Inhalte auf ausländischen Servern nicht direkt vorgehen, kommt deshalb alternativ zumindest eine Verhinderung ihrer Wahrnehmbarkeit in Deutschland in Betracht. Darauf beruht die Erwägung der KJM, gegen inkriminierte Inhalte der genannten Art auf indirektem Weg mittels einer bloßen Zugriffssperrung vorzugehen. In den Bildern des *klicksafe.de*-Spots bedeutet dies: Wenn die Medienaufsicht schon auf Gesinnung und Garderobe der Besucher nicht Einfluss

---

[5] Vgl. bereits *Sieber*, NJW 1989, 2569, 2577.

[6] "What constitutes 'political speech' in the United States (Nazi speech) is banned in Germany; […] what is 'harmful to minors' in Bavaria is Disney in New York.", *Lessig/Resnick*, Michigan Law Review 1999, S. 395.

[7] *Sieber*, Cybercrime and Jurisdiction in Germany, in: Koops/Brenner (Hrsg.), Cybercrime and Jurisdiction – A Global Survey, S. 183 ff.; *ders.*, NJW 1999, 2065.

[8] *Sieber*, JZ 1996, 429, 430.

[9] *Volkmann*, Der Störer im Internet, S. 204.

[10] *Germann*, Gefahrenabwehr und Strafverfolgung im Internet, S. 237.

nehmen kann, will sie zumindest als Türsteherin verhindern, dass diese in das heimische Kinderzimmer gelangen. Allerdings muss sie dabei in ihre Überlegungen einbeziehen, dass findige Schutzbefohlene unter Umständen gerade erst durch diese Maßnahme animiert werden könnten, das Haus durch die Hintertür zu verlassen und die Bekannten auf anderen Wegen zu treffen.

Neben der Internationalisierung und den beschriebenen völkerrechtlichen Problemen bei der Rechtsdurchsetzung ist für den Jugendschutz im Internet ferner problematisch, dass über die IP-Adressen allenfalls die am jeweiligen Kommunikationsprozess beteiligten Rechner auszumachen sind, wogegen Identität und Alter der Kommunikatoren und Rezipienten nicht ohne zusätzlichen Aufwand festgestellt werden können. Eine zwischen Angebot und Empfänger geschaltete „menschliche Kontrollinstanz“,[11] wie sie offline bestimmte Inhalte einem eingeschränkten Empfängerkreis vorbehalten kann, fehlt im Internet. Welches Instrumentarium den Jugendmedienschützern zur Verfügung steht und wie differenziert sie auf jugendgefährdende Inhalte reagieren können, hängt deshalb maßgeblich auch davon ab, ob technische Altersverifikationssysteme eine Identifizierung und Authentifizierung der Kommunikationspartner zuverlässig gewährleisten können.[12]

# B. Sperrverfügungen als alternative Rechtsdurchsetzungsstrategie?

Die Suche der Medienaufsicht nach alternativen Kontroll- und Rechtsdurchsetzungsstrategien erklärt sich durch die geschilderten Beschränkungen der staatlichen Durchsetzungsmacht im Internet und die bestehenden Vollzugsdefizite.[13] Aufgrund dieser Durchsetzungsschwierigkeiten sind verstärkt Ansätze zu beobachten, den globalen Cyberspace zu „(re-)territorialisieren“, um die grundlegenden Schwierigkeiten zwischen national geltenden Rechtsordnungen und dem in seiner Architektur global und grenzüberschreitend angelegten Internet zu bewältigen.[14] Sperrverfügungen gegen nationale Access-Provider können als ein solches Vorhaben verstanden werden, die Verfügbarkeit von Internetinhalten, die mit der nationalen Rechtsordnung nicht vereinbar sind, (zumindest) auf einem bestimmten Territorium einzudämmen. Auf diese Weise sollen die Bürger auch beim Eintritt in die virtuelle Welt an die legislativen Wertentscheidungen ihres Staates gebunden bleiben. Die

---

11 *Vielhaber*, MMR Beilage 9/2001, 16.

12 Zu den Anforderungen an Altersverifikationssysteme vgl. z.B. *Bornemann*, NJW 2003, 787, 789; *Erdemir*, CR 2005, 275, 276 f.

13 Zu den „Ohnmachtserfahrungen des Staates“: *Roßnagel*, ZRP 1997, 26, 27.

14 *Hoeren*, MMR 2007, 3 ff., sowie bereits *Lessig/Resnick*, Michigan Law Review 1999, 395 ff.

erlassenen Gesetze sollen dadurch in einem das Staatsgebiet funktional abbildenden Teil des Internets durchgesetzt werden, sodass der Nationalstaat in diesem Bereich des globalen Cyberspace an seiner Rechtsordnung festhalten kann. Im Idealfall könnten damit die positiv bewerteten Funktionen von Staatsgrenzen (Rechts- und Erwartungssicherheit sowie eine Reduktion der Hyperkomplexität in der Risikogesellschaft[15]) gewahrt werden, ohne auf die globalen Vorzüge des Cyberspace zu verzichten.

Die Bezirksregierung Düsseldorf verfolgte diese Ziele bereits im Februar 2002 auf Landesebene, als sie 76 nordrhein-westfälischen Access-Providern aufgab, den Zugang ihrer Kunden unter anderem zu den Internet-Angeboten www.stormfront.org und www.nazi-lauck-nsdapao.com zu sperren. Zur Begründung führte die Bezirksregierung damals an, die Inhalte auf den bezeichneten Websites seien mit den Vorschriften des Mediendienste-Staatsvertrags und des Strafgesetzbuchs nicht vereinbar. Eine unmittelbare Inanspruchnahme der Content-Provider sei nicht möglich, da die Angebote auf amerikanischen Servern bereitgehalten würden und ein europäisches Urteil in den Vereinigten Staaten weder anerkannt werde noch vollstreckbar sei.

Diese sogenannte Sperrverfügung wurde seit ersten Vorgesprächen der Beteiligten Mitte 2001 und besonders nach der Anhörung der betroffenen Provider von sehr kontroversen Debatten begleitet, bis hin zu der vom Chaos-Computer-Club organisierten Demonstration gegen „Netzzensur" unter dem Motto „Wegfiltern ist wegschauen". Die von 36 Providern eingelegten Widersprüche wies die Bezirksregierung jedoch zurück. Auch im Wege des einstweiligen Rechtsschutzes gegen die angeordnete sofortige Vollziehung unterlagen[16] die Provider mit vereinzelten Ausnahmen.[17]

Mit In-Kraft-Treten des Jugendmedienschutz-Staatsvertrags im April 2003 ging die Zuständigkeit für Sperrverfügungen im Internet auf die Landesmedienanstalten über, die durch die Kommission für Jugendmedienschutz als funktionelles Organ tätig werden. Als neue Behörde wollte die KJM eine „juristische Bauchlandung am Start"[18] vermeiden. Die weitreichende Entscheidung zum Erlass von Sperrverfü-

---

[15] *Schimank*, Weltgesellschaft und Nationalgesellschaften, Funktionen von Staatsgrenzen, in: Heintz/Münch/Tyrell (Hrsg.), Weltgesellschaft, S. 394, 403.

[16] OVG Münster MMR 2003, 348; VG Düsseldorf MMR 2003, 205 ff. mit Anm. *Stadler* MMR 2003, 208 ff.; VG Arnsberg ZUM-RD 2003, 222 ff.; VG Gelsenkirchen, http://www.artikel5.de/entscheidungen/vg-gelsenkirchen_20021218.html; VG Aachen, http://www.artikel5.de/entscheidungen/vg-aachen_20030205.html; VG Köln, http://www.artikel5.de/entscheidungen/vg-koeln_20030207.html. Im Überblick *Eberwine*, Sound and fury signifying nothing?: Jürgen Büssow's battle against hate-speech on the internet, New York Law School Law Review, Vol. 49/2005, 353, 394 f.

[17] VG Minden MMR 2003, 135; VG Köln TMR 2004, 171 ff. mit Anm. *Börner* TMR 2004, 176 f.; mit Anm. *Rössel* ITRB 2005, 7; *Schreier*, MMR 2003, 297.

[18] *Ring* im Interview mit *Ermert*, Sperrverfügungen im Web als äußerstes Mittel denkbar, http://www.heise.de/ct/hintergrund/meldung/43117.

gungen sollte nicht allein aufgrund der im Eilrechtsschutz erfolgten summarischen Prüfung und Folgenabwägung gemäß § 80 Abs. 5 Satz 1 VwGO getroffen werden. Auch nach den rechtskräftigen Entscheidungen in der Hauptsache,[19] welche die Klagen der Provider ebenfalls abwiesen, unterblieben bislang weitere staatliche Anordnungen einer technischen Zugangssperre. Dies mag insbesondere darin begründet sein, dass einige verfassungsrechtliche Fragen um die Sperrverfügung auch in den ergangenen Urteilen nur angerissen wurden, beispielsweise der in der Literatur kritisch diskutierte Zensurbegriff.[20] Auch die umstrittene Skalierbarkeit der Sperrtechnologien blieb aufgrund der Beschränkung auf den Einzelfall in sämtlichen Urteilen unberücksichtigt. Die Entscheidungen haben deshalb nicht zu einer Annäherung der kontroversen Positionen geführt.

Mangels aktueller hoheitlicher Sperranordnungen in Deutschland ist die Diskussion um staatliche Sperrmaßnahmen in der (Fach-)Öffentlichkeit allerdings abgeebbt.[21] Medienmeldungen zu Sperrmaßnahmen von Verwaltungsbehörden beziehen sich derzeit meist auf Fälle von Sperrmaßnahmen im Ausland. Diese beleuchten zunehmend, dass sich die interkulturellen Wertkonflikte im globalen Cyberspace nicht (mehr) nur auf das Verhältnis Westeuropa – Nordamerika beschränken lassen.[22] Bei einer Gesamtbetrachtung der in der Praxis bereits durchgeführten Sperrmaßnahmen stellt sich deswegen bereits die Frage, ob der Begriff „world wide“ web noch berechtigt oder schon ein Euphemismus ist.

National hingegen wurden die Zugriffssperren zuletzt vor allem als Instrument privater Rechtsdurchsetzung diskutiert.[23] Dies galt besonders für das Urheberrecht. Seit der Debatte um die „Düsseldorfer Sperrverfügungen“ sind im Telemedienrecht jedoch erhebliche Veränderungen zu verzeichnen, die im damaligen Meinungsbild überwiegend noch nicht beachtet werden konnten. Die von der Bezirksregierung Düsseldorf herangezogene Ermächtigungsgrundlage hat sich mehrfach geändert. Einzelne Problemkreise wurden dadurch entschärft, andere bestehen fort oder sind

---

[19] Rechtskräftig, soweit aus den Veröffentlichungen ersichtlich, vgl. VG Arnsberg CR 2005, 301 ff.; VG Düsseldorf CR 2005, 885 ff., mit Anm. *Volkmann* CR 2005, 893 f.; VG Köln MMR 2005, 399 ff., mit Anm. *Kazemi* MMR 2005, 404 f.

[20] *Volkmann*, Anm. zu VG Düsseldorf, Urteil vom 10.5.2005 CR 2005, 885, Anm. 892, 894.

[21] Vgl. jedoch nunmehr *Billmeier*, Die Düsseldorfer Sperrungsverfügung; *Degen*, Freiwillige Selbstkontrolle der Access-Provider (Stand: März 2007, Schwerpunkt der Betrachtung zur Sperrverfügung: § 22 MDStV), und mit einem Schwerpunkt zum Glücksspiel-Staatsvertrag *Schöttle*, K&R 2007, 366 ff.

[22] Vgl. zur Übersicht insbesondere den Jahresbericht 2006 der Organisation „Reporter ohne Grenzen“, http://www.rsf.org/article.php3?id_article=17177&Valider=OK; ferner die Berichte der OpenNet Initiative (ONI), http://opennet.net/research und Country Profiles, http://opennet.net/research/profiles; vgl. zu denkbaren Beispielen anderer interkultureller Konflikte bereits *Hilgendorf*, ZStW 113 (2001), S. 650, 676.

[23] Zur neuen Problematik des Einsatzes von Sperrmaßnahmen im Wettbewerbsrecht als Mittel der Unterbindung eines Vorteils durch Rechtsbruch vgl. *Cornils*, JZ 1999, 394, 398.

hinzugekommen. Daneben sind heute neue technische Möglichkeiten der Zugangssperrung einzubeziehen. Aber auch die in der Rechtsprechung zunehmende Tendenz einer umfangreichen Inanspruchnahme von Nichtstörern ist zu berücksichtigen und im Kontext der Sperrverfügungen zu überdenken.

Auch sind noch zahlreiche Fragen offen, für deren Erörterung die konkreten Düsseldorfer Musterfälle keinen Anlass gaben. Beispielsweise sind Sperrverfügungen in entsprechend gelagerten Fällen auch auf ihre Vereinbarkeit mit dem Europarecht, insbesondere mit dem Herkunftslandprinzip und der Dienstleistungsfreiheit, zu überprüfen. Denn mit der deutschen Rechtsordnung unvereinbare Inhalte liegen nicht nur auf US-amerikanischen Servern, sondern auch in EU-Mitgliedstaaten. Schon die schleppende Unterzeichnung und die entsprechende (teilweise unter zahlreiche Vorbehalte gestellte[24]) Ratifikation des auf rassistische und fremdenfeindliche Inhalte bezogenen Zusatzprotokolls zur Cybercrime Convention zeugen nicht von einem ausgeprägten Harmonisierungsniveau.[25]

Die rechtlichen und technischen Entwicklungen der letzten Jahre geben daher Anlass, die Rechtmäßigkeit von Sperrungsanordnungen gegenüber Internet-Providern auf der Basis der aktuellen Gesetzeslage erneut zu überprüfen. Dabei ist einerseits dem Verfassungsrang der Belange des Jugendschutzes Rechnung zu tragen, der aus dem Persönlichkeitsrecht der Kinder und Jugendlichen sowie aus dem Elternrecht gemäß Art. 6 Abs. 1 GG erwächst.[26] Gleiches gilt für die Menschenwürde, die zu schützen der JMStV ebenfalls bezweckt. Andererseits ist zu berücksichtigen, welche Gefahren sich für die Internetarchitektur aus dem Ansatz ergeben könnten, das globale Netz zu territorialisieren sowie Aufsichtsbehörden und Provider als Gatekeeper[27] im Kommunikationsprozess einzusetzen.

---

[24] Vgl. z.B. die von Dänemark erklärten Vorbehalte zu Art. 3, 5, 6 und 14 des Zusatzprotokolls unter http://www.conventions.coe.int/Treaty/Commun/ListeDeclarations.asp?NT NT=189&CM=1&DF=11/8/2007&CL=ENG&VL=1.

[25] Zum aktuellen Stand der Unterzeichnungen und Ratifikationen: http://conventions. coe.int/Treaty/Commun/ChercheSig.asp?NT=189&CM=1&DF=3/5/2007&CL=ENG.

[26] BVerfGE 83, 130, 139 f., zur verfassungsrechtlichen Ableitung auch *Degenhart* in Bonner Kommentar, Art. 5 Abs. 1 und 2 Rn. 78.

[27] Als "Gatekeeper" (Torwächter) wird in der Kommunikationswissenschaft ein Einflussfaktor bezeichnet, der auf die Vermittlung und Verbreitung von Inhalten einwirken und auf diese Weise den Informationsfluss auf dem Weg vom Kommunikator zum Rezipienten steuern bzw. unterbinden kann. Zu dem von *Kurt Lewin* entwickelten Gatekeeper-Begriff und seiner Anwendung in der Kommunikationsforschung z.B. *Bittner*, Mass Communication, S. 10.

## C. Gang der Darstellung

Die nachfolgende Darstellung umfasst rechtstatsächliche sowie rechtliche Fragestellungen. Sie gliedert sich in die folgenden Teile:

*Teil 2: Problemstellung*

Zur Ermittlung der Gefahrenlage erfolgt zunächst ein Überblick zu illegalen Inhalten im Internet (A.). Sodann werden die denkbaren hoheitlichen Gegenstrategien erörtert (B.), wobei bereits die unterschiedlichen Ansätze der Zugriffssperrung dargelegt werden, um diese Ausführungen im Weiteren voraussetzen zu können. Da die Strategie der nationalen Zugriffssperrung nicht (mehr) als deutscher Alleingang angesehen werden kann, sondern zahlreiche Staaten sich gegen ausländische Internet-Inhalte abschotten, schließen sich Ausführungen zum internationalen Lagebild der Inhaltskontrolle im Internet an (C.).

*Teil 3: Beteiligte Grundrechtsträger und tangierte Grundrechte*

Die Komplexität der Sperrverfügungsproblematik beruht auch auf der Vielzahl involvierter Betroffener und widerstreitender Interessen. Um hier zu einer besseren Übersicht zu gelangen, werden vor der Prüfung der Ermächtigungsgrundlage und der Verhältnismäßigkeitsprüfung möglicher Sperrverfügungen zunächst die beteiligten Grundrechtsträger und die jeweils eröffneten grundrechtlichen Schutzbereiche im Zusammenhang dargestellt. Dadurch werden die an mehreren Stellen des Gutachtens relevanten verfassungsrechtlichen Gesichtspunkte „vor die Klammer" gezogen.

*Teil 4: Voraussetzungen der Ermächtigungsgrundlage gemäß § 20 Abs. 4 JMStV i.V.m. § 59 Abs. 4 RStV*

In der anschließenden Subsumtion des Sachverhalts unter die Tatbestandsmerkmale der Eingriffsnormen werden die gesetzliche Entwicklung der häufig geänderten Ermächtigungsgrundlage, ihre Vereinbarkeit mit höherrangigem Recht sowie die zu beachtenden formellen und materiellen Voraussetzungen untersucht.

*Teil 5: Verhältnismäßigkeit der Maßnahme und Probleme der normativen Anwendung*

Die anschließend analysierten verfassungsrechtlichen Fragen bilden den Dreh- und Angelpunkt für die Beurteilung von Sperrmaßnahmen. Wenn demokratische Staaten technische Instrumente einsetzen wollen, mit denen auch totalitäre Regime ihre Dissidenten kontrollieren, kommt den Fragen des verfolgten Zwecks und der Verhältnismäßigkeit eine entscheidende Bedeutung zu. Deshalb folgt dazu ein eigener Prüfungsabschnitt unter Rückgriff auf die vorangegangenen Ausführungen zu den berührten Grundrechten in Teil 3.

*Teil 6: Zusammenfassung und Ergebnis*

Der das Gutachten abschließende Teil fasst die grundlegenden Probleme noch einmal zusammen.

# Teil 2: Problemstellung

Den Organen des Jugendmedienschutzes stehen für die Reaktion auf jugendgefährdende Inhalte nur begrenzte Ressourcen zur Verfügung. Um diese möglichst sinnvoll einzusetzen, müssen zunächst sowohl die Bedrohungslage als auch die Mittel zur deren Abwehr analysiert werden. Nach einem Überblick über mögliche Anwendungsfälle von Sperrverfügungen (A.) werden – vorbereitend auf die Prüfung der Verhältnismäßigkeit – die in Betracht kommenden hoheitlichen und alternativen Gegenstrategien zur Eindämmung illegaler Inhalte dargestellt (B.). Eine vergleichende Betrachtung der internationalen Erfahrungen mit Zugriffssperren (C.) bildet den Abschluss.

## A. Illegale Inhalte im Internet

Im breiten Spektrum der Internet-Inhalte finden sich zahlreiche mit der deutschen Rechtsordnung nicht zu vereinbarende Angebote aus unterschiedlichsten Deliktsbereichen. Die folgenden Beispiele verdeutlichen einige Bereiche von illegalen Inhalten im Internet, für die Sperrverfügungen zur Rechtsdurchsetzung des Jugendschutzes diskutiert werden oder aufgrund des Verbotskatalogs in den §§ 4 und 5 JMStV in Betracht kommen.

### I. Pornographie

Im Mittelpunkt der Aufsichtspraxis der KJM zum Schutz von Jugendlichen im Internet stehen pornographische Angebote und Posendarstellungen von Minderjährigen. Die entsprechenden Angaben zum Fallaufkommen von Pornographie im Internet schwanken stark. Angaben von 4,2 Millionen Websites (die 12 % des Gesamtaufkommens aller Angebote entsprechen sollen) bewegen sich dabei im unteren Mittelfeld und scheinen jedenfalls nicht übertrieben.[1] Die gegen Entgelt angebotenen einschlägigen Dienste werden weltweit auf ca. 400.000 geschätzt.[2] Die Statistiken zu den eingegebenen Schlüsselbegriffen bei den großen Suchmaschinen zeigen überdies, dass Keywords mit sexuellem Bezug kontinuierlich an der Spitze

---

1 http://internet-filter-review.toptenreviews.com/internet-pornography-statistics.html.

2 *Thornburgh/Lin*, Youth, Pornography, and the Internet, S. 72.

stehen, was darauf hinweist, dass pornographische und/oder erotographische Inhalte (verglichen mit ihrem ohnehin hohen Anteil an der Gesamtzahl aller Web-Angebote) auch überproportional häufig konsumiert werden.

Um Pornographie handelt es sich bei Schriften, die sexuelle Vorgänge in grob aufdringlicher Weise unter Ausklammerung aller sonstigen menschlichen Bezüge in den Vordergrund rücken. § 11 Abs. 3 StGB stellt Ton- und Bildträger, Datenspeicher und andere Darstellungen dabei traditionellen Schriften gleich. Für den Jugendmedienschutz kommt der sogenannten *einfachen Pornographie* besondere Bedeutung zu, also solchen Darstellungen, die zwar pornographisch im vorgenannten Sinne sind, aber *keine* Gewalttätigkeiten, sexuelle Handlungen mit Tieren oder sexuellen Missbrauch von Kindern zum Gegenstand haben. Solche einfach pornographischen Schriften dürfen im Besitz gehalten und Erwachsenen zugänglich gemacht werden. Gemäß § 184 StGB sowie § 4 Abs. 2 JMStV (und auch § 15 Abs. 2 JuSchG) ist lediglich verboten, sie Minderjährigen zugänglich zu machen.

*Kinderpornographie*, die der sogenannten *harten* Pornographie zuzurechnen und ohne Einschränkung (auch im Hinblick auf den bloßen Besitz) strafbar ist, liegt nach der noch geltenden Bestimmung des § 184b StGB nur bei pornographischen Schriften vor, die den sexuellen Missbrauch von Kindern (gemäß §§ 176 bis 176b StGB) zum Gegenstand haben.[3] Im JMStV findet sich die Norm zum Verbot von harter Pornographie in § 4 Abs. 1 Nr. 10. Aus der polizeilichen Kriminalstatistik ergibt sich für die Strafverfolgung bei der Verbreitung von einfacher und harter Pornographie ein Verhältnis von rund eins zu drei.[4] Allerdings wirken sich bei Kinderpornographie die häufig besonders intensiven Verfolgungsbemühungen verzerrend auf die festgestellten Fallzahlen aus.[5]

In der Fachliteratur wurde der oben genannte Deliktsbereich zuletzt vor allem hinsichtlich der Erfassung *virtueller* Kinderpornographie diskutiert, als der Fall auftrat, dass sich menschenähnliche Spielfiguren (Avatare) in Kindergestalt auf der Online-Plattform „Second Life“ sexuell betätigten.[6] In § 4 Abs. 1 Nr. 10 JMStV ist

---

[3] Vgl. zu den zukünftigen Änderungen durch den Rahmenbeschluss des Rates der Europäischen Union zur Bekämpfung der sexuellen Ausbeutung von Kindern und der Kinderpornografie (2004/68/JI) sogleich unten.

[4] Verbreitung gemäß § 184 StGB: 1091 erfasste Fälle, gemäß § 184 b: 2773 erfasste Fälle und 124 Fälle des gewerblichen Vorgehens; 2005 wurden für die Verbreitung gemäß § 184b 3788 Fälle erfasst. Von allen im Deliktsbereich festgestellten Fällen (10 964) entfällt rund die Hälfte auf das Tatmittel Internet (5035, wobei diese Angabe Bayern und Niedersachsen noch nicht berücksichtigt, die bislang keine Sonderkennung vorsehen). Diesbezüglich sind die einzelnen Delikte nicht weiter aufgefächert. Polizeiliche Kriminalstatistik, Jahresbericht 2006, S. 234 f.

[5] Vgl. zum Charakter von Internetstraftaten als „Kontrolldelikte“, die ohne polizeiliche Aktivitäten kaum erkannt werden, den 1. Periodischen Sicherheitsbericht der Bundesministerien des Innern und der Justiz, S. 20, http://www.bmj.bund.de/files/-/368/periodischer%20Sicherheitsbericht%202001%20KURZ.pdf.

[6] Zum Stand der Diskussion *Hopf/Braml*, ZUM 2007, 354, 358.

die Erstreckung insoweit schon dem ausdrücklichen Normtext zu entnehmen. Für das StGB ergibt sich die Einbeziehung fiktiver Pornographie in virtueller Form nicht aus dem Wortlaut, aber durch eine grammatische und systematische Auslegung des § 184b StGB. Anders als § 184b Abs. 2 bis 4 StGB erfordert § 184b Abs. 1 dabei auch nicht die Wiedergabe eines wirklichkeitsnahen Geschehens. § 184c StGB erstreckt die Tatbestände inzwischen auf Live-Darbietungen über Rundfunk und Telemedien, wobei die weite Überschrift der Norm nicht vom engen Verbreitungsbegriff der §§ 184a und b Abs. 1 Nr. 1 StGB ausgeht, sondern auch die Handlungsform des Zugänglichmachens erfasst.

Auch bei anderen Sachverhalten hat der JMStV gegenüber dem StGB eine Vorreiterrolle. So ergibt sich aus dem Verweis auf §§ 176 ff. StGB in § 184b StGB derzeit noch das Problem, dass das Verbot von Kinderpornographie in der Praxis teilweise durch die Darstellung von Kindern und Jugendlichen in unnatürlich geschlechtsbetonter Haltung unterlaufen werden kann.[7] *De lege lata* ist es daher eine jugendschutzrechtliche Besonderheit, dass erotographische Darstellungen von Minderjährigen (sog. „Posing"-Angebote) gemäß § 4 Abs. 1 Satz 1 Nr. 9 JMStV (und § 15 Abs. 2 Nr. 4 JuSchG) verboten sind.[8] Durch dieses Verbot soll vor allem auch verhindert werden, dass Kinder und Jugendliche über die Grenze ihres Selbstbestimmungsrechts getäuscht werden und ihnen gegenüber ein entsprechendes Verhalten als „normal" dargestellt und eingefordert wird.[9]

Auch im Hinblick auf die Altersgrenze geht der JMStV derzeit weiter als das StGB. Zwecks Umsetzung eines Rahmenbeschlusses des Rates der Europäischen Union zur Bekämpfung der sexuellen Ausbeutung von Kindern und der Kinderpornografie (2004/68/JI) liegt auf nationaler Ebene allerdings bereits eine Entwurfsfassung zur Änderung der bestehenden Rechtslage vor.[10] Die bisherige Altersgrenze der Opfer von 14 Jahren (d.h. Kinder i.S.d. § 176 Abs. 1 StGB) wird dabei aufgrund der gemeinschaftsrechtlichen Vorgaben angehoben, und durch eine Streichung der Verweisung auf § 176 ff. StGB in § 184b StGB wird nicht nur eine sprachliche Vereinfachung erzielt: Als kinder- und jugendpornographisch gelten nach dem Entwurf Schriften, die *sexuelle Handlungen von, an oder vor* Personen unter 18 Jahren zum Gegenstand haben. Durch diese Neufassung will der Gesetzgeber zur vollständigen Umsetzung des Rahmenbeschlusses unter anderem sicherstellen, dass auch das aufreizende Zur-Schau-Stellen der Genitalien oder des

7 Vgl. BGH NJW 2006, 1890, zur Einschränkung des Tatbestands durch das 6. Strafrechtsreformgesetz S. 1891.

8 *Scholz/Liesching*, Jugendschutz, JMStV, § 4 Rn. 22. Zum Beschluss des 4. Strafsenats im Hinblick auf § 184b StGB *Sulzbacher*, JMS-Report 4/2006, 9.

9 BT-Drs. 14/9013, S. 24 zur Regelung im JuSchG.

10 *Knupfer*, Expertenanhörung zum Gesetzentwurf „Bekämpfung der Kinderpornografie", MMR 8/2007, XIV.

Schambereichs von Kindern zukünftig als kinderpornographisch i.S.d. StGB erfasst wird.[11]

Nach neueren Studien ist insbesondere im Deliktsbereich der Pornographie der Anteil von Kindern und Jugendlichen, die im Internet (gewollt und ungewollt) mit pornographischen oder kinderpornographischen Darstellungen konfrontiert werden, beträchtlich. So kamen nach einer Studie der Universität Landau in Zusammenarbeit mit pro familia 60 % der rund 1300 befragten Schüler bereits mit pornographischen Inhalten in Kontakt.[12] 16 % stießen schon auf harte Pornographie. Dabei handelt es sich nicht um zufällige, ungewollte Kenntnisnahmen, sondern ganz überwiegend um gruppendynamische Prozesse unter den Jugendlichen mit Komponenten einer Mutprobe.

Der *ungewollte* Kontakt mit pornographischen Inhalten nimmt dabei allerdings deutlich zu, wie eine Studie der Universität New Hampshire ergab. Ein Drittel der Nutzer zwischen zehn und 17 Jahren waren ungewollt Darstellungen mit sexuellen Inhalten ausgesetzt.[13] 9 % aller Jugendlichen wurden beim gewöhnlichen Surfen im Internet auch bereits ungewollt mit stark verstörenden sexuellen Darstellungen konfrontiert. Zurückgeführt wird dies nicht nur auf die zunehmend aggressive Verbreitungstaktik der Pornographie-Anbieter und die allgemein steigenden Nutzerzahlen, sondern auch auf die größeren Bandbreiten, die eine schnellere Übertragung und Darstellung von Bildern ermöglichen. Aus diesen Ergebnissen folgt ein Schutzbedarf sowohl gegenüber gezielter als auch gegenüber zufälliger Kenntnisnahme. Jugendschutz.net und die KJM konzentrieren ihre Bemühungen entsprechend stark im Bereich von Pornographie.[14]

Aus anderen Staaten wird im Hinblick auf *kinder*pornographische Inhalte auch über umfangreiche Zugriffssperren durch die Zugangsvermittler berichtet.[15] Gerade

---

[11] BT-Drs. 16/3439, S. 9.

[12] *Malina*, Sexualität in den neuen Medien (S. 28), http://www.profamilia.de/getpic/4755.pdf.

[13] Fünf Jahre zuvor wurde nur ein Wert von 25 % gemessen. *Wolak/Mitchell/Finkelhor*, Online Victimization of Youth: Five Years Later, http://www.missingkids.com/en_US/publications/NC167.pdf.

[14] Zweiter Bericht der KJM, S. 24, 25, http://www.kjm-online.de/public/kjm/downloads/2.KJM-Bericht.pdf; *Glaser/Günter/Schindler*, Jugendschutz im Internet, Jahresbericht 2006, S. 21, http://www.jugendschutz.net/pdf/bericht2006.pdf; Die Porno-Jäger im Web, www.focus.de/digital.internet/jugendschutz-net_nid_30336.html.

[15] Vgl. z.B. die in diesem Bereich sehr aktiven nordischen Länder, Norway to block Child Pornography Sites, http://www.iwf.org.uk/media/news.archive-2004.81.htm; *Jørgensen*, Blocking access to child pornography, http://ec.europa.eu/information_society/activities/sip/docs/forum_june_2006/rikke_frank_joergenseng.pdf; *Lehdonvirta*, Finnish ISPs must voluntarily block access, http://www.edri.org/book/print/683; *Boije*, Swedish ISPs block child pornography, http://www.saferinternet.org/ww/en/pub/insafe/news/articles/0605/se_isps.htm, und den Konflikt in Schweden um die BitTorrent-Suchmaschine „The Pirate Bay"; *Violka*, Schweden will ThePirateBay sperren, http://www.heise.de/newsticker/

in diesem Bereich sind aber vergleichsweise große Erfolge im Wege eines *kooperativen* Vorgehens aller Staaten gegen die *Inhaltsanbieter* und Host-Provider zu beobachten.[16] Sogar zwischen den (bei der Inhaltsregulierung sehr zurückhaltenden) Unterzeichnern der Convention on Cybercrime des Europarates bestand insoweit Einigkeit über die Strafwürdigkeit. Ob sich hinsichtlich dieser Delikte ein Anwendungsschwerpunkt für Sperrmaßnahmen gegen die *Access-Provider* ergibt, erscheint deshalb angesichts des in der Ermächtigungsgrundlage für Sperrverfügungen niedergelegten Subsidiaritätsprinzips trotz der Deliktsschwere zweifelhaft.

## II. Rechtsextremistische Angebote

Die Verbotsnormen des JMStV und die Tätigkeitsberichte der KJM und von jugendschutz.net machen deutlich, dass auch die Bekämpfung rechtsextremistischer Angebote im Fokus des Jugendmedienschutzes liegt. Im Hinblick auf das Phänomen des Rechtsextremismus im Internet sind aus strafrechtlicher Sicht vor allem die Tatbestände der §§ 86, 86a und 130 StGB (die eine Entsprechung in § 4 Abs. 1 Nrn. 1 bis 4 JMStV finden) einschlägig, welche die Verbreitung von Propagandamitteln, die Verwendung von Kennzeichen verfassungswidriger Organisationen und die Volksverhetzung betreffen.[17] Ebenfalls einzubeziehen sind Anleitungen und Aufforderungen zur Begehung von Straftaten i.S.d. § 111 StGB, die von einer Gesinnung getragen sind, eine bestimmte Personengruppe aufgrund ihrer ethnischen Zugehörigkeit auszugrenzen. Zu denken ist auch an die §§ 126, 130a StGB, welche die Störung des öffentlichen Friedens durch Androhung schwerer Straftaten erfassen.[18]

Der Begriff „Rechtsextremismus" wurde in den 1970er Jahren von den Verfassungsschutzbehörden in die einschlägige Diskussion eingeführt und von den Medien aufgegriffen, wird aber bis heute als unscharf und irreführend kritisiert.[19] Die Studie der Friedrich-Ebert-Stiftung „Vom Rand zur Mitte" aus dem Jahr 2006 hat folgende Ideologie-Elemente eines rechtsextremen Einstellungsmusters ausgemacht: Befürwortung einer rechtsgerichteten Diktatur, Chauvinismus, Ausländerfeindlichkeit, Antisemitismus, Sozialdarwinismus und die Verharmlosung bzw.

---

meldung/92377; *Briegleb*, Pirate Bay wird offenbar doch nicht gesperrt, http://www.heise.de/newsticker/meldung/92502.

16 *Glaser/Günter/Schindler*, Jugendschutz im Internet, Jahresbericht 2006, S. 17, http://www.jugendschutz.net/pdf/bericht2006.pdf.

17 *Derksen*, ZFIS 1999, 150, 151. Zur jüngsten Entwicklung *Liesching*, JMS-Report 4/2005, 2, 3.

18 *Sieber*, JZ 1996, 494, 496.

19 Moniert wird vor allem, der Begriff suggeriere die Existenz einer „Mitte der Gesellschaft", die von Tendenzen des Rassismus und Antisemitismus unberührt und klar abgrenzbar sei. Vgl. *Decker/Brähler/Geißler*, Vom Rand zur Mitte, http://www.fes.de/rechtsextremismus/pdf/Vom_Rand_zur_Mitte.pdf, S. 11–12.

Rechtfertigung des Nationalsozialismus. Menschen- und Bürgerrechte werden einer Ideologie der Volksgemeinschaft und ethnischen Zugehörigkeit untergeordnet.[20]

In den letzten Jahren beziffern die Verfassungsschutzberichte die Zahl der von Deutschen betriebenen rechtsextremistischen Websites konstant mit etwa 1000.[21] Hinzu kommen anlassbezogene Sonderseiten, zum Beispiel im Vorfeld von Demonstrationen. Die Inhalte sind teilweise eindeutig strafrechtlich relevant, werden gerade bei revisionistischen Thesen häufig aber auch verschleiert in scheinbar wissenschaftlichem Gewand dargeboten.[22]

Bei der Diskussion von Sperrverfügungen richtet sich der Fokus jedoch grundsätzlich nicht auf die in Deutschland bereitgehaltenen Angebote, weil ein Vorgehen gegenüber Content- und insbesondere Host-Providern hier durchaus Aussicht auf Erfolg hat.[23] Bedarf für die Inpflichtnahme der Access-Provider besteht vielmehr nur im Hinblick auf extremistische Inhalte, die auf *Servern im Ausland* angeboten werden.[24] Diese Probleme wurden bereits bei den ersten rechtsextremistischen Websites beobachtet, so z.B. beim sogenannten Thule-Web. Im Mailbox-System „Thule-Netz" nutzten schon 1993 verschiedene nationalistische Gruppierungen und Parteien aus Deutschland (Republikaner, DVU, NPD) die Möglichkeiten der Neuen Medien. Während dieser Mailbox-Verbund noch gewisse technische Fertigkeiten erforderte, spiegelte eine Website („Thule-Web") seit 1996 die rechtsextremen und rassistischen Inhalte und machte sie breiteren Nutzer-Schichten zugänglich. Bemühungen, gegen das Thule-Web vorzugehen, sollen aber daran gescheitert sein, dass die entsprechende Domain[25] auf den Namen *Max Mustermann* registriert war und auf dem US-Server Dreamhaven bereitgehalten wurde.[26]

In den USA war bereits 1995 die von dem US-Amerikaner *Don Black* erstellte Seite www.stormfront.org online und ist damit weltweit eines der ersten nachhaltig betriebenen rechtsextremen Internet-Angebote.[27] Die zentrale Losung dieser Inter-

---

[20] *Decker/Brähler/Geißler*, Vom Rand zur Mitte, http://www.fes.de/rechtsextremismus/pdf/Vom_Rand_zur_Mitte.pdf, S. 20.

[21] Bundesministerium des Innern, Verfassungsschutzbericht 2006, Vorabfassung, S. 52, http://www.verfassungsschutz.de/download/SHOW/vsbericht_vorabfassung_2006.pdf.; vgl. zu den Vorjahren auch *Wilkens*, Verfassungsschutz: Rechtsextreme bauen ihre Online-Präsenz weiter aus, http://www.heise.de/newsticker/meldung/59615.

[22] *Fromm/Kernbach*, Rechtsextremismus im Internet, S. 214.

[23] Allerdings bleiben die Betreiber solcher Angebote nicht selten anonym, wodurch ein unmittelbares Vorgehen gegen diese *trotz eines Handlungsorts im Inland* scheitert. In Betracht kommt dann jedoch ein Vorgehen gegen die in Deutschland befindlichen Hosts.

[24] Zu einer aktuellen Erklärung des EU-Parlaments *Ermert*, Provider sollen mehr gegen „Hass-Seiten" im Internet tun, http://www.heise.de/newsticker/Meldung/88443.

[25] Zum Domain Name System vgl. *Sieber*, Technische Grundlagen, Teil 1 Rn. 59, in: Hoeren/Sieber (Hrsg.), Handbuch Multimedia-Recht.

[26] *Fromm/Kernbach*, Rechtsextremismus im Internet, S. 84. Erst interne Differenzen führten Ende der 1990er Jahre zum Auslaufen der Thule-Online-Auftritte.

[27] *Fromm/Kernbach*, Rechtsextremismus im Internet, S. 29.

netpräsenz ist bis heute „White Pride World Wide“. Das Themenspektrum dieses Angebots reicht von Rassismus über Antisemitismus bis zu revisionistischen Thesen. Während es zum Zeitpunkt der bereits erwähnten Sperrverfügungen der Bezirksregierung Düsseldorf im April 2002 noch eine deutschsprachige Sektion sowie ein „Stormfront auf Deutsch“-Forum gab,[28] finden sich diese Bereiche derzeit nicht mehr auf den entsprechenden Seiten. Die Suche nach dem Stichwort „Germany“ führt jedoch noch immer zu mehr als 700 Einträgen, die mit Hitlerzitaten und eindeutig antisemitischen Äußerungen gespickt sind.

Nach wie vor „multi-lingual“ und derzeit in zwölf Sprachen verfügbar ist hingegen ein Angebot von *Gary Lauck* unter der Domain nazi-lauck-nsdapao.com, für das die Bezirksregierung Düsseldorf ebenfalls eine Zugriffssperrung anordnete. Die Bezirksregierung sah in diesem Angebot eine „Verteilerdrehscheibe insbesondere auch für die deutsche rechtsextreme Szene“.[29] Auch spätere Verfassungsschutzberichte bezeichnen Gary Lauck als das „abstoßendste Beispiel“[30] von Rechtsextremismus im Internet. Im deutschsprachigen Angebot seiner Internetpräsenz finden sich derzeit unter anderem die Ratschläge „Wie Du das Internet als Propagandawaffe nutzen kannst“ und „Wie man eine gesperrte/verbotene Netzseite aufrufen kann!“, ein Download-Angebot von „Mein Kampf“, Bestellmöglichkeiten für Hakenkreuz-Farbplakate und zahlreiche computeranimierte Nazi-Cartoons mit deutschen Politikern, denen Lauck das Horst-Wessel-Lied in den Mund legt.

Losgelöst von diesem konkreten Fall zeigt das Beispiel jedoch auch, dass die extremsten Angebote sich tendenziell selbst desavouieren und von ihnen für die Zielgruppe des Jugendmedienschutzes nicht die größte Gefahr ausgeht. Der Verfassungsschutzbericht des Landes Nordrhein-Westfalen von 2001 nannte den Einfluss von Gary Lauck auf die bundesdeutsche Neonazi-Szene gerade „aufgrund seiner äußerst aggressiven nationalsozialistischen Grundhaltung eher marginal“.[31] Dass die Intensität des Extremismus und die impressive Wirkung des Angebots sich nicht zwingend proportional zueinander verhalten, berührt eine Grundfrage des Vorgehens gegen illegale Inhalte: Wenn die begrenzten Ressourcen des Staates auf die Angebote mit der größten Suggestivkraft für Jugendliche konzentriert werden sollen, sind andere Websites zu sperren, als wenn der symbolischen Wertevermittlung durch das Instrument des Jugendschutzes die Hauptbedeutung der Maßnahmen zukommen soll.

---

28 Vgl. zum Stand Frühjahr 2002 die Archiv-Fassung: http://web.archive.org/web/20020204081953/www.stormfront.org/forum.

29 Sperrverfügung der Bezirksregierung Düsseldorf, S. 3, http://www.bezreg-duesseldorf.nrw.de/BezRegDdorf/autorenbereich/Dezernat_21/PDF/39sperrverf_022002.pdf.

30 Verfassungsschutzbericht Brandenburg 2004, S. 44, http://www.internetwache.brandenburg.de/fm/85/vs_bericht_2004.pdf.

31 Verfassungsschutzbericht des Landes Nordrhein-Westfalen 2001, Seite 104, http://web.archive.org/web/20021003083740/http://www.im.nrw.de/inn/doks/vs/jb2001.pdf.

Extremisten nutzen neben dem WWW auch alternative Kommunikationsmöglichkeiten auf vielfältige Weise und bereits sehr effektiv. Besonders für den Bereich der rechtsextremen Angebote ist eine Entwicklung zu berücksichtigen, die kürzlich der nordrhein-westfälische Landtag im Zusammenhang mit der sogenannten Online-Durchsuchung ins Feld führte: Diese Ermittlungsmaßnahme sei wegen der weiter zunehmenden Verschiebung der rechten Szene in geschlossene Benutzergruppen erforderlich. Die Kommunikation von Extremisten habe sich in *verdeckte und verschlüsselte* Bereiche des Internets verlagert, weshalb die heimliche Online-Ermittlung als „wirksame Nachrichtenbeschaffung auch in diesem technischen Umfeld erforderlich"[32] sei. Insbesondere Diskussionsforen der rechten Szene verfügen über zugangsgeschützte Bereiche. Eine solche Standortverlagerung der Angebote haben die Kritiker der Sperrverfügung stets als eine der effektivsten Umgehungen von Aufsichtsmaßnahmen eingeschätzt.[33] Noch kaum erforscht ist beispielsweise auch das Bedrohungspotential neuer Kommunikationsvarianten wie die sogenannten Hidden Services des Anonymisierungs-Netzwerks „Tor", das auf dem Konzept des Onion Routings basiert. Diese versteckten Dienste ermöglichen beiden Seiten einer Kommunikation, anonym zu bleiben und Inhalte auszutauschen. Die „Tor"-Entwickler verfolgen mit ihrem Projekt ganz gezielt auch den Zweck, die Zensurpolitik totalitärer Regime zu unterwandern und durch die Anordnung der Eingangsknoten gegebenenfalls die Wirkung von Sperrmaßnahmen zu minimieren. Insbesondere ist eine Ausweitung nach China geplant. Die Verschiebung in zugangsgeschützte Bereiche scheint auf den ersten Blick gegen Sperrverfügungen, jedenfalls gegen hohe Anschaffungskosten einer nur für offen zugängliche Bereiche geeigneten Sperrtechnologie, zu sprechen. Solange aber illegale Inhalte auch noch in großer Anzahl offen zugänglich sind, ist die Verlagerung kein Argument dafür, die ordnungsrechtlichen Bemühungen einzustellen oder sämtliche Kapazitäten auf Maßnahmen im zugangsgeschützten Bereich zu konzentrieren.

Neben der Verlagerung in zugangsgeschützte Bereiche sind auch im offen zugänglichen Bereich Entwicklungen zu verzeichnen, die Anwendungsfälle für Sperrverfügungen darstellen könnten. Zunehmend richten sich extremistische Angebote zum Beispiel durch rechtsradikale Musiktitel sehr professionell und ganz gezielt an Jugendliche.[34] Außerdem werden vermehrt Videoportale genutzt, und es gibt von Rechtsextremisten betriebene Internetradio-Projekte.[35] Somit sind auch die

---

32 LT-Drs. NRW 14/2211, S. 17.

33 Vgl. zum Angebot in geschlossenen Benutzergruppen auch Teil 1 III.2.

34 *Kuri*, Politologe: Rechtsextremisten nutzen Internet alarmierend effektiv, http://www.heise.de/newsticker/meldung/92554; *Glaser/Günter/Schindler*, Jugendschutz im Internet, Jahresbericht 2006, S. 8, www.jugendschutz.net/pdf/bericht2006.pdf.

35 Z.B. auch ein Stormfront.org-Radioprojekt. Bundesministerium des Innern, Verfassungsschutzbericht 2006, Vorabfassung, S. 52, http://www.verfassungsschutz.de/download/SHOW/vsbericht_vorabfassung_2006.pdf.

Technologien des sogenannten Web 2.0[36] bereits zu berücksichtigen, wenn effektiv gegen strafbare Inhalte mit rechtsextremistischem Hintergrund vorgegangen werden soll. Unter dem Schlagwort „Web 2.0“ wird die „zweite Generation“ webbasierter Dienste zusammengefasst.[37] Nicht zuletzt durch die zunehmende Verbreitung von Breitband-Internetzugängen haben sich Nutzung und Wahrnehmung des World Wide Web in den letzten Jahren verändert. Die neuen Anwendungsmöglichkeiten zeichnen sich durch ein hohes Maß an Interaktion, eine (Mit-)Entwicklung der Angebote durch die Nutzer und eine weitreichende Vernetzung der Inhalte aus. Als Stärke gilt deshalb die „kollektive Intelligenz“, die über die Summe der Einzelbeiträge hinausgehen kann. Zu den populärsten neuen Anwendungen gehören vor allem Weblogs, Wikis, Social-Networks, Foto- und Video-Portale. Neben den positiven Effekten dieser neuen Kommunikationsformen wird die Entwicklung hin zum Web 2.0 auch für Internetstraftaten im Bereich der Äußerungs- und Verbreitungsdelikte zunehmend relevant.

Eines der im Web 2.0 beliebtesten Online-Angebote ist das im Februar 2005 gegründete, im Oktober 2006 von der Google Inc. übernommene Video-Portal „YouTube“, über das die Nutzer unkompliziert Videos aller Art veröffentlichen können. Bis zu 100 Millionen Mal werden die gratis verfügbaren Videoclips täglich abgerufen. Obwohl die Community-Richtlinien rassistische, ethnisch diskriminierende und pornographische Inhalte verbieten,[38] sind unter den 65.000[39] pro Tag neu eingestellten Videos immer wieder Angebote mit illegalen Inhalten. Auch die NPD verbreitete eine eigene Nachrichtensendung namens „Die Woche“ über YouTube und erzielte damit eine große mediale Wirkung.[40] Der Zentralrat der Juden in Deutschland erwog bereits Strafanzeigen und Privatklagen in den USA, da trotz mehrmaliger Hinweise durch jugendschutz.net auch der antisemitische NS-Propagandafilm „Jud Süß“ und rassistische Video-Clips zu indizierten Liedern von den Betreibern nicht entfernt wurden.[41]

YouTube untersteht der amerikanischen Gerichtsbarkeit, sodass die bisherigen Bemühungen – etwa von jugendschutz.net – stets auf das freiwillige Mitwirken der Portalbetreiber angewiesen waren. Vorstellbar ist somit (wie für sämtliche Deliktsbereiche der hier dargestellten Auswahl) eine Konstellation, die aufgrund eines Verstoßes gegen die nationale Rechtsordnung Anlass für eine Sperrung des

36 *O'Reilly*, What is Web 2.0, http://www.oreilly.de/artikel/web20.html; in deutscher Übersetzung http://twozero.uni-koeln.de/content/e14/index_ger.html.

37 Zum Phänomen *Schroll/Neef*, Web 2.0, Was ist dran?, http://www.competence-site.de/ebusiness.nsf/CD34EB344E29F0CFC12571D4002D4E06/$File/web2-0_teil1.pdf.

38 YouTube, Terms of use, http://de.youtube.com/t/community guidelines.

39 http://www.google.com/press/pressrel/google_youtube.html.

40 *Glaser/Günter/Schindler*, Jugendschutz im Internet, Jahresbericht 2006, S. 8, www.jugendschutz.net/pdf/bericht2006.pdf.

41 *Plöchinger*, Zentralrat der Juden droht YouTube mit Anzeige, http://www.spiegel.de/netzwelt/web/0,1518,502093,00.html.

Zugriffs auf ein YouTube-Angebot gibt. Aus den Ausführungen der Verantwortlichen anlässlich einer kompletten Sperrung von YouTube durch die thailändischen Ordnungsbehörden wird ersichtlich, dass eine präzise Sperrung des Zugriffs möglich wäre.[42] Hinsichtlich der Sperrung des Zugriffs auf audiovisuelle Medien ist auch die aktuelle Entwicklung der EU-Fernsehrichtlinie 89/552/EWG zu berücksichtigen, die zukünftig auch nicht-lineare Dienste wie zum Beispiel On-Demand-Programme erfasst.[43] Für Angebote wie YouTube, das nutzergenerierte Inhalte ohne eine durch den Diensteanbieter verantwortete redaktionelle Auswahl und Gestaltung bereithält, ist der Anwendungsbereich allerdings aufgrund der Anbieterdefinition in Art. 1 (b) des Richtlinienentwurfs nicht eröffnet.[44]

Zu den immer intensiveren Bemühungen von Extremisten um eine jugendliche Zielgruppe gehört auch das Angebot von Computerspielen mit antisemitischen Inhalten.[45] Die (hoch umstrittene) Problematik einer Jugendgefährdung durch Computerspiele wie sogenannte Ego-Shooter oder andere „Killer-Spiele" ist seit langem bekannt, wurde bisher jedoch vor allem im Hinblick auf den Deliktsbereich der Gewaltverherrlichung diskutiert.

## III. Gewaltverherrlichung und Verstöße gegen die Menschenwürde

Die – allerdings nicht abschließend geklärte – exzessive Nutzung gewaltverherrlichender Computerspiele durch einen 19-Jährigen, der 2002 in einer Erfurter Schule Amok gelaufen war, gab einen entscheidenden Anstoß zu der vergleichsweise schnell durchgeführten Reform des Jugendschutzrechts, die im April 2003 in Kraft trat.[46] Neben den verschiedenen Positionen zum Gefährdungspotential solcher Spiele wurde in der Folge auch die Reichweite von § 131 StGB sehr kontrovers diskutiert.[47] Ergänzend zum strafbewehrten Verbot von Spielen aufgrund dieser

---

42 *Briegleb*, YouTube will mit thailändischer Zensur kooperieren, www.heise.de/newsticker/meldung/87989.

43 Art. 1 (b) lautet: "'media service provider' means the natural or legal person who has editorial responsibility for the choice of the audiovisual content of the audiovisual media service and determines the manner in which it is organize"; vgl. den Text des Entwurfs: http://ec.europa.eu/information_society/newsroom/cf/document.cfm?action=display&doc_id=312. Dazu bereits *Kleist/Scheuer*, MMR 2006, 127, 131, und zum Jugendschutz insoweit *ders.*, MMR 2006, 206, 209.

44 *Ermert/Briegleb*, Neue Fernsehrichtlinie nach langer Diskussion verabschiedet, http://www.heise.de/newsticker/meldung/90234.

45 *Kuri*, Politologe: Rechtsextremisten nutzen Internet alarmierend effektiv, http://www.heise.de/newsticker/meldung/92554.

46 *Safferling/Liesching*, Protection of Juveniles in Germany – A Report on the New Legislation, http://www.germanlawjournal.com/print.php?id=279.

47 Vgl. z.B. *Schmidt-Mühlisch*, JMS-Report 6/2005, 61; *Nolden*, JMS-Report 6/2006, 8.

Norm, die verherrlichende Darstellungen von Gewalttätigkeiten gegen Menschen und menschenähnliche Wesen erfasst, kommt bei jugendgefährdenden Medien auch eine Indizierung in Betracht, welche die Spiele Erwachsenen in geschlossenen Benutzergruppen vorbehält.[48]

Ein weiteres problematisches Phänomen aus diesem Deliktsbereich sind sogenannte „tasteless"-Angebote im Internet, die sich teilweise selbst als „Galerien der Geschmacklosigkeiten" bezeichnen. Die wohl bekannteste Website findet sich unter www.rotten.com. Nach der Selbstbezeichnung handelt es sich um ein „archive of disturbing illustration". Es enthält Darstellungen der Opfer von Kapitalverbrechen sowie Dekapitationsverletzungen nach Unfällen, Abbildungen von schwer entstellenden Krankheiten und exhumierten Leichen bis hin zu Fotos der Folterszenen aus dem Abu Ghraib-Gefängnis mit dem Untertitel „Keeping torture traditions alive".[49] Rotten.com vertritt den Standpunkt, die Angebote seien unanständig, aber legal. Das Internet sei „kein Babysitter". Rechtlich ist dabei die Regelung in § 4 Abs. 1 Satz 1 Nr. 8 JMStV (das Verbot von gegen die Menschenwürde verstoßenden Angeboten) relevant.[50] Die Bezirksregierung Düsseldorf ging von einem eindeutigen Menschenwürdeverstoß durch das Angebot aus, verzichtete allerdings aus prozesstaktischen Erwägungen auf die Einbeziehung der Sperrung von www.rotten.com in die Verfügung.[51]

Ebenfalls als „tasteless"-Angebot war die Website www.ogrish.com eines niederländischen Anbieters einzuordnen, die sich selbst als „only meant for adults who aren't afraid to see uncensored material" bewertete. Die Staatsanwaltschaft in Düsseldorf bewertete das Angebot im Februar 2003 als gewaltverherrlichend i.S.d. § 131 StGB und forderte den Düsseldorfer Registrar www.joker.com schriftlich auf, die bei ihm registrierte Website im DNS zu sperren.[52] Zum damaligen Zeitpunkt bot ogrish.com Artikel und Bildmaterial zu Gewaltverbrechen, entstellenden Krankheiten und einen Videomitschnitt einer Exekution in Südkorea an.[53] Nachdem die Medien auch international[54] über eine „neue Qualität von Sperrungen auf Registrarebene" berichtet hatten, stellte die Staatsanwaltschaft jedoch klar, die Auf-

---

48 Indizierte Inhalte, http://www.lehrer-online.de/url.indizierte-inhalte; *Nolden*, JMS-Report 5/2006, 9.

49 http://www.rotten.com.

50 Zu einem aktuellen Anwendungsfall: *Wilkens*, Baden-Württembergs Innenminister lässt Musikvideo sperren, http://www.heise.de/newsticker/meldung/91741.

51 http://odem.org/informationsfreiheit/o-ton--wieviel-und-was.html.

52 *Wilkens*, Registrar muss Domain im DNS sperren, www.heise.de/newsticker/meldung/34462.

53 http://web.archive.org/web/20030127180311/http://www.ogrish.com. Besondere Bekanntheit hatte das Angebot erlangt, als es 2002 das Video der Enthauptung des entführten US-Journalisten *Daniel Pearl* veröffentlichte, dazu *Rötzer*, Im Namen der Meinungs- und Pressefreiheit, http://www.heise.de/tp/r4/artikel/12/12630/1.html.

54 *McCullagh*, German registrar bans Web Site, http://news.com/2102-1023_3-984248.html?tag=st.util.print.

forderung sei weder als Anordnung noch als Eingriff zu verstehen und der Registrar sei zu keinem Zeitpunkt Beschuldigter gewesen.[55] Nach der Verlagerung der Domain ins Ausland wurde die DNS-Sperre aufgehoben und auch das Verfahren gegen ogrish.com eingestellt.

Zur realistischen Einschätzung der computertechnischen Fähigkeiten der zu schützenden Zielgruppe und für die Beurteilung der Verhältnismäßigkeit der Sperrung wird ferner gerade im Deliktsbereich gewaltverherrlichender Inhalte zu berücksichtigen sein, dass Jugendliche zunehmend auch auf anderen Wegen an jugendgefährdende Inhalte gelangen bzw. diese austauschen und verbreiten. Dies gilt insbesondere für die Entwicklung im Bereich *mobiler* Informations- und Kommunikationsangebote.[56] Auch die polizeiliche Kriminalstatistik geht in ihren Ausführungen zu Straftaten gegen die Bestimmungen zum Schutz der Jugend bereits auf diesen Verbreitungsweg ein.[57] Bei einer umstrittenen Kontrolle der Mobiltelefone von Schülern auf zwei Schulhöfen in Bayern wurden nach Medienangaben auf 10 % der vorgefundenen Geräte teilweise „bestialische Gewaltszenen" vorgefunden.[58] Einige Schüler teilten mit, sie hätten die Angebote nur unfreiwillig, aufgrund von Gruppendruck und als erzwungene Mutprobe betrachtet.

Zwar gibt es bislang kaum valide Daten zur Verbreitung von jugendgefährdenden Inhalten auf Mobiltelefonen. Die Strafverfolger warnen jedoch mit Bezug auf die steigende Zahl von Bluetooth-, MMS- und internetfähigen Mobilfunkgeräten unter Jugendlichen einerseits und die leichte Verfügbarkeit illegaler Inhalte (aus dem Internet) andererseits vor einer Bagatellisierung.[59] Mittels Bluetooth-Technologie können Geräte drahtlos verbunden und Daten – je nach Bluetooth-Klasse und Einstellung der Reichweite – zwischen zehn und 100 Meter weit kostenlos übertragen werden. Zu den unter Jugendlichen verbreiteten Inhalten sollen vermehrt auch (gestellte) Snuff-Videos und Mitschnitte von eigenen Gewalthand-

---

[55] *Ermert*, Staatsanwaltschaft stellt Verfahren zu Domain-Sperre im DNS ein, http://www.heise.de/newsticker/meldung/34513.

[56] *Lober*, K&R 2005, 65, 70; *Mynarik*, ZUM 2006, 183 ff.

[57] Polizeiliche Kriminalstatistik, Berichtsjahr 2006, S. 234.

[58] *Nolden*, JMS-Report 2/2006, 4. Ende 2006 wurden mehrere Schüler durch das Amtsgericht Sonthofen wegen der Verbreitung der Gewaltvideos zur Leistung von gemeinnütziger Arbeit und zur Erstellung von „Besinnungsaufsätzen" verurteilt. Die Geräte wurden eingezogen. Im Bayerischen Landtag wurde als Reaktion auf die Vorkommnisse ein Handyverbot für Bayerns Schulen beschlossen. Vgl. Erstes Urteil gegen Jugendliche, http://www.spiegel.de/schulspiegel/0,1518,433016,00.html.

[59] LKA Nordrhein-Westfalen und AG Kinder- und Jugendschutz NRW, Neue Phänomene bei der Handynutzung durch Kinder und Jugendliche, Bericht vom Mai 2006. Der Bericht bezieht sich auf die Studie „Jugend und Geld 2005" vom Institut für Jugendforschung München, nach der 34 % der 10-Jährigen und 94 % der 17-Jährigen ein eigenes Handy haben.

lungen, insbesondere sogenannte Happy-Slapping-Aufnahmen gehören.[60] Da die Bluetooth-Voreinstellungen oft unsicher und Verschlüsselung, PIN und Passwort noch kein Standard sind, können Jugendliche auch unfreiwillig leicht mit ungeeigneten Inhalten in Berührung kommen.

In diesem Zusammenhang ist auch auf WAP-Portale zur mobilen Nutzung des Internets als neue Quelle von Jugendgefährdungen hinzuweisen. Im September 2005 haben die größten nationalen Mobilfunkanbieter einen Verhaltenskodex entwickelt.[61] Neben der Verpflichtung, die gesetzlichen Vorschriften einzuhalten und dies auch von den mit ihnen vertraglich verbundenen Anbietern zu verlangen, finden sich darin Ansätze zur Altersverifikation bei pornographischen oder anderen Angeboten, die offensichtlich die Entwicklung und Persönlichkeit von Kindern und Jugendlichen schwer gefährden können. Auch auf europäischer Ebene haben sich die führenden Provider aufgrund einer Initiative der EU-Kommission inzwischen bereit erklärt, bis Februar 2008 Verhaltensregeln zur Selbstkontrolle auszuarbeiten, illegale Inhalte auf Handys zu bekämpfen sowie Eltern und Kinder zu sensibilisieren.[62]

Im Berichtszeitraum 2006 hat jugendschutz.net unter den problematischen WAP-Angeboten vor allem pornographische Angebote ohne ausreichenden Altersschutz festgestellt.[63]

## IV. Glücksspiel

Unter dem Gesichtspunkt einer ordnungsrechtlichen Verfügung zur Sperrung des Zugriffs auf Internetinhalte sind auch Glücksspielangebote im Internet relevant. Ähnlich wie im Bereich der Pornographie ist hier zwischen Angeboten zu unterscheiden, die grundsätzlich zulässig, aber nur für Erwachsene geeignet,[64] sowie solchen, die gegen §§ 284, 285 StGB verstoßen und deshalb generell unzulässig sind. § 284 StGB pönalisiert unter anderem das öffentliche Veranstalten eines Glücksspiels ohne behördliche Erlaubnis sowie die Bereitstellung von Einrichtungen hierzu. § 285 StGB erstreckt das Verbot auf die Teilnahme an einer solchen

---

60 *Bounin*, Happy Slapping und Snuff-Videos, http://www.mediaculture-online.de/Happy_Slapping_und_Snuff-Video.1084.0.html.

61 Vgl. Vodafone-Pressemitteilung, Mobilfunkanbieter engagieren sich für den Jugendschutz, http://www.vodafone.de/unternehmen/presse/97964_76311.html.

62 EU-Kommission, Pressemitteilung vom 6.2.2007, Sichere Handys für Kinder, MMR 2007, Heft 3, XXII, XXIII.

63 *Glaser/Günter/Schindler*, Jugendschutz im Internet, Jahresbericht 2006, S. 10, www.jugendschutz.net/pdf/bericht2006.pdf.

64 Vgl. zum umfangreichen Vorgehen der KJM in diesem Bereich sowie zur Einrichtung der „AG Spiele“ den 2. Bericht der KJM über die Durchführung der JMStV-Bestimmungen, S. 29, 30.

Veranstaltung. Im Katalog des § 4 Abs. 1 JMStV findet sich allerdings keine Entsprechung zu §§ 284, 285 StGB. Ob über § 4 Abs. 2 Satz 1 Nr. 3 JMStV *unter dem Aspekt der offensichtlich schweren Jugendgefährdung* nicht lediglich die nur für Erwachsene zulässigen Online-Spiele, sondern auch absolut unzulässige Angebote in den Anwendungsbereich des JMStV einzubeziehen sind, wird bei der Betrachtung der Verbotskataloge zu klären sein.

Anlass für Sperrverfügungen gegen Access-Provider besteht vor allem bei grenzüberschreitenden Glücksspielangeboten, da die Handlungsfähigkeit der Ordnungsbehörden und die Durchsetzung nationaler Normen durch die Internationalität besonders herausgefordert werden.[65] Die Problematik des illegalen Glücksspiels ist allerdings vielfältig und nach den jüngeren Entscheidungen des EuGH und des BVerfG stark im Fluss. In Deutschland stellt sich die Lage aufgrund der fraglichen Reichweite ehemaliger DDR-Lizenzen als besonders problematisch dar.[66] Gemäß der Entscheidung des Bundesverfassungsgerichts ist das staatliche Sportwetten-Monopol mit dem Grundrecht der Berufsfreiheit nur vereinbar, wenn sein Ziel tatsächlich in der Suchtbekämpfung liegt und auch konsequent verfolgt wird.[67] Dies stimmt mit den Vorgaben der *Gambelli*-Entscheidung[68] und mit der späteren *Placanica*-Entscheidung[69] des EuGH überein. Bis zum 31.12.2007 musste der Gesetzgeber die Veranstaltung und Vermittlung novellieren, in Richtung der Zulassung privater Anbieter oder durch Etablierung einer konsequenteren Suchtbekämpfung. In der Übergangszeit konnte gegen private Wettunternehmen weiter zumindest *ordnungsrechtlich* vorgegangen werden, da § 284 StGB im Hinblick auf Monopol- und Konzessionsmodelle nach Ansicht der Gerichte und einiger Stimmen in der Literatur neutral formuliert und insoweit verfassungsrechtlich unbedenklich ist.[70]

Diskutiert wurde eine Zugangssperrung im Zusammenhang mit dem Sportwettenportal „Betandwin“ bzw. seit August 2006 „bwin.de“. Nachdem das Bundesland Sachsen der im dortigen Neugersdorf ansässigen Betandwin e.K. am 10.8.2006 die Konzession entzogen hatte, forderte der Staatssekretär im sächsischen Innenministerium, *Jürgen Staupe*, den Zugriff auf Wettanbieter ohne Konzession zu sperren und verwies in diesem Zusammenhang auf das entsprechende Vorgehen in Ita-

---

[65] *Dietlein*, GewArch 2005, 89, insb. 90 zur ordnungsrechtlichen Verantwortung des Staates und zum Opportunitätsprinzip.

[66] Zur Anwendbarkeit einer DDR-Lizenz auf Internet-Wetten z.B. VG Dresden, Beschluss vom 16.10.2006, 14 K 1711/06. Die Wiederherstellung der aufschiebenden Wirkung wurde bestätigt.

[67] BVerfGE 115, 276.

[68] NJW 2004, 139.

[69] Anm. *Dietlein* ZUM 2007, 462–463.

[70] *Dietlein*, K&R 2006, 307, 310; dort zur europarechtlichen Problematik in der Übergangszeit S. 308, 309: Die verfassungsrechtliche Legitimation des normvertretenden Übergangsrechts (§ 35 BVerfGG) führe zugleich zur gemeinschaftsrechtlichen Legitimation.

lien.[71] Dortige Internetanbieter seien bereits zu Sperrungen des Zugangs zu den Online-Präsenzen illegaler Wettanbieter verpflichtet worden. Auch der frühere bayerische Innenminister *Beckstein* sprach sich für technische Maßnahmen gegen unerlaubte Wettanbieter aus.

In der Literatur wird nunmehr auch vertreten, § 9 Abs. 1 Nr. 5 des ab 1.1.2008 geltenden Glücksspiel-Staatsvertrags[72] sehe eine spezielle Ermächtigungsgrundlage vor, um Access-Provider zur Sperrung des Zugriffs auf ausländische Glücksspielangebote zu verpflichten.[73] Bei einer Betrachtung des Normtextes und der Materialien kann dem allerdings nicht gefolgt worden. Die Regelung sieht vor, dass Diensteanbietern „im Sinne von § 3 TDG (a.F.), soweit sie nach diesem Gesetz verantwortlich sind, die Mitwirkung am Zugang zu unerlaubten Glücksspielangeboten" untersagt werden kann. Die Materialien führen dazu aus, es handle sich „im Wesentlichen um eine Klarstellung, denn bereits nach geltendem Recht sei jedenfalls die wissentliche Mitwirkung als Beihilfe gemäß § 284 Abs. 1, § 27 StGB strafbar und damit nach dem Sicherheits- und Ordnungsrecht der Länder zu unterbinden. Auf die abgestuften Verantwortlichkeiten nach dem Teledienstegesetz wird ausdrücklich Rücksicht genommen".[74] Schon die Bezugnahme auf die Regelung zur TDG-Verantwortlichkeit im Normtext selbst spricht dagegen, dass sich die Regelung auf die Situation einer Sperrungsverfügung gegen Access-Provider bezieht. Seitens der Access-Provider besteht in den typischen Fällen weder eine Verantwortlichkeit, noch ist eine solche für die Sperrverpflichtung relevant. Die Norm ermächtigt dem Wortlaut nach eher zu einem Vorgehen gegen Host-Provider, die wissentlich an Glücksspielangeboten mitwirken oder diese jedenfalls nach der Kenntniserlangung nicht entfernen. Dies bestätigt auch die Begründung zum GlüStV-Entwurf, die von einer deklaratorischen Regelung ausgeht.

Überdies ergeben sich aus § 59 Abs. 3 und 4 RStV Unterschiede zwischen den Begriffen „Untersagen" und „Sperren", auf die noch einzugehen sein wird. Eine spezielle Ermächtigungsgrundlage zur Anordnung von Sperrungen durch *Access-Provider* bei illegalen Glücksspielangeboten kann deshalb in der Untersagungsmöglichkeit gemäß § 9 Abs. 1 Nr. 3 GlüStV nicht gesehen werden.

---

71 *Wilkens*, Bwin (Betandwin) will Verbot mit Hilfe des Internets unterlaufen, http://www.heise.de/newsticker/meldung/76655; zur Situation in Italien: Internet-Sperren gegen Wettanbieter gefordert, http://www.golem.de/0608/47105.html.

72 Zum Vertrag *Schmittmann*, AfP 2007, 25.

73 *Schöttle*, K&R 2007, 366, 367.

74 Entwurf der Erläuterungen zum GlüStV, Staatsvertrag zum Glücksspielwesen in Deutschland (Glücksspielstaatsvertrag), S. 19.

## V. Beschimpfungen des religiösen Bekenntnisses und Beleidigungen

Eine Sperrverfügung könnte auch gegen Inhalte in Betracht kommen, die sich nach der deutschen Rechtsordnung als Beschimpfung von Religionsgesellschaften und Bekenntnissen darstellen. Der Tatbestand des § 166 StGB wurde zuletzt insbesondere im Rahmen des sogenannten Karikaturenstreits im Jahr 2006 diskutiert.[75] Die dänische Tageszeitung „Jyllands-Posten" hatte (auch im Internet) Karikaturen des Propheten Mohammed veröffentlicht, in denen neben anderen provokanten Darstellungen auch dessen Turban als Bombe gezeichnet war. Als Hintergrund wird berichtet, dass zu einem dänischen Kinderbuchprojekt über das Leben von Mohammed zunächst kein Illustrator gefunden werden konnte, weil der Islam Abbildungen des Propheten untersagt. Um zu ermitteln, „wie weit die *Selbstzensur* in der dänischen Öffentlichkeit geht", forderte sodann die Kulturredaktion der genannten Zeitung dänische Karikaturisten auf, Mohammed-Darstellungen einzusenden, und veröffentlichte die provokantesten Ergebnisse in der Wochenendausgabe sowie im Internet.[76] Die Reaktionen auf die veröffentlichten Karikaturen reichten bis zum Boykottaufruf gegen Dänemark durch die Arabische Liga sowie zu Bombendrohungen gegen die Redaktion und Verbrennungen der dänischen Flagge in Gaza. Bezeichnenderweise führten diese Proteste – wie bei den Sperrverfügungen der Bezirksregierung Düsseldorf – wiederum zu einer Solidaritätsbewegung „gegen Zensur" und zu Mirror-Effekten in zahlreichen anderen Zeitungen, welche die Karikaturen ebenfalls in ihren Ausgaben abbildeten.[77]

Die im deutschen Recht einschlägige Vorschrift des § 166 StGB schützt nicht das religiöse Empfinden des Einzelnen, sondern den öffentlichen Frieden.[78] Ihr Verhältnis zu § 130 StGB ist umstritten.[79] § 166 StGB selbst findet in den Verbotskatalogen des JMStV keine Entsprechung. Wie bereits oben beim Glücksspiel erwähnt, ist von der Auslegung des § 4 Abs. 2 Satz 1 Nr. 3 JMStV und § 5 JMStV abhängig, ob Sperrverfügungen unter dem Gesichtspunkt der schweren Jugendgefährdung in Betracht kommen oder ob § 59 RStV unmittelbar heranzuziehen ist. Unabhängig von der umstrittenen Subsumtion unter § 166 StGB kann dieses Beispiel den Bedarf der Einbeziehung europarechtlicher Fragestellungen in die Sperr-

---

[75] Im Ergebnis ablehnend *Ladeur*, zitiert in „Rechtsexperte, Mohammed-Karikaturen nicht strafbar", www.oecumene.radiovaticana.org/ted/Articolo.asp?c=64999.

[76] *Lau*, Allah und der Humor, http://images.zeit.de/text/2006/06/D_8nemark_neu; zu den Einzelheiten auch der wikipedia-Beitrag „Das Gesicht Mohammeds", http://de.wikipedia.org/wiki/Das_Gesicht_Mohammeds.

[77] Mohammed-Karikaturen: Dänische Zeitung gibt sich geschlagen, http://welt.de/data/2006/02/01/839667.html?prx=1.

[78] *Lackner/Kühl*, StGB, § 166 Rn. 1; zur Frage einer Schutzlücke aufgrund dieser Voraussetzung *Rath*, Ein Schwein, ans Kreuz genagelt, www.taz.de/pt/2006/02/04/a0154.1/textdruck.

[79] *Fischer*, GA 1989, 445, 462 ff.

verfügungsdebatte aufzeigen. Eine Sperrung des Zugriffs auf die „Jyllands-Posten"-Website zum Schutz des öffentlichen Friedens in Deutschland würde jedenfalls zusätzlich zu den übrigen Problemen die Frage nach dem Herkunftslandprinzip gemäß § 3 TMG aufwerfen und wäre auf die Vereinbarkeit mit der Dienstleistungsfreiheit zu überprüfen. Das Beispiel erweitert ferner die häufig auf das „free speech"-Konfliktverhältnis zwischen Westeuropa und Nordamerika beschränkte Debatte um andere Rechtskreise.[80] Dass in Ländern der Europäischen Union derartige Karikaturen den Schutz der Meinungsfreiheit beanspruchen können, mag für andere Rechtsordnungen und Kulturkreise ebenso wenig nachvollziehbar sein wie die Tatsache, dass *Gary Lauck* sich für seinen Online-Auftritt in den USA nicht strafrechtlich zu verantworten hat. Auch diese derzeit nicht überbrückbar scheinenden Differenzen sind in die Überlegung einzubeziehen, inwieweit nationale Abschottungsmaßnahmen als ordnungsrechtliche Alternativen zur erstrebenswerten Rechtsharmonisierung erforderlich sind.

## VI. Werbung für den Terrorismus

Vor allem im Ausland ist die neuere Entwicklung im Bereich illegaler und jugendgefährdender Inhalte im Internet auch durch eine zunehmende Terrorismuswerbung gekennzeichnet. Das Internet dient zahlreichen terroristischen Gruppen zur Androhung von Anschlägen, Sympathiewerbung für radikale Gruppen, zur Rechtfertigung von Gewalttaten, Anwerbung von Sympathisanten, zur Ausbildung von Terroristen, Verbreitung von Anleitungen zum Waffenbau sowie zur Finanzierung (z.B. durch Spendenaufrufe oder den Verkauf von Werbeträgern). Vor allem die Mitglieder von „Al Qaida" schreiben dabei die zunächst im Internet veröffentlichte „Enzyklopädie des Dschihad" laufend fort und entwickeln ihre virtuelle Fernuniversität weiter. An den dezentralen Aktionen können sich zahlreiche Sympathisanten beteiligen, die damit auf dem Weg zu einer Art „Wiki" sind, an dem jeder mitschreiben und mitwirken kann.[81] Neben dem „broad-casting" verfolgen Terroristen und ihre „ehrenamtlichen" Helfer dabei zunehmend auch ein „narrow-casting", das sich an spezielle Zielgruppen wie Frauen oder Kinder richtet. Die Aufmerksamkeit der Kinder wird dabei vor allem auch durch Comic-Darstel-

---

80 Zu Beispielen für weitere Kulturkonflikte wie Anleitungen zur Beschneidung weiblicher Genitalien auf einer afrikanischen Internetpräsenz: *Hilgendorf*, ZStW 113 (2001), S. 650, 676.

81 Vgl. dazu *Sieber*, The Threat of Cybercrime, in: Council of Europe (Hrsg.), Organized Crime in Europe, S. 81–218 (173–175); *Sieber/Brunst*, Cyberterrorism and other Use of the Internet for Terrorist Purposes, in: Council of Europe (ed.), Cyberterrorism and the Use of the Internet for Terrorist Purposes, S. 10–105. *Weimann*, Terror on the Internet. Zur neuesten Entwicklung vgl. den Vortrag von *Musharbash* „Das Internet als Fern-Universität und als virtuelles Trainingscamp" auf der Herbsttagung des Bundeskriminalamts vom 20.–22.11.2007, der in der Schriftenreihe des BKA veröffentlicht werden soll.

lungen, Videofilme und Computerspiele erreicht, bei denen die Kinder bestimmte Rollen annehmen (z.B. als Kämpfer gegen den Staat Israel). In einzelnen Gebieten des Nahen Ostens hatte die Verbreitung von Videodarstellungen über die Tötung westlicher Geiseln z.B. zur Folge, dass die Kinder Hinrichtungsszenen nachspielten. Ob und wann die entsprechenden Inhalte in einem größeren Umfang auch das deutsche Publikum erreichen werden, lässt sich gegenwärtig nicht vorhersagen. Eine Ausweitung der auf Deutschland zielenden Terrorismuswerbung dürfte der Diskussion über hoheitliche Sperrmaßnahmen und alternative Maßnahmen zum Umgang mit derartigen Inhalten einen erheblichen Impuls geben.

## VII. Schutz privater Rechte

Sperrverfügungen werden nicht nur im Tätigkeitsbereich der KJM und anderer hoheitlicher Stellen kontrovers diskutiert, sondern auch als Mittel zum Schutz privater Interessen, insbesondere im Hinblick auf Immaterialgüterrechte und wettbewerbsrechtliche Positionen. Die Privatwirtschaft stößt bei der Rechtsdurchsetzung gegen illegale Inhalte im Internet ebenso auf Hindernisse wie der Staat. Auch sie zieht deshalb in Betracht, auf indirektem Weg gegen die Inhalte vorzugehen.

Von der Musikindustrie wurde bereits vor mehreren Jahren der Einsatz eines Right Protection Systems (RPS) zur Realisierung von Grenzkontrollen im Cyberspace propagiert. An einer „virtuellen Zollstation" sollte der grenzüberschreitende Datenverkehr gefiltert werden. Der geplante RPS-Einsatz basierte auf einer von der International Federation of the Phonographic Industry (IFPI) erstellten Negativliste. Die IFPI scheint das Pilotprojekt aufgrund der damit verbundenen technischen Probleme und des Widerstands der Provider jedoch nicht weiterverfolgt zu haben.[82]

Ein weiterer Vorstoß der Musikindustrie fand jedoch unter großer medialer Aufmerksamkeit im Juni 2005 statt. Die Gesellschaft für musikalische Aufführungs- und mechanische Vervielfältigungsrechte (GEMA) forderte über 40 Access-Provider auf, den Zugriff auf bestimmte Internet-Tauschbörsen zu verhindern.[83] Die Aufforderung war überdies mit einer Unterlassungsverpflichtungserklärung versehen. Für die Privatwirtschaft hat all das auch den Vorteil, dass ein gebündeltes Vorgehen gegen die Zugangsprovider die Vielzahl der Einzelverfahren gegen die Nutzer ersetzt.[84]

Dieser Bereich der „privat" veranlassten Sperrverfügungen soll im vorliegenden Zusammenhang allerdings nicht weiter vertieft werden. Für den Schutz privater

---

[82] *Goltzsch*, Werkeln an der Zollstation, www.telepolis.de/r4/artikel/4/4197/1.html.

[83] *Bleich*, GEMA fordert Provider zur Sperrung von Websites auf, http://www.heise.de/newsticker/meldung/61331.

[84] *Gercke*, CR 2006, 210.

Rechte gilt online wie offline, dass der Individualrechtsschutz Vorrang hat und das Polizei- und Ordnungsrecht allenfalls zur Sicherung der Vollstreckung eingesetzt werden soll. Dies drückt sich schon in der Gemeinwohlklausel gemäß § 59 Abs. 5 RStV aus. Wie allgemein im Gefahrenabwehrrecht gilt auch für Zugriffssperren der Vorrang des Individualrechtsschutzes.[85] Soweit deshalb nicht ausnahmsweise ein öffentliches Interesse gegeben ist, kommen in diesem Bereich auch weiterhin allenfalls private Schritte gegen die Access-Provider, nicht jedoch hoheitliche Sperrverfügungen in Betracht.

Eine interessante Übereinstimmung der sowohl durch die Medienaufsicht als auch durch Private verfolgten Ziele kann sich allerdings ergeben, wenn Inhaltsanbieter gegen ihre Mitbewerber vorgehen, um einen sogenannten Vorsprung durch Rechtsbruch zu unterbinden. So wurden Zugangsvermittler auch bereits von privater Seite aufgefordert, den Zugriff auf pornographische Angebote zu sperren, die ohne ausreichende Altersverifikation i.S.d. § 4 Abs. 2 Satz 2 JMStV im Internet bereitgehalten wurden, weil sich die Konkurrenten der betreffenden Content-Provider durch diesen Rechtsverstoß benachteiligt sahen.[86]

# B. Hoheitliche Gegenstrategien

Die Probleme, die zur Erwägung einer Inpflichtnahme der Zugangsdiensteanbieter geführt haben, werden deutlich, wenn man die denkbaren *hoheitlichen* Maßnahmen gegen illegale Inhalte und die dabei auftretenden Schwierigkeiten betrachtet. Bei einer Prüfung der Erforderlichkeit von Sperrverfügungen werden später jedoch auch noch *alternative*, dem Bereich des „Soft Law" zugeschriebene Schutzstrategien einzubeziehen und auf ihre Wirksamkeit zu überprüfen sein.

---

[85] *Greiner*, Die Verhinderung verbotener Internetinhalte im Wege polizeilicher Gefahrenabwehr, S. 139.

[86] *Mansmann*, Arcor sperrt Zugriff auf Porno-Seiten, http://www.heise.de/newsticker/meldung/95758. Ob die Allgemeinen Geschäftsbedingungen dieses Anbieters (Gliederungspunkt 6.3: […] „Arcor ist insbesondere berechtigt, den Zugang zu einem Angebot, das einen rechts- oder sittenwidrigen Inhalt aufweist, jederzeit ohne vorherige Ankündigung zu sperren.") dabei als Rechtsgrundlage ausreichen, ist aufgrund des durch die Sperrmaßnahme tangierten Fernmeldegeheimnisses problematisch. Die AGB anderer Zugangsvermittler sind insoweit noch enger gefasst und setzen einen Rechtsverstoß der Kunden selbst voraus, welcher in der hier dargestellten Fallkonstellation allenfalls bei kinderpornographischen Angeboten zu bejahen sein könnte, vgl. z.B. die AGB von AOL, Zif. 7.2, http://www.aol.de/Portalkontakt-AGB/AOL-Nutzungsbedingungen-1468763363-0.html. Zur weiteren Entwicklung *Krempl*, Arcor hat Widerspruch gegen Verfügung zur YouPorn-Sperre eingelegt, http://www.heise.de/newsticker/meldung/99404; *ders.*, Kieler Landgericht weist Antrag auf Sperrung von Pornoseiten zurück, http://www.heise.de/newsticker/meldung/99468.

## I. Vorgehen gegen die Inhaltsanbieter

### 1. Strafrechtlicher Ansatz

Für ein *strafrechtliches* Vorgehen gegen Anbieter, die illegale Inhalte auf ausländischen Servern bereitstellen, ergeben sich nicht erst bei der Frage der Rechtsdurchsetzung besondere Schwierigkeiten. Für Äußerungs- und Verbreitungsdelikte ist vielmehr schon die Bestimmung des Tatorts bei der Prüfung der Anwendbarkeit des deutschen Strafrechts problematisch: Gemäß § 3 StGB ist das *Territorialitätsprinzip* die gesetzliche Regel. Danach gilt das deutsche Strafrecht für Taten, die „im Inland begangen" werden. Die Bestimmung des § 9 StGB normiert korrespondierend dazu das *Ubiquitätsprinzip*, wonach eine Tat unter anderem sowohl an dem Ort begangen ist, an dem der Täter gehandelt hat (Alt. 1) als auch dort, wo der „zum Tatbestand gehörende Erfolg eingetreten" ist (Alt. 3). Handelt der Täter beim Upload illegaler Inhalte im Inland, so liegt der Ort der *Handlung* i.S.d. § 9 Abs. 1 Alt. 1 StGB in Deutschland, unabhängig vom Serverstandort im In- oder Ausland. Werden Inhalte jedoch vom Ausland aus auf die dortigen Server gestellt, kann sich ein Tatort in Deutschland allenfalls über den Ort des *Erfolgs* i.S.d. § 9 Abs. 1 Alt. 3 StGB ergeben.

Im Wege der systematischen Auslegung ist dabei das Verhältnis zu den Erweiterungen des Territorialitätsprinzips in den §§ 5 bis 7 StGB zu beachten. So gilt das Weltrechtsprinzip gemäß § 6 StGB nur für bestimmte Deliktsbereiche, zum Beispiel für harte Pornographie gemäß § 6 Nr. 6 StGB. Diese auch völkerrechtlich begründete Wertung des Gesetzgebers darf nicht durch eine zu weite Bestimmung des Erfolgsorts gemäß §§ 3, 9 StGB unterlaufen werden, die faktisch zum Weltrechtsprinzip für alle Internetstraftaten führen würde. Das Völkerrecht fordert seit dem Lotus-Fall einen „sinnvollen Anknüpfungspunkt", wenn ein Staat seinen Strafanspruch über das eigene Territorium ausdehnen will.[87] Ein solcher Anknüpfungspunkt wäre keinesfalls in allen Fällen der bloßen Wahrnehmbarkeit bestimmter Inhalte im Internet gegeben. Auch würden mit einer exzessiven Auslegung eine sehr weite Verfolgungspflicht der deutschen Behörden und Kollisionsprobleme im Hinblick auf die ebenfalls gegebene Jurisdiktion anderer Staaten einhergehen.[88] Selbst über Einstellungen gemäß § 153c StPO könnte diesen Konsequenzen kaum vollumfänglich begegnet werden.

Insbesondere die Bestimmung des Erfolgsorts bei Gefährdungsdelikten gestaltet sich deshalb schwierig und war lange eines der meistdiskutierten Probleme des Internetstrafrechts.[89] Der BGH hat dazu in seiner Grundsatzentscheidung im Fall des australischen Rechtsextremisten *Fredrick Toeben* im Dezember 2000 entschieden, dass der zum Tatbestand des § 130 Abs. 1 und 3 StGB gehörende Erfolg i.S.v.

---

[87] StIGHE 5, 71 ff. (Lotus), vgl. die Anm. von *Clauß* zur *Toeben*-Entscheidung MMR 2001, 232; sowie *Lehle*, Der Erfolgsbegriff und die deutsche Strafrechtszuständigkeit im Internet, S. 124 m.w.N. zum „genuine link" im *Nottebohm*-Fall.

[88] *Cornils*, JZ 1999, 394, 398.

[89] *Marberth-Kubicki*, Computer- und Internetstrafrecht, Rn. 41.

§ 9 Abs. 1 Alt. 3 StGB im Inland eintritt, wenn Inhalte auf ausländischen Servern von Deutschland aus zugänglich und im Inland konkret zur Friedensstörung geeignet sind.[90] Der australische Staatsbürger Toeben hatte auf einem Server in Australien in englischer Sprache Rundbriefe und Artikel über das Internet zugänglich gemacht, in denen er revisionistische Thesen vertrat und die unter der Herrschaft des Nationalsozialismus begangene Ermordung der Juden als „Erfindung jüdischer Kreise" darstellte.

Der Begriff „Erfolg", so führt der BGH in seiner Entscheidung des Falles aus, sei in § 9 StGB nicht im Sinne der Tatbestandslehre zu verstehen. Deshalb komme als Erfolg jede von der Tathandlung abtrennbare Wirkung in Betracht. Abs. 1 und 3 des § 130 StGB enthielten als gemeinsames Tatbestandsmerkmal die Eignung zur Friedensstörung. Durch diese Eignungsformel seien die Delikte „abstrakt-konkrete" oder „potenzielle Gefährdungsdelikte". Die zu vermeidende Gefährdung, die im Tatbestand konkret bezeichnet sei, trete dort ein, wo die konkrete Tat ihre Gefährlichkeit im Hinblick auf das im Tatbestand umschriebene Rechtsgut entfalten könne. Bei § 130 Abs. 1 und 3 StGB handele es sich um die konkrete Eignung zur Friedensstörung in der Bundesrepublik. Durch dieses gewichtige inländische Rechtsgut, das auch objektiv einen besonderen Bezug zur Bundesrepublik Deutschland aufweise, sei die Anwendung des deutschen Strafrechts völkerrechtlich legitimiert. Toebens Angebot habe inhaltlich ungeachtet der englischen Sprache einen nahezu ausschließlichen Bezug zu Deutschland, da es unter anderem Aufrufe an die deutschen Staatsbürger enthielt, ihren „Schuldkomplex" abzulegen. Es stelle daher eine Gefahrenquelle dar, die geeignet sei, das gedeihliche Miteinander der Bevölkerungsgruppen empfindlich zu stören und insbesondere bei jüdischen Mitbürgern das Sicherheitsgefühl und das Vertrauen auf Rechtssicherheit zu beeinträchtigen.

Vorliegend soll auf den umfangreichen Meinungsstand in der Literatur, der sich nach dem umstrittenen Urteil noch erweiterte, nur hingewiesen werden.[91] Denn selbst bei Bejahung eines Erfolgsorts für „abstrakt-konkrete Gefährdungsdelikte" im Inland bleibt das Problem der Vollstreckung eines entsprechenden Urteils bestehen. Auch im Fall Toeben gelang die Vollstreckung nur, weil er nach Deutschland einreiste.

Der völkerrechtliche Hintergrund dieser Schwierigkeiten der Strafverfolgung beruht auf Art. 2 Nr. 1 der UN-Charta, dem Grundsatz der souveränen Gleichheit der Staaten. Das sich daraus ergebende Gebot der inneren Souveränität der Staaten umfasst die sogenannte Gebietshoheit. Auf dem eigenen Territorium besteht für jeden Staat eine von äußerer Einflussnahme unabhängige Hoheitsgewalt, also die

---

90 BGHSt 46, 212 ff.

91 Vgl. nur die Anmerkungen zur *Toeben*-Entscheidung JA 2001, 276 (Bearbeitung: *Heghmanns*), MMR 2001, 228 ff. mit Anm. *Clauß* 232 f., JZ 2001, 1194 ff. mit Anm. *Lagodny* 1198 ff., CR 2001, 260 ff. mit Anm. *Vassilaki* 262 f.

ausschließliche Befugnis zur Wahrnehmung staatlicher Funktionen. Im zwischenstaatlichen Verhältnis korrespondiert damit ein Achtungsanspruch, weshalb es völkerrechtlich grundsätzlich unzulässig ist, auf fremdem Staatsgebiet hoheitlich tätig zu werden. Ausländische Urteile oder Titel, die aufgrund von Unterschieden in der Rechtsordnung nicht anerkannt werden, sind dementsprechend nicht vollstreckbar. Dies schloss im Fall Toeben eine Vollstreckung in Australien aus.[92] Gleiches würde etwa für ein Urteil gegen *Gary Lauck* in den USA gelten, weil ein ausländisches Urteil, dessen Inhalt nicht mit der Verfassung der USA in Einklang steht, dort nicht gegen einen Amerikaner vollstreckt werden könnte.[93]

Das amerikanische Verständnis von „free speech" geht davon aus, dass die Suche nach der Wahrheit oder den besten politischen Strategien in einem Wettstreit verschiedenster Meinungen auf einem „Marktplatz der Ideen" unter reger Diskussionsteilnahme aller Bürger erfolgen muss. Diesen offenen Austausch soll das First Amendment – der 1. Verfassungszusatz – ermöglichen und erhalten: „Congress shall make no law [...] abridging the freedom of speech, or of the press [...]." Ähnlich wie in der Argumentation des Bundesverfassungsgerichts zur Bedeutung des informationellen Selbstbestimmungsrecht im Volkszählungsurteil[94] wird befürchtet, dass eine Selbstbeschränkung der Bürger bei der Ausübung von Kommunikationsgrundrechten (sog. chilling effect) nicht nur eine Gefahr für die individuellen Entfaltungschancen sei, sondern auch eine Bedrohung für das auf die Mitwirkungsbereitschaft seiner Bürger angewiesene freiheitliche demokratische Gemeinwesen. Der Supreme Court zieht deshalb zwar dem Schutzbereich relativ enge Grenzen und klammert unter anderem *obscenity, child pornography* und *defamation* aus.[95] Ist der Schutzbereich der verfassungsrechtlichen Garantien eröffnet, sind jedoch Beschränkungen an sehr hohe Voraussetzungen geknüpft und nur bei zwingendem öffentlichem Interesse zulässig. An Angemessenheit und Bestimmtheit werden besondere Anforderungen gestellt. Normen, welche die Abbildung von Hakenkreuzen oder die Verwendung brennender Kreuze nach Art des Ku-Klux-Klans unter Strafe gestellt haben, hielten der Überprüfung des Supreme Court bislang nicht stand.[96] Selbst bei einer Anwendbarkeit des deutschen Strafrechts aufgrund der nach wie vor umstrittenen BGH-Rechtsprechung hat deshalb in vielen Fällen, die illegale Inhalte betreffen, ein strafrechtliches Vorgehen gegen die Content- und Host-Provider im Ausland grundsätzlich keine Aussicht auf eine erfolgreiche Rechtsdurchsetzung.

---

92 Vgl. *Bremer*, MMR 2002, 147, 148.

93 U.S. District Court for the Northern District of California, GRUR Int 2002, 960, in der sogleich jedoch noch näher beschriebenen Entscheidung Yahoo v. LICRA.

94 BVerfGE 65, 1, 43.

95 *Holznagel*, AfP 2002, 128, 129.

96 Zur Strafbarkeit von „Hate Speech" unter bestimmten Voraussetzungen vgl. aber *Aydın*, Die strafrechtliche Bekämpfung von Hassdelikten in Deutschland und in den Vereinigten Staaten von Amerika, S. 56.

### 2. Gefahrenabwehrrechtlicher Ansatz

Trotz Parallelen, die sich insbesondere über den Begriff der öffentlichen Sicherheit ergeben, weisen Strafrecht und Gefahrenabwehrrecht einen wesentlichen Unterschied auf. Die aus dem Grundsatz der Gleichheit souveräner Staaten folgende Gebietshoheit kann nicht so weit gefasst werden, dass Maßnahmen zum Schutz der eigenen Bevölkerung vor transnationalen Bedrohungen unterbleiben müssen.[97] Die deutsche öffentliche Sicherheit wird deswegen nicht nur in den Grenzen des Weltrechtsprinzips durch illegale Inhalte auf ausländischen Servern gestört. Gerade bei transnational begangenen Äußerungs- und Verbreitungsdelikten können nationale Schutzgüter auch tangiert sein, wenn kein für das Strafanwendungsrecht ausreichender legitimer Anknüpfungspunkt durch einen hinreichenden Inlandsbezug gegeben ist.[98] Präventive Maßnahmen des Polizei- und Ordnungsrechts weisen zudem keinen Sanktionscharakter auf, der die Strafgewalt eines Staates über das eigene Staatsgebiet hinaus ausweiten würde.[99] Eine Vergleichbarkeit besteht daher eher mit dem Marktortprinzip im Wettbewerbsrecht als mit der strafrechtlichen Lösung.

In der Praxis ist fraglich, ob die oben angeführten präventiven Maßnahmen technisch durchführbar sind, weil nicht gesichert ist, dass bei einem globalen Angebot bestimmte Gebiete ganz gezielt über ihren IP-Adressbereich vom Empfang ausgenommen werden können. Von dieser technischen Vorfrage, dem sogenannten Zoning,[100] hängt maßgeblich ab, ob ein ausländischer Inhaltsanbieter zur Beseitigung einer Störung beispielsweise der deutschen öffentlichen Sicherheit herangezogen werden kann. Wenn eine Territorialisierung des Cyberspace, ein Abbilden der nationalen Grenzen im virtuellen Raum, nicht gelingt, lässt sich auch das präventive Vorgehen in der Wirkung nicht auf das eigene Territorium beschränken und kann deswegen auf Bedenken stoßen. Ohnehin würden sich aber – selbst bei einer grundsätzlich zu bejahenden technischen Umsetzbarkeit – für das Ordnungsrecht die gleichen Vollstreckungsprobleme ergeben, die schon für den strafrechtlichen Ansatz aufgezeigt wurden.

Beide Problembereiche – das Zoning und die Frage der Vollstreckbarkeit – waren in einem Rechtsstreit maßgeblich, der im Informationsrecht häufig mit den geschilderten Problemen einer Vollstreckung im Ausland assoziiert wird und auch von der Bezirksregierung Düsseldorf erwähnt wurde. Es handelt sich um das Verfahren der „Ligue Contre le Racisme et l'Antisémitisme" (LICRA) und der „Union des Etudiants Juifs de France" (UEJF) gegen das Internet-Portal Yahoo Inc.

---

97 *Greiner*, Die Verhinderung verbotener Internetinhalte im Wege polizeilicher Gefahrenabwehr, S. 134.

98 *Germann*, Gefahrenabwehr und Strafverfolgung im Internet, S. 237.

99 *Volkmann*, Der Störer im Internet, S. 204.

100 *Hoeren*, MMR 2007, 3 ff.; sowie bereits *Lessig/Resnick*, Michigan Law Review 1999, 395 ff.

wegen der Versteigerung von NS-Memorabilia, die gegen Art. R 645-1 des französischen Strafgesetzbuchs verstießen.[101]

Das Tribunal de Grande Instance hatte in diesem Fall im November 2000 eine einstweilige Verfügung bestätigt, durch die dem Internet-Portal Yahoo Inc. aufgegeben wurde, innerhalb von drei Monaten Filter einzubauen, um den Zugriff französischer Nutzer auf Auktionsseiten mit Nazi-Andenken zu unterbinden. Yahoo hatte vergeblich damit zu argumentieren versucht, territoriale Beschränkungen des Angebots seien nicht oder nur zu unzumutbar hohen Kosten umsetzbar. Die vom Gericht befragten Experten, darunter *Vint Cerf* und *Ben Laurie*,[102] hatten sich jedoch dahingehend geäußert, dass rund 70 % der Nutzer bereits nach dem damaligen Stand der Technik geographisch bestimmten Ländern zugeordnet werden konnten. Zwei Sachverständige der Expertengruppe legten sich sogar auf 90 % fest. Für diese Ergebnisse sprach nach Ansicht des Gerichts auch, dass Yahoo seine Werbeeinblendungen in den inkriminierten Angeboten an das französische Zielpublikum angepasst hatte.

Yahoo hatte jedoch darüber hinaus eingewandt, das Angebot sei aufgrund der Speicherung auf einem amerikanischen Server durch den ersten Verfassungszusatz der amerikanischen Verfassung geschützt. Mit dieser Argumentation legte Yahoo nicht in Frankreich Rechtsmittel ein, sondern suchte in Amerika Rechtsschutz gegen die Vollstreckung. Obwohl LICRA und UEJF nicht dazu ansetzten, aus dem Titel vorzugehen, hatte Yahoo zunächst Erfolg. Die Vollstreckbarkeit eines ausländischen Urteils, dessen Inhalt nicht mit der Verfassung der USA in Einklang steht, gegen einen Amerikaner in den USA wurde im November 2001 verneint.[103]

Dies war der Stand des Rechtsstreits zum Zeitpunkt der Sperrverfügungen der Bezirksregierung Düsseldorf. Entsprechend argumentierte diese auch in der Verfügung und im Widerspruchsbescheid unter Bezugnahme auf das amerikanische Urteil, eine direkte Inanspruchnahme der Content- und Host-Provider der unzulässigen Angebote erweise sich mangels Anerkennung und Vollstreckbarkeit eines europäischen Urteils in den USA als nicht durchführbar. Ferner hätten das amerikanische Generalkonsulat und die Federal Communications Commission in Washington schon im Jahr 2000 deutlich gemacht, dass die Service-Provider in den U.S.A. durch das First Amendment umfassend geschützt seien.

Der zitierte Rechtsstreit „Yahoo v. LICRA" ging jedoch durch weitere Instanzen. Im August 2004 wurde das von der Bezirksregierung zitierte Urteil durch die

---

[101] Tribunal de Grande Instance de Paris mit Anm. *Namgalies* MMR 2001, 309.

[102] Letzterer distanzierte sich jedoch später von dieser Position und betonte die trivialen Umgehungsmöglichkeiten der vom Gericht geforderten Maßnahmen, vgl. dazu *Reidenberg*, The Yahoo! Case and the International Democratization of the Internet, http://papers.ssrn.com/paper.tag?abstract_id=267148.

[103] U.S. District Court for the Northern District of California, GRUR Int 2002, 960.

Berufungsinstanz aufgehoben. Die Zuständigkeit eines amerikanischen Gerichts sei zu verneinen, solange die beiden französischen Organisationen lediglich in Frankreich den Internet-Auftritt von Yahoo auf seine Vereinbarkeit mit dem französischen Recht überprüfen ließen, ohne jedoch Vollstreckungsversuche aus dem Titel in den Vereinigten Staaten zu unternehmen. Daran ändere sich auch dadurch nichts, dass Yahoo nunmehr nur abwarten könne, ob LICRA und UEJF tatsächlich aus dem Urteil vorgehen würden.

Schon zuvor war Yahoo teilweise in der amerikanischen Fachliteratur dafür kritisiert worden, sich in der Öffentlichkeit als global agierendes Unternehmen zu präsentieren und durch Werbung gezielt die Bevölkerung anderer Staaten anzusprechen, sich dann aber im Konfliktfall auf den ersten Verfassungszusatz zu berufen und sofort in Amerika Rechtsschutz zu suchen.[104] Auch das Berufungsgericht wies nun darauf hin, Yahoo könne nicht erwarten, einerseits die Vorteile eines globalen Internet-Angebots zu nutzen, andererseits aber in Amerika den umfassenden Schutz des ersten Verfassungszusatzes zu erhalten, *noch bevor* die Gegner aus dem ausländischen Titel vorzugehen versuchten.

Yahoo Inc. beantragte daraufhin die Entscheidung eines mit elf Richtern besetzten Spruchkörpers. Das im Januar 2006 veröffentliche Ergebnis wurde teilweise als Niederlage Yahoos gewertet.[105] Tatsächlich aber bejahte das Gericht mehrheitlich (8 zu 3) die Zuständigkeit (i.S.v. „personal jurisdiction") des amerikanischen Gerichts schon aufgrund des von den Organisationen ausgehenden Schriftverkehrs mit Yahoo Inc. und aufgrund der französischen Urteile. Von diesen acht Richtern verneinten allerdings drei die „Entscheidungsreife" *(lack of ripeness)*, da Yahoo die inkriminierten Inhalte aufgrund der Androhung von Ordnungsmitteln im französischen Urteil bereits „freiwillig" beseitigt und seine Geschäftspraktiken im Hinblick auf NS-Memorabilia geändert hatte. Es könne daher nur noch darüber spekuliert werden, ob die vom französischen Gericht verlangten Sperrmaßnahmen auch amerikanische Bürger in ihrem Zugriff auf die Inhalte beeinträchtigen und dadurch in ihren Rechten aus dem ersten Verfassungszusatz verletzen würden. Auch die Frage einer exterritorialen Anwendbarkeit des First Amendments stünde nicht zur Entscheidung an. Im Ergebnis wurde eine Fortsetzung des Verfahrens deshalb mit sechs zu fünf Stimmen abgelehnt. Auch der Supreme Court nannte das Verfahren im Mai 2006 auf einer Liste von Fällen, mit denen er sich nicht befassen wird.[106] Yahoo kann sich somit erst im Fall tatsächlicher Vollstreckungsversuche in den Vereinigten Staaten auf die Rechte aus dem ersten Verfassungszusatz berufen und

---

104 *Reidenberg*, The Yahoo! Case and the International Democratization of the Internet, Fordham University School of Law, Research Paper 11/2001, S. 7, online über http://papers.ssrn.com/sol3/papers.cfm?abstract_id=267148.

105 *Wilkens*, Yahoo unterliegt im Rechtsstreit um Auktionsseiten mit Nazi-Andenken, www.heise.de/newsticker/meldung/68314.

106 *Wilkens*, Oberstes US-Gericht will sich nicht mit Rechtsstreit um Nazi-Auktionsseiten befassen, http://www.heise.de/newsticker/meldung/73693.

eine Überprüfung begehren. Im konkreten Fall wird damit allerdings sieben Jahre nach den französischen Entscheidungen nicht mehr gerechnet.

Im Ergebnis ist somit zwar die Entscheidung aufgehoben worden, auf die sich die Bezirksregierung Düsseldorf gestützt hat, um das Vorgehen gegen die Host- und Content-Provider als vergeblich darzustellen. Die nachfolgenden Urteile in den USA bezogen sich jedoch nur auf Fragen der Zuständigkeit bzw. der Entscheidungsreife zu einem Zeitpunkt, in dem tatsächliche Vollstreckungsbemühungen gerade noch nicht unternommen wurden. Ob aus einem ausländischen Urteil, das mit den Grundsätzen des First Amendment nicht vereinbar ist, in den Vereinigten Staaten gegen einen amerikanischen Content- oder Host-Provider vorgegangen werden kann, ist damit nicht entschieden. Der im Jahr 2000 vom amerikanischen Generalkonsulat und der Federal Communications Commission vertretenen Rechtsposition kann somit immer noch Gültigkeit beigemessen werden. Bei der Subsumtion der Sperrverfügung unter die von der Ermächtigungsnorm verlangten Tatbestandsmerkmale „nicht durchführbar“ und „nicht Erfolg versprechend“ wird darauf zurückzukommen sein.

## II. Vorgehen gegen die Nutzer

Gegen die Verbreitung illegaler Inhalte auf ausländischen Servern kann nicht nur mit Strafverfahren gegen die ausländischen Content- und Host-Provider vorgegangen werden. Denkbar wären auch Strafverfahren gegen die inländischen Konsumenten der Inhalte. *De lege lata* ist ein strafrechtliches Vorgehen gegen den Besitz illegaler Inhalte jedoch nur hinsichtlich kinderpornographischen Materials möglich, wobei selbst dies bezüglich der Voraussetzungen der Besitzstrafbarkeit umstritten ist.[107] Teilweise wird deswegen vorgeschlagen, diese Vorverlagerung der Strafbarkeit *de lege ferenda* auf nationalsozialistische und extremistische Inhalte auszuweiten.[108]

Diese Einbeziehung der Nutzer – differenziert nach „Input Usern“ und „Output Usern“ als Ansatzpunkte der Kontrolle[109] – ist für eine systematische Gesamtbetrachtung aller Akteure und Bekämpfungsansätze im Bereich illegaler Inhalte im Internet hilfreich. Wenn gegen die den Inhalt bereitstellenden „Input User“ aufgrund der Internationalität des Internets nicht vorgegangen werden kann, so kommt einem eventuell möglichen Vorgehen gegen die Nutzer Bedeutung zu, die derartige Informationen empfangen und die der deutschen Gerichtsbarkeit unterstehen.

---

107 Vgl. z.B. OLG Schleswig NStZ-RR 2007, 41; *Harms*, NStZ 2003, 646, 650.

108 *Engel*, MMR-Beilage 4/2003, 34 (These 22 am Ende).

109 *Timofeeva*, Censorship in Cyberspace, zum „Input User“ vgl. dort S. 50, zum „Output User“ S. 58, zur Interessenkollision bei Besitzstrafbarkeit S. 112 f.

Die Entwicklung zu einer solchen Vorverlagerung der Strafbarkeit scheint – auch aufgrund internationaler Abkommen – kaum noch aufzuhalten zu sein.[110] „Vorzüge" dieser Ausweitung liegen unbestreitbar in der Linderung von Beweisproblemen und Schwierigkeiten bei der Strafverfolgung. Entsprechend dem von *Foucault* beschriebenen Panopticon-Effekt veranlasst auch bereits ein bloßes Entdeckungsrisiko zu normkonformem Verhalten.[111] Mit einer Kriminalisierung können deshalb trotz des im Internet typischerweise zu erwartenden Vollzugsdefizits auch präventive Wirkungen und eine Selbstzensur der Nutzer einhergehen.[112]

Gegen die mit einer solchen Vorverlagerung verbundene kontinuierlich fortschreitende Einbuße von Freiheitsrechten wendet sich aber mit guten Gründen eine Literaturansicht, die eine allumfassende Strafbarkeit von Herstellung, Vertrieb und Konsum bestimmter Inhalte als „überzogen"[113] beurteilt. Es sei „eines Rechtsstaats nicht würdig" und reiche „nah an die Strafbarkeit eines Orwell'schen ‚Gedankenverbrechens'"[114] heran, das „bloße Betrachten von verbotenen Bildern als kriminelles Unrecht zu verfolgen". Mit Blick auf das *ultima ratio*-Prinzip des Strafrechts und seinen fragmentarischen Charakter ist dieser Kritik in der Sache grundsätzlich zuzustimmen. Eine Strafbarkeit des Besitzes von bestimmten Gegenständen und insbesondere von bestimmten Daten bedarf einer besonderen Rechtfertigung, die keineswegs im Hinblick auf alle illegalen Inhalte im Internet möglich ist.

Ähnliches gilt auch für eine Ausweitung der strafrechtlichen Verantwortlichkeit derjenigen, die Minderjährige unbeaufsichtigt im Internet surfen lassen. Soweit etwa Minderjährigen das Aufsuchen pornographischer Dateien gezielt durch die Mitteilung einschlägiger Internet-Adressen ermöglicht wird, besteht eine Strafbarkeit schon *de lege lata*.[115] Auch kommt eine Unterlassensstrafbarkeit in Betracht, wenn Überwachergaranten nicht einschreiten und den Konsum pornographischer Darstellungen nicht unterbinden. Für ein primär an Effizienzgesichtspunkten orientiertes Strafrecht könnte auch die Ausweitung einer solchen Inanspruchnahme von

---

110 Vgl. zur Vorverlagerung des materiellen Strafrechts z.B. § 184b Abs. 2 und 4, § 263a Abs. 3 StGB und zuletzt § 202c StGB-E; *Scheffler*, ZStW 117 (2005), S. 767, passim; *Sieber*, ZStW 119 (2007), S. 1, 27 ff.; ferner *Weber*, Die Vorverlegung des Strafrechtsschutzes durch Gefährdungs- und Unternehmensdelikte, in: Jescheck (Hrsg.), Die Vorverlegung des Strafrechtsschutzes durch Gefährdungs- und Unternehmensdelikte, S. 1, 15, 21.

111 *Foucault*, Überwachen und Strafen, S. 259; *Boyle*, Foucault in Cyberspace, http://www.law.duke.edu/boylesite/foucault.htm. Zur Internalisierung äußerer Zwänge der Architektur des Cyberspace auch *Lessig*, Code und andere Gesetze des Cyberspace, S. 414.

112 *Timofeeva*, Censorship in Cyberspace, S. 113.

113 *Tröndle/Fischer*, StGB, § 184b Rn. 20.

114 So *Tröndle/Fischer*, StGB, § 184b Rn. 20 noch in der 52. Auflage.

115 *Hörnle*, NJW 2002, 1008, 1012.

Verantwortlichen attraktiv sein. Eine entsprechende Ausdehnung von Garantenpflichten würde jedoch den allgemeinen strafrechtlichen Grundsätzen widersprechen. Auch sprechen die soeben aufgezeigten Argumente dagegen, in diesem Bereich „Prävention durch Repression" zu betreiben. Hinzu kommt in vielen Fällen die Interessenkollision mit dem von Art. 6 Abs. 2 GG geschützten elterlichen Erziehungsauftrag.[116]

## III. Vorgehen gegen Diensteanbieter im Inland (Sperrverfügungen)

Die dargestellten Probleme beim straf- und ordnungsrechtlichen Vorgehen gegen die Inhaltsanbieter und Nutzer führten – wie in der Einleitung bereits angedeutet – zu der Überlegung, die der nationalen Jurisdiktion unterstehenden Provider mit Hilfe von Sperrungsanordnungen in die Pflicht zu nehmen. Dieser Ansatz begegnet sowohl technischen als auch rechtlichen Problemen. Die juristische Beurteilung derartiger Sperrverfügungen setzt deswegen – in Anknüpfung an das im Vorwort genannte Gutachten der TU Dresden – technische Grundlagen voraus, welche insbesondere zwischen den verschiedenen Übertragungsschichten des Internetprotokolls unterscheiden, auf denen die potentiellen Adressaten von Sperrverfügungen tätig sind und auf deren Grundlage sich die den Adressaten möglichen Sperrmaßnahmen ergeben.[117]

### 1. Allgemeine technische Grundlagen

Für die Einordnung der einzelnen Sperrkriterien in die Gesamtstruktur des Internets und für die Durchführbarkeit von Sperrmaßnahmen sind insbesondere das ISO-OSI-Referenzmodell und das TCP/IP-Schichtenmodell hilfreich.[118] Dabei geht es um Denkansätze, welche die bei der Datenübertragung anfallenden Vorgänge systematisieren und erklären sollen.[119] Die genannten Modelle gliedern die Datenübertragung im Internet in verschiedene Schritte auf, die auf unterschiedlichen Schichten erfolgen.

---

[116] *Matzky*, ZRP 2003, 167, 169.

[117] Die im Folgenden an zahlreichen Punkten des Gutachtens erforderlichen Bezüge zu den technischen Hintergründen stützen sich unter anderem auf das oben genannte Gutachten der TU Dresden und setzen dieses inhaltlich voraus. Die Darstellung beschränkt sich daher jeweils auf eine Zusammenfassung der für die rechtliche Begutachtung essentiellen Erkenntnisse mit weiteren Nachweisen zur Rechtsprechung und juristischen Literatur.

[118] *Pfitzmann/Köpsell/Kriegelstein*, Sperrverfügung gegen Access-Provider – Technisches Gutachten vom 22.12.2006, S. 12.

[119] *Sieber*, Verantwortlichkeit im Internet, Rn. 35, mit weiteren Einzelheiten zu den Referenzmodellen.

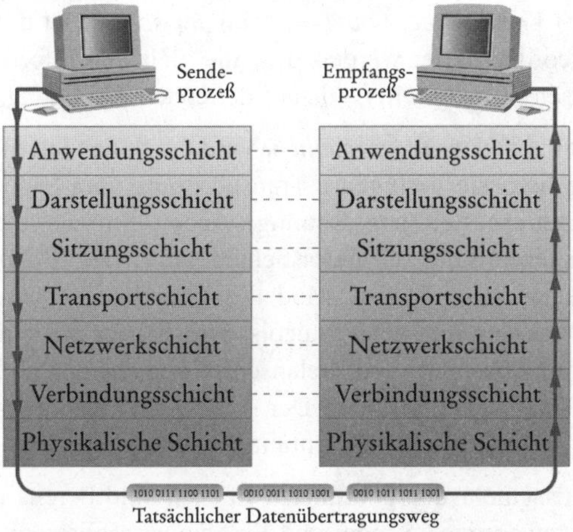


Abbildung des ISO-OSI-Modells zur Systematisierung der Datenübertragung[120]

Bei der Übermittlung von Daten im Internet werden auf Seiten des Senders die eingegebenen Daten von der höchsten (Anwendungs- oder Applikations-)Schicht über die einzelnen Zwischenschichten bis zur untersten (physikalischen) Schicht weitergegeben und von dort zum Beispiel als elektronische Impulse an die physikalische Schicht des Empfängers übermittelt. Am Ziel werden die Daten wieder „von unten nach oben" bis zur Anwendungsschicht des Empfängers geleitet, wo sie zum Beispiel als E-Mail auf dem Bildschirm lesbar werden.

Für die juristischen Betrachtungen ist die spezielle TCP/IP-Differenzierung in vier Ebenen ausreichend. Diese soll daher im Folgenden zugrunde gelegt werden. Zu unterscheiden sind damit die Anwendungs-, die Transport-, die Internet- und die Verbindungsschicht.

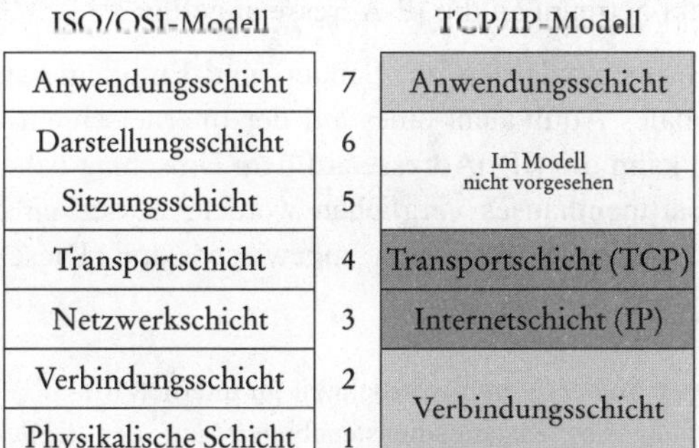


Abbildung zur Gegenüberstellung der einzelnen Schichten beider Modelle[121]

---

120 Abbildung aus: *Sieber*, Verantwortlichkeit im Internet, Rn. 34.

Der (untersten) *Verbindungs-* oder *Netzzugangsschicht* ist die Funktion der Bitübertragung zugeordnet. Hier werden Bits, die kleinsten Informationseinheiten, in Form von Impulsen weitergeleitet, wie aus der ersten Abbildung ersichtlich ist.

In der darüber liegenden *Internetschicht* wird durch das Internet Protocol (IP) für die Datenpakete die beste verfügbare Transportroute vom Sender durch das Internet zum Empfänger ermittelt (sog. Routing). Access-Provider bieten den Dienst der (reinen) Zugangsvermittlung auf dieser Schicht an.[122] Die IP-Adresse der verschiedenen Internetnutzer ist im TCP-IP-Modell auf der Internetschicht zu lokalisieren. Die Funktionsweise des Internet Protocols wird häufig mit einem Briefumschlag verglichen, der mit Absender- und Zielanschrift versehen ist und in dessen Inneren sich das (TCP-)Datenpaket befindet. Der Access-Provider transportiert gleichsam den Briefumschlag vom Sender in Richtung des Empfängers.

Die der Internetschicht übergeordneten Ebenen sind bereits der Ende-zu-Ende-Kommunikation zugeordnet. Sender und Empfänger realisieren auf diesen übergeordneten Ebenen die Ausgestaltung der Transport- und der Anwendungsschicht auf der Basis des vom Access-Provider (auf der Internetschicht darunter) bereitgestellten Netzzugangs.

Auf der *Transportschicht* ist dabei die Zustellung der einzelnen Datenpakete anzusiedeln. Damit die Datenpakete jeweils durch den ihnen entsprechenden Internetdienst weiter verarbeitet werden können, wird auf dieser Schicht durch das Transmission Control Protocol (TCP) jeweils ein Verbindungskanal („Port“ genannt) zur Bezeichnung einer bestimmten Anwendung definiert. Jedes Datenpaket erhält beim Sender als Kennung eine solche Port-Nummer, damit auf Empfänger-Seite die Datenpakete dem richtigen Dienst auf der Anwendungsschicht (z.B. E-Mail, üblicherweise Port 110) zugeleitet werden können. Die Port-Nummern sind üblicherweise standardisiert, können jedoch bei entsprechender Einigung auch durch die Kommunikationspartner selbst festgelegt werden. Sie werden meistens durch einen Doppelpunkt getrennt an die IP-Adresse angefügt.[123]

Stellt man sich nochmals den mit Sender- und Empfängeranschrift versehenen Brief als funktionales Äquivalent eines auf der Internetschicht transportierten Datenpakets vor, so kann die (IP-)Adresse auf dem Umschlag dabei mit der Anschrift eines großen Apartmenthauses verglichen werden, dessen einzelnen Wohnungen Postfächer mit bestimmten Nummern zugewiesen sind. Diese symbolisieren die

---

121 Abbildung aus: *Sieber*, Verantwortlichkeit im Internet, Rn. 38.

122 Zur Einordnung des Zugangsdiensteanbieters auf der 3. Schicht des ISO-OSI-Modells vgl. instruktiv *Köhntopp*, http://kris.koehntopp.de/inkomploehntopp/01773.html: „IP-Pakete sind etwas, das auf der OSI-Schicht 3, der Netzwerkschicht, existiert. URLs sind etwas, das auf der Schicht 7, der Anwendungsschicht, existiert. Bisher verkaufen Provider einen Internet-Zugang, also einen Schicht 3 Zugang. Auf diesem Zugang machen der Client des Kunden und der Server [...] selber die Schichten 4–7.“

123 *Marberth-Kubicki*, Computer- und Internetstrafrecht, Rn. 7.

Port-Nummern. Der Postzusteller (Access-Provider) erfüllt seine Aufgabe bereits mit der unsortierten Ablieferung der insgesamt an das Apartmenthaus adressierten Post. Die Verteilung in die Postfächer wird sodann hausintern koordiniert. Im Schichtenmodell ist der Vorgang entsprechend einer Ebene oberhalb der Internetschicht zugeordnet. In den Bildern des Beispiels ausgedrückt muss der Briefträger die Nummern der Postfächer (Ports) im Rahmen seiner Diensteerbringung nicht zur Kenntnis nehmen.

Das im Vorwort genannte Gutachten der TU Dresden lokalisiert auch den DNS-Namen auf der Transportschicht. Nach anderer Ansicht wird er als Dienst der Anwendungsschicht begriffen. Für die Bewertung des Domain-Namens als Sperrkriterium ist an dieser Stelle primär wichtig, dass er im Modell bereits der Ende-zu-Ende-Kommunikation *oberhalb* der Internetschicht zuzuordnen ist.

Auf der höchsten Ebene, der *Anwendungsschicht*, stehen den Computernutzern spezielle Dienste zur Verfügung, zum Beispiel World Wide Web oder E-Mail. Zur weiteren Identifikation einzelner Angebote dient auf dieser Schicht zum Beispiel die URL (Uniform Resource Locator, zusammengesetzt aus dem Anwendungsprotokoll, dem Namen des WWW-Servers und ggf. einem Verzeichnis- bzw. Dateinamen[124]). Die Kennung kann somit nur in der Applikationsschicht als Anknüpfungspunkt einer Sperrung eingesetzt werden. Ohne das zuvor gebildete Beispiel überstrapazieren zu wollen, kann die URL mit einem bestimmten Bewohner des durch die Postfach-Nummer (d.h. den Port) identifizierten Haushalts verglichen werden. Erst an dieser Stelle, auf der Anwendungsschicht, „der Wohnung“ selbst, erreicht somit die Mitteilung des Senders den dann konkret identifizierbaren Empfänger.

### 2. Differenzierung der potentiellen Adressaten von Sperrverfügungen

#### *a) Unterschiedlicher Sprachgebrauch und technische Systematik*

Für die vorliegende Fragestellung geht es vor allem um Sperrverfügungen durch Access-Provider. Dieser Begriff wird von Informatikern und Juristen jedoch nicht einheitlich gebraucht. Im technischen Gutachten der TU Dresden werden zu solchen Anbietern sowohl „Bit-Transport-Provider“ (Carrier) als auch „IP-Pakettransport-Provider“ (für den Zugang des Nutzers zum Netz verantwortliche Internet-Service-Provider) gerechnet.[125]

Die Bezirksregierung Düsseldorf hingegen hatte ersichtlich den Wortlaut einer Position der Literatur[126] aufgegriffen, nach welcher der Terminus der Access-

---

124 *Sieber*, Technische Grundlagen, Teil 1 Rn. 83, in: Hoeren/Sieber (Hrsg.), Handbuch Multimedia-Recht.

125 *Pfitzmann/Köpsell/Kriegelstein*, Sperrverfügung gegen Access-Provider – Technisches Gutachten vom 22.12.2006, S. 14 f.

126 *Koenig/Loetz*, CR 1999, 438, 439 f.

Provider nur Letztere, die IP-Pakettransport-Provider, bezeichnet. So unterscheidet die Bezirksregierung im Widerspruchsbescheid explizit Access-Provider einerseits und Network-Provider andererseits.[127] Insoweit entspricht diese Differenzierung der üblichen Diktion in der juristischen Literatur. Als Access-Provider werden in der juristischen Literatur überwiegend nur Diensteanbieter bezeichnet, die „technisch den Zugang zum Netz bzw. die Einwahl ins Internet“[128] ermöglichen bzw. die Schnittstelle zu einem Inhaltsangebot bereitstellen. Betreiber hingegen, die lediglich Übertragungswege anbieten, werden zumeist als Network-Provider bzw. Netzwerkbetreiber aufgefasst.

Problematisch ist an den Ausführungen der Bezirksregierung jedoch, dass bei den einschlägigen Kontrollmaßnahmen mit der Trias der von der Bezirksregierung Düsseldorf vorgeschlagenen Sperransätze DNS/Router/Proxy bei genauer Betrachtung *drei unterschiedliche Adressaten* angesprochen werden: Anbieter eines DNS-Servers, Zugangsvermittler auf der Internetschicht und Betreiber eines Proxy-Servers. Die Bezirksregierung hält beispielsweise den Name-Service des Domain-Name-Servers für eine vom Access-Provider zur Verfügung gestellte, für die Zugangsmöglichkeit erforderliche Protokollfunktion.[129] Die Dienste fallen aber in der Figur des „typischen Access-Providers“ nur häufig und keineswegs zwingend[130] in Personalunion zusammen. Juristisch, etwa im Hinblick auf das Fernmeldegeheimnis, können sich einige deutliche Unterschiede zwischen beiden Diensten ergeben. Der Betrieb eines DNS-Servers muss deswegen im Hinblick auf Sperrverfügungen isoliert betrachtet werden.

Im vorliegenden Gutachten wird daher zwar grundsätzlich die in der juristischen Literatur geläufige Differenzierung zwischen Access-Providing und Network-Providing beibehalten. Zur Vermeidung von Missverständnissen wird an den insoweit relevanten Stellen – vor allem für die Bestimmung des Adressatenkreises einer Verfügung – jedoch ein differenzierendes Vokabular benutzt, das mit Blick auf die rechtlichen Fragestellungen vor allem deutlich macht, auf welchen Schichten der

---

127 „Im Gegensatz zum Network-Provider, der lediglich die Übertragungswege oder -kapazitäten zur Verfügung stellt, nicht aber einen elektronischen Informations- und Kommunikationsdienst i.S.d. § 2 Abs. 1 TDG, bietet der Access-Provider nämlich zusätzlich eine bestimmte Form der Datenübertragung an, die den Zugang zu einem Rechnernetz gestattet. Neben der Zugangsmöglichkeit stellt der Access-Provider die zur Benutzung des Netzes erforderlichen Protokollfunktionen (IP-Adresse, Name-Service, Routing) zur Verfügung. Der Access-Provider bietet demnach alle Funktionen an, die notwendig sind, um den Rechner des Nutzers Teil des Kommunikationsnetzes werden zu lassen und kann daher nicht mit dem Netzwerk-Provider gleich gestellt werden.“

128 *Stadler*, Haftung für Informationen im Internet, Rn. 12.

129 Die von der Bezirksregierung offenbar übernommene Sichtweise (vgl. die zuvor zitierte Stelle bei *Koenig/Loetz*, CR 1999, 438, 440) trifft deshalb zwar für den Regelfall des Access-Providers zu. Das Betreiben eines DNS-Servers ist für den Access-Provider aber keineswegs zwingend.

130 *Stadler*, Haftung für Informationen im Internet, S. 183, Fn. 508, für den DNS-Server, S. 185 für den Proxy-Einsatz.

jeweilige Provider tätig wird. In Anlehnung an das technische Gutachten wird dabei für die in der juristischen Diskussion als sogenanntes Access-Providing bezeichnete Funktion zwischen der Zugangsvermittlung auf der Internetschicht und der Zugangsvermittlung auf der Anwendungsschicht (durch Einsatz eines Proxy-Servers) unterschieden. Bei Network-Providern wird zwischen dem reinen Carrier und dem Router-Betreiber differenziert. Der Betrieb eines DNS-Servers sowie der Betrieb einer Suchmaschine werden als eigenständige Funktion gesondert beurteilt. Eine solche differenzierende Betrachtung der beteiligten Provider im Hinblick auf ihre Funktion im Rahmen des oben genannten Schichtenmodells ist Voraussetzung für eine Beurteilung der *technisch möglichen* Sperrmaßnahmen.

Im Übrigen wird bei der *juristischen* Beurteilung der Tatsache Rechnung getragen, dass für die Subsumtion unter das TMG die Einordnung der Diensteanbieter in die rechtlichen Funktionsbeschreibungen „Bereithalten eigener Informationen zur Nutzung", „Bereithalten fremder Informationen zur Nutzung", „Vermittlung des Zugangs zur Nutzung fremder Informationen" und „Übermittlung fremder Informationen in einem Kommunikationsnetz" entscheidend ist. Der Ausdruck „Internet Access" wird zwar mittlerweile auch in den Materialien[131] zum TMG verwendet, findet sich jedoch nicht im Gesetz selbst. Es kommt für die rechtliche Beurteilung deshalb weniger darauf an, ob zum Beispiel Suchmaschinenbetreiber „unter den Begriff der Access-Provider zu fassen"[132] sind. Vielmehr sind für die juristische Kategorisierung die einzelnen Dienste jeweils für sich zu betrachten und unabhängig vom Begriff des Access-Providers unter den Gesetzestext zu subsumieren.

### *b) Zugangsvermittlung auf der Internetschicht: Betreiber des Einwahlknotens*

Das Gutachten der TU Dresden beschreibt die Diensteanbieter, die für die Nutzer den Zugang zum Internet herstellen, als IP-Pakettransport-Provider. Diese stellen auf der Internetschicht einen Router (Netzknoten) zur Zusammenschaltung mit dem Internet zur Verfügung.[133] Router[134] sind Verbindungsrechner, die für die Vermittlung der Daten auf der Strecke vom Sender zum Empfänger verantwortlich sind. Sie versenden die ankommenden Datenpakete über bestimmte Leitungen.[135] Für die Nutzer ist deswegen der Einwahlknoten des Zugangsvermittlers der erste technische Kontaktpunkt zum Internet. Er bietet sich deshalb als Ansatzstelle für Sperr-, Kontroll- und Überwachungsmaßnahmen an, da die gesendeten Daten hier – wenn

---

131 BT-Drs. 16/3078, S. 15.

132 Diese Frage der KJM wird deshalb im Folgenden dahin ausgelegt, ob auch für das Vorgehen gegen Suchmaschinenbetreiber eine Eingriffsgrundlage besteht und die Maßnahme verhältnismäßig sein kann.

133 Auch *Germann* fasst die Zugangsvermittlung durch Einwähl- und Aufwählknoten unterhalb der Anwendungsschicht unter „Betreiber eines IP-Routers", Gefahrenabwehr und Strafverfolgung im Internet, S. 442.

134 Zu Routingtabellen und zum Border Gateway Protocol vgl. S. 14, 15, zum Ausschluss von IPs durch eine Sperrung im Router vgl. S. 52, 53 des Gutachtens der TU Dresden.

135 Bei Netzen mit unterschiedlicher Übertragungstechnik werden zusätzlich Konvertierungsleistungen von speziellen Computersystemen übernommen. Vgl. *Sieber*, Verantwortlichkeit im Internet, Rn. 20, 21.

auch bereits unterteilt in IP-Pakete – immerhin noch komplett vorliegen.[136] Danach ist dies häufig nicht mehr der Fall, da der Weg der Datenpakete in der Regel nicht vom Sender selbst, sondern durch das Internet Protocol bestimmt wird und einzelnen Paketen je nach Verfügbarkeit der Routen unterschiedliche Wege zum Ziel zugewiesen werden können.

Die Datenübermittlung erfolgt dann ab dem ersten Router jeweils schrittweise durch Kommunikation zwischen den benachbarten Verbindungsknoten.[137] Die einzelnen Übertragungsschritte werden Sprünge oder „Hops" genannt.[138] Das Verfahren stützt sich dabei auf Routingtabellen, in denen jeweils die Erreichbarkeit anderer technischer Ressourcen im Internet aufgeführt ist. Mittels des Border Gateway Protocols aktualisieren Router an den Grenzen von und in autonomen Systemen die Einträge in ihren Tabellen in regelmäßigen Abständen. Geräte ohne Eintrag in den Routingtabellen der involvierten Verbindungsrechner sind grundsätzlich für den anfragenden Nutzer nicht erreichbar, was zur Erzeugung einer Fehlermeldung führt.[139] Dies kann für Zugriffssperrungen ausgenutzt werden. Im zentralen Router des Providers kann ein Eintrag so vorgenommen oder verändert werden, dass an bestimmte IP-Adressen, deren Erreichbarkeit aus dem Inland unterbunden werden soll, keine Datenpakete weitergeleitet werden.[140]

### *c) Zugangsvermittler auf der Anwendungsschicht: Betreiber eines Proxy-Servers*

Die reine Vermittlung von IP-Paketen über Netzwerkknoten auf der Internetschicht ist allerdings nicht der einzige Fall des Access-Providings (i.S.d. Sprachgebrauchs in der juristischen Diskussion). Von zahlreichen großen Anbietern wird der Zugang zum Internet über einen zwischen den anfragenden Nutzer und den angefragten Server geschalteten Proxy-Server vermittelt.[141] Dies gilt jedenfalls dann, wenn sich die Nutzer mit der von ihrem Provider gestellten Software einwählen und den in dieser enthaltenen Browser verwenden.

---

136 *Riklin*, Information Highway und Strafrecht, in: Hilty (Hrsg.), Information Highway, S. 559, 587.

137 *Köhntopp, K./Köhntopp, M./Seeger*, Sperrungen im Internet – Eine systematische Aufarbeitung der Zensurdiskussion, http://kris.koehntopp.de/artikel/blocking/.

138 *Sieber*, Verantwortlichkeit im Internet, Rn. 49.

139 *Pfitzmann/Köpsell/Kriegelstein*, Sperrverfügung gegen Access-Provider – Technisches Gutachten vom 22.12.2006, S. 15.

140 *Schneider*, MMR 1999, 571, 572; zu den Möglichkeiten eines manipulierten BGP4-Announcements, durch das die Breitenwirkung der Maßnahme erheblich gesteigert werden könnte: *Semken*, Sperren von Inhalten im Internet, in: Heermann/Ohly (Hrsg.), Verantwortlichkeit im Netz, S. 9, S. 16.

141 *Briner*, Die Rechtsstellung des Access-Providers, in: Hilty (Hrsg.), Information Highway, S. 489, 505, sah bereits 1996 den Proxy-Einsatz als Usance zumindest der großen Provider an.

Ein Proxy-Server ist ein aus Hard- und Softwarekomponenten bestehendes Computersystem, das den Datenstrom zwischen Sender und Empfänger unterbricht, nach vordefinierten Regeln auf der Anwendungsschicht analysiert und die Datenpakete anschließend weiterleitet oder verwirft.[142] Der Nutzer ist somit nicht direkt mit dem Telemedienanbieter in Kontakt, sondern es bestehen zwei getrennte Kommunikationsverbindungen zwischen Nutzer und Proxy einerseits sowie Proxy und Anbieter andererseits. Aus der Sicht des Nutzers verhält sich der Proxy wie ein Server, während er gegenüber dem Anbieter als Client auftritt.

Die Sperrverfügung der Bezirksregierung Düsseldorf hatte den Einsatz von Proxy-Servern zu Kontrollzwecken (wie oben beschrieben) als eine der Sperr-Optionen vorgesehen. Dadurch könnten anhand der URL als „genaues Zuordnungskriterium der individuellen Web-Seite auf dem jeweiligen Server" Angebote gesperrt und der Zugriff verweigert oder auf eine vordefinierte Seite umgeleitet werden.[143] Für die weiteren Überlegungen ist dabei wichtig, dass ein Proxy – anders als die Zugangsvermittler auf der Internetschicht – auf der höchsten Ebene der beiden oben dargestellten Referenzmodelle arbeitet. Auf einem solchen Server müssen die Datenpakete daher aus dem Format, in dem sie auf unteren Ebenen vorliegen, in die auf der Anwendungsschicht interpretierbaren Inhalte (und nach der Auswertung wieder zurück) umgewandelt werden. Proxy-Server können dabei zu diversen Zwecken eingesetzt werden. Insbesondere die genannten Regelwerke, anhand derer ein Proxy entscheidet, wie mit den jeweiligen Datenpaketen zu verfahren ist, unterscheiden den Proxy vom sogenannten Proxy-*Cache*-Server. Zwar handelt es sich häufig um ähnliche Computersysteme. Während der Proxy-Cache-Server aber mittels großer Festspeicherkapazitäten vor allem durch Zwischenspeicherung für Effizienzsteigerung sorgt, liegen die Ziele eines zu Abschottungsmaßnahmen eingesetzten Proxy-Servers vor allem in erhöhter Kontrolle und Sicherheit.[144] Die für einen derartigen Einsatz erforderlichen komplexen Verarbeitungsvorgänge können zu Performance-Verlusten bei der Datenübertragung führen.

Die vielfache Zwischenschaltung eines Proxys erschließt sich nicht nur aus diversen Schwierigkeiten, zum Beispiel von wikipedia, zielgenau einzelne Nutzer, die über den Proxy ihres Providers auf die Angebote zugreifen, wegen ihres Cyber-Vandalismus zu sperren.[145] Kunden anderer Provider haben bereits Erfahrungen mit Inhaltsmanipulationen gemacht.[146] Überdies sehen manche Provider vor, dass als Startseite unabhängig von den persönlichen Einstellungen stets die Homepage

142 *Sieber*, Technische Grundlagen, Teil 1 Rn. 27, in: Hoeren/Sieber (Hrsg.), Handbuch Multimedia-Recht.

143 Sperrverfügung der Bezirksregierung Düsseldorf, S. 7, http://www.bezreg-duesseldorf.nrw.de/BezRegDdorf/autorenbereich/Dezernat_21/PDF/39sperrverf_022002.pdf.

144 *Sieber*, Verantwortlichkeit im Internet, Rn. 23.

145 http://de.wikipedia.org/wiki/Wikipedia:AOL-Sperre.

146 *Freude*, Freenet zensiert kritische Websites, http://odem.org/aktuelles/news_7532.de.html.

des Providers angezeigt wird.[147] Derartige Vorgänge deuten auf einen Zwangsproxy-Einsatz hin. In den AGB selbst wird dies allerdings weder erwähnt noch auf (mögliche Vor-, aber auch) Nachteile hingewiesen, insbesondere auf die Tatsache, dass der Internetzugang nicht unmittelbar hergestellt wird. Das Problem erschließt sich den Kunden häufig erst bei Performance-Einbußen.

In der vertragsrechtlichen Literatur zur AGB-Gestaltung in Providerverträgen wird nur die umgekehrte Sichtweise thematisiert, nämlich die Frage, ob Provider gegebenenfalls darauf hinweisen müssten, *nicht* über einen (unter anderem die Effizienz steigernden) Proxy-Cache zu verfügen.[148] Nur vereinzelt wird erörtert, dass der Nutzer ein Interesse daran hat, selbst zu entscheiden, ob er den direkten Zugang über einen Zugangsvermittler auf der Internetschicht wünscht oder die Zugangsvermittlung auf der Anwendungsschicht vorzieht.[149] Die Zugangsvermittlung auf der Anwendungsschicht mittels eines Proxy-Servers stellt sich bei geeignetem Cache-Einsatz als schneller dar und ist unter Umständen auch mit einem verbesserten Schutz der informationellen Selbstbestimmung verbunden. Es handelt sich jedoch trotz dieser Vorzüge stets um den Kontakt mit einem Übermittler und Stellvertreter, nicht mit dem eigentlich gewünschten Kommunikationspartner am Zielhost, mit allen damit verbundenen Kontroll- und Manipulationsrisiken. Welche Vermittlungsart jeweils vorteilhafter für ihn ist, muss der Kunde des Providers für sich selbst entscheiden (können). Aufgrund der Unzufriedenheit vieler Nutzer hat sich die Politik einiger Provider deshalb bereits wieder geändert, und es wird zumindest kumulativ auch ein unmittelbarer Zugang auf der Internetschicht ermöglicht.

Diese Unterschiede in der Art der Zugangsvermittlung können sich nicht nur auf die Einordnung der Access-Provider im Regime des TMG auswirken. Ihnen kann vor allem für die Bejahung von Eingriffen in das Fernmeldegeheimnis Relevanz zukommen. Ein Diensteanbieter, der *ohnehin* „Zugangsvermittlung auf der Anwendungsschicht“ anbietet, muss für seine geschäftsmäßige Erbringung auf andere Daten zugreifen als die Anbieter, die den reinen Transport von IP-Paketen anbieten. Dadurch können sich ohne Änderung der eingesetzten Hardware andere Anknüpfungskriterien und Möglichkeiten einer Sperrmaßnahme ergeben, die für den Zugangsvermittler auf der Internetschicht nicht in Betracht kommen. Ob die *Implementierung* eines Proxy-Servers von einem Provider verlangt werden kann, der

---

147 So noch in den ergänzenden Geschäftsbedingungen von freenet mit Stand von 2005, http://www.bundesflat.de/yezz/download/freenet/agb_dsl_freenet.pdf, „freenet bietet den Nutzern die Verbindung zum Internet per DSL ausschließlich über www.freenet.de an. Der Nutzer willigt ein, dass diese Internetseite als automatische Startseite im Internetbrowser gestartet wird.“

148 *Spindler*, in: ders. (Hrsg.), Vertragsrecht der Internet-Provider, Teil IV Rn. 110; *Briner*, Die Rechtsstellung des Access-Providers, in: Hilty (Hrsg.), Information Highway, S. 489, 505.

149 *Köhntopp*, Inkomplöhntopp-Eintrag vom 27.7.1996, „Re: Neue Ermittlungen in Mannheim“, http://kris.koehntopp.de/inkomploehntopp/01773.html.

bislang nur die Paket-Vermittlung auf der Internetschicht angeboten hat, ist deshalb insbesondere vor dem Hintergrund des Fernmeldegeheimnisses überprüfungsbedürftig. Relevant sind die konkreten Geschäftserbringung und die hierfür benötigte Kenntnis von Inhalt und näheren Umständen der übermittelten Nachricht. Ferner wäre die Verpflichtung eines Zugangsvermittlers auf der Internetschicht zur Implementierung eines allein Sperrzwecken dienenden Proxy-Servers auch hinsichtlich der Berufsfreiheit problematisch. Insoweit ist zu prüfen, ob dem IP-Paket-Transport-Provider gleichsam sein „Spezialberuf", das Diensteangebot auf der Internetschicht, unmöglich gemacht würde, wenn er zwangsweise einen solchen Server auf der Anwendungsschicht einrichten müsste.

#### *d) Unterschiedliche Network-Provider: Carrier und Router-Betreiber*

Das technische Gutachten der TU Dresden grenzt die Access-Provider zum Diensteangebot der sogenannten Carrier ab, um für diese Diensteanbieter die Unterschiede in den Sperr- und Kontrollmöglichkeiten darzustellen. Als Carrier bzw. Bit-Transport-Provider versteht das Gutachten dabei Anbieter, die lediglich die Leitungen (auf der untersten Schicht des Referenzmodells) zur Verbindung mit weiteren Netzknoten zur Verfügung stellen. Die Netzknoten selbst hingegen sind nach dem Gutachten bereits den Diensteanbietern zugehörig, welche die IP-Pakete auf der Internetschicht transportieren.[150]

Wenn dem Carrier damit lediglich die Übertragungsstrecke und die zur Übertragung selbst notwendigen Geräte zugeordnet werden,[151] so erklärt sich dies dadurch, dass nicht nur die Einwahlknoten, sondern alle Router auf der Internetschicht arbeiten und die übermittelten Daten beim Routing jeweils für die Internetschicht aufzubereiten sind. Nur auf dieser Ebene stehen Protokolle zur Verfügung, die eindeutige IP-Adressen auch über Netzwerkgrenzen hinweg zu garantieren vermögen und Algorithmen zur Berechnung der Routing-Pfade unterstützen.[152]

Provider, die *neben* den reinen Leitungen *auch* Router betreiben, müssten somit nach dieser Einordnung nicht als Carrier, sondern (wie die Zugangsvermittler am Einwahlknoten) als Diensteanbieter für den Transport von IP-Paketen auf der Internetschicht qualifiziert werden, da die Daten auf einer höheren Schicht verarbeitet werden als durch reine Carrier. Ein entscheidender Unterschied zu diesen Zugangsvermittlern bleibt jedoch (vor allem auch im Hinblick auf Sperrmaßnahmen), dass aufgrund des beschriebenen Routingverfahrens allenfalls bei den großen Back-

150 *Pfitzmann/Köpsell/Kriegelstein*, Sperrverfügung gegen Access-Provider – Technisches Gutachten vom 22.12.2006, S. 48.

151 Allerdings war in Deutschland die strikte Trennung von Netzwerk-Providern und Access-Providern von Beginn an nicht so verwirklicht wie in den USA, vgl. *Mayer*, Das Internet im öffentlichen Recht, S. 50.

152 *Hauger*, Sperrung auf Routern und alternative Wege, S. 12, http://www.ks.uni-freiburg.de/download/papers/interdiszWS0506/Routersperrungen/seminararbeit_hauger.pdf.

bone-Service-Providern, an Austauschknoten (Peering-Punkten) der großen Provider oder zum Beispiel dem DE-CIX-Knoten[153] sämtliche Datenpakete einer Nachricht vorliegen könnten. Eine Datenkontrolle mit Hilfe von Sperrkriterien, die auch bei der Weiterleitung von isolierten IP-Paketen anwendbar sind, kommt bei den sonstigen Routerbetreibern jedoch – anders als bei den reinen Carriern – grundsätzlich in Betracht. Dem kann insbesondere Bedeutung zukommen, um etwa die Umgehungsstrategie des Wechsels nationaler Nutzer zu einem ausländischen Provider zu unterbinden.

Bei reinen Carriern *im Sinne des technischen Gutachtens*, die tatsächlich nur für den Bittransport zwischen zwei Knotenpunkten auf der untersten Ebene der Referenzmodelle sorgen, liegen die Daten dagegen in keiner für die Zwecke der Sperrverfügung auswertbaren Form vor. Ähnlich wie den Anbietern auf der Internetschicht zur URL-Filterung die Implementierung eines Proxys auferlegt werden müsste, käme ein Sperransatz bei den reinen Carriern nur in Betracht, wenn sie zur Analyse der Daten auf einer höheren Ebene des Referenzmodells verpflichtet werden könnten. Die rechtlichen Fragen bei einer solchen Verpflichtung zum Diensteangebot auf höheren Schichten sind daher die gleichen, die bereits beim Zugangsvermittler auf der Internetschicht angedeutet wurden (Fernmeldegeheimnis, Berufsfreiheit).

In der juristischen Literatur wird bisher in der Regel nicht zwischen reinen Carriern und solchen, die auch einen Router betreiben, unterschieden. Beide werden als *Netzwerk-Provider* eingeordnet, die Daten übermitteln.[154] Die Netzwerkanbieter werden dann den Zugangsvermittlern gegenübergestellt, die dem Nutzer eine Zugangsmöglichkeit zum Internet über einen Einwahlknoten auf der Internetschicht oder auf der Anwendungsschicht bereitstellen. Eine solche Betrachtung läuft jedoch Gefahr, technisch mögliche Sperrmöglichkeiten und Sperrkonzepte zu übersehen und auch die Möglichkeiten der verschiedenen Provider zur Durchführung von Sperrmaßnahmen nicht richtig zu analysieren. Die vorliegende Differenzierung macht auch deutlicher, dass bei der Bestimmung möglicher Adressaten der Sperrverfügung geprüft werden muss, ob die Gleichstellung von Carriern und Router-Betreibern nach der Neuordnung des Telemedienrechts noch gerechtfertigt ist oder ob der weite Telemedienbegriff eine differenzierte Betrachtung des Network-Providings erforderlich macht.[155]

---

153 Informationen des eco-Verbandes der deutschen Internet-Wirtschaft e.V., Deutscher Commercial Internet Exchange: http://www.eco.de/servlet/PB/menu/1015955_l1/.

154 Vgl. z.B. *Volkmann*, Der Störer im Internet, S. 83.

155 Schon bisher bei der funktionsspezifischen Anwendung die Betreiber von Router-Rechnern aus dem Begriff des Network-Providings ausnehmend *Sieber*, Verantwortlichkeit im Internet, Rn. 261.

### e) Betreiber eines DNS-Servers

Alle an das Internet angeschlossenen Rechner werden über ihre IP-Adressen identifiziert. Diese – je nach IP-Version und entsprechendem Adressraum 32-Bit bzw. 128-Bit langen – numerischen Adressen sind jedoch nicht benutzerfreundlich. So müsste sich ein Nutzer, der den WWW-Server des Max-Planck-Instituts für ausländisches und internationales Strafrecht erreichen möchte, die IP-Adresse 194.94.219.7 merken. Das Domain Name System (DNS) sorgt insoweit für Abhilfe. Es ermöglicht die Verwendung von einprägsamen begrifflichen Domain-Namen, die dann in die zugehörigen IP-Adressen umgewandelt werden. Das genannte Max-Planck-Institut lässt sich bei Inanspruchnahme eines DNS-Servers deswegen auch über die einprägsame Domain „www.mpicc.de" erreichen. Die Funktion der Server, die diese Umwandlung bereitstellen, wird auch mit der eines Telefonbuchs verglichen.[156]

Bei den DNS-Servern sind autoritative und nicht-autoritative DNS-Server zu unterscheiden. Die erstgenannten sind selbst für die Zuweisung bestimmter IP-Adressen zuständig und antworten auf die Anfrage des Nutzers mit Informationen aus einer eigenen (Zonen-)Datei. Für nicht-autoritative Name-Server hingegen kommt in Betracht, dass sie Datensätze anderer DNS-Server nutzen, um IP-Adressen für Domain-Namen zu ermitteln und dem Nutzer zurückzumelden. Dann fungieren sie als sogenannte rekursive Resolver.[157] Möglich ist für sie aber auch eine (iterative) Vorgehensweise, bei welcher nur mit einem Verweis auf andere Name-Server reagiert wird.

Häufig betreiben die Zugangsvermittler einen eigenen DNS-Server.[158] In diesem Fall können sie grundsätzlich die Einträge im (Cache-)Verzeichnis ihres DNS-Servers ändern, sodass bei einer Abfrage nicht mehr die zutreffende numerische IP-Adresse ermittelt wird, sondern zum Beispiel eine „Host not found"-Fehlermeldung, ein Verbindungsabbruch („Could not connect") oder eine Umleitung auf einen Hinweis zu den Sperrmaßnahmen erfolgt. Allerdings verfügen nicht alle Access-Provider über einen eigenen DNS-Server. Denn das Domain Name System ist zwar ein wichtiger Hilfsdienst, aber keine *conditio sine qua non* für die Zugangsvermittlung.[159] Nutzer können (je nach Server-Konfiguration) teilweise auch unmittelbar die IP-Adresse eingeben oder auf einen frei verfügbaren DNS-Server, den nicht der Access-Provider selbst betreibt, zugreifen.

---

156 So auch *Semken*, Sperren von Inhalten im Internet, S. 29, in: Heermann/Ohly (Hrsg.), Verantwortlichkeit im Netz.

157 *Billen*, Verordnete Zensur-Instrumentarien, Manipulationen am rekursiven DNS-Resolver („Resolver"), http://kai.iks-jena.de/zensur/filterpilot2.html.

158 *Stadler*, Haftung für Informationen im Internet, Rn. 130.

159 *Semken*, Sperren von Inhalten im Internet, in: Heermann/Ohly (Hrsg.), Verantwortlichkeit im Netz, S. 9, 30.

Vor diesem Hintergrund ist es angebracht, das Angebot eines DNS-Servers bei der Einordnung ins Regime des TMG losgelöst vom reinen Access-Providing zu betrachten. Die vorliegenden Fragestellungen werden vor allem beim Tatbestandsmerkmal des Adressaten von Sperrverfügungen gemäß §§ 20 Abs. 4, 59 Abs. 4 RStV, 8 bis 10 TMG erneut und unter Berücksichtigung der Unterschiede zwischen autoritativen und nicht-autoritativen DNS-Servern aufzugreifen sein.

#### *f) Suchmaschinenbetreiber*

Suchmaschinen bestimmen maßgeblich, welche Informationen im Internet überhaupt wahrgenommen werden und welche faktisch unzugänglich bleiben. Ihnen kommt daher eine Funktion als Gatekeeper im Kommunikationsprozess zu.[160] Ohne den kanalisierenden Einfluss von Suchmaschinen könnte die überwiegende Zahl der Nutzer die angebotenen Telemedien in ihrer Fülle weder wahrnehmen noch bewältigen.[161] Aufgrund dieser zentralen Bedeutung ist von Interesse, ob auch die Betreiber von Suchmaschinen in den Adressatenkreis einer Sperrverfügung einbezogen werden können.

Sucht man etwa bei Google mit dem Stichwort „Nazi Lauck“ nach Angeboten, wird bereits jetzt unterhalb der ersten Treffer angezeigt: „Aus Rechtsgründen hat Google sechs Ergebnis(se) von dieser Seite entfernt. Weitere Informationen über diese Rechtsgründe finden Sie unter ChillingEffects.org“.[162] Die Meinungsbildungsrelevanz der Suchmaschinen macht eine Überprüfung der Rechtmäßigkeit einer angeordneten Zugriffsbeschränkung erforderlich.[163] Die dargestellte Sperrung beruht darauf, dass sich Suchmaschinenbetreiber in einer Selbstverpflichtung bereit erklärt haben, indizierte Websites aus dem Verzeichnis zu entfernen. Jugendschutz.net leitet deshalb auch „relevante ausländische Angebote zur Indizierung“ weiter, um deren Auffindbarkeit zu verringern.[164]

---

160 *Meckel*, Das „magische Dreieck“, in: Machill/Schneider (Hrsg.), Suchmaschinen: Neue Herausforderungen für die Medienpolitik, S. 17, 18.

161 *Schulz/Held/Laudien*, Suchmaschinen als Gatekeeper in der öffentlichen Kommunikation; *Ott*, MMR 2006, 195.

162 Kritisch dazu *Zittrain/Edelman*, Localized Google search result exclusions, http://cyber.law.harvard.edu/filtering/google, und *McHugh*, Google vs. Evil, www.wired.com/wired/archive/11.01/google_pr.html.

163 *Ring*, Suchmaschinen und aktuelle Rechtslage zum Jugendschutz, in: Machill/Schneider (Hrsg.), Suchmaschinen: Neue Herausforderungen für die Medienpolitik, S. 51, 53.

164 *Glaser/Günter/Schindler*, Jugendschutz im Internet, Jahresbericht 2006, S. 17, http://www.jugendschutz.net/pdf/bericht2006.pdf.

Bei der Einordnung von Suchmaschinen in die gesetzlichen Regelungen sind verschiedene Funktionen von Suchmaschinen zu unterscheiden.[165] Das zentrale Angebot besteht in der Zusammenstellung von Hyperlinks auf Informationen, welche die vom Nutzer angegebenen Suchbegriffe enthalten. Die hinter dieser Ergebnisliste stehenden Angebote können aus verschiedenen Gründen jugendgefährdend sein: Bedrohlich erscheint insbesondere die unfreiwillige Konfrontation mit Treffern, auf die Kinder und Jugendliche nur aufgrund harmloser unspezifischer Suchbegriffe stoßen.[166] Obwohl die Suchmaschinenanbieter zunehmend Gegenmaßnahmen ergreifen, stellen Kombinationen von Suchbegriffen und auch Tippfehler bei der Stichworteingabe (ähnlich dem Phänomen „Typosquatting") noch immer ein großes Problem dar.[167] Jugendmedienschützer haben aufgrund der Gatekeeper-Funktion von Suchmaschinen deshalb ein erhebliches Interesse daran, zumindest jugendgefährdende Angebote aus dem Index auszuschließen.

Neben den in der algorithmisch erzeugten Ergebnisliste nachgewiesenen Angeboten kann auch den im Verzeichnis der Treffer zumeist angezeigten Textausschnitten (Snippets[168]) der Angebote ein eigenständiges jugendgefährdendes Potential zukommen. Problematisch ist ferner die Möglichkeit der Bildersuche, bei der zur Vorschau sogenannter Thumbnails angezeigt werden. Insoweit hatten bereits 2004 Medienberichte Aufsehen erregt, die auf Darstellungen harter Pornographie innerhalb der Trefferliste der Bildersuche hinwiesen.[169] Schließlich ist auch noch das Bereithalten von Inhalten im Cache der Suchmaschine für die Frage von Zugriffssperren und ihren Umgehungsmöglichkeiten von Bedeutung. Vorstellbar ist – etwa im Rahmen von Werbung für Online-Glücksspiel-Angebote – des Weiteren auch eine Inpflichtnahme der Suchmaschinenbetreiber aufgrund von Anzeigen mit Bezugnahme auf die Suchbegriffe (sog. Sponsored Links). Im Hinblick auf die Adressatenstellung wird wegen der Verweisung in § 59 Abs. 4 RStV auf §§ 8 ff. TMG zwischen diesen einzelnen Suchmaschinenfunktionen zu differenzieren sein.

### 3. Überblick zu den aktuell verfolgten Sperransätzen

Die vorstehenden Ausführungen zu den potentiellen Adressaten von Sperrverfügungen sind nicht nur zum Verständnis der verschiedenen Sperrtechnologien wich-

165 Zur Trennung der relevanten Sachverhalte *Sieber/Liesching*, MMR-Beilage 8/2007, 10 ff., sowie *Sieber/Höfinger*, Allgemeine Grundsätze der Haftung, Teil 18.1. Rn. 108 ff., in: Hoeren/Sieber (Hrsg.), Handbuch Multimedia-Recht.

166 Vgl. zu vorstellbaren jugendgefährdenden Treffern durch die harmlosen Suchbegriffen „Mädchen" und „Spiele" *Schindler*, Suchmaschinen und Jugendschutz, in: Machill/Schneider (Hrsg.), Suchmaschinen: Neue Herausforderungen für die Medienpolitik, S. 55.

167 *Glaser/Günter/Schindler*, Jugendschutz im Internet, Jahresbericht 2006, S. 12, http://www.jugendschutz.net/pdf/bericht2006.pdf.

168 *Schuster*, CR 2007, 443, zum Wesen der Snippets 444.

169 *Jürgens/Köster*, MMR 1/2005, XX, XXI.

tig. Sie sind vor allem auch deswegen von zentraler Bedeutung, weil die Durchführbarkeit von Sperrungen in hohem Maße von der jeweiligen technischen Funktionsweise und Diensteerbringung der potentiellen Adressaten einer Sperrverfügung abhängt. Zur Vorbereitung auf die weiteren Ausführungen sollen die derzeit in Frage kommenden wichtigsten Möglichkeiten von Zugriffssperren überblickartig und im Hinblick auf die rechtlichen Fragestellungen dargestellt werden.

Die Bezirksregierung Düsseldorf hatte den in die Pflicht genommenen „Access-Providern" drei unterschiedliche Möglichkeiten der Zugriffsverhinderung zur Wahl gestellt. Inzwischen werden zusätzlich vor allem auch noch sogenannte hybride Ansätze diskutiert, welche die Vorteile der einzelnen Möglichkeiten kombinieren sollen. Dementsprechend ist zwischen Sperrungen am DNS-Server, in Routing-Tabellen (insbesondere am Einwahlknoten), am Proxy-Server sowie mit Hilfe von hybriden Ansätzen zu unterscheiden.

### *a) Ansatz am DNS-Server*

Wie bereits ausgeführt löst das Domain Name System (DNS)[170] das Problem, dass Rechner im Internet über eine numerische IP-Adresse identifiziert werden, diese Zahlenfolgen aber schwer zu merken sind. Vom Nutzer sehr viel leichter im Gedächtnis zu behaltende (alphanumerische) Domain-Namen werden deswegen durch eine Anfrage beim DNS-Server automatisch in die numerische IP-Adresse übersetzt. Die Einträge im DNS-Server lassen sich dabei so manipulieren, dass Nutzer, die eine bestimmte Domain eingeben, nicht zu den Servern mit den zugehörigen IP-Adressen gelangen, sondern auf andere Server umgeleitet werden oder „Host not found"-Meldungen erhalten.

### *b) Einträge in den Routing-Tabellen*

Die einzelnen IP-Pakete, in die eine Nachricht für den Transport vom Nutzer zum Empfänger aufgeteilt wird, finden den effektivsten Weg zum Zielserver über die Einträge in die sogenannten Routing-Tabellen an den Knoten, welche die einzelnen Netze zum Internet verbinden. Werden die Angaben an diesen „Wegweisern" geändert und Datenpakete dadurch umgeleitet, wird der Nutzer-Request nicht wie gewünscht beantwortet. Möglich ist dies bereits am Einwahl-Knoten. Der Einsatz dieses Verfahrens zu Sperrzwecken hat jedoch den Nachteil, dass es anhand der IP-Adressen zunächst nur sehr grobe Sperrungen erlaubt. Diese sind dadurch nicht „zielgenau" möglich und können deswegen durch die von ihnen ebenfalls

---

170 *Pfitzmann/Köpsell/Kriegelstein*, Sperrverfügung gegen Access-Provider – Technisches Gutachten vom 22.12.2006, zum Domain Name System vgl. S. 16, 17, zum Ausschluss von Domains im DNS-Server vgl. S. 52, 53; zur DNS-Manipulation auch *Dornseif*, Government Mandated Blocking of Foreign Web Content, http://md.hudora.de/publications/200306-gi-blocking/200306-gi-blocking.pdf, S. 5 ff.

verursachte Sperrung von legalen (unter der gleichen IP-Adresse gehosteten) Daten erhebliche unerwünschte Nebenwirkungen haben, welche die Sperrungen unverhältnismäßig machen können. Eine Verfeinerung dieses Ansatzes kommt durch die Einbeziehung der sogenannten Port-Nummern in Betracht, mit denen die Sperrungen auf bestimmte Dienste beschränkt werden können.

### *c) Einsatz eines Proxy-Servers auf der Anwendungsschicht*

Wie oben erwähnt ist ein Proxy ein Computersystem aus Hardware- und Softwarekomponenten, das den Datenstrom zwischen Sender und Empfänger unterbricht, analysiert und anschließend weiterleitet oder verwirft. Er wird auf der Anwendungsschicht eingesetzt. Aus dem Format, in dem sich die Daten während des Transports befinden, werden die Daten so umgewandelt, wie sie auch an den Endpunkten der Kommunikation (bei Sender und Empfänger) vorliegen. Auf diese Weise kann beispielsweise auch die URL ausgewertet und als Anknüpfungskriterium für Sperrmaßnahmen eingesetzt werden. Sperrmaßnahmen können dadurch nicht nur pauschal gegen IP-Adressen eingesetzt werden, sondern auch in gezielterer Form gegen spezielle WWW-Seiten.

### *d) Hybride Sperransätze*

Bei neuen sogenannten hybriden Ansätzen werden die Vorteile der beiden letztgenannten Maßnahmen kombiniert. Zunächst werden an den Routern automatisiert alle Nutzer-Requests daraufhin überprüft, ob die IP-Adressen potentiell Teil einer (gemäß einer Black-List) zu sperrenden URL sein könnten. Nur die insoweit verdächtigen Anfragen werden anschließend noch über einen Proxy-Server geleitet und auf der Anwendungsschicht danach überprüft, ob die jeweilige URL wirklich eine zu sperrende WWW-Seite betrifft oder nur die gleiche IP-Adresse aufweist, weil die Angebote auf demselben Server liegen. Das von britischen Providern bereits eingesetzte Zugriffssperren-Tool CleanFeed vereint durch ein solches Verfahren die gute Skalierbarkeit des Ansatzes am Router mit der zielgenauen Sperrmöglichkeit der Proxy-Lösung. Beide Verfahrensweisen werden wie ein grober und ein feiner Filter hintereinander geschaltet.

Zu diesen hybriden Sperrtechniken im weiteren Sinne dürfte auch der Kern des chinesischen Kontrollsystems für illegale Inhalte zählen. Das – in seinen Einzelheiten geheim gehaltene – System soll darauf beruhen, dass die Router die IP-Pakete zwar grundsätzlich weiterleiten, jedoch gleichzeitig auch eine Kopie der Daten an eine Institution schicken, welche die Datenströme nach der Art eines Intrusion Detection Systems inhaltlich im Hinblick auf zu sperrende Daten analysiert. Bei der Feststellung problematischer Inhalte werden TCP-Reset-Pakete an die Kommunikationspartner gesendet, aufgrund derer diese von einer beendeten Kommunikation ausgehen, sodass die Verbindung abgebrochen wird.

Die Vorfilterung und selektive Weiterleitung der Datenströme mit Hilfe der Router erlaubt eine massive Überwachung der Datenkommunikation. Dies wird vor allem deutlich, wenn man berücksichtigt, dass entsprechende Umleitungsanordnungen an die Router speziell im Hinblick auf bestimmte Absender- und Zieladressaten vorgegeben werden können, sodass sich gezielt bestimmte Rechner und Verbindungen überwachen lassen. Die hybriden Sperrtechnologien zeigen damit nicht nur, dass sich Sperrtechnologien in den letzten Jahren erheblich fortentwickelt haben. Sie bergen auch ein sehr hohes Überwachungspotential. Je höher die für Sperrmaßnahmen erfolgende Analyse von Datenströmen in den Schichten der Referenzmodelle angesiedelt ist, desto intensivere Kontrollen sind möglich. Dieses Eindringen in die Kommunikation wird deswegen im Hinblick auf das Fernmeldegeheimnis der überwachten Nutzer besonders zu berücksichtigen sein.

## C. Internationale Erfahrungen

Aktuelle Medienberichte über Zugangssperren zu bestimmten Websites betreffen überwiegend Sperrmaßnahmen in ausländischen Staaten. Die Organisation „Reporter ohne Grenzen" befasst sich mit den weltweiten Kontroll- und Sperrmaßnahmen und listet jährlich die „Feinde des Internet"[171] auf. Auch eine Studie der OpenNet Initiative ergab im Mai 2007 eine deutliche Zunahme im Umfang und in der Intensität von Sperrmaßnahmen.[172] Zwar bleiben China, Iran und Saudi-Arabien Vorreiter bei der Inhaltskontrolle von politischen, religiösen, pornographischen und kulturellen Angeboten. Andere Länder wie Syrien, Tunesien und Pakistan folgen jedoch diesem Beispiel, unter anderem mit dem Schutzziel der nationalen Sicherheit. In wenigen Jahren habe sich, so die Position der OpenNet Initiative, die Zahl der Staaten, die das Online-Nutzungsverhalten ihrer Bürger restriktiv zu kontrollieren und zu beeinflussen versuchen, auf zwei Dutzend gesteigert. Insgesamt wird eine „Hochblüte der Internetzensur" konstatiert.[173] Ein exemplarischer Überblick auf bekannte und aktuelle Fälle zeigt jedoch, dass auch Staaten, deren Demokratieverständnis nicht grundlegend anzuzweifeln ist, ein ordnungsrechtliches Instrument der nationalen Abschottung im Internet in ihre Rechtsordnung zu integrieren versuchen.

---

171 Reporters without borders, http://www.rsf.org/article.php3?id_article=19603.

172 *Boyd*, Die Zensur wird immer ausgefeilter, www.heise.de/tr/artikel/90272.

173 *Zettel*, Internetzensur erlebt Hochblüte, www.pressetext.at/pte.mc?pte=070316004.

## I. China

Mit Zensurmaßnahmen im Internet wird nach wie vor häufig das chinesische System der Inhaltskontrolle assoziiert. Bereits 1998 wurde vom Ministerium für Öffentliche Sicherheit der Volksrepublik China das sogenannte Golden Shield Projekt gestartet, das sich zentral auch mit Filtermaßnahmen und der Zugriffsverhinderung auf unerwünschte Inhalte befasst. Das technische Gutachten der TU Dresden stellt das von der chinesischen Regierung implementierte Filter- und Sperrsystem auf der Grundlage eines Aufsatzes von *Clayton* et al.[174] dar. Offizielle Stellungnahmen Chinas zur Funktionsweise liegen nicht vor. Claytons Auswertungen lassen auf den bereits oben genannten Einsatz eines Intrusion Detection Systems schließen, das die Datenströme analysiert und bei Feststellung zu sperrender Inhalte TCP-Reset-Pakete an die Kommunikationspartner verschickt. Die Verbindung wird sodann von den beteiligten Geräten als beendet angesehen. Es kommen jedoch auch die in Deutschland diskutierten Ansätze des IP-Blocking, der DNS-Manipulation oder des Proxy-Einsatzes zur Anwendung.[175] Besonders wachsam ist die chinesische Regierung offenbar gegenüber Web 2.0-Angeboten. So wurde 2006 für einige Zeit die Blog-Suchmaschine Technorati gesperrt. Im Juni 2007 sorgte China erneut für internationale Schlagzeilen, als sämtliche Fotos auf dem Web 2.0-Portal „Flickr" blockiert wurden, weil dort Fotos von Demonstrationen zum Jahrestag des Tiananmen-Massakers zu sehen waren.[176]

## II. Iran

Der Iran steht ebenfalls auf der oben genannten aktuellen Liste der „Feinde des Internet", welche die Organisation „Reporter ohne Grenzen" jährlich aufstellt. Zwar waren Repressalien wie Verhaftungen von Online-Berichterstattern im Jahr 2006 rückläufig. Die staatlichen Filterbestrebungen im Iran nehmen jedoch kontinuierlich zu, nach Angaben von „Reporter ohne Grenzen" insbesondere im Hinblicke auf politische, pornographische und religiöse Inhalte. Die Provider sind zum Einsatz vorkonfigurierter Filterlösungen verpflichtet. Besonders betroffen von den staatlichen Sperrmaßnahmen sind Formen des Bürgerjournalismus, vor allem Weblogs.

Im Oktober 2006 wurden die iranischen Internet-Service-Provider verpflichtet, die Bandbreite der verfügbaren Anschlüsse erheblich zu beschränken. Dies könnte

---

174 *Clayton/Murdoch/Watson*, Ignoring the Great Firewall of China, www.cl.cam.ac.uk/~rnc1/ignoring.pdf.

175 *Zittrain/Edelman*, Empirical Analysis of Internet Filtering in China, http://cyber.law.harvard.edu/filtering/china/.

176 *Lischka*, China blockiert alle Flickr-Fotos, www.spiegel.de/netzwelt/web/0,1518,487453,00.html.

einerseits in der – mit größeren Datenvolumina überforderten – technischen Infrastruktur des Iran begründet liegen, aber auch eine Strategie sein, den Download von Musik, Videos oder Fernsehprogrammen zu behindern. Zeitweise war auch der Zugang zu populären Websites wie YouTube oder amazon gesperrt. Seit dem 1.1.2007 sollen sich zudem alle Iraner, die Weblogs und andere Websites betreiben, auf der Regierungswebsite www.Samandehi.ir registrieren. Dabei sind neben dem Namen des Betreibers, seiner Adresse und seinen E-Mail-Kontaktdaten unter anderem auch die Motive der Betreiber und eine Beschreibung der Inhalte, die verwendete Sprache, die Zahl der Abrufe sowie Alter und Bildungsstand der Zielgruppe anzugeben. Es gibt Pläne, nicht registrierte Seiten zukünftig zu sperren.

## III. Israel

Eine konservative Partei in Israel hat im Juli 2007 einen Gesetzentwurf eingebracht, der offenbar bereits einstimmig angenommen wurde.[177] Der Zugriff auf Pornographie, Online-Gambling und gewaltverherrlichende Angebote soll von einer Altersverifikation abhängig gemacht werden. Auch Mobiltelefone sollen dabei bereits einbezogen werden. Das Kommunikationsministerium rechnet mit einer kontroversen „Zensur"-Debatte unter den Nutzern.

## IV. Italien

In Italien wurde im Januar 2007 per Erlass die Möglichkeit vorgesehen, Provider zur Sperrung des Zugangs auf kinderpornographische Angebote zu verpflichten.[178] Das „nationale Zentrum gegen Kinderpornographie" koordiniert eingehende Hinweise und stellt eine Negativliste zusammen. Die Provider sind verpflichtet, auf einen entsprechenden Hinweis des Zentrums binnen sechs Stunden zu reagieren und den Zugang ihrer Kunden zu unterbinden. Außerdem sind Logfiles über die Kunden-Requests auf die betreffenden Seiten zu erstellen und zu speichern. Die bei einer Zuwiderhandlung vorgesehenen Bußgelder reichen von 50.000 bis 250.000 Euro.

---

[177] *Stöcker*, Minister will Internet-Zensur einführen, http://www.spiegel.de/netzwelt/web/0,1518,493636,00.html; *Rötzer*, Israel plant Internet-Sperren zum Schutz von Minderjährigen, www.heise.de/newsticker/meldung/92508.

[178] *Lonardo*, CRi 3/2007, 89 f.

## V. Schweiz

In der Schweiz wurden Sperrmaßnahmen bereits sowohl mit eher strafrechtlichem Hintergrund als auch aus gefahrenabwehrrechtlichen Motiven eingesetzt.[179] Die Schweizer Bundespolizei hat schon 1998 ca. 100 Schweizer Zugangsdiensteanbieter um die Sperrung einiger konkreter ausländischer Websites *ersucht* unter Hinweis darauf, dass für die Access-Provider andernfalls eine Beihilfe-Strafbarkeit in Betracht komme.[180] In einem anderen Fall im November 2000 forderte die Eidgenössische Spielbankenkommission rund 200 Schweizer Telekommunikationsunternehmen auf, den Zugang ihrer Kunden zu mehr als 700 Online-Casinos zu sperren. Verwaltungsverfahren gegen Diensteanbieter, die diesem Ansinnen nicht nachkamen, wurden jedoch nicht eingeleitet.

2002 erließ eine Schweizer Richterin in einem ebenfalls medienwirksamen Fall eine Sperrverfügung gegen nationale Internet Service-Provider, gestützt auf § 177 der Strafprozessordnung, wonach der „Zugang zu Orten" verboten werden kann, an denen Straftaten stattfinden.[181] In der Verfügung wird auf die Proxy- und die DNS-Sperrung verwiesen. Bei der zu sperrenden Website handelte es sich um das Angebot www.appel-au-peuple.org, gegen das Anzeigen, unter anderem wegen Ehrverletzung, vorlagen. Die Seite befasst sich mit verschiedenen Personen, die angeblich unschuldig zu sehr langen Strafen verurteilt worden seien. Nachdem zunächst in der Schweiz gegen den Content-Anbieter vorgegangen worden war, wich dieser zu einem Anbieter in den USA aus. Die Widersprüche („Rekurse") der Provider hatten Erfolg. Das kantonale Gericht in Lausanne erklärte die Sperrverfügung mangels Rechtsgrundlage für nicht zulässig.[182]

## VI. Thailand

Im April 2007 wurde in Thailand der Zugriff auf das Video-Portal YouTube komplett gesperrt, nachdem dort eine Videomontage zu sehen war, die den Kopf von König *Bhumipol* unter Frauenfüßen zeigte.[183] Der zuständige Minister äußerte,

---

179 *Schwarzenegger*, Sperrverfügungen gegen Access-Provider – Über die Zulässigkeit polizeilicher Gefahrenabwehr durch Sperranordnungen im Internet, in: Arter/Jörg (Hrsg.), Internet-Recht und Electronic Commerce Law, S. 249, 250.

180 *Sieber*, Verantwortlichkeit im Internet, Rn. 171 m.w.N.; *Schulzki-Haddouti*, IP-Adresssperrung gefordert, Parallelen zum Somm-Prozess, http://www.heise.de/tp/deutsch/inhalt/te/1512/1.html.

181 *Bleich*, Schweizer Richterin verlangt Website-Sperrung von Providern, http://www.heise.de/newsticker/meldung/33051.

182 Rekurs der ISP gegen Sperrverfügung gutgeheißen, Bericht vom 5.5.2003, http://www.quickline.com/1401/1423/1429.asp.

183 *Briegleb*, YouTube will mit thailändischer Zensur kooperieren, http://www.heise.de/newsticker/meldung/87989.

er respektiere die Meinungsfreiheit und werde die Komplettsperre aufheben, sobald der Zugang zu Videos singulär verhindert werden könne. Das Angebot sei jedoch „kulturell unsensibel" und beleidigend. Das Management von YouTube informierte die thailändischen Behörden daraufhin über Vorgehensweisen für gezielte Sperrungen, um die Erreichbarkeit im Übrigen wieder herstellen zu können.

## VII. Türkei

Im Mai 2007 wurde in der Türkei ein Gesetzesvorschlag angenommen, der eine Verschärfung der Inhaltsregulierung im Internet vorsieht.[184] Eine Debatte um die Bekämpfung der Kinderpornographie nahm dabei eine politische Wendung, als gefordert wurde, auch Webseiten zu sperren, die eine Beleidigung von *Atatürk* darstellen. In einer (aufgrund ihrer Anwendung international nicht unumstrittenen) Norm des türkischen Strafgesetzbuchs steht die Verunglimpfung von Atatürk unter Strafe. Diskutiert wurde – mit Bezug auf den Kurdenkonflikt – auch die Zugangsverhinderung zu Angeboten, welche die Einheit des türkischen Staates in Frage stellen.

## VIII. USA

Im September 2004 wurde in Pennsylvania das „Internet Child pornography law" für verfassungswidrig erklärt.[185] Nach diesem Gesetz war jeder Internet-Service-Provider, der Dienste für die Bürger Pennsylvania erbrachte, potentieller Adressat einer Sperrverfügung. Das Gesetz wurde aufgrund der gravierenden Kollateralschäden von bis zu 400.000 legalen, jedoch mitgesperrten Seiten („magnitude of over-blocking") und „little if any effect" auf die illegalen Angebote für ungültig erklärt. Es bestehe ein Widerspruch zum 1. Verfassungszusatz und der „Commerce Clause" der Verfassung. Kritisiert wurde ferner die heimliche Vorgehensweise bei den Sperrungen. Dies macht deutlich, dass verfassungsrechtlichen Fragen für die Beurteilung von Sperrverfügungen eine zentrale Bedeutung zukommt.

---

184 Turkey adopts law to block 'insulting' websites, http://www.turkishdailynews.com.tr/article.php?enewsid=72465; *Rötzer*, Türkei will Internetzensur verschärfen, http://www.heise.de/newsticker/meldung/87961.

185 Zur Kritik vgl. auch die Ausführungen des Center for Democracy and Technology, http://www.cdt.org/speech/030200pennreport.pdf.

# D. Zwischenergebnis für die rechtliche Analyse

Das Internet enthält nicht nur im World Wide Web, sondern auch in zahlreichen anderen Diensten eine Vielzahl von illegalen und jugendgefährdenden Inhalten, die von einfacher Pornographie über Kinderpornographie bis zur Werbung für den Terrorismus reichen. Wenn diese Inhalte auf Servern im Ausland gespeichert sind, ist es vor allem bei unterschiedlichen rechtlichen Regelungen im In- und Ausland oft schwierig, die in Deutschland rechtswidrigen Inhalte – zum Beispiel im Wege der Kooperation mit den ausländischen Providern – zu beseitigen. Auch ein strafrechtliches Vorgehen gegen die inländischen Nutzer ist nur in wenigen Fällen möglich. Vor allem totalitäre Regime, zunehmend aber auch demokratische Staaten versuchen deswegen, durch Sperrverfügungen gegen die inländischen Internet-Provider den Zugriff auf die ausländischen Angebote zu verhindern.

Die Durchführung der entsprechenden Sperrmaßnahmen hängt dabei vor allem vom Diensteangebot des die Sperrung durchführenden Internet-Providers ab sowie von den Daten, die ihm auf der jeweiligen Schicht der Referenzmodelle vorliegen und von ihm zur Geschäftserbringung ausgewertet werden. Bei der Anordnung von Sperrverfügungen ist deswegen im Hinblick auf ihre potentiellen Adressaten zwischen den nachfolgenden Providern mit ihren unterschiedlichen technischen Möglichkeiten zu differenzieren:

- Bei den sogenannten Access-Providern, deren Diensteangebot in der Bereitstellung eines Einwahlknotens liegt, sind die Zugangsvermittler auf der Internetschicht (die insbesondere IP-Adressen und Ports sperren können) sowie die Proxy-basierten Zugangsvermittler auf der Anwendungsschicht (die darüber hinaus insbesondere auch URLs und spezifische Inhalte sperren können) zu unterscheiden.
- Bei den sogenannten Network-Providern, welche die hinter den Einwahlknoten befindliche Netzinfrastruktur betreiben, ist zu differenzieren zwischen den Betreibern von Routern (die wie die Zugangsvermittler auf der Internetschicht IP-Adressen sperren können) und den sonstigen Carriern (die allenfalls mit hohem Analyseaufwand gezielte Sperrungen vornehmen könnten).
- Hinzu kommen die Aktionsmöglichkeiten beim Betrieb eines Domain Name System-Servers (mit der Manipulation von Domain-Namen) sowie der Suchmaschinenbetreiber (insb. mit der Möglichkeit einer Unterdrückung von Suchtreffern in der algorithmisch erzeugten Suchtrefferliste).

Wie das im Vorwort genannte Gutachten der TU Dresden gezeigt hat, können diese Sperrmaßnahmen der Internet-Provider allerdings alle von – mehr oder weniger – fachkundigen Internetnutzern umgangen werden. Auf die Fragen dieser Umgehung wird vor allem bei der verfassungsrechtlichen Prüfung näher einzugehen sein.

# Teil 3: Beteiligte Grundrechtsträger und berührte Grundrechte

Der grundrechtliche Schutz der Provider wird in dem vorliegenden Gutachten an mehreren Stellen relevant. Aus diesem Grund werden die verfassungsrechtlichen Grundlagen der hier einschlägigen Fragestellungen im Folgenden vor die Klammer gezogen und geklärt. Dies betrifft zunächst – als allgemeine Vorfragen – die Grundrechtsgebundenheit der für Sperrverfügungen zuständigen Kommission für Jugendmedienschutz (KJM) und den Kreis der von Sperrverfügungen in den Grundrechten Betroffenen. Anschließend werden die Schutzbereiche der einschlägigen Grundrechte dieser Personen sowie die Erfordernisse des Zitiergebots bei entsprechenden Eingriffen näher untersucht. Auf diesen Ausführungen bauen dann die Ausführungen sowohl zur Verfassungsmäßigkeit der Eingriffsnorm als auch zur Verhältnismäßigkeit der Sperrmaßnahmen auf.

## A. Allgemeine Vorfragen

### I. Grundrechtsgebundenheit der KJM

Für den Prüfungsmaßstab bei Sperrverfügungen ist zunächst entscheidend, ob die für die jeweils zuständige Landesmedienanstalt handelnde Kommission für Jugendmedienschutz bei der Anordnung der Sperrverfügung an das Grundgesetz gebunden ist.

Die Rechtsstellung der Anstalten und der KJM ist ungewöhnlich und ihr Status lässt sich wegen ihrer Funktion der staatsfernen Aufsicht schwer zwischen dem Staat auf der einen Seite und den privaten Rundfunk- bzw. Telemedienanbietern auf der anderen Seite einordnen. Es ist umstritten, ob die Landesmedienanstalten der (mittelbaren) Staatsverwaltung zuzuordnen sind oder als nicht-staatliche Verwaltungseinheiten mit Aufgaben im gesellschaftlichen Bereich zu qualifizieren sind.[1] Für die Frage der Grundrechtsgebundenheit erscheint eine am Sinn der staatsfernen Aufsicht orientierte differenzierte Betrachtung der jeweils abzuwehrenden Einflussnahmemöglichkeiten zielführend.

---

[1] M.w.N. zu beiden Auffassungen *Bumke*, Die öffentliche Aufgabe der Landesmedienanstalten, S. 17 f. und 21 f.

Grundrechte sind Abwehrrechte *gegen den Staat*. Die Medienaufsicht soll gerade *staatsfrei* bzw. staatsfern ausgestaltet sein, was gegen eine Grundrechtsgebundenheit sprechen könnte. Am Beispiel des Zensurverbots gemäß Art. 5 Abs. 1 Satz 3 GG argumentiert deshalb eine Ansicht, die als Anstalten des öffentlichen Rechts organisationsrechtlich verselbstständigten Landesmedienanstalten und die KJM seien als staatsfreie Einrichtungen keine Adressaten von Abwehrrechten.[2]

Aus Sicht der Medienschaffenden hingegen erscheint unbefriedigend, dass mit dem Vorteil einer staatsfernen Aufsicht zugleich die gravierende Einbuße der hoheitlichen Grundrechtsgebundenheit verbunden sein soll. Zwar können die Landesmedienanstalten durch ihre rechtliche Verselbstständigung für die Anbieter eine schützende Funktion einnehmen und den direkten staatlichen Durchgriff durch ihr Dazwischentreten verhindern.[3] Ein Risiko der Einflussnahme auf die Anbieter geht aber durch die Aufsicht gerade auch von den Anstalten selbst aus.[4] Verneint man ihre Grundrechtsgebundenheit, erwächst den Anbietern durch die staatsferne Organisation der Aufsicht eher ein Nachteil als ein spürbarer Vorteil. Primär sollten jedoch durch das Prinzip der Staatsfreiheit gerade die Anbieter gegenüber öffentlicher Meinungsmacht geschützt und der öffentliche und private Meinungsbildungsprozess gewährleistet werden, den maßgeblich auch die Medien durch publizistische Vielfalt herstellen und aufrechterhalten.[5]

Das Prinzip der Staatsferne muss daher im Beziehungsgeflecht Staat/Landesmedienanstalt/Anbieter aus verschiedenen Blickwinkeln betrachtet werden, um sinnvoll Geltung zu erlangen.[6] Die Anstalten werden nicht zwingend in ihrer Selbstständigkeit und Eigenverantwortung im Verhältnis zum Staat eingeschränkt, wenn den Beaufsichtigten Grundrechte als Abwehrrechte zugestanden werden. Bei einer *Verneinung* einer Grundrechtsgebundenheit der Landesmedienanstalten würden die *Anbieter* aber gerade durch eine Organisationsweise benachteiligt, die ihnen ursprünglich zum Vorteil gereichen sollte. Um der grundrechtssichernden Funktion Rechnung zu tragen, bejahen teilweise auch Vertreter, welche die Institutionen als nicht-staatliche Verwaltung betrachten, aus der Sicht der Beaufsichtigten die Möglichkeit von Grundrechtseingriffen.[7] Gleiches muss für die Aufsicht durch die KJM gelten, die nur als funktionelles Wandelorgan des kooperativen Föderalismus für die Landesmedienanstalten agiert, an deren Verantwortlichkeit für die Aufsichtsmaßnahmen jedoch nichts ändert.[8]

---

2 *Hopf*, Jugendschutz im Fernsehen, für die Landesmedienanstalten: S. 125, für die KJM: S. 146.

3 *Bumke*, Die öffentliche Aufgabe der Landesmedienanstalten, S. 22.

4 *Degenhart*, Buchbesprechung zu Hoffmann-Riem, Personalrecht, DÖV 1992, 760.

5 *Rossen*, ZUM 1992, 408, 409 (bis 414).

6 *Bumke*, Die öffentliche Aufgabe der Landesmedienanstalten, S. 201.

7 *Hoffmann-Riem*, Personalrecht, S. 86 (S. 83, 87, 117).

8 Für die Übertragbarkeit des Meinungsstands auf die KJM, eine Bindung (an das Zensurverbot) allerdings für beide verneinend: *Hopf*, Jugendschutz im Fernsehen, S. 146.

Dieser letztgenannten Ansicht ist zu folgen. Die durch Sperrungen beeinträchtigten Belange der betroffenen Grundrechtsträger sind deshalb gegen die Rechtsgüter abzuwägen, die durch die Zugänglichkeit des rechtswidrigen Telemediums betroffen sind. Dabei sind Übermaß- und Untermaßverbot zu beachten.

## II. Kreis der Betroffenen (Sender, Empfänger und Übermittler)

Obwohl Inhaltsanbieter und Nutzer nicht unmittelbar Adressaten der Sperrverfügungen sind, werden sie ebenfalls von der Sperranordnung betroffen, weil die gewünschten Angebote nicht mehr ohne Weiteres erreichbar sind. Zwar agieren die Access-Provider bei der Umsetzung der Sperrverfügung nicht mit hoheitlichen Befugnissen. Die Privatisierung des Post- und Telekommunikationssektors stellt deswegen eine Herausforderung für die Sicherung der Grundrechtsgarantien dar, da die privaten Anbieter der Dienstleistungen keine Adressaten der betreffenden Abwehrrechte gegen den Staat sind. Auch die aus dem Sondervermögen der Deutschen Post hervorgegangenen Privatunternehmen sind anderen privaten Dienstleistungsunternehmen insoweit gleichgestellt und nicht grundrechtsgebunden.[9]

Die Diensteanbieter sind jedoch bei der Vornahme der angeordneten Zugriffssperre staatlichen Weisungen unterworfen, sodass sie als Werkzeug und Erfüllungsgehilfen der öffentlichen Hand erscheinen. Ihr Entscheidungsspielraum beschränkt sich auf die Wahl der Mittel zur Erreichung der Zugriffssperre. Die Kontroll- und Einwirkungsrechte verbleiben bei der Medienaufsicht, die den belastenden Verwaltungsakt mit Drittwirkung erlassen hat. Dabei kann offen bleiben, wie die Inanspruchnahme der Provider dogmatisch exakt einzuordnen ist. Unabhängig davon, ob ein Fall der Inpflichtnahme oder der Verwaltungshilfe vorliegt,[10] ist das Verhalten der Provider der Exekutive zuzurechnen. Damit stellt sich die Zugriffssperre auch im Hinblick auf Inhaltsanbieter und Nutzer als grundrechts-

---

[9] Es ist umstritten, ob die Privatisierung durch die Annahme einer staatlichen Schutzpflicht ausgeglichen werden muss. Die wohl herrschende Meinung bejaht dies und sieht es als Aufgabe des Gesetzgebers an, durch die Gestaltung des einfachen Rechts ein Schutzniveau zu erzielen, das demjenigen vor der Liberalisierung gleichkommt. Der Begriff des Fernmeldegeheimnisses ist nunmehr in § 88 TKG gesetzlich definiert.

[10] Vgl. zu den Charakteristika der Rechtsinstitute Inpflichtnahme und Verwaltungshilfe sowie den Schwierigkeiten der Abgrenzung *Stober*, Handbuch des Wirtschaftsverwaltungs- und Umweltrechts, S. 915–916; *Nünke*, Verwaltungshilfe und Inpflichtnahme des Sicherheitsgewerbes, http://deposit.d-nb.de/cgi-bin/dokserv?idn=976682168&dok_var=d1&dok_ext=pdf&filename=976682168.pdf, S. 5–12, mit dem Vorschlag einer trennscharfen Abgrenzung nach Maßgabe des Übertragungsaktes (hoheitlich: Inpflichtnahme, privat: Verwaltungshilfe), S. 113. Anders als noch von *Ipsen*, Gesetzliche Indienstnahme Privater für Verwaltungsaufgaben, in: Festschrift für Kaufmann, S. 141–161, wird inzwischen auch die Möglichkeit einer Inpflichtnahme durch Verwaltungsakt bejaht, vgl. *Jani*, Die partielle verwaltungsrechtliche Inpflichtnahme Privater zu Handlungs- und Leistungspflicht, S. 94.

relevant dar.[11] Obwohl den Providern selbst keine hoheitlichen Handlungsmittel zur Verfügung stehen, kommen deshalb gleichwohl nicht (nur) Verstöße gegen Pflichten aus dem Nutzer-Provider-Vertragsverhältnis oder aus § 88 TKG in Frage. Die Sperrverfügung entfaltet vielmehr auch gegenüber den Nutzern und den Inhaltsanbietern Grundrechtsrelevanz.

## B. Access- und Network-Provider sowie Suchmaschinenanbieter

Die Provider werden durch sämtliche derzeit denkbaren Umsetzungsmöglichkeiten einer Sperrverfügung in die Pflicht genommen, Veränderungen an ihrer Infrastruktur vorzunehmen. Zu prüfen sind deswegen Eingriffe in die Rechtspositionen der Provider aus Art. 12 und 14 GG, wobei das Verhältnis beider Schutzbereiche umstritten ist. Überdies wird eine Teilhabe am Grundrecht aus Art. 5 Abs. 1 Satz 2 des Content-Providers diskutiert. Ferner kommt eine Verletzung des Gleichheitsgrundsatzes gemäß Art. 3 GG in Betracht.

### I. Berufsfreiheit, Art. 12 GG

Indienstnahmen der Privatwirtschaft zur Wahrnehmung öffentlicher Aufgaben prüft das Bundesverfassungsgericht vorrangig im Hinblick auf die Berufsfreiheit nach Art. 12 GG.[12] Schwierigkeiten bereitet insoweit nicht nur das Verhältnis zu Art. 14 GG, sondern auch, dass sich eine Inpflichtnahme ohne Kostenersatz sowohl als Eingriff in die Verhaltens- als auch die Vermögensfreiheit der Provider darstellt.[13] Beide Aspekte sind daher mit zu berücksichtigen.

#### 1. Verpflichtung zur Vornahme der Zugriffssperre

Die Tätigkeit eines Access-Providers ist auf eine gewisse Dauer angelegt und dient den Anbietern zur Schaffung und Erhaltung einer Lebensgrundlage.[14] Damit stellt sie unproblematisch einen Beruf i.S.d. Art. 12 GG dar. Obwohl die Provider in einem Sektor tätig sind, der ehemals in öffentlicher Hand lag, und sie zunehmend zur Mitwirkung an Maßnahmen der Strafverfolgung und der Gefahrenabwehr

---

11 *Engel*, MMR-Beilage 4/2003, 23.

12 *Plewa*, Die Verfassungsmäßigkeit der Indienstnahme Privater für Verwaltungsaufgaben, S. 79.

13 *Kube/Schütze*, CR 2003, 663, 666 f.

14 Zum Berufsbegriff BVerfGE 7, 377, 397.

herangezogen werden, sind sie nicht der Fallgruppe eines „staatlich gebundenen Berufes“[15] zuzuordnen, für die das Bundesverfassungsgericht Einschränkungen der Berufsfreiheit in größerem Umfang als gerechtfertigt ansieht.

Art. 12 Abs. 1 GG gewährleistet die Freiheit der Berufswahl und der -ausübung als einheitliches Grundrecht. Vorliegend kann für die Access- und Network-Provider durch die Vorgaben zu den Modalitäten ihres Diensteangebots der Bereich der Berufs*ausübung* betroffen sein. Zur Bestimmung des Anwendungsbereichs der Berufsausübungsfreiheit hat das Bundesverfassungsgericht im Erdölbevorratungsbeschluss ausgeführt, dass die geforderte Tätigkeit „in irgendeiner Weise an die wirtschaftliche Tätigkeit der [verpflichteten Unternehmer]“[16] anknüpft. Obwohl mit der Sperrverfügung primär ordnungsrechtliche Ziele verfolgt werden und eine Zugriffs*sperrung* gerade das Gegenteil der sonst verfolgten Tätigkeit von Access- und Network-Providern darstellt, ist ein solch enger Zusammenhang und auch eine „objektiv berufsregelnde Tendenz“[17] der Maßnahme zu bejahen. Damit ist ein Eingriff in den Schutzbereich der Berufsausübungsfreiheit durch die Inpflichtnahme zur Zugangssperre gegeben. Dies ist bei der späteren Prüfung der Verhältnismäßigkeit durch die vom Bundesverfassungsgericht seit dem Apotheken-Urteil entwickelte Drei-Stufen-Theorie zu berücksichtigen. Diese Theorie sieht dabei jeweils unterschiedlich hohe Hürden für Einschränkungen der Berufs*ausübung* sowie für *subjektive* und *objektive* Zulassungsbeschränkungen bei der Berufs*wahl* vor. Die Anforderungen an die Angemessenheit sind auf der 1. Stufe – der Berufsausübungsregelung – am geringsten: Eingriffe sind hier zulässig, wenn vernünftige Erwägungen des Gemeinwohls diese zweckmäßig erscheinen lassen.[18]

Allerdings kommt in Betracht, einen Eingriff in die Berufs*wahl*freiheit anzunehmen, wenn ein auf der Internetschicht arbeitender Provider verpflichtet würde, einen Proxy-Server zu implementieren und somit entgegen seiner bisherigen Geschäftspraxis einen Dienst auf der Anwendungsschicht anzubieten. Das Bundesverfassungsgericht und die herrschende Lehre lösen die Abgrenzungsprobleme zwischen Berufswahl- und Berufsausübungsfreiheit durch die sogenannte Berufsbildlehre nach einer allgemeinen Verkehrsaufassung und einer natürlichen Betrachtungsweise. Entscheidend ist, „ob sich eine Tätigkeit als sozial abgrenzbare Aktivität mit eigenen, von dem sonstigen Berufsinhalt geschiedenen charakteristischen Gepräge“[19] darstellt. Gerade im vorliegenden Zusammenhang wird der Unterschied zwischen einem Anbieter auf der Internetschicht und einem solchen auf der Anwendungsschicht sehr deutlich. Die Sperrungs- und Überwachungsmöglichkeiten unterscheiden sich stark, und die reine Zugangsvermittlung auf einer unteren

---

[15] Zum Begriff des staatlich gebundenen Berufs *Tettinger* in Sachs, GG, Art. 12 Rn. 46 f.

[16] BVerfGE 30, 292, 312.

[17] BVerfGE 13, 181, 186.

[18] BVerfGE 7, 377, 405.

[19] *Tettinger* in Sachs, GG, Art. 12 Rn. 54.

Schicht des Referenzmodells weist deshalb durchaus eigene Charakteristika auf. Würde allen Providern auferlegt, den Zugang zum Internet nur noch über einen (Zwangs-)Proxy zu vermitteln, so könnte dies faktisch das Verbot des Spezialberufs „Diensteanbieter auf der Internetschicht" bedeuten. Ein solches Verbot wäre damit die stärkste Form einer objektiven Zugangsbeschränkung zum Beruf (3. Stufe) und würde deswegen nur für verhältnismäßig erachtet, wenn es einer schweren Gefahr für ein überragend wichtiges Gemeinschaftsgut dient.[20]

Fraglich ist jedoch, ob die maßgebliche „allgemeine Verkehrsauffassung" diese Unterschiede als ausreichend erachten würde, um bei einer natürlichen Betrachtungsweise bereits von einem Sonderberuf auszugehen. Um eine Zersplitterung der Berufsbilder zu vermeiden, kann es hier nicht auf die Betrachtungsweise einiger weniger Experten ankommen.[21] Das Bundesverfassungsgericht hat in einer Entscheidung beispielsweise den „Losemilchverkäufer"[22] als eigenständigen Beruf anerkannt, da von diesem – im Vergleich zum Verkäufer bereits abgefüllter Milch – spezielle Eigenschaften im Hinblick auf Sachkunde und Zuverlässigkeit sowie die Ausstattung des Unternehmens und die Leistungsfähigkeit erwartet werden. Es ist zu überlegen, solche erhöhten Anforderungen an die Zuverlässigkeit aufgrund der umfassenden Kontroll- und Sperrmöglichkeiten und den zu beachtenden Systemdatenschutz gerade für den Beruf des „Diensteanbieters auf der Anwendungsschicht" zu bejahen und diesen als Sonderberuf anzuerkennen. Allerdings würde die entscheidende „allgemeine Verkehrsauffassung" wohl schon durch die Differenzierung in Access- und Network-Provider an die Grenze einer „natürlichen Betrachtungsweise" geführt. Aus diesem Grund ist die Zugangsvermittlung nicht anhand der Schicht, auf der sie angeboten wird, in Sonderberufe aufzugliedern. Die Verpflichtung, den Dienst der Zugangsvermittlung auf einer anderen Schicht des Internetschichtenmodells anzubieten, ist damit kein Eingriff in die – besonders engen Grenzen unterliegende – Berufswahlfreiheit, jedoch bei der Angemessenheit des Eingriffs in die Berufsausübungsfreiheit gesondert zu berücksichtigen. In der Literatur wird dies im Hinblick auf eine „aufgezwungene Rolle als Regulator" diskutiert.[23]

### 2. Kostentragung

Weder die Sperrverfügung der Bezirksregierung Düsseldorf noch die Eingriffsgrundlage gemäß JMStV i.V.m. RStV enthalten eine Entschädigungsregelung. Auch seitens der KJM wird davon ausgegangen, der Gesetzgeber erwarte von

---

20 Zum Verbot eines Spezialberufs: *Tettinger* in Sachs, GG, Rn. 54.

21 Vgl. z.B. die Ansicht von *Köhntopp*, Inkomplöhntopp-Eintrag vom 27.7.1996, „Re: Neue Ermittlungen in Mannheim", http://kris.koehntopp.de/inkomploehntopp/01773.html.

22 BVerfGE 9, 39, 48.

23 *Engel*, MMR-Beilage 4/2003, 20.

„großen seriösen Unternehmen, dass sie eine bestimmte Verantwortung übernehmen. Jugendschutz kostet Geld, die Fernsehwirtschaft hat sich darauf einstellen müssen. Das muss auch für die Internet-Provider gelten, die [...] mit der Vielfalt des Netzes Geld verdienen“.[24] Diese Verantwortung könne nicht beim Staat abgeladen werden.

Bei der Grundrechtsprüfung ist diese Frage der Entschädigungsregelung von der Inpflichtnahme zur Zugriffssperre als solcher zu trennen. Teilweise wird die Verfassungsmäßigkeit der Kostentragung jedoch auch als Eingriff in die Berufsfreiheit diskutiert, da diese neben dem verhaltensbezogenen auch einen vermögensbezogenen Schutz entfalte.[25] Eine andere Ansicht prüft im Hinblick auf die Kostentragung nur noch Art. 14 GG.[26] Zumeist wird der Streitstand um das Verhältnis der Schutzbereiche mit der Feststellung offen gelassen, dass beide Schutzbereiche sich im Hinblick auf den vermögensbezogenen Schutz bei der Verhältnismäßigkeitsprüfung weitgehend entsprechen.[27] Im Hinblick auf die Tatsache, dass Eingriffe in die Berufsfreiheit grundsätzlich keinen Aufopferungsanspruch auslösen,[28] können sich zwar durchaus Unterschiede zwischen Art. 12 und 14 GG ergeben. Zutreffend ist aber, dass Art. 12 GG dabei im Hinblick auf die Pflicht zur Kostentragung und die Entschädigungshöhe keinen über Art. 14 GG hinausreichenden Schutz entfaltet, weshalb sich für die Verhältnismäßigkeitsprüfung keine Unterschiede ergeben.[29] Ohnehin ist die Frage einer Unzumutbarkeit durch die Kostenbelastung nur dann relevant, wenn nicht schon eine Ersatzpflicht aus der Inanspruchnahme als Nichtstörer zu folgern ist. Das Problem der Verhältnismäßigkeit des Eingriffs in die Berufsausübungsfreiheit wird unter Teil 5 D.I. näher analysiert.

## II. Eigentumsfreiheit, Art. 14 GG

Vor dem Hintergrund des gerade Ausgeführten ist bei Indienstnahme-Sachverhalten schon die Eröffnung des Schutzbereichs von Art. 14 GG problematisch. Die traditionelle Abgrenzung, wonach Art. 12 GG den Erwerbsvorgang und Art. 14 GG „das Erworbene“ als Ergebnis dieser Aktivität schützt,[30] scheint hier nicht weiterzuführen. Die Literatur weist überzeugend darauf hin, dass den Providern nicht nur eine Änderung der beruflichen Tätigkeit auferlegt, sondern von

---

24 *Ring* im Interview mit *Ermert*, Sperrverfügungen im Web als äußerstes Mittel denkbar, www.heise.de/ct/hintergrund/meldung/43117.

25 *Kube/Schütze*, CR 2003, 663, 667.

26 *Kilchling*, Die Neuregelung zur Auslandskopfüberwachung gemäß § 4 TKÜV, S. 19.

27 *Hammerstein*, MMR 2004, 222, 223.

28 *Kube/Schütze*, CR 2003, 663, 668.

29 Vgl. z.B. *Schmidt-Preuß*, Die verfassungsrechtlichen Anforderungen an die Entschädigung für Leistungen der Telekommunikationsüberwachung, S. 18.

30 BVerfGE 50, 290, 340; BVerfGE 65, 237, 248.

ihnen durch die Modifikationen an den technischen Einrichtungen auch ein spezieller Einsatz ihres Eigentums gefordert wird.[31]

Das Bundesverfassungsgericht hat im Mineralölbevorratungsbeschluss noch sehr knapp ausgeführt, die Unternehmer würden nicht in ihrer Funktion als Eigentümer, sondern wegen einer bestimmten erwerbswirtschaftlichen Tätigkeit als Unternehmer herangezogen. Das „sachliche Substrat des eingerichteten und ausgeübten Gewerbebetriebs" bleibe unberührt.[32] In anderen Entscheidungen wurde die Klärung des Konkurrenzverhältnisses dadurch vermieden, dass Art. 14 angeprüft und unter Hinweis auf die Ausführungen zu Art. 12 GG verneint wurde.[33] Inzwischen hat sich die herrschende Meinung in Richtung einer Anwendbarkeit (auch) des Art. 14 GG verschoben. Dabei wird sowohl für das *Ob* der Inpflichtnahme als auch für das *Wie* (die Frage der Entschädigung) die Eröffnung des Schutzbereichs bejaht.[34]

Ein Eingriff in die gewerbliche Tätigkeit stellt sich damit in Fällen der Indienstnahme auch als Eingriff in das durch Art. 14 GG geschützte[35] Recht am eingerichteten und ausgeübten Gewerbebetrieb dar.[36] Um dem funktionalen Zusammenhang beider Grundrechte zu entsprechen, ist eine Idealkonkurrenz der Schutzbereiche vorzugswürdig.[37] Somit ist die Verpflichtung zur Zugriffssperrung auch als Inhalts- und Schrankenbestimmung i.S.d. Art. 14 GG auf ihre Verhältnismäßigkeit hin zu überprüfen.[38]

Neben dem (im vorliegenden Gutachten noch vor der Beurteilung der Angemessenheit zu erörternden) Ersatzanspruch bei einer möglichen Inanspruchnahme als Nichtstörer ist dabei auch die konkrete Höhe des entstandenen Aufwands maßgeblich. Nach einer umstrittenen Ansicht wird für nur unwesentlich ins Gewicht fallende Belastungen eine Entschädigungsmöglichkeit aufgrund der Sozialbindung des Eigentums verneint.[39] Als Wertungskriterium aus der Sonderabgabendogmatik wird gegebenenfalls auch die Frage einer Sach- und Verantwortungsnähe der Provider in die Zumutbarkeitsprüfung einzubeziehen sein.[40]

---

31 *Degen*, Freiwillige Selbstkontrolle der Access-Provider, S. 294.

32 BVerfGE 30, 297, 335.

33 BVerfGE 17, 232, 248; BVerfGE 22, 380, 386: „Es kann dahinstehen, ob eine Berufsausübungsregelung, die mit Art. 12 Abs. 1 GG in Einklang steht, überhaupt den Schutzbereich des Art. 14 GG berührt".

34 *Schmidt-Preuß*, Die verfassungsrechtlichen Anforderungen an die Entschädigung für Leistungen der Telekommunikationsüberwachung, S. 7, 8.

35 *Wendt* in Sachs, GG, Art. 14, 26.

36 *Plewa*, Die Verfassungsmäßigkeit der Indienstnahme Privater für Verwaltungsaufgaben, S. 176.

37 *Scholz* in Maunz/Dürig, GG, Art. 12 Rn. 130; *Waechter*, Verwaltungsarchiv 1996, S. 68, 74.

38 *Greiner*, Die Verhinderung verbotener Internetinhalte im Wege polizeilicher Gefahrenabwehr, S. 152.

39 *Dietlein/Heinemann*, K&R 2004, 418, 424; vgl. auch BVerfGE 22, 380, 386.

40 *Kube/Schütze*, CR 2003, 663, 668 f.

## III. Gleichheit vor dem Gesetz, Art. 3 GG

Im Hinblick auf den allgemeinen Gleichheitssatz ergeben sich für Sperrverfügungen unterschiedliche Problemkonstellationen: Zum einen wäre bei einer uneinheitlichen Inanspruchnahme zu prüfen, ob einzelne Provider willkürlich nicht in Anspruch genommen wurden.[41] Insoweit könnte wesentlich Gleiches ungleich behandelt werden.

Zum anderen kann sich diese Frage der Rechtsanwendungsgleichheit aber auch bei einer tatsächlichen Inanspruchnahme *aller* Betreiber stellen, da diese durch die abweichenden Größen des Betriebs und divergierende Nutzerzahlen ganz unterschiedlich stark belastet würden.[42] Hier könnte bei einem entsprechenden Vorgehen die zur Verfassungswidrigkeit führende Fallgruppe der willkürlichen Gleichbehandlung von im Wesentlichen ungleichen Sachverhalten gegeben sein. Diese Frage wird unter Teil 5 D.I. wieder aufgegriffen.

## IV. Meinungsfreiheit, Art. 5 Abs. 1 Satz 1 Alt. 1 GG

Für den Schutzbereich der Meinungsäußerungsfreiheit ist zwischen den verschiedenen Diensteanbietern zu differenzieren.

Im Hinblick auf die Access-Provider und Network-Provider scheitert die Eröffnung des Schutzbereichs der Meinungsäußerungsfreiheit daran, dass die Provider selbst kein Inhaltsangebot bereitstellen, durch das sie Ansichten, Überzeugungen oder Stellungnahmen kundtun. Die bloße Vermittlung des Zugangs zu anderen Angeboten macht gerade das Wesen der Access-Provider aus. Andernfalls wären sie als Content- (oder Host-)Provider einzuordnen.[43]

Für die Suchmaschinenbetreiber ist diese Schlussfolgerung jedoch aufgrund der von ihnen angebotenen Zusammenstellung von Suchtreffern und der Auswahl der Textauszüge (Snippets) weniger selbstverständlich. Auf diese Zusammenstellung soll durch eine Sperrverfügung inhaltlich Einfluss genommen werden, sodass an eine Eröffnung des Schutzbereichs von Art. 5 GG zu denken ist. Durch eine inhaltliche Kontrolle soll verhindert werden, dass Jugendlichen durch eine „tendenziöse Fundstellenliste" ein „falsches Weltbild" vermittelt wird.[44] Auch für die Suchmaschinenbetreiber ergibt sich aber bei einer Betrachtung der charakteristischen

---

[41] *Schnabel*, Sperrungsverfügungen gegen Access-Provider, http://www-en.eulisp.uni-hannover.de/media/Abschlussarbeiten/schnabel_christoph.pdf. S. 61.

[42] *Kilchling*, Die Neuregelung zur Auslandskopfüberwachung gemäß § 4 TKÜV, S. 23 zur insoweit vergleichbaren Situation bei der Telekommunikationsüberwachung.

[43] *Spindler/Volkmann*, K&R 2002, 398, 406.

[44] *Schindler*, Suchmaschinen und Jugendschutz, in: Machill/Schneider (Hrsg.), Suchmaschinen: Neue Herausforderungen für die Medienpolitik, S. 55, 56.

Merkmale des Meinungsbegriffs, dass das geforderte „Element der Stellungnahme“,[45] des Meinens im Rahmen einer geistigen Auseinandersetzung, fehlt. Die algorithmisch-automatisierte Zusammenstellung von Suchtreffern und ihre Anordnung in der Ergebnisliste (z.B. aufgrund bestimmter Metatags oder der Zahl der Verlinkungen) sollen nach dem Willen der Suchmaschinenbetreiber gerade aufgrund *objektiver* Kriterien erfolgen und kein wertendes Element beinhalten. Darin liegt auch keine Äußerung von Tatsachen, die Voraussetzung der Bildung von Meinungen wäre. Soweit von den Jugendmedienschützern gewünscht würde, gesichtete und redaktionell geprüfte Fundstellen im Index zu priorisieren, wäre an den Schutzbereich der negativen Meinungsfreiheit zu denken, wenn die Suchmaschinenbetreiber zu einer solch wertenden Index-Trefferliste verpflichtet werden sollten. Ein funktionales Äquivalent in der Offline-Welt kann hier in der Verpflichtung zu hoheitlichen Warnhinweisen auf Produkten gesehen werden: Bei derartigen Konstellationen kommt es darauf an, wem die Inhalte zugerechnet würden und ob sie deutlich erkennbar Äußerungen einer fremden Meinung sind. Ein Eingriff in die Meinungsfreiheit wäre zu bejahen, wenn aus den Gesamtumständen nicht ersichtlich würde, dass in der auferlegten Priorisierung keine eigene wertende Stellungnahme des Betreibers liegt, sondern die Darstellung Folge einer hoheitlichen Anordnung ist.

## V. Pressefreiheit gemäß Art. 5 Abs. 1 Satz 2 Alt. 1 GG

Teilweise wird vertreten, die Provider könnten auch ohne eigene inhaltliche Betätigung der Meinungsfreiheit am Grundrecht der Inhaltsanbieter aus Art. 5 Abs. 1 Satz 2 Alt. 1 GG partizipieren. Das Bundesverfassungsgericht betont für die Pressefreiheit, ihr Schutz solle auch „inhaltsferne Hilfsfunktionen über die unmittelbar inhaltsbezogenen Pressetätigkeiten hinaus zur Ermöglichung einer ungehinderten Meinungsverbreitung auch inhaltsferne Hilfsfunktionen von Presseunternehmen“ erfassen. Der Streitstand bezüglich der Inhaltsanbieter, ob und in welchem Umfang der Pressebegriff auf Telemedien übertragbar ist, wirkt sich hier nur aus, wenn die teleologischen Erwägungen des Bundesverfassungsgerichts überhaupt auf die Situation der Access-Provider übertragbar sind.

Das BVerfG argumentiert, die Pressefreiheit sei kein Unterfall der Meinungsäußerungsfreiheit, sondern gewährleiste die institutionelle Eigenständigkeit der Presse *von der Beschaffung der Information bis zur Verbreitung der Nachricht und der Meinung*,[46] weshalb zur Ermöglichung einer ungehinderten Meinungsverbreitung auch inhaltsferne Hilfsfunktionen vom Schutz der Pressefreiheit erfasst werden sollten. Allerdings sei nicht jede für die Presse funktionswichtige Unterstützungs-

---

45 *Bethge* in Sachs, GG, Art. 5 Rn. 25.

46 BVerfGE 10, 118, 121; vgl. ferner für Zustellboten BVerfG 1999, 2106.

leistung ausreichend, insbesondere wenn ein organisatorischer Zusammenhalt mit dem Presseunternehmen nicht gegeben sei. Insoweit sei wiederum der enge Zusammenhang mit der freien Meinungsbildung zu beachten, insbesondere um den Inhalt des Schutzbereichs klarer zu den Grundrechten aus Art. 12 und 14 GG abzugrenzen. Das Bundesverfassungsgericht fordert deshalb für eine presseexterne Hilfstätigkeit, dass diese „typischerweise pressebezogen ist, in enger organisatorischer Bindung an die Presse erfolgt, für das Funktionieren einer freien Presse notwendig ist“ und dass „sich die staatliche Regulierung dieser Tätigkeit zugleich einschränkend auf die Meinungsverbreitung auswirkt“.[47] Bejaht wurden die Voraussetzungen vom Bundesverfassungsgericht für die Berufsgruppe der Pressegrossisten. Teilweise wird die Zugangsvermittlung durch die Access-Provider mit der Pressegrosso-Tätigkeit verglichen und der Schutz des Art. 5 Abs. 1 Satz 2 GG daher auch für die Zugangsdiensteanbieter gefordert.[48] Zugangsdienste- und Netzwerkanbieter würden durch die Bereitstellung der Infrastruktur das Internet erst derart leistungsfähig und für die Prozesse von Meinungsäußerung und -verbreitung geeignet machen. Die Inhaltsanbieter selbst seien auf diese Dienste angewiesen und würden durch eine Einschränkung des Zugangs aufgrund einer Sperrverfügung gegen die Access-Provider unmittelbar geschwächt, sodass ein Einfluss auf die Möglichkeiten von Meinungsbildung und -verbreitung zu bejahen sei.

Der Auffassung ist zuzugeben, dass das Bundesverfassungsgericht für die Einbeziehung in den Schutzbereich weder einen unmittelbaren Inhaltsbezug noch eine organisatorische Eingliederung in das Presseunternehmen gefordert hat.[49] Es sieht durchaus, dass sich die Printmedien für den Grossisten als „Ware darstellen, die er ohne Rücksicht auf den Inhalt vom Erzeuger an den Einzelhändler“ verteilt. Entsprechend scheinen sich Access- und Network-Provider als funktionale Äquivalente zum Pressegrossisten anzubieten, die ebenfalls „ohne Rücksicht auf den Inhalt“ den Datenstrom weiterleiten. Zugleich ist aber zu beachten, dass in der Pressegrosso-Entscheidung beide Faktoren (Inhaltsbezug und Unternehmenszugehörigkeit) nur gelockert, nicht völlig aufgegeben wurden. Schon diese Abkehr von der gefestigten Tradition der Rechtsprechung wurde sehr kritisch aufgenommen.[50] Die Tätigkeit des Grossisten zeichnet sich jedoch zumindest durch einen gewissen Einfluss der Presseverleger auf die Vertriebstätigkeit aus, die Preise, Mengen und Gebietszuweisungen mitbestimmen und im Gegenzug das Verlustrisiko nicht verkaufter Exemplare tragen. Über diese Beziehung ist der Grossist auch als externer Dienstleister in das Pressewesen eingegliedert und somit „dem Lager“ der Presseerzeuger zuzuordnen, wenn er auch keine interne Hilfstätigkeit verrichtet. Beachtet

---

47 BVerfGE 77, 346, 354.

48 *Engel*, MMR-Beilage 4/2003, 20.

49 A.a. – mit einer Beschränkung auf inhaltsinterne Hilfstätigkeiten – *Spindler/Volkmann*, K&R 2002, 398, 406 f.

50 *Wendt* in v. Münch/Kunig, Art. 5 Rn. 33.

man, dass schon die Pressegrosso-Entscheidung eine Ausnahme von der Forderung nach einem Inhaltsbezug und einer internen Eingliederung darstellt und entsprechend restriktiv auszuwerten ist, so kann eine entsprechende Einbindung in Art. 5 Abs. 1 Satz 2 GG nicht auf die Zugangsdiensteanbieter übertragen werden. Die Gegenansicht betont daher zu Recht die inhaltsneutrale Datentransportinfrastrukturleistung und lehnt es ab, die Access-Provider am Grundrecht der Inhaltsanbieter aus Art. 5 Abs. 1 Satz 2 GG partizipieren zu lassen.[51]

Anders als die Grossisten im Lager der Presse stehen die Access-Provider somit eher im Lager ihrer Nutzer und ermöglichen für diese die Durchsetzung der Informationserlangungsfreiheit. Der Gedanke der Pressegrosso-Entscheidung stützt sich auf den objektiven Gehalt der Freiheit des Pressewesens insgesamt. Diese Garantiefunktion lässt sich auf die Informationsfreiheit nicht übertragen. Für die Unterstützungsfunktion durch die Access-Provider bleibt es insoweit beim Schutz durch andere Grundrechte, insbesondere Art. 12 GG. Eine Verletzung der Kommunikationsgrundrechte aus Art. 5 GG scheitert bei den Access-Providern daher schon an der zu verneinenden Eröffnung des Schutzbereichs.

## VI. Wissenschaftsfreiheit gemäß Art. 5 Abs. 3 GG

Auch eine Universität oder sonstige Forschungseinrichtung kommt aufgrund der Zugangsvermittlung für die Studenten und andere Angehörige der Einrichtung als Adressat einer Sperrverfügung in Betracht. Dies gibt Anlass, auch den Schutzbereich von Art. 5 Abs. 3 GG zu überprüfen. Das Grundrecht der Freiheit von Wissenschaft, Forschung und Lehre ist ein Abwehrrecht gegen staatliche Einwirkung auf Verhaltensweisen und Entscheidungen bei der Suche nach Erkenntnissen, ihrer Kenntnis und Weitergabe.[52] Aufgrund derselben grundrechtstypischen Gefährdungslage wie bei natürlichen Personen ist mögliche Grundrechtsträgerin des Art. 5 Abs. 3 GG die genannte Einrichtung als Organisationseinheit.

Zu berücksichtigen ist, dass für Zwecke der Forschung und Lehre der Zugriff auf Originalquellen unentbehrlich ist und von Universitäten oder Forschungsinstituten nicht verlangt werden kann, den Zugang der Wissenschaftler zu unterbinden. Die besondere Bedeutung drückt sich auch in der vorbehaltlosen Gewährung dieser Freiheit aus, die somit nur durch verfassungsimmanente Schranken begrenzt ist. Die Bezirksregierung Düsseldorf hatte dem Problem Rechnung getragen, indem Universitäten und Fachhochschulen soweit von der Sperrung befreit wurden, wie es Wissenschaft, Forschung und Lehre erfordern.

---

[51] *Fiedler*, Meinungsfreiheit in einer vernetzten Welt, S. 173.

[52] BVerfGE 90, 1, 11.

Für die Prüfung der Verhältnismäßigkeit wird darüber hinaus jedoch auch noch ein Einwand zu berücksichtigen sein, der den besonderen Nutzerkreis des Internetzugangs an Universitäten und anderen Forschungsinstituten berücksichtigt: Sie seien insgesamt von Sperrverfügungen auszunehmen, deren Zweck der Schutz der Jugend sei, sie würden bei Forschungseinrichtungen von vornherein ihren Zweck verfehlen, da dort bestimmungsgemäß nur Volljährigen der Zugang zum Internet ermöglicht werde.[53]

# C. Inhaltsanbieter

## I. Ausländische Inhaltsanbieter als Grundrechtsträger

Die Grundrechtsbindung der Exekutive gemäß Art. 1 Abs. 3 GG besteht auch, soweit die Maßnahmen in ihrer Wirkung über das nationale Staatsgebiet hinausreichen.[54] Im Hinblick auf den persönlichen Schutzbereich ist dabei jedoch zu differenzieren zwischen Menschenrechten und sogenannten Deutschen-Grundrechten. Die in Betracht kommenden Grundrechte aus Art. 5 GG stehen als Menschenrechte auch ausländischen Anbietern zu. Gleiches gilt für die zu prüfenden Grundrechte aus Art. 10 und 4 GG. Der Schutzbereich aus Art. 12 GG hingegen ist, wie sich bereits aus dem Text der Norm ergibt, nur für Inhaltsanbieter mit deutscher Staatsbürgerschaft eröffnet. Für berufliche Interessen greift insoweit als Auffanggrundrecht Art. 2 GG ein.[55]

## II. Meinungsfreiheit, Art. 5 Abs. 1 Satz 1 Alt. 1 GG

Im Rahmen der Erörterung von Sperrverfügungen wurde für die Inhaltsanbieter die Einschränkung der Meinungsfreiheit gemäß Art. 5 Abs. 1 Satz 1 Alt. 1 GG besonders kontrovers diskutiert.

---

[53] *Hoeren*, Stellungnahme zur geplanten Sperrungsverfügung der Bezirksregierung Düsseldorf, http://www.jurawelt.com/sunrise/media/mediafiles/13565/stellungnahme-prof-hoeren.pdf.

[54] BVerfGE 6, 290, 295; *Greiner*, Die Verhinderung verbotener Internetinhalte im Wege polizeilicher Gefahrenabwehr, S. 159.

[55] BVerfGE 78, 179, 196; zum Anwendungsbereich der allgemeinen Handlungsfreiheit *Degen*, Freiwillige Selbstkontrolle der Access-Provider, S. 297.

### 1. Probleme des Schutzbereichs

Als notwendige Grundlage jeder geistigen Auseinandersetzung wird der Meinungsfreiheit besondere Bedeutung für die freiheitlich-demokratische Staatsordnung beigemessen. Der Begriff „Meinung“ wird deswegen auch sehr weit verstanden. Wie bereits bei der Grundrechtsprüfung der Suchmaschinenanbieter angesprochen, kommt es für die Äußerung einer Meinung maßgeblich auf das Element einer Stellungnahme, eines wertenden Dafürhaltens in einer Auseinandersetzung an.[56] Erfasst sind daher Werturteile, Stellungnahmen und andere wertende Aussagen. Das Recht, die Meinung frei zu äußern und zu verbreiten, soll auch vor der Errichtung von rechtlichen oder faktischen Barrieren schützen, so zum Beispiel vor einem Genehmigungsvorbehalt für das Verteilen von Flugblättern.[57]

Zum Schutz der Offenheit des Kommunikationsprozesses werden auch Tatsachen in den Schutzbereich des Art. 5 Abs. 1 Satz 1 Alt. 1 GG einbezogen, *soweit* sie Voraussetzung einer Meinungsbildung sind. Erwiesenermaßen oder bewusst unwahre Tatsachenbehauptungen hingegen können nicht auf verfassungsrechtlich legitimierte Weise zur Meinungsbildung beitragen und sollen daher vom Schutzbereich der Meinungsfreiheit nicht umfasst sein.[58] Allerdings lassen sich Tatsachenbehauptungen und Werturteile häufig nicht klar voneinander trennen. Um den Schutz der Meinungsfreiheit nicht wesentlich zu verkürzen, wertet das Bundesverfassungsgericht in derartigen Fällen die Äußerungen im Interesse eines wirksamen Grundrechtsschutzes insgesamt als Meinungsäußerung.[59]

Insbesondere beim Vorgehen gegen inkriminierte Angebote mit revisionistischen Inhalten stellt sich die Eröffnung des Schutzbereichs der Meinungsäußerungsfreiheit deshalb als problematisch dar. Der Gesetzgeber ging bei § 130 Abs. 3 StGB, der Leugnung des unter der NS-Herrschaft begangenen Völkermords, davon aus, nicht in den Schutzbereich einzugreifen. Zu wenig berücksichtigt wurde dabei aber der Konfliktfall der Wertungen durch die Alternativen des „Billigens“ und (qualitativen[60]) „Verharmlosens“ in § 130 Abs. 3 StGB.[61] Die dort diskutierte Problemlage tritt gleichermaßen bei der Alternative des „Verharmlosens“ in § 4 Abs. 1 Nr. 4 JMStV auf, wie noch zu erörtern sein wird.

---

[56] BVerfGE 7, 198, 210.

[57] *Hoffmann-Riem* in AK-GG, Art. 5 Rn. 32.

[58] BVerfGE 90, 241, 247; BVerfGE 99, 185, 197; zur Kritik *Köhler*, NJW 1985, 2389, 2390.

[59] BVerfG NJW 1994, 1779.

[60] Zur Unterscheidung von quantitativem und qualitativem Verharmlosen *Stegbauer*, NStZ 2000, 281, 283 f.

[61] *Huster*, NJW 1996, 487, 487. Vgl. differenzierend zu den Alternativen und zur denkbaren Einordnung unter § 130 Abs. 1 StGB aber auch *Beisel*, NJW 1995, 997, 1001.

### 2. Reichweite der Schranken

Das Problem des (durch die Verquickung von Wertungen und Tatsachen sehr weit geratenen) Schutzbereichs setzt sich fort im Vorbehalt der allgemeinen Gesetze, der gemäß Art. 5 Abs. 2 GG der Meinungsfreiheit Schranken setzt. Gerade aufgrund dieser Schwierigkeiten lässt sich die jeweilige Reichweite der Schranken gemäß Art. 5 Abs. 2 GG plastisch am Beispiel der Verharmlosung von NS-Verbrechen gemäß § 130 Abs. 3 StGB und § 4 Abs. 1 Nr. 4 JMStV verdeutlichen.

#### *a) Allgemeine Gesetze*

Das Bundesverfassungsgericht sieht als *allgemeine* Gesetze solche an, die sich nicht gegen eine *bestimmte* Meinung richten, sondern dem Schutz eines höherwertigen, ohne Rücksicht auf eine bestimmte Meinung zu schützenden Rechtsguts dienen.[62] Diese Betrachtungsweise stellt eine Kombination aus der Sonderrechts- und der Abwägungslehre dar. Tatbestände, die an Stellungnahmen zu Verbrechen der NS-Herrschaft anknüpfen, richten sich jedoch gegen eine bestimmte Meinung.[63] In der Literatur wird hier nicht ganz zu Unrecht kritisiert, dass zu häufig „irgendein durchsichtiger Grund" angeführt werde, warum es sich doch um allgemeine Gesetze handle.[64]

#### *b) Bestimmungen zum Schutz der Jugend*

Die selbstständige Schranke des *Jugendschutzes* weist demgegenüber gerade die Besonderheit auf, dass sie Sonderrecht zulässt, also auch gegen *bestimmte* inhaltliche Meinungen gerichtet sein darf.[65] Auch dies verdeutlicht die besondere Bedeutung des Jugendschutzes in der Verfassung. Der Gesetzgeber hat bei der normativen Ordnung dieses Schutzziels eine Einschätzungsprärogative, muss sich aber an den Wertentscheidungen des Grundgesetzes orientieren und weltanschauliche Neutralität wahren.[66]

Vorrangig betrifft die Schranke des Jugendschutzes allerdings die Informationsfreiheit Jugendlicher. Die Meinungsfreiheit soll nur so weit miterfasst sein, wie es Ziel der Beschränkungen ist, den Kontakt von Jugendlichen mit inkriminierten

---

62 BVerfGE 7, 198, 209.

63 *Bertram*, NJW 2005, 1476, 1478.

64 *Engel*, MMR-Beilage 4/2003, 13, der deshalb gegen die Sperrverfügung vorbringt, die Vorschriften zum Schutz der wehrhaften Demokratie, insbesondere Art. 18 GG, seien vorrangig. Gegen konkrete politische Meinungen könne nur in diesem besonderen Verfahren unter Mitwirkung des BVerfG vorgegangen werden, a.a.O., S. 12.

65 *Bethge* in Sachs, GG, Art. 5 Rn. 159.

66 *Degenhart* in Bonner Kommentar, Rn. 80.

Inhalten und Meinungen zu unterbinden.[67] Maßnahmen zum Schutz der Jugend können zwar gleichzeitig die Kommunikationsfreiheiten Erwachsener beschränken. Insbesondere müssen die Inhaltsanbieter jugendgefährdender Schriften Eingriffe in die Kommunikationsfreiheit *in dem Ausmaß* hinnehmen, in dem auch *Beschränkungen der Informationsfreiheit Jugendlicher erforderlich* sind.[68]

Etwas anderes wird aber bei der Informationsfreiheit erwachsener Nutzer zu beachten sein. Hier darf es grundsätzlich nicht aus Jugendschutzgründen zu einer Informationssperre kommen. Als „Nebenwirkung" effektiver Jugendschutzstrategien sind Beeinträchtigungen der Informationszugänglichkeit denkbar; absolute Zugangsbeschränkungen bleiben jedoch regelmäßig ausgeschlossen.[69] Ersichtlich hat dies im Bereich der jugendgefährdenden und entwicklungsbeeinträchtigenden Inhalte gemäß § 4 Abs. 2 und § 5 JMStV große Bedeutung. Dort müssen deshalb die Rechte volljähriger Nutzer bei der Normanwendung und in der Abwägung besonders berücksichtigt werden. Für die Frage der KJM, ob auch bezüglich dieser jugendgefährdenden und entwicklungsbeeinträchtigenden Inhalte eine Sperrverfügung möglich ist, könnte dies im Rahmen der Verhältnismäßigkeitsprüfung entscheidungserheblich werden.

Der dargestellte Sinn und Zweck der Schranke ist aber auch für den Anwendungsbereich von § 4 Abs. 1 JMStV relevant: Im Gesetz ist die absolute Unzulässigkeit vorgesehen, mithin eine uneingeschränkte Publikations- und Zugriffsverhinderung. Das Bundesverfassungsgericht hatte sich in einer Entscheidung mit einem solchen generellen Verbot der Verbreitung jugendgefährdender Schriften im Versandhandel auseinanderzusetzen.[70] Eine präventiv-generalisierende Regelung wurde dabei für zulässig gehalten, „wenn ohne eine solche Regelung ein effektiver Jugendschutz nicht sichergestellt wäre". Für den Versandhandel wurde dies zum Zeitpunkt der Entscheidung aufgrund der Erwägung bejaht, dass es keine praktikable Lösung gebe, bei dieser Vertriebsstruktur sicherzustellen, dass bestimmte Inhalte nicht an Jugendliche gelangen.

Die Situation im Internet könnte dem vergleichbar sein. Die absolute Unzulässigkeit bestimmter Inhalte wurde in § 4 Abs. 1 JMStV aber nicht deshalb vorgesehen, weil nicht effektiv genug sichergestellt werden könnte, dass die Inhalte allein Erwachsenen zugänglich gemacht werden. Dies geht deutlich aus dem Zusammenspiel von § 4 Abs. 1 und 2 JMStV hervor. In Abs. 2 normierten die vertragsschließenden Länder die Möglichkeit einer Altersverifikation zum Angebot in einer geschlossenen Benutzergruppe und halten eine solche damit im Internet durchaus für durchführbar.

---

67 *Hoffmann-Riem* in AK-GG, Art. 5 Abs. 1, 2 Rn. 56.

68 *Degenhart* in Bonner Kommentar, Rn. 83; vgl. zu den gegenläufigen Interessen im Internet auch *Grzeszick*, AöR 123 (1998), 173, 193.

69 *Degenhart* in Bonner Kommentar, Rn. 335.

70 BVerfGE 30, 366.

Ferner zeigt ein Vergleich mit dem enger gefassten Regelungsbereich des bundesgesetzlichen § 15 JuSchG, dass die vertragsschließenden Länder die absolute Unzulässigkeit in § 4 Abs. 1 JMStV nicht allein zu Zwecken des Jugendschutzes (und nur „gezwungenermaßen" mangels der Möglichkeit, nur die Verbreitung an Minderjährige zu unterbinden, als generelle, auch erwachsene Nutzer beschränkende Regelung) vorgesehen haben.[71] § 15 JuSchG schränkt aufgrund seiner engeren, auf Jugendschutz beschränkten Zielsetzung selbst für strafbare Inhalte die Verbreitungsfreiheit nur insoweit ein, als nicht verhindert werden kann, dass Jugendliche auf dem jeweiligen Angebotsweg in den Besitz der Medien gelangen. Für den Versandhandel, der im genannten BVerfG-Urteil entscheidungsrelevant war, sieht § 1 Abs. 4 JuSchG beispielsweise nunmehr vor, dass bei Vorschaltung eines (inzwischen praktikablen) Altersverifikationssystems kein Versandhandel i.S.d. JuSchG vorliegt. Der Versand eines gemäß § 130 StGB strafbaren Trägermediums ist damit bei sichergestellter Alterskontrolle nicht gemäß § 15 JuSchG unzulässig, sondern schlicht von diesem Gesetz nicht erfasst. § 15 JuSchG korrespondiert damit wesentlich deutlicher als § 4 JMStV mit dem Sinn und Zweck der Schranke des Jugendschutzes in Art. 5 Abs. 2 GG.

Der Regelungsbereich des § 4 Abs. 1 JMStV ist demgegenüber weiter und ordnet einige strafbare Inhalte als absolut unzulässig ein, ohne die Möglichkeit der Altersverifikation vorzusehen.[72] Dies erklärt sich ebenfalls aus dem Anwendungsbereich gemäß § 1 JMStV, der auch den Schutz der *Allgemeinheit* vor Angeboten, welche die Menschenwürde oder sonstige durch das Strafgesetzbuch geschützte Rechtsgüter verletzen, vorsieht. Diesem über den Jugendschutz hinausgehenden Anwendungsbereich entsprechend kann die umfassende, alle Rezipienten betreffende Sperrung des Zugriffs deswegen auch nicht insgesamt auf die Schranke des Jugendschutzes gestützt werden. Vielmehr muss hier *ergänzend* die Schranke der „allgemeinen Gesetze" herangezogen werden, um die vollen, über § 4 Abs. 2 JMStV hinausgehenden Grundrechtsbeeinträchtigungen in § 4 Abs. 1 zu erfassen. Die Verlagerung des Hauptanwendungsfelds von Sperrverfügungen vom früheren MDStV in den JMStV (mit dem zentralen Zweck des Jugendmedienschutzes) führt deshalb im Hinblick auf die soeben problematisierte Verharmlosung der unter der Herrschaft des Nationalsozialismus begangenen Handlungen in § 4 Abs. 1 Nr. 4 JMStV nicht zu einer Lösung, soweit die Informationsfreiheit *erwachsener* Nutzer und – korrespondierend zu diesem Empfängerkreis auch – die Meinungsfreiheit der Content-Provider betroffen sind. Der geschilderte Konflikt zur Schranke der „allgemeinen Gesetze" darf daher auch nicht durch den Standort der Ermächtigungs-

---

71 Vgl. als Gegenpol die Regelung des § 3 RStV a.F. und dazu BVerwG, NJW 2002, 2966, 2971.

72 *Scholz/Liesching* in Jugendschutz, JMStV, § 4 Rn. 3 und 4 zu den Unterschieden der Reichweite von § 15 JuSchG und § 4 JMStV: „Diese Divergenz ist auch angesichts der zu unterscheidenden technischen Verbreitungswege verfassungsrechtlich (Art. 3 und 5 GG) schwer zu rechtfertigen."

grundlage im *Jugendmedienschutz*-Staatsvertrag aus dem Blick geraten, weil entsprechend seiner über den Schutz der Jugend hinausgehenden Zielsetzung in § 1 JMStV durch die Sperrung in erheblichem Umfang auch die Kommunikationsgrundrechte Erwachsener betroffen sind. Auf entsprechende Lösungsmöglichkeiten wird daher zurückzukommen sein.[73]

#### *c) Bestimmungen zum Schutz der persönlichen Ehre*

Auch der Schutz der persönlichen Ehre kann im Übrigen bei § 130 StGB und § 4 Abs. 1 Satz 1 Nr. 4 JMStV nicht als Schranke herangezogen werden, da nach den Materialien und der Entstehungsgeschichte des § 130 Abs. 3 StGB ganz vorrangig der öffentliche Friede gewahrt und nicht die Ehre der persönlich Betroffenen geschützt werden soll.[74]

## III. Presse- und Rundfunkfreiheit, Art. 5 Abs. 1 Satz 2 GG

Art. 5 Abs. 1 Satz 2 GG gewährt den Inhaltsanbietern einen zusätzlichen Schutz für rundfunk- und pressespezifische Verhaltensweisen, der als *aliud* neben den Schutz der Inhalte durch die Meinungsfreiheit tritt. Die neuen Medien bereiten insoweit allerdings insbesondere aufgrund der Konvergenz bei der Begriffsbestimmung und der Ermittlung des Schutzbereichs von Art. 5 Abs. 1 Satz 2 GG Schwierigkeiten. Eine Ansicht drückt dies in einer Zusammenfassung des Schutzbereichs von Presse- und Rundfunkfreiheit zum Begriff „Medienfreiheit" aus.[75] Andere Ansichten betonen die Unterschiede, da nach der Rechtsprechung der Schutz durch die Pressefreiheit umfassender sei als der durch die Rundfunkfreiheit.[76]

Insbesondere die Einordnung von Online-Medien als Presse i.S.d. Art. 5 Abs. 1 GG ist umstritten. Teilweise wird aufgrund der nunmehr für „jedermann" verfügbaren publizistischen Möglichkeiten des Internets eine Erweiterung des Pressebegriffs vorgeschlagen.[77] Die Gegenposition hält am formellen Pressebegriff fest, der – orientiert am traditionellen Verständnis von *Druck*erzeugnissen – verkörperte

---

73 Vgl. zur Heranziehung von § 130 Abs. 1 StGB und §§ 185, 189 StGB *Beisel*, NJW 1995, 997, 1001; zur Lösung über das Schutzgut der Menschenwürde z.B. *Stegbauer*, NStZ 2000, 281, 282.

74 *Beisel*, NJW 1995, 997, 1000; *Huster*, NJW 1996, 487, 488.

75 *Hoffmann-Riem* in AK-GG, Art. 5 Rn. 138, zur Abgrenzung der unterschiedlichen Teilfreiheiten dort, Rn. 145.

76 *Clemens* in Umbach/Clemens, GG, Art. 5 Rn. 69a: Die Rundfunkfreiheit habe eine „dienende Funktion", da sie nicht zum Zweck der Persönlichkeitsentfaltung eingeräumt sei, sondern zur Entfaltung des staatlichen Rundfunkauftrags. Der Gesetzgeber könne daher schon den Schutzbereich enger zuschneiden.

77 *Stadler*, Haftung für Informationen im Internet, S. 170; vgl. zur „elektronischen Pressefreiheit" bereits *Bullinger*, NJW 1984, 385, 390.

Schriftstücke fordert.[78] Online-Medien seien der – technikneutral[79] zu verstehenden – Rundfunkfreiheit zuzuordnen.

Der ersten Ansicht ist zuzugeben, dass gegen eine Ausweitung des Pressebegriffs auf Telemedien jedenfalls nicht mit den Qualitätsunterschieden in der Bandbreite von Online-Publikationen argumentiert werden kann, da es aufgrund des verfassungsrechtlichen Diskriminierungsverbots nicht auf Seriosität oder intellektuelles Niveau ankommen darf.[80] Gerade deshalb kommt aber formalen Kriterien der Herstellung besondere Bedeutung zu. Eine Abkehr vom Erfordernis der Verkörperung würde angesichts der Konvergenz der Medien zu großen Abgrenzungsproblemen führen. Der zweiten Ansicht, der Einordnung von Online-Medien als Rundfunk, ist daher der Vorzug zu geben. Die Besonderheiten von online erscheinenden Zeitungen können auch auf diese Weise berücksichtigt werden. Dies spiegelt sich auch im neuen § 59 Abs. 3 RStV wider, der zusätzliche Voraussetzungen (§ 97 Abs. 5 Satz 2, Richtervorbehalt gemäß § 98 StPO) für die Sperrung von journalistisch-redaktionell gestalteten Angeboten aufstellt, in denen ausschließlich Inhalte periodischer Druckerzeugnisse wiedergegeben werden.

## IV. Berufs- und allgemeine Handlungsfreiheit, Art. 12 GG und Art. 2 GG

Soweit die Bereitstellung der Inhalte den Content-Providern zur Schaffung und Erhaltung einer Lebensgrundlage dient, wären grundsätzlich auch diese in den persönlichen Schutzbereich des Art. 12 GG einzubeziehen. Im Regelfall würde die Zugriffssperre dabei nur als Berufsausübungsregelung einzuordnen sein, da nicht die Tätigkeit insgesamt untersagt wird. Auf die Ausführungen zu Art. 12 GG bei der Berufsfreiheit der Diensteanbieter kann aber nur insoweit verwiesen werden, als es sich bei den Inhaltsanbietern um deutsche Staatsangehörige (Art. 116 GG) handelt. In den vorliegenden Sachverhaltsgestaltungen wird häufig ein ausländischer Inhaltsanbieter betroffen sein, der sich dann nur auf Art. 2 GG berufen kann.[81]

---

78 *Clemens* in Umbach/Clemens, GG, Art. 5 Rn. 69b; *Bethge* in Sachs, GG, Art. 5 Rn. 88.

79 Zum Rundfunkbegriff in der Rechtsprechung des BVerfG *Kuch*, ZUM 1997, 225, 227; *Jarass*, Rundfunkbegriffe im Zeitalter des Internet, AfP 1998, 133.

80 *Bethge* in Sachs, GG, Art. 5 Rn. 69.

81 Vgl. BVerfGE 78, 179, 196; str., im Ergebnis aber ebenso für nichtdeutsche Angehörige der EU geltend.

### V. Andere Grundrechte

Aufgrund der Vielfalt der Online-Angebote lassen sich vorliegend nicht alle in Betracht kommenden Konstellationen antizipieren. Welche Schutzbereiche für die Content-Provider eröffnet sein können, hängt ganz von den jeweiligen Inhalten ab. In dem zu § 166 StGB gebildeten Beispielsfall kommt etwa das Grundrecht aus Art. 4 GG, die Glaubens-, Gewissens- und Bekenntnisfreiheit in Betracht, wenn und soweit durch die Zugriffssperre die Möglichkeit beschränkt wird, religiöse und weltanschauliche Überzeugung kundzutun.[82] Im Fall des sogenannten Karikaturenstreits wäre auch der Schutzbereich der Kunstfreiheit, Art. 5 Abs. 3 GG, zu diskutieren.

## D. Nutzer

Bei der Erörterung von Grundrechten der Nutzer sind für den „Grundfall" der Sperrverfügung vor allem die Informationsfreiheit und das Fernmeldegeheimnis zu berücksichtigen. Je nach Sachverhalt können sich ferner besonders schutzwürdige Informationsinteressen aus Art. 5 Abs. 1 Satz 2 GG bzw. Abs. 3 ergeben. Auch kommt je nach dem gesperrten Angebot Art. 4 GG in Betracht.

### I. Informationsfreiheit, Art. 5 Abs. 1 Satz 1 Alt. 2 GG

Die Informationsfreiheit steht als wesentlicher Baustein des öffentlichen Meinungsbildungsprozesses gleichwertig neben der Meinungs- und Pressefreiheit.[83] Sie ergänzt die Meinungsäußerungs- und Medienfreiheit aus der Empfängerperspektive und gewährleistet den Zugang zu allgemein zugänglichen Quellen.

Als allgemein zugängliche Informationsquellen gelten dabei alle Träger von Informationen, die technisch geeignet und bestimmt sind, einem individuell nicht bestimmbaren Personenkreis Informationen zu verschaffen.[84] Der „Träger"-Begriff ist nicht als Gegensatz zum Telemedium, sondern umfassend und auch auf neue Kommunikationstechniken bezogen zu verstehen.[85]

Zahlreiche Probleme des Schutzbereichs werden gerade auch für die Situation von Sperrverfügungen relevant. So ist zu beachten, dass das Grundgesetz nicht zwischen in- und ausländischen Informationsquellen unterscheidet. Auch die In-

---

82 Vgl. zur Bekenntnisfreiheit *Kokott* in Sachs, GG, Art. 4 Rn. 30.

83 BVerfGE 27, 71, 81.

84 *Clemens* in Umbach/Clemens, GG, Art. 5 Rn. 52.

85 *Bethge* in Sachs, GG, Art. 5 Rn. 54.

formationen ausländischer Inhaltsanbieter sind daher allgemein zugänglich, wenn ihr Empfang in Deutschland möglich ist.[86] Staatliche Maßnahmen, die den Zugriff beeinträchtigen, ändern daran nichts.[87]

Allerdings ist fraglich, ob ein Recht zum Zugriff auf zwar zugängliche, jedoch mit der Rechtsordnung nicht zu vereinbarende Inhalte besteht.[88] Bei einer historischen Betrachtung gehört es nahezu zum Kern der Informationsfreiheit, die Bestimmung der Reichweite des Schutzbereichs nicht dem Staat zu überlassen. Hintergrund der umfassenden Gewährung der Informationsfreiheit im Grundgesetz sind insbesondere die Erfahrungen mit dem Verbot von Feindsendern im zweiten Weltkrieg: Dem Staat sollte nicht mehr möglich sein, irgendwelche vom Urheber für die Allgemeinheit bestimmte Informationen von seinen Bürgern fernzuhalten.[89] Um dieser Zielsetzung gerecht zu werden, müssen auch allgemein zugängliche Informationen, die mit der Rechtsordnung nicht in Einklang stehen, vom Schutzbereich erfasst werden. Nur so wird eine verfassungsrechtliche Überprüfung der Schranken möglich. Auch die Bezirksregierung Düsseldorf begründet ihren Standpunkt, es gebe keinen Anspruch der Nutzer auf den Empfang unzulässiger Angebote, mit der Einschränkung gemäß Art. 5 Abs. 2 GG, verneinte somit nicht schon die Eröffnung des Schutzbereichs.[90] Noch problematischer wird sich dies bei der Verhältnismäßigkeitsprüfung auswirken, wenn als Kollateralschäden der Zugriffssperrung auch legale Inhalte nicht erreichbar sind.

Eine andere Konstellation ergibt sich hinsichtlich des Zugriffs Erwachsener auf beschränkt zulässige und nur entwicklungsbeeinträchtigende Inhalte. Für die Beurteilung dieser Fälle kann gerade im Hinblick auf §§ 4 Abs. 2, 5 JMStV auch relevant werden, dass der ungehinderte, nicht verzögerte Empfang von Informationen ebenfalls geschützt wird und deshalb schon in der durch Kontrollen eintretenden Verzögerung ein Eingriff liegt.[91]

Im Hinblick auf die Schranken gemäß Art. 5 Abs. 2 GG kann auf die oben erfolgte Darstellung bei der Meinungsfreiheit der Content-Provider verwiesen werden. Unabhängig vom jeweils vertretenen Zensurbegriff greift allerdings Art. 5 Abs. 1 Satz 3 GG nicht als Schranken-Schranke bei Eingriffen in die Informationserlangungsfreiheit ein, da das Zensurverbot für die Betroffenen insoweit nur als

86 BVerfGE 90, 27, 32.

87 *Bethge* in Sachs, GG, Art. 5 Rn. 55.

88 *Vassilaki*, Anm. zu OVG NRW CR 2003, 367, 368.

89 *Epping*, Grundrechte, S. 83.

90 Gegen eine Zuschneidung des Schutzbereichs durch den Staat auch *Neumann*, Ordnungsrechtliche Sperrungsverfügung und die Informationsfreiheit, www.artikel5.de/artikel/sperrunginffreiheit.html.

91 *Clemens* in Umbach/Clemens, GG, Art. 5 Rn. 58.

Reflex wirkt.[92] Die von der Sperrverfügung betroffenen Nutzer können sich somit schon aus diesem Grund nicht auf diese zusätzliche Grundrechtssicherung berufen.

Kann der Nutzer besonders schutzwürdige Informationsinteressen geltend machen, so kommt ein Eingriff durch die Zugriffssperre auch bezüglich Art. 5 Abs. 1 Satz 2 oder Art. 5 Abs. 3 GG in Betracht. Journalisten etwa können sich darauf berufen, dass sich die Presse- und Rundfunkfreiheit auf alle Phasen von der Informationsbeschaffung bis zur Verbreitung der Nachrichten und Meinungen bezieht.[93]

## II. Brief-, Post- und Fernmeldegeheimnis, Art. 10 GG

### 1. Schutzbereich des Art. 10 GG

#### *a) Grundlagen des Schutzbereichs*

Da die Zugriffssperren an den Versuch des Nutzers anknüpfen, über das Internet auf bestimmte Telemedien zuzugreifen, kommt auch eine Verletzung der Rechte des Nutzers aus Art. 10 GG in Betracht. Durch diesen Artikel soll den spezifischen Risiken räumlich distanzierter Kommunikation begegnet werden. Dieser Schutzbedarf ergibt sich daraus, dass die Phase der Übermittlung einer Nachricht vom Sender zum Empfänger weitestgehend dem Einfluss der jeweiligen Kommunikationspartner entzogen ist. Auch während dieses Übertragungsvorgangs einer Nachricht soll aber gewährleistet sein, dass sowohl der Inhalt als auch *die näheren Umstände* der Kommunikation vor staatlicher Kenntnisnahme geschützt sind.[94] Der Verlust der Privatheit, den die moderne Gesellschaft mit sich bringt, soll ausgeglichen und die Beteiligten sollen so geschützt und gestellt werden wie bei der Begegnung unter Anwesenden.[95]

Die Möglichkeiten eines staatlichen Zugriffs, den die Beteiligten häufig weder wahrnehmen noch verhindern können, haben sich dabei in der Informationsgesellschaft gewandelt und vervielfacht. Dies bereitet bei der präzisen Bestimmung des Schutzbereichs erhebliche Schwierigkeiten. Während das Postgeheimnis die Vermittlung verkörperter Nachrichten schützt, garantiert das Fernmeldegeheimnis die durch unkörperliche Signale vermittelte Kommunikation. Weit stärker als traditionell beim Postgeheimnis ist die Vertraulichkeit der Kommunikation bei der unkörperlichen Übertragung nicht nur dadurch bedroht, dass das Trägermedium einem

---

92 BVerfGE 27, 88, 102.

93 *Schnabel*, Sperrungsverfügung gegen Access-Provider, S. 59, http://www-en.eulisp.uni-hannover.de/media/Abschlussarbeiten/schnabel_christoph.pdf; *Clemens* in Umbach/Clemens, GG, Art. 5 Rn. 100.

94 *Breyer*, Die systematische Aufzeichnung und Vorhaltung von Telekommunikation, S. 78, 81.

95 *Schmidt* in Umbach/Clemens, GG, Art. 10 Rn. 63.

Nachrichtenübermittler übergeben und anvertraut werden muss. Bei der durch Fernmeldetechnik übermittelten Übertragung ergeben sich bereits aus dem verwendeten Speicher- oder Transportmedium selbst Gefahren der Entprivatisierung der Inhalte aufgrund der Möglichkeit des Zugriffs auf die Leitungen oder Funkfrequenzen.[96] Die Umstände der Kommunikation bergen überdies besondere Gefahren der Ausforschung, da die Vielzahl der insbesondere bei Online-Kommunikation anfallenden Datenspuren eine weitreichende Rekonstruktion des Kommunikationsverhaltens zulässt.

Aus den genannten Gründen besteht deswegen nahezu Einigkeit darüber, dass der Begriff des Fernmeldegeheimnisses dynamisch verstanden und auf technische Weiterentwicklungen erstreckt werden muss. Es würde der besonderen Bedeutung der neuen Medien in der Informationsgesellschaft nicht gerecht, sämtliche Kontakte im Internet aufgrund einer mangelnden „objektiven Schutzgeeignetheit und Schutzfähigkeit des Kommunikationsmediums" aus dem Schutzbereich auszunehmen.[97] Die höhere Anfälligkeit des Fernmeldegeheimnisses gegenüber dem Postgeheimnis ändert nichts an der vergleichbaren Schutzbedürftigkeit räumlich distanzierter Kommunikation.

Umstritten ist jedoch, wie die Grenzen des Schutzbereichs von Art. 10 GG konkret zu ziehen sind. Dies wirkt sich auch auf die rechtliche Beurteilung der Sperrverfügungen aus. Ziel der bisher diskutierten Sperrmaßnahmen ist es, den Zugriff der Nutzer auf bestimmte *an die Allgemeinheit* gerichtete Telemedien zu verhindern. Fraglich ist daher, ob und wie weit der Schutz des Fernmeldegeheimnisses über den Bereich *individueller* räumlich distanzierter Kommunikation hinaus auf die an die Allgemeinheit gerichteten Inhalte auszudehnen ist. Klar verneint wird der Schutz zum Beispiel für ausgestrahlte Rundfunksendungen. Bejaht wird er hingegen überwiegend für geschlossene Benutzergruppen. Es bereitet daher Schwierigkeiten, das Angebot allgemein verfügbarer Telemedien (z.B. im World Wide Web) zwischen diesen beiden Polen einzuordnen. Gegen eine Einbeziehung allgemein verfügbarer Inhalte in den Schutzbereich des Art. 10 Abs. 1 Satz 3 GG spricht zunächst, dass bei den für die Öffentlichkeit bereitgestellten Angeboten das spezielle Schutzbedürfnis nach Vertraulichkeit nicht in einem der Individualkommunikation vergleichbaren Maße gegeben ist.

Während der Übermittlung im Internet kann es aber schon deshalb nicht auf die Differenzierung in Individual- und Massenkommunikation ankommen, weil zu dieser Unterscheidung bereits eine *Auswertung* der Nachrichteninhalte erforderlich ist. Wenn man im Bereich der Telekommunikation Letztere vom Schutz des Fern-

---

[96] *Gusy* in v. Mangoldt/Klein/Starck, Art. 10 Rn. 41.

[97] So aber *Pagenkopf* in Sachs, GG, Art. 10 Rn. 14a. „Damit fällt aus dem Schutz heraus, was technisch so anfällig und unvollkommen ist, dass es im Grunde einer öffentlichen Kommunikation mit allgemeiner Teilnahmemöglichkeit entspricht. […] Dies zeigt sich insbesondere beim weltweiten Internetz (‚internet')."

meldegeheimnisses ausschließen wollte, müsste der Staat in einer Art Ausschlussdiagnose zunächst auf alle Daten zugreifen (dürfen), um sodann nach einer entsprechenden Analyse nur die Erkenntnisse über Individualkommunikation dem Schutz des Art. 10 GG zu unterstellen. Denn den im Internet übermittelten Datenpaketen ist ohne eine entsprechende Kontrolle nicht anzusehen, ob sie Vorgänge der Individual- oder der Massenkommunikation enthalten. Die schon rechtlich nicht trennscharfe Unterscheidung zwischen individueller und auf die Allgemeinheit bezogener Kommunikation lässt sich daher technisch nicht hinreichend durchführen.[98] Soweit teilweise darauf verwiesen wird, der Provider könnte anhand der Protokollart deutliche Rückschlüsse auf den verwendeten Dienst und seine Einordnung in Individual- oder Massenkommunikation gewinnen,[99] scheitert dies jedenfalls vorliegend an der Aussagekraft der verwendeten Protokolle, da zum Beispiel E-Mail-Dienste häufig webbasiert genutzt und statt über POP3 oder andere typische Protokolle damit über http bearbeitet werden.[100]

Auch die Port-Nummer, die in einigen Fällen zumindest Rückschlüsse auf typischerweise über bestimmte Ports abgewickelte Dienste zulassen würde, ist bereits der Transportschicht zuzuordnen, somit einem der Sender-Empfänger-Verbindung vorbehaltenen Bereich, der dem Zugriff durch die Nachrichtenübermittler entzogen ist. Auch anhand dieses Kriteriums könnte deshalb zum Beispiel nicht auf die Nutzung von WWW-Inhalten (regelmäßig Port-Nummer 80) geschlossen werden, ohne zuvor in den Bereich der Ende-zu-Ende-Kommunikation zwischen Quell- und Zielhost vorzudringen, deren Vertraulichkeit Art. 10 aber gerade schützen will. Überdies dürfte aus der Kenntnis, dass Web-Inhalte übermittelt werden, auch hier nicht zwingend auf Massenkommunikation geschlossen werden: Es könnte sich zum Beispiel auch um individuelle Webmail-Nutzung oder Inhalte einer geschlossenen Benutzergruppe handeln. Da somit die typische Gefährdung der Vertraulichkeit während des Übermittlungsvorgangs auch beim Konsum von Massenmedien besteht und zudem eine trennscharfe Abgrenzung ohne genaue Inhaltsanalyse nicht möglich ist, muss der Schutzbereich des Art. 10 Abs. 1 Var. 3 GG während des Übermittlungsvorgangs *auch bei Massenkommunikation*, die räumlich distanziert über das Internet genutzt wird, eröffnet sein.

Zudem können Nutzer durchaus auch bei öffentlich verfügbaren Telemedien ein Interesse daran haben, die Tatsache ihres Zugriffs (z.B. auf bestimmte WWW-Seiten mit politisch exponierten Meinungen) geheim zu halten, sodass die *Umstände* der Kommunikation möglicherweise auch hier bereits selbstständig schutzwürdig sind. Maßgeblich für die Bestimmung des Schutzbereichs von Art. 10 GG ist dabei die Frage, ob sich die spezifischen *Risiken* räumlich distanzierter Kommunikation verwirklichen. Für die Beurteilung dieser Frage ist zu berücksichtigen, dass

---

98 *Stadler*, Haftung für Informationen im Internet, Teil 4 Rn. 141 l.

99 *Czychowski*, MMR 2004, 514, 519 zur Problematik bei Tauschbörsen.

100 *Stadler*, Haftung für Informationen im Internet, Teil 4 Fn. 589.

zwischen Nutzer und Telemedienanbieter als den beiden Kommunikationspartnern der Datenübertragung noch Access- und Network-Provider als Intermediäre agieren und bei allen Beteiligten Datenspuren anfallen, die Rückschlüsse auf den Telemedienkonsum des jeweiligen Nutzers zulassen. Für die Verwirklichung der Risiken räumlich distanzierter Kommunikation ist das Verhältnis zwischen den beiden Kommunikationspartnern (Nutzer und Telemedienanbieter) und ihr jeweiliges Verhältnis zu den Intermediären (Access- und Network-Provider) zu unterscheiden.

Bei einer Datenerfassung oder Datenanalyse bei den *beiden Kommunikationspartnern* (d.h. auf Seiten des Senders und auf Seiten des Empfängers) besteht die typische Gefährdungslage räumlich distanzierter Kommunikation allerdings nicht, da sich die Nachricht hier jeweils im Herrschaftsbereich der Beteiligten befindet und gerade nicht schutzlos dem Zugriff des Übermittlers ausgeliefert ist. Derartige staatliche Eingriffe sind deswegen insbesondere an Art. 2 Abs. 1 (i.V.m. Art. 1 Abs. 1) GG zu messen.[101] Wird beispielsweise nach Abschluss des Kommunikationsvorgangs hoheitlich auf Logfiles des *Telemedienanbieters* (nicht: des Access-Providers) zugegriffen, aus denen das Surfverhalten des Nutzers ermittelbar ist, realisiert sich deshalb keine Gefahr, vor der Art. 10 GG schützen soll. Denn unter den Kommunikationspartnern, an den und jenseits der Endeinrichtungen, gilt das Fernmeldegeheimnis nicht.[102]

Das Problem, dass die Partner selbst keinen eigenen Einfluss auf die vertrauliche Behandlung der genutzten Inhalte und Verkehrsdaten ausüben können und insoweit auf die Zuverlässigkeit des Übermittlers angewiesen sind, besteht jedoch – auch beim Abruf öffentlicher Seiten – *während* des Übertragungsvorgangs. Erfolgt die Kenntnisverschaffung hoheitlich durch eine Inpflichtnahme der privaten Nachrichtenübermittler (Access- und Routerbetreiber) *in der Übermittlungsphase*, sind Sender und Empfänger dem externen Zugriff ausgeliefert, ohne ihr Mediennutzungsverhalten vor staatlichen Einblicken schützen zu können. Durch Art. 10 GG sollen die Kommunizierenden grundsätzlich so gestellt und geschützt werden, als träten sie unmittelbar in Kontakt. Dies spricht zusätzlich für eine Einbeziehung von Massenkommunikation in Art. 10 Satz 1 Var. 3 GG, soweit die Übertragungsphase betroffen ist. Eingriffe beim Access- und Networkbetreiber können daher unter diesen Artikel fallen.

Um die Sperrmaßnahmen an Art. 10 GG zu messen, ist konkret zu prüfen, welche als Sperrkriterien in Betracht kommenden Daten in den Schutzbereich des Fernmeldegeheimnisses fallen und welche ohne Rücksicht darauf herangezogen

---

[101] Vgl. auch die Ausführungen in der amtlichen Begründung zum TMG, BT-Drs. 16/3078, S. 18.

[102] BVerfGE 106, 28, 38; ferner BVerfG, Urteil vom 27.2.2008, 1 BvR 370/07 und 1 BvR 595/07 Rn. 290, http://www.bundesverfassungsgericht.de/entscheidungen/rs20080227_1bvr037007.html.

werden können. Ansatzpunkte für Filter- und Sperrmaßnahmen können grundsätzlich sowohl durch eine Inhaltsanalyse gewonnen werden als auch durch die Auswertung von Formalkriterien wie Adressen oder anderen Kennungen. Die im Jahr 2002 von der Bezirksregierung Düsseldorf vorgeschlagenen Sperrmaßnahmen orientierten sich ebenso wie die oben angesprochenen Sperrmöglichkeiten an der IP-Adresse, der Domain und der URL des vom Nutzer angefragten Angebots. Gleiches gilt – in Kombination – für die in Betracht gezogenen hybriden Lösungen. Bei der Entscheidung über die Eröffnung des Schutzbereichs von Art. 10 GG sind daher diese Daten differenziert im Hinblick darauf zu beurteilen, ob ein Zugriff auf sie den Inhalt oder die Umstände der Telekommunikation betrifft.

### *b) Sperrkriterium: übermittelte IP-Adresse, auch in Verbindung mit der Port-Nummer*

IP-Adressen sind die zentralen Verkehrsdaten[103] der Internetkommunikation. Der Zugangsdiensteanbieter weist seinem Nutzer eine – zumeist dynamisch vergebene – IP-Adresse zu und kann bzw. muss insbesondere zu Abrechnungszwecken speichern, welcher Nutzer sich dahinter in welchem Zeitraum verbirgt. Der Server, dessen Inhalte der Nutzer abrufen oder an den er Informationen senden möchte, wird ebenfalls durch seine IP-Adresse identifiziert. Da diese bei der Diensteerbringung erhobenen und verwendeten Daten erkennen lassen, von welchem Rechner aus wann mit welchem anderen Rechner und wie lange kommuniziert worden ist, unterfallen sie als Umstände der Kommunikation ebenso wie Inhaltsdaten dem Schutz des Fernmeldegeheimnisses aus Art. 10 Abs. 1 GG.[104] Dem kann auch nicht entgegengehalten werden, dass die IP-Adressen primär nur Rückschlüsse auf Rechner und nicht unmittelbar auf die – vom Fernmeldegeheimnis geschützten – Menschen erlauben. Dies gilt zumindest dann, wenn über Logfiles ein entsprechender Personenbezug herstellbar ist und der durch die Rechneridentifikation bereits erfolgte Eingriff dadurch vertieft werden kann. Da Art. 10 GG sich als *lex specialis* zum informationellen Selbstbestimmungsrecht darstellt, müssen für den erforderlichen Personenbezug des Fernmeldegeheimnisses (insb. aufgrund der bestehenden Logfiles) die gleichen Prinzipien gelten wie für die Bestimmung von personenbezogenen Daten. Zur Qualifikation von Daten als Verbindungsdatum reicht damit bereits aus, dass ein Bezug zu einer Person bzw. zum Absender *herstellbar* ist.[105]

Sollten sich Sperrmaßnahmen entwickeln lassen, bei denen sich das inkriminierte Angebot ohne einen Abgleich des Nutzer-Requests mit der Blacklist abschirmen

---

103 § 3 Nr. 30 i.V.m. § 96 TKG.

104 *Greiner*, Die Verhinderung verbotener Internetinhalte im Wege polizeilicher Gefahrenabwehr, S. 116.

105 *Breyer*, Die systematische Aufzeichnung und Vorhaltung von Telekommunikation, S. 71.

lässt, sodass keine Auswertung eines Verbindungsdatums erfolgt, kann dies anders zu beurteilen sein.

Für die IP-Adressen-Sperren im Router wird teilweise vorgeschlagen, die – das Angebot unpräzise und weit definierende – IP-Adresse durch die Angabe einer Port-Nummer zusätzlich zu präzisieren und dadurch die Sperrung auf den verwendeten Dienst einzugrenzen.[106] Aus diesem Grund stellt sich die Frage, ob in solchen Fällen auch die Port-Nummer unter das Fernmeldegeheimnis fallen kann. Wie oben bereits dargestellt ist sie als eine Kennung des TCP-Pakets zur Identifizierung des Dienstes oder der Anwendung der Transport-Schicht des TCP-IP-Modells zuzurechnen. Eine Ansicht betrachtet die Port-Nummer dabei als Steuersignal (i.S.d. § 100 Abs. 3 TKG).[107] Das Senden eines Steuersignals stellt eine Kommunikation des Nutzers mit einer an das Telekommunikationsnetz angeschlossenen technischen Einrichtung dar. Unter einer Vielzahl von Endgeräten kann damit zum Beispiel das benötigte Gerät ausgewählt und „angesteuert" werden. Solche Steuersignale werden dem Nachrichteninhalt zugerechnet, wie sich ausdrücklich aus § 100 Abs. 4 TKG ergibt.

Die rechtliche Gleichbehandlung von Port-Nummer und Steuersignal ist jedoch fragwürdig. Grundsätzlich lassen sich Erstere in ihrer Funktion zwar durchaus mit Steuersignalen vergleichen.[108] Als Steuersignale werden jedoch nur über einen Nutzkanal (z.B. den Sprachkanal) übertragene Mehrfrequenz*töne* bezeichnet.[109] Für die Port-Nummern ist die Einordnung als Steuersignal daher abzulehnen. Gleichwohl könnte die Wertung übertragbar sein. Allerdings ist auch ohne die Qualifikation der Port-Nummer als Nachrichteninhalt der Schutzbereich des Art. 10 GG eröffnet: Sie hat die Funktion, zwischen den Kommunikationspartnern einen Dienst oder eine Anwendung zu identifizieren. Auch Kennzeichen, die nicht von den Teilnehmern selbst stammen, sondern die von den Diensteanbietern zur Ermöglichung eines konkreten Kommunikationsvorgangs genutzt werden, fallen als *nähere Umstände* der Kommunikation in den Schutzbereich des Art. 10 GG.[110] Port-Nummern unterliegen deswegen ebenso wie IP-Adressen dem Schutz des Fernmeldegeheimnisses. Dies bedeutet, dass die Nutzung der Port-Nummer zu Sperrzwecken einer Rechtfertigung im Hinblick auf den damit verbundenen Eingriff in das Fernmeldegeheimnis bedarf.

---

[106] *Dornseif*, Government mandated blocking of foreign web content, S. 3, http://md.hudora.de/publications/200306-gi-blocking/200306-gi-blocking.pdf.

[107] *Gerling*, E-Mail-Server: Was der Datenschutz fordert, http://www.software-offensive-bayern.de/pdf/systems2003/Dienstag/gerling_systems200316_00.pdf, S. 3, zu § 89 Abs. 2 Satz 3 TKG a.F.

[108] *Sieber*, Technische Grundlagen, Teil 1 Rn. 47, in: Hoeren/Sieber (Hrsg.), Handbuch Multimedia-Recht.

[109] *Klesczewski* in Säcker, § 100 Rn. 25.

[110] *Klesczewski* in Säcker, § 88 Rn. 14.

### c) *Sperrkriterium: Manipulation des Domain-Namens*

Auch der Domain-Name kommt als näherer Umstand der Telekommunikation in Betracht, auf den sich das Bedürfnis nach Vertraulichkeit erstreckt. In der vorliegenden Konstellation ist jedoch nicht allein der Domain-Name zu betrachten, sondern der Kommunikationsvorgang. Anlässlich der Begriffsbestimmung des Access-Providing wurde bereits darauf hingewiesen, dass die Anordnung, Manipulationen am DNS-Server vorzunehmen, an den Zugangsvermittler in seiner *Eigenschaft als DNS-Provider* gerichtet ist. Ein Blick auf die Einordnung des DNS-Service im TCP/IP bzw. ISO-OSI-Modell zeigt, dass das Angebot oberhalb der Netzwerkschicht, somit im Bereich der Ende-zu-Ende-Kommunikation angesiedelt ist.[111] Der Vergleich mit einem Telefonbuch als funktionalem Äquivalent und die Einordnung als Nachweisvermittler-Dienst[112] verdeutlichen, dass sich bei einer Manipulation am DNS-Server nicht das Risiko räumlich distanzierter Kommunikation verwirklicht, die *während der Übertragung* dem Zugriff und der Manipulation Dritter ausgesetzt ist. Beim DNS-Server geht die Anfrage ein, die IP-Adresse zu einem bestimmten Domain-Namen herauszusuchen. Darauf reagiert bzw. antwortet der DNS-Server gemäß den Einträgen seiner Datenbank, ggf. auch durch einen Verweis auf einen anderen Server. Er fungiert hier beim Empfang der Anfrage bzw. bei der Sendung der zugehörigen IP-Adresse als intermediärer Kommunikationspartner des Nutzers, *nicht aber als reiner Übermittler* zwischen Nutzer und Telemedienanbieter. Die Manipulation am DNS-Server berührt damit nicht den Schutzbereich des Art. 10 GG, weil die betroffenen Kommunikationspartner selbst nicht in den Schutzbereich einbezogen sind.

### d) *Sperrkriterium: URL*

Die in einem Kommunikationsprozess des Internets übermittelte – und für Sperranordnungen zentrale – URL ist schwierig in das Begriffspaar Inhalts- oder Verkehrsdatum einzuordnen. Die bei einer Informationsanfrage übermittelte URL kennzeichnet nicht nur – entsprechend einer Adresse – den Standort des angefragten Angebots auf dem Zielserver, sondern erlaubt aufgrund ihrer textlichen Ausgestaltung häufig bereits Rückschlüsse auf den Inhalt der abgerufenen Daten. Die übermittelten Daten lassen sich darüber hinaus durch die Eingabe der URL in einen beliebigen Browser leicht feststellen. Die Analyse der von einem Rechner (und damit von einem bestimmten Nutzer) übermittelten URL lässt damit Rückschlüsse auf eine private Kommunikation zu.

---

111 *Pfitzmann/Köpsell/Kriegelstein*, Sperrverfügung gegen Access-Provider – Technisches Gutachten vom 22.12.2006, S. 13.

112 Zur (dort offen gelassenen) Einordnung als Nachweisvermittler vgl. OLG Hamburg K&R 2000, 139, 142.

Relevant ist ferner, dass URLs der 7. Schicht des ISO-OSI-Modells – der Anwendungsschicht – zuzuordnen sind. Solche Access-Provider, die mit der Zugangsvermittlung einen Dienst auf der 3. Schicht des Internetprotokolls anbieten, müssen die URL zur Erbringung ihres Dienstes weder erheben noch verarbeiten oder nutzen. Sie dürfen es, wie noch genauer zu untersuchen sein wird, ohne Weiteres nicht einmal zur Kenntnis nehmen. Die Abfrage der zwischen einem Nutzer und einem WWW-Server übermittelten URL greift daher – noch stärker als die Abfrage der IP-Nummer – in das Fernmeldegeheimnis des Nutzers ein.

#### e) *Sperrkriterium: Suchbegriffe*

Navigationshilfen wie Suchmaschinen sind selbst (intermediäre) Teilnehmer an der Kommunikation mit dem Nutzer.[113] Wie beim Domain-Name-Server ausgeführt besteht deswegen im Verhältnis zwischen diesen Kommunikationsteilnehmern nicht das spezifische Risiko, vor dem Art. 10 GG schützen will. Bei einer Sperrverfügung gegen einen Suchmaschinenanbieter, welche die Blockierung von Treffern im Suchmaschinenindex verlangt, kommt somit mangels der Eröffnung des Schutzbereichs keine Verletzung des Art. 10 GG in Betracht, da er selbst Kommunikationspartner des Nutzers ist und nicht in ein Kommunikationsverhältnis zwischen diesem und einem Dritten eingreift.

### 2. Hoheitlicher Eingriff

Art. 10 GG untersagt allen Grundrechtsadressaten, sich von Inhalts- oder Verkehrsdaten Kenntnis zu verschaffen, solche Kenntnisse an Dritte weiterzugeben oder Dritten Gelegenheit zu geben, sich darüber Kenntnis zu verschaffen.[114] Wie ausgeführt sind Provider nach der Privatisierung des Telekommunikationssektors nicht unmittelbar grundrechtsgebunden. Allerdings greift bei den Sperrverfügungen der staatliche Grundrechtsadressat mittelbar durch die Provider während der Übermittlungsphase auf Daten zu, um (an diese anknüpfend) Zugriffssperren einzusetzen. Die Handlungen der Diensteanbieter sind dem Staat daher zuzurechnen und deshalb auf ihre Eingriffsqualität zu überprüfen.[115] Für die Prüfung der staatlichen Sperrverfügungen im Hinblick auf die Vereinbarkeit mit Art. 10 GG kommt es daher auch nicht darauf an, ob und inwieweit die verpflichteten Provider selbst unmittelbar durch § 88 TKG gebunden sind.

---

[113] *Germann*, Gefahrenabwehr und Strafverfolgung im Internet, S. 450.

[114] Vgl. *Schmidt* in Umbach/Clemens, GG, Art. 10 Rn. 48.

[115] *Germann*, Gefahrenabwehr und Strafverfolgung im Internet, S. 445.

Teilweise wird vertreten, die Sperrverfügung berühre das Fernmeldegeheimnis nicht, weil lediglich dem Entstehen von Telekommunikation vorgebeugt werde.[116] Zutreffend ist an dieser Position, dass die Verhinderung von Kommunikation – etwa das Anhalten von Briefen – als solche nicht als Eingriff in den Schutzbereich von Art. 10 GG bewertet wird.[117] Insbesondere strafvollzugsrechtliche Sachverhalte haben insoweit Anlass zu verfassungsgerichtlichen Entscheidungen gegeben.[118] Die Ausführungen in diesen Urteilen beschränken sich jedoch auf Art. 5 und 2 GG. Die Handlungen der Kommunikationskontrolle einerseits und des Unterbindens der Weiterleitung andererseits sind hier jedoch zu unterscheiden, wie exemplarisch auch aus dem StVollzG zu ersehen ist.[119] Die Überwachung des Schriftverkehrs ist in § 29 StVollzG, die Verweigerung der Weiterleitung in § 31 StVollzG geregelt. In den genannten Entscheidungen war nur das Anhalten gemäß § 31 StVollzG umstritten.

Diese Ansicht wird durch die Ausführungen des Bundesverfassungsgerichts zum Konkurrenzverhältnis von Art. 5 und 10 GG bestätigt: „Soweit der Eingriff in der staatlichen Wahrnehmung und gegebenenfalls Verarbeitung der mit Mitteln der Telekommunikation geäußerten Meinungen liegt",[120] trete die Gewährleistung aus Art. 5 GG hinter Art. 10 GG zurück. Der staatlichen Wahrnehmung und Kontrolle von Inhalt und Umständen, die der Kommunikationsverhinderung *vorgelagert* erfolgen, kommt somit auch nach dieser Position eine eigene Eingriffsqualität im Hinblick auf Art. 10 GG zu. Dieser vorgelagerte Eingriff wird nicht dadurch wieder ungeschehen gemacht, dass der Kommunikationsprozess nach dem Geheimnisbruch (und *gerade anknüpfend an die dadurch erlangten Erkenntnisse*) unterbrochen wird. Die grundrechtsrelevanten Handlungen sind daher zu unterscheiden. Während die Unterbindung der Kommunikation insbesondere im Hinblick auf Art. 5 GG problematisch ist, ist eine sie vorbereitende Kenntnisverschaffung anhand von Sperrkriterien grundrechtsthematisch hinsichtlich Art. 10 GG zu untersuchen.[121]

Der Vorgang der Kommunikationskontrolle kann hier auch nicht vollumfänglich durch einen behördlichen Hinweis auf die inkriminierten Inhalte vermieden werden.[122] Eine solche Betrachtungsweise würde nicht ausreichend berücksichtigen,

---

116 *Degen*, Freiwillige Selbstkontrolle der Access-Provider, S. 288; so auch *Schmid*, Informations- und Datenschutzrecht II, Modul 5, S. 17, http://vwww10.hrz.tu-darmstadt.de/jus4/lehre/folien/cl2-modul5.pdf (derzeit nicht mehr online verfügbar).

117 *Schmidt* in Umbach/Clemens, GG, Art. 10 Rn. 57; a.A. (auch Unterdrückung als Verstoß gegen das Fernmeldegeheimnis) *Lengning*, Post- und Fernmeldegeheimnis, S. 11.

118 BVerfGE 33, 1, 14 ff; BVerfGE 57, 170, 177; BVerfGE 90, 255, 259.

119 Vgl. auch *Hermes* in Dreier, Art. 10, Fn. 130.

120 BVerfGE 113, 348, 364.

121 Trennend zwischen Kenntnisnahme und Unterbindung auch *Germann*, Gefahrenabwehr und Strafverfolgung im Internet, S. 445; vgl. auch *Schmidt* in Umbach/Clemens, GG, Art. 10 Rn. 57: keine Verletzung des Postgeheimnisses bei der bloßen *Unterdrückung ohne Kenntnisnahme* vom Inhalt einer Sendung (im Original fett statt kursiv hervorgehoben).

122 Problematisch insoweit die Begründung zum 6. Rundfunkänderungsstaatsvertrag, S. 32: „Die für entsprechende Sperrungsverpflichtungen erforderliche Kenntnis kann dem Diensteanbieter auch durch Dritte oder eine Behörde verschafft werden."

dass nicht nur die Inhalte, sondern *auch die Umstände* der Kommunikation in den Schutzbereich des Fernmeldegeheimnisses fallen. Erfolgt durch die KJM ein Hinweis, dass beispielsweise unter einer bestimmten URL illegale Inhalte erreichbar und die Verbindungen zu dieser URL daher zu sperren sind, so müsste der verpflichtete Provider gleichwohl noch ermitteln, welche IP-Pakete an die Adresse gerichtet werden und die Datenströme (automatisiert) analysieren, um den Sperrvorgang dann nach dieser *Kenntnisverschaffung aufgrund der festgestellten Übereinstimmung mit der Blacklist* durchführen zu können.[123] Bei dem Vorgang verschafft er sich jedoch Kenntnis von *näheren Umständen* der Kommunikation.[124] Dies erfordert im Übrigen nicht die verstandesmäßige Erfassung durch eine menschliche Kontrollperson. Auch die *Auswertung durch technische* oder sonstige *Mittel* zur Ermittlung von Verkehrsdaten ist untersagt.[125]

Ein Eingriff in das Fernmeldegeheimnis wird dabei jedenfalls dann bejaht, wenn von Inhalt oder Umständen einer Nachricht über das für die Geschäftserbringung notwendige Maß hinaus Kenntnis genommen wird.[126] Somit läge ein Eingriff zumindest vor, wenn die Diensteanbieter zur Umsetzung der Sperrmaßnahme Daten erheben müssten, die sie im Rahmen ihrer geschäftlichen Tätigkeit nicht benötigen. Dies wäre zum Beispiel gegeben, wenn ein Diensteanbieter auf der (niedrigeren) Internetschicht zum Zweck der Datensperrung einen Proxy-Server implementieren und die Zugriffssperre anhand der URL auf der (im Modell höher gelegenen) Anwendungsschicht realisieren müsste.[127]

Fraglich ist jedoch, ob die Daten, die bei der Geschäftserbringung der Provider notwendigerweise ohnehin erhoben werden, als Anknüpfungspunkt einer Sperre verwendet werden dürfen, ohne dass dies einen Eingriff in Art. 10 GG darstellt.[128] Insoweit scheint zunächst ein Blick in § 88 TKG weiterzuführen, der teilweise als „gesetzliche Definition" des Fernmeldegeheimnisses bewertet wird.[129] Die Norm

---

[123] *Greiner*, Die Verhinderung verbotener Internetinhalte im Wege polizeilicher Gefahrenabwehr, S. 116 für das Beispiel der IP-Adresse beim Einsatz von Paketfilter-Systemen.

[124] *Greiner*, a.a.O., S. 116.

[125] *Klesczewski* in Säcker, § 88 Rn. 24. *Lau* in Manssen, § 88 Rn. 22. Eine Bezugnahme auf die TKG-Kommentierung soll hier nicht die Normenhierarchie in Frage stellen, siehe sogleich. Ähnlich argumentiert unmittelbar zu Art. 10 jedoch auch BVerfGE 113, 348, 364.

[126] *Schmidt* in Umbach/Clemens, GG, Art. 10 Rn. 57.

[127] *Greiner*, a.a.O., S. 117 zum Application-Gateway.

[128] Aufgrund der technisch bedingt ohnehin erfolgenden Auswertung der Verbindungsdaten gegen eine Verletzung des Art. 10 GG argumentierend *Schnabel*, Sperrungsverfügungen gegen Access-Provider, S. 62, http://www-en.eulisp.uni-hannover.de/media/Abschlussarbeiten/schnabel_christoph.pdf. Nach *Nolde/Schnabel*, Verfassungsrechtliche Grenzen der staatlichen Inhaltskontrolle im Internet, in: Taeger/Wiebe (Hrsg.), Aktuelle Entwicklungen im Informationstechnologierecht (Tagungsband DGRI-Herbstakademie 2007), S. 285 sowie nach Einsicht in das vorliegend publizierte Gutachten eine Verletzung des Fernmeldegeheimnisses ebenfalls in Erwägung ziehend *Schnabel*, K&R 2008, 26, 30.

[129] *Schmidt* in Umbach/Clemens, GG, Art. 10 Rn. 67.

sieht in § 88 Abs. 3 Satz 2 eine enge Zweckbindung vor. Zu Recht wird jedoch eingewandt, dass eine Auslegung und Anpassung des Grundrechts anhand des einfachen Gesetzesrechts normenhierarchisch bedenklich wäre.[130] Gerade aufgrund der staatlichen Schutzpflichten gegen Übergriffe privater Dritter nach der Privatisierung des Telekommunikationssektors könnte in Betracht kommen, dass der Staat die privaten Anbieter in § 88 TKG enger binden wollte als er selbst durch das Abwehrrecht des Art. 10 GG beschränkt ist.

Vorliegend erschließt sich die Zweckbindung jedoch keineswegs erst aus dem einfachen Recht. Das Gebot folgt hier vielmehr daraus, dass Art. 10 GG *lex specialis* zum informationellen Selbstbestimmungsrecht ist.[131] Die Vorgaben, die das Bundesverfassungsgericht für Eingriffe in das Grundrecht aus Art. 2 Abs. 1 und 1 Abs. 2 GG gemacht hat, sind deshalb auch in Bezug auf das Fernmeldegeheimnis heranzuziehen. Werden Daten in einen anderen Verwendungszusammenhang überführt – hier von der Diensteerbringung zum Einsatz als Sperrkriterium – ist eine Eingriffsgrundlage erforderlich, aus der hervorgeht, dass die Zweckänderung durch Allgemeinbelange gerechtfertigt ist, welche die grundrechtlich geschützten Interessen überwiegen.[132] Das von den Providern verlangte Handeln ist daher auch insoweit an Art. 10 GG zu messen, als die Datenauswertung schon zur geschäftsmäßigen Diensteerbringung erforderlich ist. Im Einzelnen wird darauf bei der Subsumtion unter das einfachgesetzliche Fernmeldegeheimnis in § 88 TKG, auf das § 59 Abs. 4 RStV i.V.m § 7 Abs. 2 TMG verweist, und im Rahmen der Verhältnismäßigkeitsprüfung zurückzukommen sein.

## E. Zitiergebot

Das Zitiergebot aus Art. 19 Abs. 1 Satz 2 GG stellt eine formelle Schranken-Schranke der Grundrechte dar. Für den Gesetzgeber erfüllt es eine Warn- und Besinnungsfunktion.[133] Nur ausdrücklich gewollte und in den Auswirkungen überdachte Grundrechtseinschränkungen sollen erfolgen.[134] Darüber hinaus dient die Zitierung zur Klarstellung für die Rechtsanwender. Um diesem Regelungszweck Rechnung zu tragen und gleichzeitig leere Förmlichkeiten zu vermeiden, wird Art. 19 Abs. 1 Satz 2 restriktiv verstanden. Vom Grundsatz des Zitiergebots gibt es deshalb zahlreiche Ausnahmen, die jedoch hier überwiegend nicht relevant werden: So handelt es sich bei den relevanten Staatsverträgen zum Jugendschutz beispiels-

---

130 *Pagenkopf* in Sachs, GG, Art. 10 Rn. 13.

131 BVerfGE 100, 313, 360.

132 BVerfGE 100, 313, 360.

133 Vgl. BVerfGE 113, 348, 366.

134 BVerfGE 5, 13, 16.

weise nicht um vorkonstitutionelle Gesetze. Das Zitiergebot scheitert auch nicht daran, dass es nur in formellen Gesetzen beachtet werden muss, da die Staatsverträge durch ihre Ratifizierung diesen Status erlangen.[135] Ferner kann schon angesichts der umstrittenen Bestimmung der Schutzbereiche nicht von „offensichtlichen Grundrechtseingriffen" ausgegangen werden, für welche das Bundesverfassungsgericht eine weitere – umstrittene – Ausnahme von Art. 19 GG zulässt.[136]

*Eine* Einschränkung wird jedoch bei fast allen hier bejahten Eingriffen relevant: Das Bundesverfassungsgericht sieht im Zitiergebot eine Sicherung allein derjenigen Grundrechte, die aufgrund eines speziellen, vom Grundgesetz vorgesehenen Gesetzesvorbehalts über die im Grundrecht selbst angelegten Grenzen hinaus eingeschränkt werden können.[137] Konsequent verneint es das Eingreifen des Zitiergebots ausdrücklich für die Schranke der „allgemeinen Gesetze" in Art. 5 GG, da diese den Inhalt des Grundrechts von vornherein bestimmen und beschränken, statt ihn i.S.d. Art. 19 Abs. 1 Satz 2 einzuschränken.[138] Dahinter steht die Prämisse, der Gesetzgeber sei sich bei derartigen im Grundrecht vorgesehenen Regelungsaufträgen ohnehin bewusst, sich im grundrechtsrelevanten Bereich zu bewegen.

Für Art. 5 GG soll diese Argumentation für sämtliche Schranken relevant werden.[139] Das überzeugt bei der Schranke des Jugendschutzes noch eher als bei den „allgemeinen Gesetzen". Aufgrund des stets engen Spannungsverhältnisses von Meinungs- und Informationsfreiheit einerseits und Jugendschutz andererseits ist das Bewusstsein darüber, dass die Jugendschutz-Regelung verfassungsrechtliche Auswirkungen hat, weit eher zu erwarten.

Die genannte Ausnahme zu Art. 19 Abs. 1 Satz 2 GG greift auch für den Regelungsvorbehalt bei Art. 12 GG. Auch Art. 14 Abs. 1 Satz 2 mit dem Erfordernis einer Inhalts- und Schrankenbestimmung und Art. 5 Abs. 3 sowie Art. 4 als vorbehaltlos gewährte Grundrechte erfordern keine Erwähnung.

Allerdings ist das Zitiergebot für Art. 10 GG zu beachten, da das Grundgesetz insoweit einen einfachen Gesetzesvorbehalt vorsieht.[140] Die sich daraus ergebende Problematik soll vorliegend jedoch zur besseren Übersicht in Gegenüberstellung zum dem sogenannten kleinen Zitiergebot in § 88 TKG bei der nachfolgenden Darstellung von § 7 Abs. 2 Satz 3 TMG erfolgen.

---

[135] Vgl. *Schnabel*, Sperrungsverfügungen gegen Access-Provider, S. 20, http://www-en.eulisp.uni-hannover.de/media/Abschlussarbeiten/schnabel_christoph.pdf.

[136] *Wuttke*, Polizeirecht und Zitiergebot, S. 16.

[137] BVerfGE 64, 72, 79.

[138] BVerfGE 28, 282, 289, 293.

[139] *Clemens* in Umbach/Clemens, GG, Art. 5 Rn. 143.

[140] Vgl. zu den Anforderungen an das Zitiergebot bei Art. 10 GG BVerfGE 113, 348, 366.

# Teil 4: Voraussetzungen der Eingriffsgrundlage gemäß § 20 Abs. 4 JMStV i.V.m. § 59 Abs. 4 RStV

## A. Ermächtigungsgrundlage

### I. Entwicklungslinien

Viele Entwicklungsschritte des Informations- und Multimediarechts spiegeln sich in den Veränderungen der Rechtsgrundlage wider, welche die Bezirksregierung Düsseldorf 2002 für ihre Sperrverfügungen herangezogen hat.

Die Regelung zur Aufsicht über *Medien*dienste stand ursprünglich in § 18 MDStV a.F.[1] Für illegale Inhalte in *Tele*diensten wurde dagegen die polizeirechtliche Generalklausel diskutiert, weil das TDG keine Ermächtigungsgrundlage enthielt.[2] Nach dem 6. Rundfunkstaatsvertrag fand sich die Norm in § 22 MDStV. Im April 2003 trat dann der *Jugendmedienschutz-Staatsvertrag* in Kraft, mit dem der erste Teil des Kompetenzkompromisses „Datenschutz gegen Jugendschutz" zwischen Bund und Ländern umgesetzt wurde. Teledienste und Mediendienste wurden als Telemedien zusammengefasst.

Die Zuständigkeit der mit dem Jugendschutz betrauten Behörden für die Aufsichtsmaßnahmen und Sperrverfügungen bestand allerdings schon vor der Regelung im Jugendmedienschutz-Staatsvertrag. Schon nach dem MDStV waren diese Stellen für die Überwachung der Normeneinhaltung und das Einschreiten gegen die Diensteanbieter verantwortlich, obwohl der Katalog in § 12 MDStV a.F. die schwere Jugendgefährdung nur als eine Alternative der unzulässigen Angebote aufführte: Strafbare und kriegsverherrlichende Angebote waren nach dem MDStV a.F. unabhängig von ihrer Jugendgefährdung unzulässig. Der Normtext lautete:

**§ 12 MDStV a.F. (07/2002 – 04/2003)**

[Unzulässige Mediendienste, Jugendschutz]

(1) Angebote sind unzulässig, wenn sie

1. gegen Bestimmungen des Strafgesetzbuches verstoßen,
2. den Krieg verherrlichen,
3. offensichtlich geeignet sind, Kinder oder Jugendliche sittlich schwer zu gefährden,
4. Menschen, die sterben oder schweren körperlichen oder seelischen Leiden ausgesetzt sind oder waren, in einer die Menschenwürde verletzenden Weise darstellen und ein tatsächliches Geschehen wiedergeben, ohne dass ein über-

---

1 *Engel-Flechsig*, ZUM 1997, 231, 239.

2 *Spindler/Volkmann*, Anm. zu OVG Münster MMR 2003, 348, 354.

wiegendes berechtigtes Interesse gerade an dieser Form der Berichterstattung vorliegt; eine Einwilligung ist unbeachtlich,

5. in sonstiger Weise die Menschenwürde verletzen.

Angesichts dieser Zuständigkeit der Jugendschutzbehörde für sämtliche strafbaren Angebote (Nr. 1) wurde schon für die Fassung des MDStV vertreten, dass „die Eingriffsermächtigung für die entsprechenden Sperrverfügungen in allen Fällen unter dem Gesichtspunkt des Jugendschutzes bestehen“[3] sollte. Zugestanden wurde dabei von der Literatur, dass bei Verstößen gegen das StGB und bei kriegsverherrlichenden Angeboten in der Regel auch eine Jugendgefährdung zu vermuten sei. Bei einer intrasystematischen Auslegung ließ sich mit dieser Prämisse jedoch neben der Jugendgefährdung kaum ein eigener Anwendungsbereich für die Alternativen des StGB-Verstoßes und der Kriegsverherrlichung denken, sodass das Verhältnis unklar blieb.

Zwar ist das Auseinanderfallen von StGB-Verstoß und Jugendgefährdung in der Tat wenig wahrscheinlich. Ein wichtiger Unterschied in der rechtlichen Betrachtung der Regelungen ergibt sich jedoch für die Schranken des Art. 5 Abs. 1 GG. Bei der Darstellung der grundrechtlichen Schutzbereiche wurde bereits darauf hingewiesen, dass der Jugendschutz vor allem die Rezipientenfreiheit der Jugendlichen beschränken soll, aber ohne Weiteres weder eine komplette Kommunikationssperre für die Inhaltsanbieter noch eine Informationssperre für erwachsene Nutzer legitimieren kann. Durch den Anwendungsbereich des inzwischen geltenden § 4 Abs. 1 JMStV drohen die Unterschiede der Schrankenbestimmungen aus dem Blick zu geraten, wie zuvor am Beispiel des Verharmlosens des nationalsozialistischen Völkermords in § 4 Abs. 1 Nr. 4 JMStV ausgeführt wurde. Nur über die Schranke des Jugendschutzes, nicht aber aufgrund der allgemeinen Gesetze, können *bestimmte* Meinungen untersagt werden. Diese unterschiedliche Reichweite und der Sinn der Schranken werden bei der Verhältnismäßigkeitsprüfung zu berücksichtigen sein.

Durch die jüngste Entwicklung des Telemedienrechts hat sich die Ermächtigungsgrundlage abermals geändert. Mit dem zweiten Schritt des Kompetenzkompromisses zwischen Bund und Ländern traten zum 1.3.2007 der Mediendienste-Staatsvertrag und das Teledienstegesetz außer Kraft und wurden durch das Telemediengesetz und den 9. Rundfunkänderungs-Staatsvertrag abgelöst.[4] Während die wirtschaftlich orientierten Regelungen in Umsetzung der E-Commerce-Richtlinie[5]

---

[3] *Ladeur*, ZUM 2004, 1.

[4] *Bender/Kahlen*, MMR 2006, 590, zur alten Rechtslage 591; *Bizer*, DuD 2007, 40; *Hoeren*, NJW 2007, 801, zum Telemedienbegriff S. 802; *Roßnagel*, NVwZ 2007, 743 ff.; *Schmitz*, K&R 2007, 135 f.; *Spindler*, CR 2007, 239 ff., zu Abgrenzungsfragen 240 f.

[5] Richtlinie 2000/31/EG des Europäischen Parlaments und des Rates vom 8.6.2000 über bestimmte rechtliche Aspekte der Dienste der Informationsgesellschaft, insbesondere des elektronischen Geschäftsverkehrs, im Binnenmarkt („Richtlinie über den elektronischen Geschäftsverkehr“ – „E-Commerce-Richtlinie“).

und die Vorschriften zum Datenschutz im TMG des Bundes geregelt wurden, wurden die inhaltlichen Anforderungen durch einen neuen Abschnitt VI in den Staatsvertrag für Rundfunk und Telemedien der Länder (RStV) einbezogen. Dies betrifft auch die Regelung zur Aufsicht. Die Eingriffsgrundlage für Sperrverfügungen findet sich daher jetzt in (§ 20 Abs. 4 JMStV i.V.m.) § 59 Abs. 3 und 4 RStV. Die Verweisung zur Bestimmung der Adressaten in § 59 Abs. 4 nimmt dabei die Regelung zur Verantwortlichkeit in §§ 8 bis 10 TMG in Bezug.

## II. Alternative Ermächtigungsgrundlage

Trotz der umfangreichen Kataloge in §§ 4 und 5 JMStV bleiben Fälle denkbar, in denen eine Sperrung des Zugriffs auf illegale Inhalte nicht auf § 20 Abs. 4 JMStV i.V.m. § 59 RStV gestützt werden kann. Durch die Änderung des Telemedienrechts hat sich jedoch immerhin die vormalige Trias diskutierter Eingriffsgrundlagen reduziert. Bislang galt § 20 Abs. 4 JMStV i.V.m. § 22 MDStV zur Sperrung des Zugriffs bei Verstößen gegen §§ 4, 5 JMStV: außerhalb des JMStV-Anwendungsbereichs galt (unmittelbar) § 22 Abs. 3 MDStV bei Mediendiensten und – stark umstritten – die polizeiliche Generalklausel[6] bei Telediensten. Nunmehr entfällt auch außerhalb des JMStV-Anwendungsbereichs die Differenzierung in Tele- und Mediendienste. Nach geltendem Recht kommt – etwa bei StGB-Verstößen, die sich nicht unter die Kataloge von §§ 4 und 5 JMStV subsumieren lassen – einheitlich die unmittelbare Anwendung von § 59 RStV i.V.m. § 54 Abs. 1 RStV in Betracht.

In diesen zuletzt genannten Fällen ist nicht die KJM für die Aufsicht und eventuelle Sperrmaßnahmen zuständig, sondern gemäß § 59 Abs. 2 RStV eine nach Landesrecht bestimmte Behörde.[7] In Nordrhein-Westfalen ist dies beispielsweise gemäß dem Telemedienzuständigkeitsgesetz (TMZ-Gesetz)[8] auch künftig die Bezirksregierung Düsseldorf.[9] Entsprechend bestehen einige Kritikpunkte fort, die gegen die 2002 ergangenen Sperrverfügungen vorgebracht wurden und bislang im Geltungsbereich des JMStV durch die Zuständigkeit der KJM gelöst werden

---

6 Für eine Anwendbarkeit der polizeilichen Generalklausel bei der Zugangsvermittlung zu Telediensten z.B. *Spindler/Volkmann*, Öffentlich-rechtliche Störerhaftung der Access-Provider, K&R 2002, 398, 399.

7 Begründung zum Neunten Staatsvertrag zur Änderung rundfunkrechtlicher Staatsverträge, http://www.lfk.de/gesetzeundrichtlinien/rundfunkstaatsvertrag/download/RStV9-Begruendung.pdf, S. 19.

8 GVBl für das Land Nordrhein-Westfalen Nr. 9 vom 30.3.2007, S. 137. http://www.landtag.nrw.de/portal/WWW/dokumentenarchiv/Dokument/XMMGVB079.pdf?von=137&bis=138.

9 Vgl. zu den bisher nach jeweiligem Landesrecht zuständigen Behörden die Übersicht bei *Vesting* in Roßnagel, Rechte der Multimedia-Dienste, § 22 Rn. 28.

konnten. Wenn statt der KJM als Wandelorgan des kooperativen Föderalismus einzelne Landesbehörden handeln, besteht die Gefahr einer *Rechtszersplitterung* durch eine bundesweit uneinheitliche Verwaltungspraxis. Zudem ist je nach Zuständigkeitsbestimmung durch die Länder problematisch, dass die jeweiligen Aufsichtsbehörden der allgemeinen Staatsverwaltung angehören und gerade kein staatsfern organisiertes Kontrollgremium sind.[10] Trotz dieser bekannten Problemlage enthält der RStV jedoch auch in der Fassung durch den 9. Änderungsstaatsvertrag *keine* Vorgaben, um den jeweiligen Landesgesetzgeber in seiner Freiheit der Aufgabenzuweisung zu beschränken und dadurch den geschilderten, aus der Zuständigkeit erwachsenden Schwierigkeiten und Zersplitterungen der Aufsicht Rechnung zu tragen.[11]

## B. Vereinbarkeit der Ermächtigungsgrundlage mit höherrangigem Recht

Eine Verfügung der Exekutive ist unabhängig von der Normanwendung im konkreten Fall verfassungswidrig, wenn sie auf einer verfassungswidrigen Norm beruht. Die Rechtsgrundlage des § 20 Abs. 4 JMStV i.V.m. § 59 Abs. 4 RStV ist daher im Folgenden zunächst auf ihre Verfassungsmäßigkeit zu überprüfen, bevor die Maßnahme der Sperrverfügung gegen Provider unter die Norm subsumiert und auf ihre Verhältnismäßigkeit überprüft werden kann.

### I. Gesetzgebungskompetenz der Länder für den JMStV

Mit dem Jugendmedienschutz-Staatsvertrag wurde ein Teil des umfassenden „Kompetenzhandels" über den Rechtsrahmen in der Medienpolitik, den Bund und Länder geschlossen hatten, umgesetzt. Der Telemedien-Jugendschutz sollte umfassend den Ländern zukommen, der Telemedien-Datenschutz hingegen einheitlich durch das TMG des Bundes geregelt werden.[12] Nur noch für Trägermedien wird der Jugendschutz bundesgesetzlich geregelt.

Nachdem mit dem TMG nunmehr der zweite Teil des „Kompetenzhandels" vollzogen wurde, besteht nicht mehr das zuvor kritisierte kompetenzrechtliche Problem, dass der JMStV den Begriff der Telemedien abweichend von bundesrechtlichen

---

10 *Engel*, MMR-Beilage 4/2003, 2.

11 Begründung zum Neunten Staatsvertrag zur Änderung rundfunkrechtlicher Staatsverträge, http://www.lfk.de/gesetzeundrichtlinien/rundfunkstaatsvertrag/download/RStV9-Begruendung.pdf, S. 20.

12 *Ermert/Kuri*, Neuordnung des Telemedien-Rechts: Gut geschüttelt, nicht gerührt, http://www.heise.de/newsticker/meldung/54242.

Festlegungen definierte.[13] Gleichwohl ist das Bund-Länder-Vorgehen nicht unproblematisch. Weder der Bund noch die Länder können über ihre verfassungsrechtlich festgelegten Kompetenzen verfügen. Kompetenzverschiebungen zwischen Bund und Ländern sind auch mit Zustimmung aller Beteiligten unzulässig.[14] Jedenfalls soweit es den Jugendschutz in den Telemedien betrifft,[15] macht der Bund jedoch nur von seiner aus Art. 72, 74 GG folgenden konkurrierenden Gesetzgebungsbefugnis keinen Gebrauch. Für den Jugendmedienschutz wird dies aus Art. 74 Nr. 1 (Strafrecht[16]) und Nr. 7 (öffentliche Fürsorge) hergeleitet.[17] Nr. 11 (Wirtschaft) soll hingegen für die Gesetzgebungskompetenz nicht heranzuziehen sein, da beim Jugendmedienschutz „die wirtschaftlichen Gesichtspunkte allenfalls nebensächlich"[18] seien.

Der Bund hat auf seine konkurrierende Gesetzgebungskompetenz für den Jugendmedienschutz auch nicht formell dauerhaft verzichtet, sondern schöpft sie für Telemedien lediglich bei der derzeitigen Rechtslage nicht aus.[19] Eine solche Verfahrensweise ist in der Kompetenzordnung des GG für die konkurrierende Gesetzgebung (Art. 72 GG, „solange und soweit") vorgesehen und kann daher für den vorliegend relevanten Bereich nicht als „unzulässiger Kompetenzdeal" bewertet werden. Ob die Trennung der Jugendschutz-Regelungen für Träger- und Telemedien vor dem Hintergrund der Medienkonvergenz sinnvoll ist, ist für die Beurteilung der Zulässigkeit eines solchen Handels nicht entscheidend.

## II. Völkerrechtliche Fragen gemäß Art. 25, 32 GG

Die Rechtsprechung ging in den Entscheidungen zur Düsseldorfer Sperrverfügung auch auf das völkerrechtliche Nichteinmischungsgebot ein. Ein Verstoß wurde jedoch abgelehnt. Die Maßnahme sei ausschließlich gegen inländische juristische Personen gerichtet. Außerdem bestehe ein hinreichender Bezug zur Bundes-

13 *Tauss*, Jugendmedienschutz-Staatsvertrag: Verfassungsrechtlich bedenklich, http://www.tauss.de/presse/pressearchiv/presse_2002/20020821_jugendmedienschutzstaatsvertrag/ zur damaligen Rechtslage; für eine inhaltlich ausreichende Kongruenz der Regelungen damals bereits *Nikles/Roll/Spürck/Umbach*, JMStV, § 3 Rn. 2.

14 BVerfGE 32, 145, 146.

15 Zu dem verfassungsrechtlich komplizierteren Kompetenzkonflikt für den Jugendschutz im Rundfunk vgl. *Bandehzadeh*, Jugendschutz im Rundfunk und in den Telemedien, S. 87 ff.

16 Zum Begriff des Strafrechts i.S.d. Art. 74 Nr. 1 GG, ist hier auch das Ordnungswidrigkeitenrecht zu rechnen, vgl. *Sannwald* in Schmidt-Bleibtreu/Klein, Art. 74 Rn. 28.

17 *Nikles/Roll/Spürck/Umbach*, Jugendschutzrecht, Teil 1 A Rn. 18.

18 *Grote/Sinnokrot*, Rechtmäßigkeit einer bundesgesetzlichen Verbotsregelung für die Einfuhr, den Verkauf und die Vermietung von gewaltverherrlichenden Computerspielen, http://www.bundestag.de/bic/analysen/2006/killerspiele.pdf.

19 *Bandehzadeh*, Jugendschutz im Rundfunk und in den Telemedien, S. 106.

republik Deutschland durch die jeweilige „greifbare ordnungsrechtliche Gefahr".[20] Schon aus diesem Grund sei ein Verstoß ausgeschlossen, da es nicht um die Einmischung in eine Angelegenheit gehe, die ausschließlich in die Zuständigkeit eines anderen Staates falle.

Dieser Argumentation ist zuzustimmen, wie bereits eingangs zum gefahrenabwehrrechtlichen Vorgehen gegen die Inhaltsanbieter festgestellt wurde. Wird der Zugriff aus dem Inland auf bestimmte Inhalte unterbunden, entfaltet sich die Wirkung dieser Maßnahme innerhalb des eigenen Staatsgebiets. In anderen Staaten bleibt das Angebot verfügbar, soweit nicht – beispielsweise im Grenzgebiet – weit überwiegend Bürger anderer Staaten einen deutschen Zugangsdienst einsetzen. Eine solche Konstellation könnte im Einzelfall der Maßnahme entgegenstehen, erscheint aber in der Praxis wenig wahrscheinlich.[21]

Vereinzelt wird in der Literatur auch die Zuständigkeit zur Pflege der auswärtigen Beziehungen problematisiert. Mit der Sperrverfügung solle bewusst das Ausmaß der Meinungsfreiheit in den USA kritisiert werden.[22] Auf ein Landesgesetz könne eine solche Maßnahme nicht gestützt werden, da die auswärtigen Beziehungen gemäß Art. 32 GG Sache des Bundes seien. Ähnlich wie beim zuvor erörterten Problem ist jedoch auch insoweit einzuwenden, dass einer Strategie der nationalen Abschottung nicht zwingend auch eine intendierte Wirkung auf andere Staaten beigemessen werden muss. Eine Mission zur „Bekehrung" der Vereinigten Staaten kann deshalb in den Sperrmaßnahmen nicht gesehen werden.

## III. Beschränkung der Korrespondenzdienstleistungsfreiheit

Aufgrund des anhaltend niedrigen Harmonisierungsniveaus kann auch ein Interesse der Medienaufsicht bestehen, den Zugriff auf Inhalte zu sperren, die auf Servern in einem EU-Mitgliedstaat bereitgehalten werden. In derartigen Fällen ist aufgrund des grenzüberschreitenden Charakters ferner die Vereinbarkeit mit dem europäischen (Primär- und) Sekundärrecht zu überprüfen. Fraglich ist insbesondere, ob die Zugriffssperre die (aktive bzw. passive) *Dienstleistungsfreiheit* der Beteiligten verletzt.[23]

---

[20] VG Düsseldorf CR 2005, 885, 886.

[21] Die entsprechende Argumentation eines legitimen Interesses am Schutz der eigenen Bevölkerung auf dem eigenen Staatsgebiet erfordert auch bei einem eventuellen Vorgehen gegen Netzwerk-Provider eine sorgsame Prüfung, *wo* sich die Maßnahme *genau* auswirkt.

[22] *Engel*, MMR-Beilage 4/2003, 4.

[23] Zur Problematik insgesamt sowie zu den verschiedensten Aufenthalts-Konstellationen von Access-Providern, Content-Providern und Nutzern vgl. *Schilling*, Präventive Staatliche Kontrollmaßnahmen im Internet und ihre Vereinbarkeit mit dem Europarecht. Die vorliegend relevante Fallvariante „Deutscher Access-Provider, Deutscher Nutzer, Content-Provider aus dem EU-Ausland" wird ab S. 214 behandelt.

Ziel der Europäischen Union ist gemäß Art. 2 EUV die Förderung des wirtschaftlichen und sozialen Fortschritts und eines hohen Beschäftigungsniveaus sowie die Herbeiführung einer ausgewogenen und nachhaltigen Entwicklung, insbesondere durch Schaffung eines Raumes ohne Binnengrenzen. Dieser gemeinsame Binnenraum wird durch die Garantie der Grundfreiheiten erreicht. Zu diesen gehören die Warenverkehrsfreiheit und die Dienstleistungsfreiheit, die nach dem Kriterium der Körperlichkeit der Leistung abzugrenzen sind.

Unter die Dienstleistungsfreiheit fallen unkörperliche Gegenstände, auch die drahtlose bzw. leitungsgebundene Übermittlung von Informationen aller Art. Nach der EuGH-Rechtsprechung zum Fall „Alpine Investments“[24] gilt die Dienstleistungsfreiheit gemäß Art. 49 EG ebenfalls für Dienstleistungen, die ohne Ortswechsel des Leistungserbringers oder -empfängers von einem Mitgliedstaat zum anderen erbracht werden. Der Leistungserbringer bzw. der Leistungsempfänger muss die Grenze nicht überschreiten. Es reicht aus, wenn die Dienstleistung grenzüberschreitend erbracht wird (sog. *Korrespondenzdienstleistung*).[25]

Auszugehen ist im vorliegenden Fall von der Konstellation, dass sich Access-Provider und Nutzer in Deutschland befinden, der Content-Provider sein Angebot aber im EU-Ausland bereithält. Zu prüfen ist dabei insbesondere, ob der Inhaltsanbieter eine Dienstleistung i.S.d. Art. 49 EG erbringt.[26] Sowohl in der Leistungsbeziehung zwischen Content-Provider und Access-Provider als auch zwischen Content-Provider und Nutzer ist dabei die Frage der *Entgeltlichkeit* gemäß Art. 50 EG problematisch. Diese ist zu bejahen, wenn der Dienstleister einen Erwerbszweck verfolgt und die Tätigkeit einen Teil des Wirtschaftslebens ausmacht.[27]

Für den Datentransport des Nutzer-Requests an den Content-Provider erhält der Access-Provider von diesem jedoch keine Gegenleistung. Ein (im Regelfall) kostenpflichtiges Vertragsverhältnis ist nur zwischen dem Nutzer und dem Access-Provider gegeben. Gleichwohl wird in der Literatur auch im Verhältnis zwischen Inhaltsanbieter und Zugangsdiensteanbieter die Entgeltlichkeit und damit ein Dienstleistungsverhältnis i.S.d. Art. 49 EG bejaht.[28] Zwischen diesen beiden Providern liege ein gegenseitiges Austauschverhältnis vor: Nicht nur der Access-Provider versorge den Content-Provider mit dem Nutzer-Request. Auch umgekehrt stelle der Inhaltsanbieter dem Zugangsdiensteanbieter seine Daten zur Verfügung, damit dieser sie an den Nutzer weiterleiten kann. Bei einem solchen Verständnis des Begriffs der Entgeltlichkeit könne auch noch berücksichtigt werden, dass der Nutzer

---

24 EuGH GRUR Int 1995, 900, 902.

25 *Kluth* in Calliess/Ruffert, Art. 50 Rn. 29.

26 *Vesting* in Roßnagel, Rechte der Multimedia-Dienste, § 22 Rn. 16, vgl. dort auch die Ausführungen zum *Immanenzvorbehalt*.

27 *Kluth* in Calliess/Ruffert, Art. 50 Rn. 9.

28 Zur ganzen Problemstellung: *Schilling*, Präventive staatliche Kontrollmaßnahmen im Internet und ihre Vereinbarkeit mit dem Europarecht, S. 215, 217.

gegenüber dem Access-Provider das Entgelt gleichsam auch für den Content-Provider entrichte, damit durch die Zugangsvermittlung der Kontakt zwischen beiden ermöglicht wird.

Unproblematischer kann sich ein Dienstleistungsverhältnis zwischen Content-Provider und Nutzer ergeben. Je nachdem, welche Inhalte angeboten oder auch nur beworben werden, kann auch die Warenverkehrsfreiheit zu berücksichtigen sein. Bei dem ausgeführten weiten Verständnis der Entgeltlichkeit kann aber auch schon im unentgeltlichen Online-Auftritt nicht geschäftlichen Inhalts die Dienstleistung durch das Datenangebot gesehen werden.

Folgt man dieser Auffassung, liegt in der unterbundenen Zugriffsmöglichkeit ein Eingriff in die beschriebenen Dienstleistungsverhältnisse vor. Da die Sperrmaßnahme zur Abwehr von Gefahren für die öffentliche Sicherheit erfolgt, kommt eine Rechtfertigung über Art. 55 i.V.m. Art. 46 EG in Betracht.[29] Ungeschriebenes Tatbestandsmerkmal ist dabei der Grundsatz der Verhältnismäßigkeit. Insoweit ergibt sich ein entsprechendes Problem wie bei der unten vorzunehmenden Verhältnismäßigkeitsprüfung bezüglich der Grundrechtseingriffe. Die Vereinbarkeit der Maßnahme mit dem europarechtlichen Herkunftslandprinzip wird im Rahmen der Normanwendung im Anschluss an die Prüfung eines Rechtsverstoßes des Angebots geprüft, da diesbezüglich nicht die Vereinbarkeit der Ermächtigungsgrundlage mit dem Europarecht in Frage steht.

Es erscheint jedoch aufgrund von Sinn und Zweck der Regelung auch gut vertretbar, die weite Ansicht zum Begriff der Entgeltlichkeit abzulehnen, um eine Entgrenzung der Dienstleistungsfreiheit zu vermeiden. Dann scheitert eine Verletzung der Dienstleistungsfreiheit in den Fällen eines *unentgeltlichen* Angebots von Informationen durch den Content-Provider schon an der Voraussetzung des Art. 50 EG.

## IV. Vereinbarkeit der Eingriffsgrundlage mit Art. 5 GG

Für die verfassungsrechtliche Beurteilung von Sperrverfügungen ist Art. 5 GG von zentraler Bedeutung. Bei Art. 5 GG hat die verfassungsrechtliche Prüfung der konkreten Normanwendungen allerdings wesentlich größere Bedeutung erlangt als die Vereinbarkeit der Norm selbst mit höherrangigem Recht.[30] Dies liegt vor allem am Abwägungsansatz der Wechselwirkungslehre, nach der die Schrankengesetze im Lichte der Bedeutung des Grundrechts gesehen und interpretiert werden müssen.[31]

---

[29] *Herdegen*, Europarecht, § 18 Rn. 5.

[30] BayObLG NJW 1960, 160, 161; *Degenhart* in Bonner Kommentar, Art. 5 Rn. 74.

[31] BVerfGE 7, 198, 208.

### 1. Zensur im Sinne des Art. 5 Abs. 1 Satz 3 GG

Einer der größten Streitpunkte in der Debatte um die Rechtmäßigkeit von Sperrverfügungen ist die Vereinbarkeit der Eingriffsgrundlage mit dem verfassungsrechtlichen Zensurverbot in Art. 5 Abs. 1 Satz 3 GG. Mit absoluter Geltung setzt das Zensurverbot dem relativierenden Schrankenvorbehalt in Art. 5 Abs. 2 GG Grenzen, auch dem Jugendschutz.[32] Die Zensurthematik stellt sich – abhängig vom vertretenen Zensurbegriff – dabei auch bereits auf normativer Ebene unabhängig von der konkreten Normanwendung. Von einigen Stimmen in der Literatur wird deshalb schon die *Verfassungsmäßigkeit der Eingriffsgrundlage* gemäß § 20 Abs. 4 JMStV i.V.m. § 59 Abs. 4 RStV angezweifelt.

#### *a) Rechtsprechung des Bundesverfassungsgerichts*

Art. 5 Abs. 1 Satz 3 GG stellt nach herrschender Meinung selbst kein Grundrecht, sondern eine Schranken-Schranke dar. Das Bundesverfassungsgericht erkennt deshalb im Fall eines Verstoßes gegen das Zensurverbot (Art. 5 Abs. 1 Satz 3) eine Verletzung der Grundrechte aus Art. 5 Abs. 1 Satz 1, Alt. 1 und Satz 2 GG. In der BVerfG-Rechtsprechung wird unter Zensur eine „einschränkende Maßnahme bei der Herstellung oder Verbreitung eines Geisteswerkes, insbesondere das Abhängigmachen von behördlicher Vorprüfung und Genehmigung seines Inhalts (Verbot mit Erlaubnisvorbehalt)“[33] verstanden. An anderer Stelle heißt es: „die Verfassung verbietet nur die Vorzensur, also die Vorschaltung eines präventiven Verfahrens, vor dessen Abschluss ein Werk nicht veröffentlicht werden darf“.[34]

Aus diesem auch von der herrschenden Meinung geteilten Verständnis sind zwei Elemente ersichtlich, mit denen das BVerfG das Zensurverbot in Art. 5 Abs. 1 Satz 3 GG einschränkt: der formelle Zensurbegriff und die sogenannte Präventiv- oder Vorzensur.

#### *b) Formeller und materieller Zensurbegriff*

Nach herrschender Meinung ist durch Art. 5 Abs. 1 Satz 3 GG nur die *formelle* Vorzensur verboten. Die begriffliche Unterscheidung zwischen formeller und materieller Zensur erfolgt aber sehr uneinheitlich.[35] Teilweise wird als formelle Zensur nur das inhaltsbezogene Verbot mit Erlaubnisvorbehalt, das eine *Vorlagepflicht*

---

32 *Hoffmann-Riem*, in: Benda (Hrsg.), Handbuch des Verfassungsrechts, § 7 Rn. 44; *Löffler/Ricker*, Handbuch des Presserechts, Kap. 7 Rn. 20.

33 BVerfGE 3, 52, 72.

34 BVerfGE 87, 209, 230.

35 *Fiedler*, Die formale Seite der Äußerungsfreiheit, S. 44 ff.

vor der Publikation auslöst, erfasst.[36] Alle anderen kontrollierenden oder beschränkenden Maßnahmen seien als materielle Zensur zu werten.

Nach einer anderen Ansicht wird die formelle Zensur aber relativ weit verstanden als jedes Verfahren, in dem inhaltsunabhängig kontrolliert wird. Dabei wird bisweilen zusätzlich auf ein *anlassunabhängiges*, *systematisches*, teils auch auf ein *planmäßiges* Vorgehen bei der Kontrolle abgestellt.[37] Als „materiell" wäre demgegenüber eine Zensur zu werten, die Äußerungen anhand konkreter *inhaltlicher* Maßstäbe *beschränkt* und behindert.

Die Abgrenzungsweise nach inhaltsabhängiger oder -unabhängiger Durchführung ist vorzugswürdig, da sich bei der engen Beschränkung auf Erlaubnisvorbehalte oder Vorlagepflichten vor Verbreitungsbeginn ein Anwendungsfall „formeller Nachzensur" kaum denken lässt und die Begriffsunterscheidung damit nach der Publikation leerlaufen würde. Beim Verständnis von formeller Zensur als qualifiziertes Verfahren der Kontrolle von Angeboten muss für die Entscheidung über das Vorliegen von Zensur weder der Inhalt der kontrollierten Angebote noch der Ausgang des Verfahrens bekannt sein.[38]

### *c) Vor- und Nachzensur*

Zum zeitlichen Bezugspunkt für die Bestimmung, ob Vor- oder Nachzensur vorliegt, werden ebenfalls verschiedene Ansichten vertreten. Für Printmedien wird teilweise auf die Veröffentlichung, teils aber auch auf ein bestimmtes Maß der Anfangsverbreitung (Publikationsphase[39]) oder gar den Zeitpunkt der Gesamtverbreitung der Auflage abgestellt.[40] Diese unterschiedlichen Anknüpfungspunkte sind mit Einschränkungen auch für Telemedien relevant. Zu beachten ist jedoch, dass sich die Publikationsweisen von Online- und Offline-Medien signifikant unterscheiden. Im Unterschied zu regelmäßig ausgelieferten Printmedien und ausgestrahlten Rundfunksendungen sind Telemedien grundsätzlich dauerhaft online,[41] und die Nutzer nehmen die Inhalte zu ganz unterschiedlichen Zeitpunkten wahr. Im Internet erfolgt deshalb typischerweise eine zeitlich gestreckte Wahrnehmung durch die Nutzer.[42] Die Publikationsphase, nach der ein Mindestmaß der Anfangsverbreitung

---

[36] Vgl. zu verschiedenen Auffassungen eines formellen Zensurbegriffs *Hoffmann-Riem* in AK-GG, Art. 5 Rn. 92.

[37] *Hüper*, Zensur und neue Kommunikationstechnologien, S. 68; zum systematischen Vorgehen *Hoffmann-Riem* in AK-GG, Art. 5 Rn. 93; zum planmäßigen Ansatz *Löffler*, NJW 1969, 2225.

[38] *Fiedler*, Die formale Seite der Äußerungsfreiheit, S. 51.

[39] *Löffler*, NJW 1969, 2225, 2225 f.

[40] *Fiedler*, Die formale Seite der Äußerungsfreiheit, S. 53 f.

[41] *Stadler*, Haftung für Informationen im Internet, Rn. 122b.

[42] *Engel*, MMR-Beilage 4/2003, 12.

erreicht ist, müsste deshalb länger bemessen werden. Ferner könnte bei Telemedien jede Zensur zugleich eine Vorzensur hinsichtlich möglicher Änderungen des Angebots darstellen, weil die geänderten Inhalte nicht ungehindert an die Öffentlichkeit gelangen können. Auch diese Besonderheiten der Publikationsweise sind bei der Bestimmung des Zensurbegriffs zu beachten. Gegen das Anknüpfen an einen bestimmten Grad der Anfangsverbreitung spricht jedoch die damit verbundene fehlende Rechtssicherheit. Online-Inhalte erst nach einer bestimmten Dauer als „publiziert“ im Sinne der Vorzensur zu betrachten, erscheint unpraktikabel. Der traditionelle Publikationsbegriff ist für die Abgrenzung von Vor- und Nachzensur vorzugswürdig.

Eine andere Ansicht stellt auf den Begriff der Präventivzensur ab und betrachtet ausschließlich repressive Maßnahmen als Nachzensur, alle beschränkenden Maßnahmen, die nicht der Repression dienen, hingegen als untersagte Vorzensur.[43] Dafür spricht, dass im Bereich der Nachzensur dann ein durchgängiges Schutzniveau durch die prozeduralen Sicherungen des repressiven Verfahrens gegeben ist. Dagegen lässt sich jedoch einwenden, dass auch nach der Veröffentlichung für präventive Maßnahmen der Gefahrenabwehr ein Bedürfnis besteht.

### *d) Teleologische Erwägungen*

Staatliche Kontrollen und Einschränkungen der Meinungsfreiheit können bewirken, dass die Bürger ihre Bemühungen, zur pluralistischen Gesellschaft durch Gedanken und Ideen beizutragen, einstellen und sich bei der Ausübung ihrer Grundrechte zurückhalten. In der Bevölkerung könnte der Eindruck entstehen, dass Äußerungen und Publikationen gleichsam sinnlos sind, weil sie ohnehin hoheitlich beobachtet und gegebenenfalls unterbunden werden, bevor ein angemessener Empfängerkreis von den Inhalten Kenntnis erlangt. Diesem sogenannten chilling effect, der Lähmung des Geisteslebens durch eine faktische Selbstzensur der Kommunikatoren, soll vorgebeugt werden.

Vor der Medienrevolution der Informationsgesellschaft konnte dieser Zweck mit einer Beschränkung des Art. 5 Abs. 1 Satz 3 GG auf die *Vorzensur* erreicht werden. Solange die Publikation nicht an eine Vorlagepflicht gebunden war, bestand für alle Äußerungswilligen die realistische Aussicht darauf, dass das Werk einen ausreichend großen Rezipientenkreis erreichte, bevor es möglicherweise auch zum Gegenstand einer staatlichen Inhaltskontrolle wurde, an die sich Beschränkungen der Weiterverbreitung anschließen konnten. Es bestand kaum die Gefahr, dass unmittelbar nach der Publikation die ganze Auflage vom Markt genommen werden konnte, ohne dass die mitgeteilten Äußerungen den öffentlichen „Marktplatz der Ideen“ überhaupt erreichten.

---

43 Zu diesen Begriffspaaren *Fiedler*, Die formale Seite der Äußerungsfreiheit, S. 54.

Fraglich ist jedoch, ob die gewandelten publizistischen Verhältnisse der neuen Medien nicht einen Paradigmenwechsel beim Zensurbegriff nach sich ziehen müssen, um das ursprüngliche Ziel, die Verhinderung einer Lähmung des Geisteslebens, auch in der Informationsgesellschaft gewährleisten zu können. Die Gegner der Sperrverfügung sehen hier ein Schwerpunktproblem und weisen zu Recht darauf hin, dass sich sowohl die Veröffentlichung als auch die Wahrnehmung von Meinungsäußerungen im Internet wesentlich von der klassischen Publikationsweise unterscheiden. Wie bei der Abgrenzung von Vor- und Nachzensur ausgeführt erfolgt im Internet typischerweise eine zeitlich gestreckte Wahrnehmung durch die Nutzer, anders als bei vielen Printmedien, welche nach der Veröffentlichung schon binnen eines kurzen Zeitraums eine Vielzahl von Lesern erreichen.[44]

Teilweise wird dagegen jedoch strikt entstehungsgeschichtlich mit einem Verweis auf den historisch gewachsenen Zensurbegriff argumentiert, welchen Art. 118 Abs. 2 der Weimarer Reichsverfassung schon als Verbot der formellen Vorzensur betrachtet habe. Von diesem Begriff habe der Verfassungsgeber des Grundgesetzes nicht abweichen wollen. Diese historische Argumentation ist deswegen vor einer Entscheidung der hier relevanten Fragen zu überprüfen.

### *e) Historische Erwägungen*

Das Zensurverbot ist historisch gewachsen, nachdem Zensur für die Kirche und später auch für den Staat über Jahrhunderte ein probates Mittel der Machterhaltung war.[45] Vor der Erfindung des Buchdrucks Mitte des 15. Jahrhunderts konnte die kirchliche Inquisitionsbehörde die Überwachung des Geisteslebens durch Nachzensur *(censura repressiva)* ausreichend sicherstellen.[46] Die durch den Buchdruck eröffneten Möglichkeiten zur massenhaften Vervielfältigung stellten dann jedoch eine Herausforderung für das Zensursystem dar, der durch die Einführung einer rigorosen Präventivzensur *(censura praevia)* begegnet wurde. Akte der Meinungsäußerung und -verbreitung wurden unter ein Verbot mit Erlaubnisvorbehalt gestellt, sodass ohne Vorabkontrolle und staatliche Genehmigung der Inhalte keine Veröffentlichung zulässig war. Aber auch die Nachzensur wurde beibehalten.[47]

Der Staat folgte dem Beispiel der kirchlichen Obrigkeit und setzte ebenfalls Zensur zur Erhaltung der bestehenden gesellschaftlichen Ordnung ein. Das zweite preußische Zensuredikt etwa wandte sich 1788 in einem „Lasterkatalog" unter anderem gegen „schlüpfrige Bilder", „lockende Darstellungen", die Befriedigung

---

44 *Engel*, MMR-Beilage 4/2003, 12.

45 *Weichert*, RDV 2007, 54, 55.

46 *Hopf*, ZUM 2000, 739, 740.

47 *Löffler*, NJW 1969, 2225.

niedriger privater Leidenschaften, Verleumdung und andere Störungen der Ruhe „guter und nützlicher Staatsbürger".[48]

Eine Wende zeichnete sich im Zeitalter der Aufklärung und des Liberalismus im 17. und 18. Jahrhundert ab, insbesondere durch die Aufnahme der Meinungsfreiheit in die Allgemeine Erklärung der Menschenrechte 1789. Die anschließende Abkehr von der Präventivzensur – zunächst in der Praxis, schließlich auch in der Verfassung von 1793 – führte jedoch zu einem noch rigoroseren Vorgehen bei der Nachzensur. Viele Autoren und Verleger gingen zur Erlangung von Rechtssicherheit und zum Schutz vor Repressalien deshalb zu einer „freiwilligen Vorzensur" über und beschafften sich vor der Veröffentlichung eine Genehmigung.[49]

Auch die Regelung in Art. IV § 143 der Paulskirchenverfassung von 1848 beschränkt sich auf das Verbot der Präventivzensur:

> [1] Jeder Deutsche hat das Recht, durch Wort, Schrift, Druck und bildliche Darstellung seine Meinung frei zu äußern.
>
> [2] Die Preßfreiheit darf unter keinen Umständen und in keiner Weise durch *vorbeugende Maaßregeln, namentlich* Censur, Concessionen, Sicherheitsbestellungen, Staatsauflagen, Beschränkungen der Druckereien oder des Buchhandels, Postverbote oder andere Hemmungen des freien Verkehrs beschränkt, suspendirt oder aufgehoben werden.[50]

In Art. 118 der Weimarer Reichsverfassung von 1919 findet sich folgende Ausgestaltung der Meinungsfreiheit

> [1] Jeder Deutsche hat das Recht, innerhalb der Schranken der allgemeinen Gesetze seine Meinung durch Wort, Schrift, Druck, Bild oder in sonstiger Weise frei zu äußern. An diesem Rechte darf ihn kein Arbeits- oder Anstellungsverhältnis hindern, und niemand darf ihn benachteiligen, wenn er von diesem Rechte Gebrauch macht.
>
> [2] Eine Zensur findet nicht statt, doch können für Lichtspiele durch Gesetz abweichende Bestimmungen getroffen werden. Auch sind zur Bekämpfung der Schund- und Schmutzliteratur sowie zum Schutze der Jugend bei öffentlichen Schaustellungen und Darbietungen gesetzliche Maßnahmen zulässig.

Der kurze geschichtliche Abriss zeigt einerseits die Entwicklung hin zum Begriff der Präventivzensur, sodass die historische Auslegung für eine Beschränkung des Verbots in Art. 5 Abs. 1 Satz 3 GG auf die Präventivzensur zu sprechen scheint.

Andererseits ist auch bezeichnend, dass die Zensurpraxis jeweils den Publikationsformen der Zeit angepasst wurde, wie die Verlagerung auf die Vorzensur mit der Verbreitung des Buchdrucks plastisch aufzeigt.[51] Das Internet wird hinsichtlich seiner bereits ähnlich revolutionären Folgen häufig mit der Erfindung des Buchdrucks in Beziehung gesetzt, die Innovation von *Tim Berners-Lee* damit der von

---

48 *Löffler*, NJW 1969, 2225, Fn. 6.

49 Wikipedia-Eintrag „Geschichte der Zensur", http://de.wikipedia.org/wiki/Geschichte_der_Zensur.

50 Hervorhebung diesseits.

51 So auch *Hoffmann-Riem* in AK-GG, Art. 5 Rn. 93.

*Gutenberg* gleichgestellt.[52] Die fundamentalen Veränderungen für die Meinungsäußerungs- und Verbreitungsmöglichkeiten erfordern daher abermals einen ganz neuen Blick auf die entstandenen Publikationsformen und die Bestimmung des Zensurbegriffs in Art. 5 Abs. 1 Satz 3 GG.

### *f) Stellungnahme*

Ein bloßes Festhalten am Begriff der Vorzensur „aus historischen Gründen" wird der erfolgten Medienrevolution und den grundlegenden Veränderungen der publizistischen Verhältnisse nicht gerecht. Vorrangig müssen daher die dargestellten teleologischen Erwägungen sein. Eine anlassunabhängige, systematische Kontrolle kann auch nach der Publikation eine Lähmung des Geisteslebens bewirken.[53] Ähnlich wie das Bundesverfassungsgericht im Volkszählungsurteil hinsichtlich des informationellen Selbstbestimmungsrechts auf die besonderen Gefahren der modernen Datenverarbeitung hingewiesen hat,[54] müssen diese Risiken auch für die Meinungsfreiheit bedacht werden. Besonders durch die neuen technischen Möglichkeiten einer massenhaften Überprüfung der im Internet gespeicherten Daten mit Crawler- und Filterprogrammen können Inhalte automatisiert und wesentlich umfassender kontrolliert werden als dies „manuell" bei traditionellen Medien der Fall war.[55] Der Zeitraum, in dem die Rezipienten die Inhalte nach der Publikation – und vor eventuellen staatlichen Verbreitungsbeschränkungen – zur Kenntnis nehmen können, kann damit drastisch verkürzt werden. Die Bereitschaft der Bevölkerung, aktiv und kommunikativ am Leben im Internet teilzunehmen, wird abnehmen, wenn die Gefahr besteht, dass publizierte Inhalte kaum Aussichten darauf haben, einen Rezipientenkreis zu erreichen, weil sie unmittelbar nach der Veröffentlichung Gegenstand einer staatlichen Kontrollmaßnahme werden.

Den Gegnern der Sperrverfügung ist deshalb zuzugestehen, dass die historische Argumentation zur Beschränkung auf die Vorzensur angesichts der grundlegend gewandelten Publikationsweise nicht überzeugt. Im Interesse eines wirksamen Rechtsgüterschutzes muss jedoch *nicht jegliche Inhaltskontrolle nach der Publikation* unterbunden werden. Der Gefahr des chilling effects lässt sich auch durch ein Verbot allein der formellen Nachzensur begegnen, wobei „formell" hier als ein *anlass- und inhaltsunabhängiges, systematisches Vorgehen* verstanden wird. Eine noch weitergehende und jegliche Internetkontrolle verbietende Betrachtungsweise würde vernachlässigen, dass durch das Zensurverbot der allgemeine Rechtsgüterschutz nach Art. 5 Abs. 2 GG nicht verweigert werden darf und Maßnahmen aus

---

52 Vgl. z.B. *Böder*, Das Internet und seine Folgen, http://www.intelligenzia.de/Texte/Internet.pdf, S. 3.

53 *Hoffmann-Riem* in AK-GG, Art. 5 Rn. 93–95.

54 BVerfGE 65, 1.

55 *Hüper*, Zensur und neue Kommunikationstechnologien, S. 106.

konkretem Anlass einer Rechtsgütergefährdung möglich bleiben müssen.[56] Da bei Online-Publikationen zudem die traditionellen Vorbereitungen vor der Veröffentlichung (Drucklegung etc.) entfallen, während derer den Aufsichtsbehörden bei der Print-Presse die Kenntnisnahme problematischer Inhalte und Eingriffe möglich sind, muss zumindest nach der Veröffentlichung ein Einschreiten möglich bleiben.

Somit ist grundsätzlich der Auffassung zu folgen, die das Zensurverbot auch auf systematische und anlassunabhängige Kontrollmaßnahmen *nach* der Publikation erstreckt. Die vertragsschließenden Länder haben in den Materialien zur ersten Fassung des Mediendienste-Staatsvertrags die zuständigen Behörden auch keineswegs verpflichtet, eine generelle und lückenlose Überwachung der veröffentlichten Angebote vorzunehmen. Diese sollten vielmehr „insbesondere dann tätig werden, wenn ihnen Beschwerden oder sonstige Anhaltspunkte für eine Verletzung der Bestimmungen dieses Staatsvertrags vorliegen."[57] Ein Vorgehen ohne derartige Hinweise wurde nicht verlangt.

Allerdings ergibt sich bei der teleologischen Betrachtungsweise auch, dass nicht zwingend jedes anlassunabhängige Vorgehen nach der Publikation als verbotene Zensur gewertet werden muss, solange keine systematische, engmaschige Überwachung erfolgt und ein Einschreiten *unmittelbar* nach der Publikation allenfalls auf Zufallstreffer zurückzuführen ist. Soweit beispielsweise auch jugendschutz.net Crawler-Programme einsetzt, kann aktuell – auch bei einer Abkehr von der Beschränkung auf die Vorzensur – keine Gefahr einer Lähmung des Geisteslebens erkannt werden: Die relativ geringen Fallzahlen von rund 5000 geprüften Seiten, die zudem *anlassabhängige* Recherchen aufgrund von Hinweisen sowie Angebote im In- und Ausland einschließen, zeugen angesichts der Gesamtzahl von Websites nicht von einem engmaschigen Filter- und Crawlereinsatz, mit dem systematisch verhindert werden könnte, dass Angebote nach der Publikation noch von einem angemessenen Rezipientenkreis zur Kenntnis genommen werden.

Unabhängig davon, ob auch diese nicht-hoheitlich handelnde Stelle aufgrund ihrer Unterstützungsfunktion für die KJM gemäß § 18 Abs. 2 JMStV an Art. 5 Abs. 1 Satz 3 GG gebunden ist, stehen der derzeitigen Praxis daher noch keine durchgreifenden Bedenken entgegen. Gleichwohl ist zu berücksichtigen, dass der beschriebene chilling effect nicht nur bei einer objektiven Gefahrenlage, sondern bereits bei einer entsprechenden subjektiven Beurteilung durch die potentiellen Kommunikatoren droht. Auch Vorstadien einer lückenlosen, anlassunabhängigen Überwachung sind daher fragwürdig, zumal bei den der Kontrolle nachfolgenden Sperrverfügungen die sofortige Vollziehbarkeit den Zeitraum zwischen Publikation und staatlichem Einschreiten weiter verkürzen kann. Die weitere Entwicklung von anlassunabhängigen Kontrollmaßnahmen durch die Aufsichtsbehörde und ihr zuarbeitende Stellen wird deshalb weiter zu beobachten sein.

---

56 *Hoffmann-Riem* in AK-GG, Art. 5 Rn. 90, 91.

57 Bayer. LT-Drs. 13/7716, S. 16.

Als Ergebnis folgt hieraus in Abwägung der aufgezeigten Bedenken, dass die Aufsichtsbehörden bei ihren Maßnahmen grundsätzlich nicht nur auf Nutzerbeschwerden reagieren und bestimmten Verdachtsgründen nachgehen können, sondern in begrenztem Umfang ebenso verdachtsunabhängige Kontrollen – auch mit automatisierten Crawler- und Spiderprogrammen – durchführen können. Die Grenze zur verfassungswidrigen Zensur wäre allerdings überschritten, wenn solche ohne konkreten Anlass erfolgenden Internetkontrollen in einer Intensität und Häufigkeit durchgeführt würden, die das Risiko der oben genannten Lähmung des Geisteslebens in sich trügen, weil sie einen erheblichen Anteil der vorhandenen Websites in kurzen zeitlichen Abständen umfassend überprüfen könnten.[58]

Dabei ist einzuräumen, dass die Feststellung eines Verstoßes gegen das Zensurverbot bei einer strikt nach Vor- oder Nachzensur bzw. nach anlassunabhängigem und -abhängigem Vorgehen unterscheidenden Position leichter und mit größerer Rechtsklarheit gelingt. Die hier vertretene Ansicht macht nicht nur eine konkrete Betrachtung der Verfahrensweise, sondern auch eine Einschätzung des jeweiligen Bedrohungspotentials im Hinblick auf die Lähmung des Geisteslebens erforderlich. Sie ermöglicht gerade dadurch aber auch Ergebnisse, bei denen die beteiligten Grundrechtspositionen, die staatlichen Schutzpflichten und der mit dem Zensurverbot verfolgte Zweck jeweils sehr differenziert berücksichtigt werden können.

Die gegenwärtige Praxis von jugendschutz.net und KJM verstößt vor diesem Hintergrund nicht gegen Art. 5 Abs. 1 Satz 3 GG. Eine Intensivierung der anlassunabhängigen Kontrolltätigkeit könnte jedoch zu einer anderen Beurteilung führen. Ein anlassabhängiges, aufgrund konkreter Anhaltspunkte und Hinweise erfolgendes Vorgehen ist demgegenüber unbedenklich.

#### *g) Zensur bei inhaltlichen Änderungen der gesperrten Seiten*

Die Publikationsverhältnisse in den neuen Medien stellen die Normanwender im Übrigen noch vor ein weiteres Dilemma. In der Zensurdebatte wurde darauf hingewiesen, dass sich die Nachzensur eines Online-Angebots auch als *Vorzensur* potentiell *veränderter* Inhalte unter der gleichen URL oder gar auf der gleichen Homepage auswirken kann. Dies hat vor allem Bedeutung im Hinblick auf den Charakter der Sperrverfügung als Dauerverwaltungsakt, bei dem noch zu diskutieren ist, ob den Behörden dabei die Verantwortung zur Aufsicht und Überwachung sowie – bei einer Veränderung der Inhalte – zur Abänderung der Verfügung auferlegt ist. Hinsichtlich nachträglicher Seitenänderungen ist allerdings unabhängig von behördlichen Prüfpflichten zu berücksichtigen, dass Art. 5 Abs. 1 Satz 3 GG nach seinem Sinn und Zweck nur die Möglichkeit schützen soll, Meinungsäußerung und Inhalte der Öffentlichkeit auf dem „Marktplatz der Ideen" zugänglich zu machen. Ob der Kommunikator dies unter einer speziellen, bei der Öffentlichkeit bekannten

---

[58] Enger jedoch *Hoffmann-Riem* in AK-GG, Art. 5 Rn. 93.

und eingeführten Web-Adresse realisieren kann, ist grundsätzlich keine Frage des Zensurverbots. In die Abwägung werden somit die Möglichkeiten des Inhaltsanbieters einzubeziehen sein, Angebote bei inhaltlichen Änderungen zeitweise unter einer anderen Domain als der gesperrten zu spiegeln. Solche Mirror-Sites mindern die Effizienz der Sperrung, wie von den Gegnern der Maßnahme zutreffend angeführt wird. Spiegelbildlich müssen diese Alternativveröffentlichungen insoweit aber auch als Option des Inhaltsanbieters in die Güterabwägung eingestellt werden, trotz einer Sperrung weiter ungehindert neu publizieren zu können.

## 2. Polizeifestigkeit der Presse

Je nach Auffassung zum oben dargestellten Streitstand eines erweiterten Pressebegriffs für Online-Medien stellt sich auch die Frage, ob Sperrmaßnahmen gegen den Grundsatz der Polizeifestigkeit der Presse verstoßen. Dieser historisch gewachsene Rechtssatz beschränkt die Pressebeschlagnahme auf ein Vorgehen nach den Landespressegesetzen und nach den §§ 111 m, n StPO. Diese Spezialregelungen sind abschließend und sehen prozedurale Sicherungen vor, die nicht durch weitergehende oder vorgelagerte Maßnahmen unterlaufen werden dürfen. Soweit in einigen Landespressegesetzen keine Regelung zur Beschlagnahme und Sicherung vorgesehen ist, wird die bundesrechtliche Regelung in der StPO insoweit als abschließend betrachtet.

Nach einer Ansicht fordert die Polizeifestigkeit in der Konkretisierung, die sie durch die Landespressegesetze erfahren hat, dass keinerlei Beschlagnahme außerhalb des Strafverfahrens stattfindet.[59] Im Hinblick auf das Internet wird deswegen vertreten, dass eine Sperrungsanordnung eine in vergleichbarer Weise einschneidende Maßnahme sei: „Die Ersetzung der polizeirechtlichen Generalklausel durch eine materiell gleich bindungslose Spezialvorschrift kann allein den Grundsatz der Polizeifestigkeit nicht überwinden."[60]

Eine andere Auffassung vertritt, der oben genannte Grundsatz schließe nur die Anwendbarkeit des allgemeinen Polizeirechts, insbesondere der Generalklausel aus, nicht aber spezielle Ermächtigungsgrundlagen.[61] Das polizeiliche Handeln finde hier überdies *nach* der Publikation, d.h. parallel zum völkerrechtlich nicht möglichen strafprozessualen Vorgehen bzw. anstelle desselben statt. Der Grundsatz der Polizeifestigkeit der Presse solle jedoch nur die Gefahrenabwehr *vor* der Publikation beschränken.[62]

---

59 *Storr*, Voraussetzungen und Reichweite von Sperrungsverfügungen, in: Heermann/Ohly (Hrsg.), Verantwortlichkeit im Netz, S. 103, 119.

60 *Von Bonin*, Die Kontrolle digitaler Kommunikation, S. 94; *Stadler*, Haftung für Informationen im Internet, S. 169.

61 OVG NRW Verwaltungsrundschau 2003, S. 210, 211.

62 *Rosenkranz*, Anm. zu OVG NRW Verwaltungsrundschau 2003, S. 213, 214.

Am überzeugendsten ist die Argumentation, nach der sich die Polizeifestigkeit nicht aus der Pressefreiheit selbst, sondern aus den Landespressegesetzen ergibt. Da die Landespressegesetze – unabhängig von der diskutierten Erweiterung der Pressefreiheit auf Online-Medien – *de lege lata* auf periodische Druckerzeugnisse mit einer körperhaften Massenvervielfältigung beschränkt sind, kann damit außerhalb ihres Geltungsbereichs auch der Grundsatz der Polizeifestigkeit nicht herangezogen werden.[63]

Nach der oben vertretenen Position, die eine allgemeine Ausdehnung des Pressebegriffs auf Online-Medien ablehnt, stellt sich die angesprochene Frage dagegen nicht. Der dargestellte Streitstand ist damit auch ein Beleg für die Richtigkeit dieser Auffassung, da er die Abgrenzungsprobleme und gesetzlichen Überschneidungsbereiche infolge eines zu weit verstandenen Pressebegriffs aufzeigt. Im Übrigen wurde auch durch die Neufassung der Rechtsgrundlage in § 59 Abs. 3 RStV der Streit entschärft, da nunmehr für journalistisch-redaktionell gestaltete Angebote prozedurale Sicherungen vorgesehen sind:

> „Bei journalistisch-redaktionell gestalteten Angeboten, in denen ausschließlich vollständig oder teilweise Inhalte periodischer Druckerzeugnisse in Text oder Bild wiedergegeben werden, ist eine Sperrung nur unter den Voraussetzungen des § 97 Abs. 5 Satz 2 und des § 98 der Strafprozessordnung zulässig."[64]

## C. Formelle Voraussetzungen der Eingriffsnorm

### I. Zuständigkeit

Die Einhaltung der Vorschriften des JMStV überprüft gemäß § 14 JMStV die „zuständige Landesmedienanstalt", die sich bei der Erfüllung ihrer Aufgaben der KJM als funktionell zuständiges Wandelorgan des kooperativen Föderalismus bedient.[65]

#### 1. Funktionelle Zuständigkeit

Funktionell zuständig ist für Sperrverfügungen, die auf die Rechtsgrundlage des § 20 Abs. 4 JMStV i.V.m. § 59 Abs. 4 RStV gestützt werden, die Kommission für Jugendmedienschutz. Bei der KJM handelt es sich um ein Wandelorgan des kooperativen Föderalismus, das für die entsprechende Landesmedienanstalt tätig wird. Im

---

[63] *Schnabel*, Sperrungsverfügungen gegen Access-Provider, S. 13, http://www-en.eulisp.uni-hannover.de/media/Abschlussarbeiten/schnabel_christoph.pdf.

[64] Vgl. dazu die Begründung zum Neunten Staatsvertrag zur Änderung rundfunkrechtlicher Staatsverträge, S. 20.

[65] Begründung zum Jugendmedienschutz-Staatsvertrag zu § 20 Abs. 4.

Anwendungsbereich des JMStV wurden durch diese Lösung einige der bisher diskutierten Probleme entschärft, wie die Zuständigkeitskollision der Länder, die Zuständigkeitsprobleme bei Abgrenzungsschwierigkeiten von Tele- und Mediendiensten, das Fehlen einer einheitlichen Entscheidungspraxis sowie das Problem der Staatsnähe der Aufsichtsorgane.

Der Einsatz der KJM als funktionelles Organ macht die Bestimmung der jeweils zuständigen Landesmedienanstalt allerdings nicht entbehrlich, wie schon aus den Formulierungen des JMStV deutlich wird. Anders als die Kommission zur Ermittlung der Konzentration im Medienbereich (KEK) verfügt zwar die KJM über eigenständige Exekutivbefugnisse. Gleichwohl handelt es sich bei den getroffenen Maßnahmen um solche der zuständigen Landesmedienanstalt, die für die Rechtsauffassung der KJM auch bei einer abweichenden eigenen Auffassung einstehen müsste.[66] Entsprechend wäre auch die *betreffende Landesmedienanstalt* im Fall eines verwaltungsgerichtlichen Vorgehens der Provider die richtige Klagegegnerin. Diese muss somit – über die örtliche Zuständigkeit – identifiziert werden.

### 2. Örtliche Zuständigkeit

Die örtliche Zuständigkeit ergibt sich aus § 20 Abs. 6 Satz 1 JMStV, wonach der *Sitz* des Anbieters von Telemedien maßgeblich ist. Ergibt sich danach keine Zuständigkeit, soll gemäß der Auffangregelung in Satz 2 der Ort entscheidend sein, an dem der *Anlass* für die Amtshandlung hervortritt. Nach der Begründung zum JMStV ist dabei „subsidiär der Ort entscheidend, an dem die Maßnahmen der Landesmedienanstalt wirksam werden sollen, also zum Beispiel dort, wo eine Sperrungsverfügung auf einem Server umgesetzt werden kann".[67]

Die Gleichsetzung des Anlass-Ortes mit dem einer begehrten Wirkung zeugt davon, dass der Gesetzgeber sich in seiner Begründung dem Wortlaut des § 20 Abs. 6 Satz 2 JMStV nicht eng verhaftet fühlte bzw. seine ursprüngliche Intention nicht exakt in der Formulierung des Normtextes umsetzen konnte. Während bei einer Orientierung am Ort des Anlasses (die aufgrund der Ubiquität im Internet typischen) Kollisionsprobleme zu besorgen wären, ließe sich der Ansatzpunkt für die beabsichtigte *Wirkung* jeweils genauer bestimmen. Allerdings eröffnet diese Anknüpfung der Zuständigkeit an den Serverstandort den Betroffenen größere Ausweichmöglichkeiten: Server lassen sich zumindest leichter verlagern als Firmensitze.

Durch das TMG und den geänderten Rundfunkstaatsvertrag kommt es jedoch regelmäßig nicht mehr auf diese Fragen der Auffangregelung in § 20 Abs. 6 Satz 2 JMStV an. Access-Provider werden gemäß § 2 Abs. 3 JMStV, § 2 RStV selbst als

---

[66] *Langenfeld*, Zur Neuordnung des Jugendschutzes im Internet, http://www.jura.uni-sb.de/projekte/Bibliothek/texte/Langenfd1.html#top, gekürzte Fassung in MMR 2003, 303 ff.

[67] Bayer. LT-Drs. 14/10246, S. 26.

„Anbieter von Telemedien" erfasst, weil sie – wie unten im Zusammenhang dargestellt wird – keinen Dienst erbringen, der ausschließlich in der Übertragung von Signalen über Telekommunikationsnetze besteht.[68] Mithin wird auch in Fällen, in denen kein Inhaltsanbieter im Inland greifbar ist, in Gestalt des verpflichteten Access-Providers regelmäßig ein „Anbieter von Telemedien" vorhanden und entsprechend sein Sitz gemäß Satz 1 für die örtliche Zuständigkeit der Landesmedienanstalt maßgeblich sein. Für die vorherige Fassung des JMStV war hingegen umstritten, ob Access-Provider „Anbieter von Telemedien" i.S.v. Satz 1 sein konnten, da im JMStV keine § 3 MDStV (und TDG) vergleichbare Bestimmung mit dem Zusatz „oder den Zugang zur Nutzung vermittelt" enthalten war.[69] Die lebhaft diskutierte Einordnung der Access-Provider in das Gefüge aus TKG, TMG, RStV und JMStV soll aus Gründen der Übersichtlichkeit im Zusammenhang erst im Rahmen der materiellen Prüfung erörtert werden. Hier sei deshalb nur im Ergebnis festgehalten, dass bei der nunmehr zu bejahenden Einbeziehung der Access-Provider die Landesmedienanstalt des Landes zuständig ist, in dem der betroffene Access-Provider seinen Sitz hat (§ 20 Abs. 6 Satz 1 JMStV) und im Übrigen Satz 2 weiterhin als Auffangregelung greift.

## II. Verfahren und Form

Auch in formeller Hinsicht macht sich der Wandel zur Informationsgesellschaft bemerkbar. Sind tatsächlich langfristig Massenverfahren mit, wie angekündigt, mehreren Tausend zu sperrenden Seiten[70] sowie insbesondere schnelle Reaktionen auf Mirror- und Umgehungsmaßnahmen angestrebt, bieten sich elektronische Verwaltungsakte i.S.d. § 37 Abs. 2, 3, § 3a VwVfG an.

Ergehen Sperranordnungen gegen sämtliche inländischen Betreiber von Routern, DNS-Servern, Proxy-Servern etc., so kommt auch in Betracht, gegen den jeweils nur nach allgemeinen Merkmalen bestimmten Personenkreis im Wege einer Allgemeinverfügung vorzugehen.[71] Dies ermöglicht grundsätzlich Erleichterungen hinsichtlich des einzuhaltenden Verfahrens und der zu beachtenden Form, etwa in Bezug auf die Anhörung (§ 28 Abs. 2 Nr. 4 VwVfG), die Begründung (§ 39 Abs. 2 Nr. 5) und die Bekanntgabe (§ 41 Abs. 3 Satz 2).

Dadurch könnte die Anhörung unterbleiben und die Verfügung ortsüblich (§ 41 Abs. 4 VwVfG) und öffentlich bekanntgemacht werden. Zwar gibt es eine Vielzahl

---

[68] Vgl. § 3 Nr. 24 TKG und zur Abgrenzung § 1 TMG und § 2 RStV sowie die folgenden Ausführungen.

[69] *Stadler*, Haftung für Informationen im Internet, Rn. 119c.

[70] 6000 laut dpa-Meldung, vgl. *Persson*, NRW hält an Sperrung rechtsextremer Websites fest, http://www.heise.de/newsticker/meldung/27441.

[71] *Germann*, Gefahrenabwehr und Strafverfolgung im Internet, S. 443.

zu beachtender Einzelkonstellationen (Art des Diensteangebots, Herrschaft über die Infrastruktur), wie sich bereits in den bisherigen ablehnenden Entscheidungen gezeigt hat. Dieser Klärungsbedarf würde jedoch nicht bei jedem einzelnen hinzukommenden Eintrag auf der Blacklist erneut anfallen, sondern nur zu Beginn und bei jeder Änderung der Gesamtsituation durch einen qualitativen Sprung in der Belastung der Provider und bei eventuellen Performance-Einbußen.

Allerdings besteht bei der öffentlichen Bekanntgabe das Problem, dass die schwarze Liste der Sperrkriterien von einschlägig interessierten Kreisen leicht als „Wunschliste" missbraucht werden könnte. Entsprechende Begleiterscheinungen eines erheblich gestiegenen Bekanntheitsgrades der Nazi-Lauck- und Stormfront-Angebote waren im Zuge der Düsseldorfer Sperrverfügungen bereits zu beobachten. Diese Gefahr wurde bereits beim Index für jugendgefährdende Telemedien sichtbar, wie im Zusammenhang mit § 4 Abs. 1 Satz 1 Nr. 11 JMStV zu erörtern sein wird.

Attraktiv erscheint deshalb ein Vorschlag der Literatur, einen speziellen Informationsserver mit beschränkten Zugangsrechten einzurichten.[72] Möglicherweise kommt dies bereits *de lege lata* in Betracht, da die öffentliche Bekanntgabe lediglich als „dem einzelnen Betroffenen gegenüber nicht konkret-individuell erfolgend"[73] definiert wird und die Herstellung der Öffentlichkeit hier (anders als etwa bei § 169 GVG) keine Schutzfunktion hat. Das Problem der öffentlichen Bekanntgabe – die Sicherstellung der Kenntnisnahme durch den Adressaten – ist bei einer derartigen, an das Kommunikationsverhalten der Adressaten angepassten Form der Bekanntgabe sogar noch geringer als bei traditionellen Formen öffentlicher Bekanntgabe.

## III. Bestandskraft eines Verwaltungsakts mit Drittwirkung

Problematisch ist ferner, dass nicht nur in die Rechte der unmittelbaren Adressaten des Verwaltungsakts eingegriffen wird, sondern sich dieser als Verwaltungsakt mit Drittwirkung darstellt, da er auch die Content-Anbieter und die Nutzer belastet. Da diesen der Bescheid nicht mit einer Rechtsbehelfsbelehrung bekannt gegeben wird, tritt keine Bestandskraft ein.[74] Etwas anderes könnte sich jedoch bei einer Einordnung als Allgemeinverfügung ergeben. Die sich diesbezüglich ergebende Spezialproblematik aufgrund des Aufenthalts der Content-Provider im Ausland kann vorliegend jedoch nicht vertieft werden.

---

72 *Germann*, Gefahrenabwehr und Strafverfolgung im Internet, S. 371.

73 *Kopp/Ramsauer*, VwVfG, § 41 Rn. 46.

74 *Engel*, MMR-Beilage 4/2003, 27; *Degen*, Freiwillige Selbstkontrolle der Access-Provider, S. 212 (jeweils bezüglich der Inhaltsanbieter). Hinsichtlich der Nutzer spricht *Engel* die Einordnung als Duldungsverfügung an, a.a.O., S. 4, Fn. 41.

### IV. Sperrverfügung als Dauerverwaltungsakt

Die Sperrverfügungen erschöpfen sich nicht in der einmaligen Manipulation der DNS- oder Routing-Einträge bzw. der Proxy-Installation. Sperrverfügungen stellen sogenannte Dauerverwaltungsakte dar. Aus dem ordnungsrechtlichen Sperrgebot resultiert ein Rechtsverhältnis, das so lange fortbesteht, wie die inkriminierte Publikation online bereitgehalten wird oder sich die nationale Rechtslage im Hinblick auf die Rechtswidrigkeit der Inhalte ändert. Entsprechend wurde in den Entscheidungen, die sich mit der Düsseldorfer Sperrverfügung zu befassen hatten, als wesentlicher Bestandteil der Anordnung auch die „Beibehaltung und Neuprogrammierung bei einer erforderlich werdenden Änderung der Konfiguration des Servers“[75] genannt. Die sich daraus ergebenden Folgen für die Beobachtung der Inhalte und möglicherweise erforderliche Abänderungen werden im Zusammenhang mit § 7 Abs. 2 Satz 1 TMG relevant, wonach allgemeine Überwachungspflichten der Provider ausgeschlossen sind.

## D. Materielle Voraussetzungen

Hinsichtlich der materiellen Voraussetzungen der Sperrverfügungen bilden die Bestimmung des Adressatenkreises, die Betrachtung der Verbotsnormen, die Subsidiarität des Vorgehens und die Beachtung des § 7 Abs. 2 TMG die Prüfungsschwerpunkte.

### I. Adressaten

Die Ermächtigungsgrundlage, auf welche die Maßnahme der Sperrverfügung gestützt wird, stellt sich aufgrund ihrer komplexen Verweisungstechnik als Parforceritt durch mehrere Staatsverträge und Gesetze des Informationsrechts dar. Erschwerend kommt hinzu, dass das Telemedienrecht unbeständig und zuletzt zahlreichen Änderungen unterworfen war. Auch die jüngste Entwicklung wirkt sich direkt auf die rechtliche Beurteilung der Sperrverfügungen aus. Wie bereits erläutert, traten im März 2007 das Telemediengesetz des Bundes und der neunte Rundfunkänderungsstaatsvertrag der Länder in Kraft. Zwar wird in den Begründungen zu diesen Gesetzen jeweils ausgeführt, inhaltlich sollten die geltenden Vorschriften „weitgehend unverändert“ bleiben. Durch den neuen Telemedien-Begriff ergeben sich jedoch gleichwohl Änderungen, die auch den Adressatenkreis von Sperrverfügungen betreffen.

---

[75] VG Düsseldorf, Entscheidungsgründe I, http://www.afs-rechtsanwaelte.de/Pages/URTEILE133.HTM (insoweit nicht abgedruckt in MMR 2005, 794).

### 1. Ausgangspunkt der Adressatenbestimmung nach der neuen Rechtslage

Die möglichen Adressaten einer Sperrverfügung ergeben sich aus der Normenkette gemäß § 20 Abs. 4 JMStV i.V.m. § 59 Abs. 3 und Abs. 4 RStV i.V.m. §§ 7 bis 10 TMG. Verstößt ein Angebot gegen Bestimmungen des Jugendmedienschutz-Staatsvertrags, so trifft gemäß § 20 Abs. 1 JMStV die zuständige Landesmedienanstalt die erforderlichen Maßnahmen gegenüber dem Anbieter.[76] Für Anbieter von Telemedien, so ergibt sich aus § 20 Abs. 4 JMStV, entscheidet dabei die zuständige Landesmedienanstalt durch die KJM „entsprechend § 59 Abs. 2 bis 4 des RStV und unter Beachtung der Regelungen zur Verantwortlichkeit nach den §§ 7 bis 10 TMG".

Der aufgrund dieser Verweisung heranzuziehende § 59 Abs. 3 RStV sieht vor, dass die jeweils zuständige Aufsichtsbehörde im Fall eines festgestellten Verstoßes „die zur Beseitigung des Verstoßes erforderlichen Maßnahmen gegenüber dem Anbieter" einleitet und dabei insbesondere „Angebote untersagen und deren Sperrung anordnen" kann. Der nachfolgende § 59 Abs. 4 RStV bestimmt, dass „Maßnahmen zur Sperrung von Angeboten nach Abs. 3 auch gegen den *Diensteanbieter von fremden Inhalten nach §§ 8 bis 10 TMG* gerichtet werden" können, wenn „sich Maßnahmen gegenüber dem Verantwortlichen nach § 7 des Telemediengesetzes als nicht durchführbar oder nicht erfolgversprechend" erweisen.

Schon bei der Betrachtung des Wortlauts dieser beiden Anforderungen an den Adressatenkreis erschließt sich, dass auch nach der von der Legislative gewollten möglichst einheitlichen Begriffsverwendung Unterschiede fortbestehen, wie zum Beispiel die Verwendung des Begriffs „Anbieter" und „Anbieter von Telemedien" in JMStV und RStV sowie des Begriffs „Diensteanbieter" im TMG. Für das zu untersagende Angebot selbst hingegen gebraucht auch das TMG den Ausdruck „Telemedien", während die Begründung zum Gesetz fast durchgehend von „Telemediendiensten" spricht.[77] Dass sich insoweit durchaus Bedeutungsunterschiede ergeben können, zeigen etwa die unterschiedlichen Begriffsdefinitionen von „Telekommunikation" und „Telekommunikationsdienst" in § 3 TKG. Erst die konkrete Rechtsanwendung kann daher zeigen, ob und inwieweit aus diesen unterschiedlichen Begriffsverwendungen Probleme entstehen.

Aus der oben genannten komplexen Verweisungskette ergeben sich damit drei näher zu betrachtende Problemkreise für die Bestimmung der Adressaten von Sperrverfügungen gemäß § 20 Abs. 4 JMStV, § 59 Abs. 3 und 4 RStV, §§ 8 bis 10 TMG: Zunächst muss es sich zur *Eröffnung des Geltungsbereichs des JMStV* gemäß § 20 Abs. 4 JMStV um Anbieter von Telemedien handeln (dazu unten a)).

---

76 Da der Adressatenkreis insb. für die Erörterung des Einsatzes von Altersverifikationssystemen bei § 4 Abs. 2 JMStV und Jugendschutzprogrammen bei § 5 JMStV vorgreiflich ist, wird er vor den Verbotsnormen des JMStV – §§ 4 und 5 – behandelt.

77 *Roßnagel*, NVwZ 2007, 743, 745.

Sodann stellt sich die Frage, ob und inwieweit Sperrverfügungen nur gemäß § 59 Abs. 4 RStV oder auch gemäß § 59 Abs. 3 RStV ergehen können (unten b)). Im Anwendungsbereich von § 59 Abs. 4 RStV müssen die Verpflichteten schließlich auch *Diensteanbieter von fremden Inhalten nach §§ 8 bis 10 TMG* sein (unten c)).

### *a) Telemedien und ihre Anbieter*

Der Jugendmedienschutz-Staatsvertrag gilt nach § 2 Abs. 1 JMStV für elektronische Informations- und Kommunikationsmedien (Rundfunk und Telemedien). Er gilt gemäß § 2 Abs. 2 JMStV *nicht* für elektronische Informations- und Kommunikationsdienste, soweit sie Dienste nach § 3 Nr. 24 TKG sind, die ganz in der Übertragung von Signalen über Telekommunikationsnetze bestehen oder telekommunikationsgestützte Dienste nach § 3 Nr. 25 TKG sind.

Über diese Regelung des Geltungsbereichs hinaus findet sich jedoch keine unmittelbare Bestimmung des von § 2 Abs. 1 JMStV verwandten Telemedienbegriffs mehr im JMStV selbst. Bislang war in § 3 JMStV bestimmt, der (zeitgleich in diesem Vertrag und im JuSchG 2003 erstmals verwendete) Begriff der Telemedien umfasse „Teledienste im Sinne des Teledienstegesetzes und Mediendienste im Sinne des Mediendienste-Staatsvertrags, soweit sie nicht Rundfunk im Sinne des Rundfunkstaatsvertrags sind". Nach der neuen Rechtslage ist § 2 Abs. 3 JMStV n.F. maßgeblich. Er regelt lediglich, dass das *Telemediengesetz* und die für Telemedien anwendbaren Bestimmungen des *Rundfunkstaatsvertrags* unberührt bleiben. Diese Normen können deswegen zur Begriffsbestimmung herangezogen werden. Eine restriktive Einschränkung des Anbieters von Telemedien gegenüber dem sprachgleichen Begriff im JMStV kann dabei nicht – wie jüngst vom Hans-Bredow-Institut an der Universität Hamburg[78] – mit der Begründung gefordert werden, dass ansonsten zu weitgehende Aufsichtsmaßnahmen möglich sind. Eine solche Argumentation übersieht, dass die Einbeziehung eines Anbieters in den Adressatenkreis von Aufsichtsmaßnahmen von der Rechtfertigung der unterschiedlichen Aufsichtsmaßnahmen zu unterscheiden ist.

Gemäß § 2 RStV sind Telemedien „alle elektronischen Informations- und Kommunikationsdienste, soweit sie nicht Telekommunikationsdienste nach § 3 Nr. 24 TKG sind, die ganz in der Übertragung von Signalen über Telekommunikationsnetze bestehen oder telekommunikationsgestützte Dienste nach § 3 Nr. 25 des Telekommunikationsgesetzes oder Rundfunk nach Satz 1 und 2 sind". Für das TMG ergibt sich der Telemedienbegriff im Übrigen gleichlautend aus dem Anwendungsbereich gemäß § 1 dieses Gesetzes.

---

[78] Hans-Bredow-Institut für Medienforschung an der Universität Hamburg, Analyse des Jugendmedienschutzsystems, 2007, S. 121.

Somit erschließt sich der Telemedienbegriff einheitlich sowohl nach dem RStV als auch nach dem TMG über den Oberbegriff „Informations- und Kommunikationsdienste“[79] in negativer Abgrenzung zu den Unterkategorien *Rundfunk, telekommunikationsgestützte Dienste* und solchen *Telekommunikationsdiensten, die ganz in der Übertragung von Signalen bestehen.*

- Um Rundfunk handelt es sich gemäß § 2 RStV bei für die Allgemeinheit bestimmten Veranstaltungen und Verbreitungen von Darbietungen aller Art unter Benutzung elektromagnetischer Schwingungen. Maßgeblich ist nach der Rechtsprechung des BVerfG der Beitrag zur öffentlichen Meinungsbildung durch die Breitenwirkung des Angebots, seine Aktualität und die Suggestivkraft von Tönen oder bewegten Bildern.[80]
- Telekommunikationsgestützte Dienste gemäß § 3 Nr. 25 TKG sind solche Angebote, bei denen die Leistung noch während der Verbindung erbracht wird. Ursprünglich sollte dafür der Begriff „telefonnahe Dienste“ verwandt werden, welcher jedoch erweitert wurde, um auch Dienstleistungen über das Internet erfassen zu können. Hauptanwendungsbereich sind nach der Entwurfsbegründung zum TKG sogenannte Mehrwertdienste über 0190- bzw. 0900-Nummern, die während der Telefonverbindung in Anspruch genommen werden und über die Telefonrechnung abgegolten werden.[81]
- Bei der negativen Abgrenzung zu Telekommunikationsdiensten i.S.d. § 3 Nr. 24 TKG ist entscheidend zu beachten, dass diese Definition sowohl Dienste erfasst, die *ganz*, als auch solche, die nur *überwiegend* in Signalübertragung über Telekommunikationsnetze bestehen. Da der Telemedienbegriff nur zu Ersteren („ganz“) negativ abzugrenzen ist, ergibt sich im Umkehrschluss, dass Telekommunikationsdienste, die nur *überwiegend* in der Übertragung von Signalen bestehen, in den Telemedienbegriff einbezogen sind. Auch gemäß den Materialien gehen der Bundesgesetzgeber und die vertragsschließenden Länder für diese Dienste jetzt ausdrücklich von einer parallelen Anwendbarkeit von TKG einerseits und TMG, RStV sowie JMStV andererseits aus.[82]

---

79 BT-Drs. 16/3078, S. 13; zur bisherigen Verwendung dieses Begriffs im IuKDG und zum neuen Verständnis als Oberbegriff *Bizer*, DuD 2007, 40.

80 Dazu *Roßnagel*, NVwZ 2007, 743, 745.

81 *Piepenbrock* in Beck'scher TKG-Kommentar, § 3 Rn. 51.

82 Soweit dies in den Materialien allerdings auf die europarechtlichen Hintergründe der parallelen Anwendbarkeit der E-Commerce-Richtlinie und der Telekommunikationsrahmenrichtlinie zurückgeführt wird, kann diese Begründung nicht überzeugen. Die E-Commerce-Richtlinie hat auch Carrier und andere Network-Provider nicht von der Regelung ausgenommen (vgl. Art. 12 „Reine Durchleitung“ und zur richtlinienkonformen Auslegung des § 8 TMG *Sieber/Höfinger*, Allgemeine Grundsätze der Haftung, Teil 18.1 Rn. 32, in: Hoeren/Sieber (Hrsg.), Handbuch Multimedia-Recht). Die Parallelregulierung durch beide Richtlinien ist somit auch für Provider gegeben, deren Diensteangebot ganz in der Übertragung von Signalen besteht.

Soweit die Definition des § 3 Nr. 24 TKG darüber hinaus die Formulierung „in der Regel gegen Entgelt“ enthält, ist zu berücksichtigen, dass auch im TKG-Anwendungsbereich selbst aus dieser (europarechtlich bedingten) Vorgabe einer Entgeltforderung im Regelfall keine Einschränkung des Diensteanbieterbegriffs gefolgert wird. Vielmehr wird der Begriff des Telekommunikationsdienstes als „denkbar weit“[83] aufgefasst, und § 3 Nr. 10 TKG beispielsweise definiert das geschäftsmäßige Erbringen als nachhaltiges Angebot mit *oder ohne* Gewinnerzielungsabsicht. Da somit nur „in der Regel“ oder „gewöhnlich“ die Diensteerbringung gegen Entgelt gefordert ist, fallen auch unentgeltliche Diensteangebote, die überwiegend in der Signalübertragung bestehen (wie zum Beispiel kostenfreies Access-Providing), nicht automatisch aus dem Telemedienbegriff heraus. Diese Betrachtungsweise bestätigt sich auch aus § 1 TMG, der bestimmt, dass das Gesetz für alle Anbieter einschließlich der öffentlichen Stellen unabhängig davon gilt, ob für die Nutzung ein Entgelt erhoben wird.

Nach der *alten Rechtslage* war hingegen für sämtliche Telekommunikationsdienste streitig, ob sie auch „Diensteanbieter i.S.v. TDG bzw. MDStV“ sein konnten. Bei der Einordnung von Access- und Network-Providing betonte eine Ansicht deren Transportcharakter.[84] Der technische Vorgang der Zugangsvermittlung und des Übermittelns von Signalen erfülle die Definition von Telekommunikation in § 3 Nr. 22 TKG. Deshalb sei das TKG einschlägig. Insbesondere eine Anwendung des *MDStV der Länder* neben dem TKG sei aufgrund der Gesetzgebungskompetenz des Bundes ausgeschlossen. Überdies sei mangels eines eigenen Mediendiensteangebots schon der Geltungsbereich gemäß § 2 MDStV für Zugangsvermittler und Netzwerk-Provider nicht eröffnet.[85] Die Gegenansicht erwiderte, allen Tele- und Mediendiensten liege Telekommunikation zugrunde. Ein striktes Ausschlussverhältnis von TKG und TDG bzw. MDStV sei vom Gesetzgeber deshalb nicht gewollt, was auch aus dem Gesetzeswortlaut und den Materialien hervorgehe. Mit einer eng am ISO-OSI Referenzmodell orientierten Argumentation wurde stattdessen eine sogenannte *funktionsspezifische Anwendung* befürwortet, die zwischen den Inhalten auf der Applikationsschicht (TDG, MDStV) und der technischen Weiterleitung in den untersten Schichten (TKG) unterschied.[86] Dies fand auch eine Stütze in den Begriffsbestimmungen der genannten Gesetze, nach denen Diensteanbieter ebenfalls solche Provider sein konnten, die nur den „Zugang zur Nutzung“ vermittelten, ohne selbst Tele- oder Mediendienst zu sein.[87] Ferner bestätigte der Wortlaut der Haftungsprivilegierungen diese Ansicht. So enthielt der Normtext des ersten Privilegierungstatbestands in TDG und MDStV seit der Umsetzung der E-Commerce-Richtlinie[88] die Formulierungen „Durchleitung“, „Übermittlung“

---

[83] *Robert* in Beck'scher TKG-Kommentar, § 3, Nr. 27.

[84] *Germann*, Gefahrenabwehr und Strafverfolgung im Internet, S. 128; *Greiner*, CR 2002, 621; *Kröger/Gimmy*, S. 284.

[85] *Stadler*, MMR 2002, 343, 344, führte ferner aus, soweit die Gegenansicht mit der Definition des Anbieters in § 3 MDStV argumentiere, sei dies nur eine Begriffsbestimmung, die nicht argumentativ herangezogen werden könne.

[86] *Sieber*, Verantwortlichkeit im Internet, Rn. 261 ff.

[87] *Spindler/Volkmann*, K&R 2002, 398, 399.

[88] Richtlinie 2000/31/EG des Europäischen Parlaments und des Rates vom 8.6.2000 über bestimmte rechtliche Aspekte der Dienste der Informationsgesellschaft, insbesondere

und „Vermittlung", welche die technische Komponente von Telekommunikationsdiensten widerspiegeln und in § 8 TMG bis heute fortbestehen.[89]

Mit dem neuen Telemedienbegriff geht der Gesetzgeber jetzt einerseits über die geschilderte Position der funktionsspezifischen Abgrenzung hinaus. Telekommunikationsdienste, die „überwiegend" in Signalübertragung bestehen, werden nicht (wie bislang) nur über die Begriffsbestimmung und die Haftungsprivilegierung als „Diensteanbieter i.S.d. MDStV (bzw. TDG)" einbezogen. Vielmehr werden sie gemäß § 2 RStV jetzt auch *selbst* als „Anbieter von Telemedien" betrachtet. Teilweise bleibt die neue Regelung im Anwendungsbereich des JMStV und des RStV allerdings hinter dem Standpunkt der funktionsspezifischen Abgrenzung zurück: Diejenigen Telekommunikationsdiensteanbieter, die ausschließlich („ganz") Signalübertragung betreiben, können aufgrund der reduzierten Begriffsbestimmung – anders als teilweise noch beim MDStV vertreten – nicht mehr in den Anwendungsbereich der Verträge einbezogen werden. Dies wird sich insbesondere bei der Adressatenstellung des *Carriers* als problematisch auswirken.

Die Einordnung als Telemedium ist – wie dargestellt – im Folgenden für sämtliche als Adressaten von Sperrverfügungen in Betracht kommenden Diensteanbieter zu prüfen. Hierbei kann offen bleiben, ob dies bereits aus der Formulierung „für Anbieter von Telemedien" in § 20 Abs. 4 JMStV folgt. Im Hinblick auf diese Formulierung kommt aufgrund der Systematik in Zusammenschau mit § 20 Abs. 1 JMStV ebenfalls in Betracht, dass damit nur die Einordnung der *Content-Provider* gemeint ist, die gegen Bestimmungen des Vertrags verstoßen.[90] Jedenfalls ergibt sich aber, wie oben aufgezeigt, aus dem Geltungsbereich gemäß § 1 JMStV, dass dieser (neben Rundfunk) nur für Anbieter von *Telemedien* eröffnet ist. Ob sich eine Erweiterung des Geltungsbereichs und des Adressatenkreises über die Anbieter von Telemedien hinaus aus den Verweisungen in § 20 Abs. 4 JMStV auf den RStV und das TMG ergibt, wird gegebenenfalls bei der Einordnung der einzelnen Provider zu problematisieren sein

### *b) Anwendungsbereiche der Absätze 3 und 4 von § 59 RStV*

Gemäß § 20 Abs. 4 JMStV trifft die zuständige Landesmedienanstalt durch die KJM für Anbieter von Telemedien die jeweilige Entscheidung „entsprechend § 59 Abs. 2 bis 4 des Rundfunkstaatsvertrags". Diese Verweisung auf § 59 Abs. 2 bis 4

---

des elektronischen Geschäftsverkehrs, im Binnenmarkt („Richtlinie über den elektronischen Geschäftsverkehr" – „E-Commerce-Richtlinie").

[89] *Rosenkranz*, Anm. zu OVG NRW Verwaltungsrundschau 2003, S. 213, 214.

[90] Zum vergleichbaren Streitstand nach der alten Rechtslage, ob bei der Anwendbarkeit des MDStV auf das vermittelte Angebot oder den Dienst des Zugangsvermittlers abzustellen war, *Spindler/Volkmann*, K&R 2002, 398, 400; sowie *Engel*, MMR-Beilage 4/2003, 13, die die Einordnung des vermittelten Angebots für maßgeblich hielten, während *Koenig/Loetz*, CR 1999, 438, 443, für diese Betrachtungsweise „keine Stütze im Gesetz" sehen; vgl. dazu auch *Stadler*, MMR 2002, 343, 344.

RStV ist für den Adressatenkreis von Sperrverfügungen zunächst deswegen relevant, weil sich die beiden Absätze 3 und 4 von § 59 RStV an unterschiedliche Adressaten richten. Daher stellt sich die Frage nach dem Verhältnis und der Anwendbarkeit dieser Absätze im Hinblick auf Sperrungsanordnungen.

Da der Adressatenkreis von Abs. 3 nur ungenau als „Anbieter" und der von Abs. 4 als „Diensteanbieter von fremden Inhalten nach den §§ 8 bis 10 des Telemediengesetzes" definiert wird, kommen für das Verhältnis der beiden Absätze mehrere Auslegungsmöglichkeiten in Betracht: Eine erste Auslegungsmöglichkeit besteht darin, (vor allem im Wege einer systematischen Auslegung der beiden genannten Absätze von § 59 RStV) den Abs. 3 mit einer engen Definition seiner „Anbieter" auf Anbieter von *eigenen* Inhalten gemäß § 7 Abs. 1 TMG sowie den Abs. 4 auf Anbieter von *fremden* Inhalten gemäß §§ 8 bis 10 TMG zu beziehen. Eine zweite Möglichkeit ist es, § 59 Abs. 3 RStV (vor allem aufgrund der allgemeinen Regelung von § 20 Abs. 1 JMStV und der Verweisung von § 20 Abs. 4 JMStV auf § 59 RStV) zunächst mit einer weiten Anbieterdefinition als Grundtatbestand für alle verantwortlichen[91] Anbieter von Telemedien (d.h. auch Diensteanbieter von eigenen *und* fremden Inhalten i.S.d. TMG) zu verstehen, der dann jedoch für den in Abs. 4 abschließend normierten Bereich der Sperrverfügungen durch diese Spezialregelung modifiziert wird.

Die spezielle und abschließende Regelung von Abs. 4 für Abs. 3 kann dabei im Rahmen dieser zweiten Auslegungsmöglichkeit wegen der weiteren sprachlichen Unklarheiten von Abs. 4 entweder nur auf diejenigen in §§ 8 bis 10 TMG genannten Provider begrenzt werden, deren Verantwortlichkeit nach Prüfung aller Voraussetzungen und aller Ausnahmetatbestände der §§ 8 bis 10 TMG tatsächlich ausgeschlossen ist. Bei dieser Auslegung würde Abs. 4 den Abs. 3 nur erweitern und es könnten daneben Sperrverfügungen nach Abs. 3 gegen alle anderen Anbieter eigener und fremder Inhalte ergriffen werden; die Subsidiarität des behördlichen Vorgehens wäre damit nur auf die Anbieter beschränkt, die für illegale Inhalte nicht verantwortlich sind. Es wäre bei der zweiten Auslegungsmöglichkeit aber auch möglich, die spezielle Regelung und die Ausschlussfunktion von Abs. 4 auf alle fremden Inhalte der in §§ 8 bis 10 genannten Providertypen (ohne Prüfung der „sofern"-Ausnahmen dieser Bestimmungen) oder noch weitergehend (dann jedoch teilweise analog) auf sämtliche Anbieter von fremden Inhalten auszudehnen. Abs. 4 würde bei einem solchen Verständnis die Maßnahmen nicht nur auf die privilegierten (nicht-verantwortlichen) Anbieter fremder Inhalte erweitern, sondern als Spezialregelung auch eine Sperrung solcher Inhalte durch Abs. 3 ausschließen; das Gebot der primären Inanspruchnahme der Anbieter von eigenen Inhalten würde damit auch bei Verfügungen gegen solche Provider gelten, die für fremde Angebote *verantwortlich* sind.

---

[91] Die Begrenzung der Aufsichtsmaßnahmen auf die *verantwortlichen* (d.h. gegen gesetzliche Regelungen verstoßenden) Anbieter folgt dabei vor allem aus dem entsprechenden allgemeinen aufsichtsrechtlichen Grundsatz von § 20 Abs. 1 JMStV.

Die zuletzt genannte Alternative einer weiten Spezialregelung mit einer entsprechend weiten Wirkung von Abs. 4 für Sperrmaßnahmen unterscheidet sich von der ersten oben genannten Möglichkeit einer allgemeinen Begrenzung des Anbieterbegriffs von Abs. 3 auf eigene Inhalte im Wesentlichen dadurch, dass bei ihr – im Gegensatz zu einer Begrenzung des Anbieterbegriffs von Abs. 3 auf eigene Inhalte – andere Aufsichtsmaßnahmen als Sperren (z.B. Beanstandungen oder Bußgelder gegen die nicht gemäß §§ 8 bis 10 TMG privilegierten Anbieter von fremden Inhalten) auf der Grundlage von Abs. 3 weiterhin gegen alle Anbieter von eigenen und fremden Inhalten möglich sind. Ein Vergleich der beiden Lösungen spricht damit insgesamt gegen die enge Auslegung des Anbieterbegriffs von Abs. 3 und für dessen Einordnung als Grundtatbestand. Dies beruht zum einen darauf, dass der den Adressatenkreis von § 59 Abs. 3 RStV bestimmende Begriff des Anbieters sich am ehesten auf den in § 2 Abs. 1 Satz 3 RStV definierten Anbieter von Telemedien beziehen lässt. Die Bezugnahme wird vor allem deutlich, wenn man zur Konkretisierung des vagen Anbieterbegriffs von § 59 Abs. 3 RStV den für Aufsichtsmaßnahmen auf diese Vorschrift verweisenden § 20 Abs. 4 JMStV heranzieht,[92] der ausdrücklich für „Anbieter von Telemedien" gilt,[93] oder aber die allgemeine aufsichtsrechtliche Regelung in § 20 Abs. 1 JMStV mit ihrem (ebenso wie § 59 Abs. 3 RStV bezugslosen) gleichen Anbieterbegriff berücksichtigt. Eine weite Auslegung der grundlegenden Aufsichtsnorm von § 59 Abs. 3 RStV ist aber im Hinblick auf das Ergebnis auch deswegen begründet, weil es dadurch möglich ist, andere Aufsichtsmaßnahmen als Sperrmaßnahmen gegen rechtswidrig handelnde Anbieter von fremden Inhalten zu treffen.[94]

Die Lösung der vorliegenden Fragestellung muss damit in der Entscheidung zwischen den beiden Alternativen einer engen oder einer weiten abschließenden Spezialregelung von Abs. 4 für Sperrverfügungen gesucht werden. Für die Annahme einer *weiten* Spezialregelung, die Abs. 4 auf alle in §§ 8 bis 10 TMG genannten

---

92 Vgl. § 20 Abs. 4 JMStV: „Für *Anbieter von Telemedien* trifft die zuständige Landesmedienanstalt durch die KJM entsprechend § 59 Abs. 2 bis 4 des Rundfunkstaatsvertrages unter Beachtung der Regelungen zur Verantwortlichkeit nach den §§ 7 bis 10 des Telemediengesetzes die jeweilige Entscheidung." Fügt man diesem Satz nun § 59 Abs. 3 RStV unmittelbar an, so wird der Bezug von dessen Anbieterbegriff auf die „Anbieter von Telemedien" deutlich.

93 Ein mit § 59 Abs. 3 RStV sprachlich identischer (weil ohne Objektbestimmung formulierter) Begriff des Anbieters findet sich in § 3 Abs. 2 Nr. 2 JMStV. Danach sind „Anbieter" Rundfunkveranstalter oder Anbieter von Telemedien. Diese weite Anbieterbestimmung kann in § 59 Abs. 3 RStV jedoch nicht gemeint sein, da sich die Aufsichtsnorm ersichtlich nicht auf Rundfunk bezieht. Jedoch kann diese weite Formulierung als ein Indiz für die entsprechend weite Anbieterbestimmung in § 59 Abs. 3 RStV herangezogen werden.

94 Es kann nicht davon ausgegangen werden, dass der Gesetzgeber gegenüber den Anbietern von fremden Inhalten alle anderen Aufsichtsmaßnahmen als die in § 59 Abs. 4 RStV zugelassenen Sperrverfügungen ausschließen wollte. Inwieweit derartige Aufsichtsmaßnahmen gegen Anbieter von fremden Inhalten sämtlich als Minus zu Sperrverfügungen gemäß Abs. 4 gerechtfertigt werden könnten, erscheint jedoch fraglich.

Provider*typen* mit Bezug zu Fremdinhalten erstreckt, lässt sich zunächst der Wortlaut anführen: Unter Maßnahmen „gegen den Diensteanbieter von fremden Inhalten nach den §§ 8 bis 10 des Telemediengesetzes“ sind eher Anordnungen gegen alle in diesen Bestimmungen *ihrer Tätigkeit nach* definierten Provider zu verstehen als Maßnahmen gegen die Provider, die nicht für die fremden Inhalte verantwortlich sind. Für diese Auslegung spricht auch die Umschreibung der Anwendungsvoraussetzung von Abs. 4, dass sich Maßnahmen gegenüber den Verantwortlichen nach § 7 TMG (d.h. den verantwortlichen Anbietern von *eigenen* Inhalten) nicht durchsetzen lassen.[95] Abs. 4 unterscheidet damit in der Sache zwischen einem Vorgehen gegen die verantwortlichen Anbieter von eigenen Inhalten, gegen die unmittelbar vorgegangen wird, und gegen die Anbieter von fremden Inhalten, die nur subsidiär in Anspruch genommen werden sollen.

Diese Auslegung wird auch durch die Entwicklungsgeschichte der Norm bestätigt: Die erste Vorgängerregelung von § 59 Abs. 4 RStV – der § 18 Abs. 3 MDStV von 1997 – erlaubte Sperrverfügungen gegen Host-Provider noch ohne vorangegangene Maßnahmen gegen Content-Provider und beschränkte das subsidiäre Vorgehen auf die Access-Provider.[96] Die Vorschrift wurde dann jedoch durch die – mit dem heutigen § 59 Abs. 4 RStV inhaltsgleiche – Regelung von § 22 Abs. 3 MDStV 2002 (und später durch die identische Regelung des § 22 Abs. 3 MDStV 2003) abgelöst, nach welcher „Maßnahmen zur Sperrung von Angeboten nach Abs. 2 auch gegen den Diensteanbieter von fremden Inhalten nach den §§ 7 bis 9 gerichtet werden“ können, wenn „sich Maßnahmen gegenüber dem Verantwortlichen nach § 6 Abs. 1 als nicht durchführbar oder nicht Erfolg versprechend“ erweisen. Der Gesetzgeber veränderte damit die Subsidiaritätsanforderungen im Gesetzeswortlaut und dehnte das subsidiäre Vorgehen auf alle Diensteanbieter von fremden Inhalten aus.[97]

---

[95] Host- oder Access-Provider, die aufgrund der „sofern“-Ausnahmen in den §§ 8 bis 10 TMG nicht von diesen Haftungsprivilegierungen profitieren, bieten deswegen noch nicht zwingend eigene Inhalte i.S.v. § 7 Abs. 1 TMG an. Sie sind deswegen auch nicht zwingend „Verantwortliche nach § 7 des Telemediengesetzes“, die nach der insoweit klaren Normierung von Abs. 3 und 4 vorrangig in Anspruch genommen werden sollen.

[96] Vgl. Bayer. LT-Drs. 13/7716, S. 17. Siehe dazu auch *Hornig*, ZUM 2001, 846, 856; *Spindler/Volkmann*, K&R 2002, 398, 401.

[97] Vgl. zu § 20 Abs. 4 JMStV von 2003 Bayer. LT-Drs.14/10246 vom 8.10.2002, S. 25: „Die Maßnahme ist vorrangig gegen den Verantwortlichen nach § 6 Abs. 1 Mediendienste-Staatsvertrag zu richten, also denjenigen, der eigene Informationen bereithält, den sogenannten Content-Provider. Ist eine solche Maßnahme gegen den Inhaltsanbieter nicht Erfolg versprechend oder aus technischen oder rechtlichen Gründen nicht durchführbar, so kann auch der Anbieter fremder Inhalte nach den §§ 7 bis 9 Mediendienste-Staatsvertrag Adressat z.B. einer Sperrungsverfügung sein.“ Ebenso wie hier für eine weite Ausdehnung des Subsidiaritätsprinzips gegen alle Diensteanbieter von fremden Inhalten auch Hans-Bredow-Institut für Medienforschung an der Universität Hamburg, Analyse des Jugendmedienschutzsystems, S. 121, Fn. 247 (allerdings auf der Grundlage einer abzulehnenden Prämisse).

Die hier vertretene Auslegung wird auch durch den Sinngehalt der damit weit verstandenen Subsidiaritätsregelung von Abs. 4 gestützt:[98] Dies beruht darauf, dass das Subsidiaritätserfordernis von Abs. 4 nicht nur der individuellen Schonung von nicht verantwortlichen Providern gemäß §§ 8 bis 10 TMG dient, sondern auch der allgemeinen und objektiven Zwecksetzung, illegale Inhalte möglichst vollständig an der Quelle zu beseitigen und nicht nur – oft wenig effektive – Sperrmaßnahmen gegen sie anzustreben. Der Sinn des weiten Subsidiaritätsverständnisses wird besonders deutlich, wenn es um Maßnahmen gegen illegalen Content im Inland geht. Das Gleiche gilt auch außerhalb der vorliegend relevanten Fallkonstellationen zum Beispiel bei einem Vorgehen gegen Links auf rechtswidrige Inhalte, das im Vergleich zu einem Vorgehen gegen die verlinkten Inhalte selbst sehr viel weniger effektiv ist, weil die rechtswidrigen Inhalte bei einer bloßen Beseitigung des Links noch in vielfältiger Weise erschlossen und abrufbar sind.[99] Ein entsprechendes weites Subsidiaritätsverständnis lässt sich jedoch nur durch eine weite Auslegung von Abs. 4 und nicht durch dessen Beschränkung auf die (strafrechtlich oder zivilrechtlich) nicht verantwortlichen Provider verwirklichen. Eine ungerechtfertige Privilegierung von rechtswidrig handelnden Providern ist dabei mit dieser Auslegung nicht verbunden, da die Subsidiaritätsanforderungen keine praxisuntauglichen Hürden für ein effektives Vorgehen aufwerfen, sondern lediglich den Zweck haben, das behördliche Vorgehen in sinnvoller Weise auf die Inhaltsanbieter zu konzentrieren, um das Übel illegaler Inhalte möglichst an seiner Wurzel zu packen.

Wie die folgenden Ausführungen zeigen, hat die weite Auslegung von Abs. 4 auch den Vorteil, dass die diffizilen Ausnahmen der Haftungsprivilegierungen in den „sofern"-Sätzen der §§ 8 bis 10 TMG bei der Anordnung von Sperrverfügungen nicht geprüft werden müssen. Es entstehen auch keine Schutzlücken, da bei der Auslegung der TMG-Regelungen alle Anbieter von fremden Inhalten (direkt oder analog) unter die Providertypen der §§ 8 bis 10 subsumiert werden können. Daher sind trotz der unglücklichen Formulierungen von § 59 RStV Sperrverfügungen auf der Grundlage einer leicht handhabbaren Systematik gegen alle verantwortlichen Anbieter von eigenen Inhalten (nach Abs. 3 unmittelbar) und gegen alle (verantwortlichen oder nicht verantwortlichen) Anbieter von fremden Inhalten (nach Abs. 4 im Wege der subsidiären Inanspruchnahme) möglich, ohne dass dadurch andere Aufsichtsmaßnahmen als Sperrverfügungen (gegen alle Provider nach Abs. 3) ausgeschlossen sind.

---

98 Wie dargelegt besteht der Unterschied in den Rechtsfolgen der beiden Alternativen vor allem darin, dass die von Abs. 4 geforderte Subsidiarität der Sperrverfügungen (die zunächst und primär gegen den Inhaltsanbieter gerichtet werden müssen) bei der Annahme einer engen Spezialregelung nur auf diejenigen Anbieter beschränkt ist, die aufgrund der §§ 8 bis 10 TMG von der Verantwortlichkeit freigestellt sind, während das Subsidiaritätserfordernis bei Annahme einer weiten *lex specialis*-Regelung für jedes Vorgehen gegen die in §§ 8 bis 10 genannten Provider (Anbieter fremder Inhalte) gelten würde.

99 Vgl. zu Sperrmöglichkeiten gegen Links sowie insbesondere zur Differenzierung zwischen der Rechtswidrigkeit der verlinkten Fremdinhalte und zur Rechtswidrigkeit des Linktextes (als eigener Inhalt) sogleich unten Ziffer 6.

### *c) Diensteanbieter gemäß §§ 8 bis 10 TMG*

Die für Verfügungen zur Sperrung von fremden Inhalten damit allein anwendbare Ermächtigungsgrundlage der § 20 Abs. 4 JMStV, § 59 Abs. 4 RStV beschränkt den Adressatenkreis auf „Diensteanbieter von fremden Inhalten nach §§ 8 bis 10 TMG". Damit sind die Privilegierungstatbestände des TMG in Bezug genommen. Die oben bereits angesprochene Reichweite dieser Verweisung erschließt sich jedoch erst bei teleologischer Betrachtung: Die Regelungen zur Verantwortlichkeit im TMG haben Querschnittscharakter und betreffen grundsätzlich jede Form des Einstehenmüssens für das Verhalten der Nutzer.[100] Die Haftungsprivilegierungen sind dabei so formuliert, dass sich die – durch ihre Tätigkeit definierten – Diensteanbieter auf einen Ausschluss der Verantwortlichkeit berufen können, „sofern" bestimmte Voraussetzungen erfüllt sind. § 7 Abs. 2 Satz 2 TMG bestimmt jedoch, dass *unabhängig* von der Erfüllung dieser Voraussetzungen gerade die Verpflichtung zur Entfernung oder Sperrung der Nutzung unberührt bleibt. Der Verweis von §§ 8 bis 10 TMG kann schon deshalb nicht als eine Rechtsgrundverweisung in dem Sinne verstanden werden, dass alle Voraussetzungen der Privilegierungstatbestände in §§ 8 bis 10 im Einzelnen zu prüfen wären. Im Ergebnis würde es auch einen Wertungswiderspruch darstellen, wenn bei Nichtvorliegen einzelner Voraussetzungen mit der entsprechenden Privilegierung zugleich auch die Möglichkeit der Sperrverfügung zu verneinen wäre. Denn wenn nach der entsprechenden Vorschrift ein subsidiäres Vorgehen gegen einen nicht verantwortlichen Provider möglich ist, dann muss dies erst recht gegen einen verantwortlichen Provider der Fall sein. Die Zielsetzung der Regelungen ist bei der Privilegierung eine Erweiterung der Rechtspositionen der Provider, bei der Inanspruchnahme zu Sperrverfügungen jedoch gerade eine Beschränkung. Bei der Annahme einer Vollverweisung von § 59 Abs. 4 RStV auf die §§ 8 bis 10 TMG müsste das Ergebnis daher durch die Anwendung von § 59 Abs. 3 RStV auf Sperrverfügungen gegen die Anbieter von fremden Inhalten korrigiert werden, was jedoch oben im Hinblick auf die Entwicklungsgeschichte und die Systematik von § 59 RStV sowie den Zweck der Subsidiaritätsregelung von Abs. 4 abgelehnt wurde.

Die Verweisung auf die §§ 8 bis 10 TMG bestimmt damit den Adressatenkreis der Diensteanbieter so, dass diesen Normen jeweils nur die Charakteristika des Diensteangebots zu entnehmen sind, nicht jedoch die (durch die „sofern"-Formulierung eingeleiteten) Einschränkungen der Privilegierungen zu prüfen sind. Bei einer solchen Betrachtungsweise ergibt sich aus § 8 die Möglichkeit der Inpflichtnahme von Diensteanbietern fremder Informationen, die diese in einem Kommunikationsnetz übermitteln oder zu denen sie den Zugang zur Nutzung vermitteln. Durch § 9 TMG treten zum Kreis der Adressaten darüber hinaus solche Provider hinzu, die fremde Informationen automatisch und zeitlich beschränkt zwischen-

---

[100] *Sieber/Höfinger*, Allgemeine Grundsätze der Haftung, Teil 18.1 Rn. 15, in: Hoeren/Sieber (Hrsg.), Handbuch Multimedia-Recht.

speichern, um deren Übermittlung an andere Nutzer effizienter gestalten zu können. Betroffen sind dabei insbesondere Betreiber eines Proxy-*Cache*-Servers. § 10 TMG betrifft das Speichern fremder Informationen für einen Nutzer (Host-Provider). Unter diese Alternativen sind die als Adressaten einer Sperrverfügung in Betracht kommenden Diensteanbieter nachfolgend – zusätzlich zur Prüfung ihrer Einbeziehung in den Geltungsbereich des JMStV – zu subsumieren.

#### *d) Konsequenzen*

Für die Bestimmung des vorliegend relevanten Adressatenkreises von § 20 Abs. 4 JMStV ist damit bei allen Sperrverfügungen zunächst erforderlich, dass die Adressaten als „Anbieter von Telemedien" Informationsdienstleistungen erbringen, also insbesondere nicht ausschließlich auf die Übertragung von Signalen auf der untersten Schicht des ISO-OSI-Modells beschränkt sind. Bei Verfügungen zur Sperrung fremder Inhalte ist darüber hinaus notwendig, dass die Adressaten als „Diensteanbieter im Sinn der §§ 8 bis 10 des Telemediengesetzes" zum Beispiel fremde Informationen in einem Kommunikationsnetz übermitteln oder für fremde Informationen den Zugang zu einem solchen vermitteln (§ 8 TMG) oder dass sie die entsprechenden Funktionsbeschreibungen von § 9 oder § 10 TMG erfüllen. Das Vorliegen dieser beiden Voraussetzungen ist im Folgenden entsprechend den obigen Ausführungen für die als Adressat von Sperrverfügungen in Betracht kommenden Anbieter zu prüfen, d.h. für die Zugangsvermittler auf der Internetschicht (unten 2)), für die Zugangsvermittler über einen Proxy-Server auf der Anwendungsschicht (unten 3)), für die Network-Provider (unten 4)), für die Betreiber von DNS-Servern (unten 5)) sowie für Betreiber von Suchmaschinen (unten 6)).

### 2. Zugangsvermittler auf der Internetschicht

#### *a) Geltungsbereich des JMStV*

Die Bereitstellung des Internetzugangs wird von der Gesetzesbegründung explizit als Beispiel eines Telekommunikationsdienstes angeführt, der über die reine Signalübertragung hinaus noch eine inhaltliche Komponente – die Zugangsvermittlung auf der Internetschicht – enthält.[101] Mit dieser Einbeziehung in den Telemedienbegriff ist vor allem das bisherige Problem des Geltungsbereichs gelöst, dessen Eröffnung für Zugangsvermittler hinsichtlich beider Staatsverträge problematisch war.

§ 2 MDStV a.F. sah vor, dass der Vertrag „für das Angebot und die Nutzung von an die Allgemeinheit gerichteten Informations- und Kommunikationsdiensten (Mediendienste)" gilt. Die Geltung über Mediendiensteanbieter hinaus auch für „Diensteanbieter *im Sinne des Staatsvertrags*" konnte – wie oben bei der allgemeinen Darstellung geschildert – nur

---

[101] BT-Drs. 16/3078, S. 13, 15.

mit einer auf die Begriffsbestimmung, den Wortlaut der Haftungsprivilegien und den Sinn und Zweck gestützten Argumentation begründet werden. Noch kritischer wurde ab 2003 die Einbeziehung von Zugangsvermittlern in den Anwendungsbereich des JMStV diskutiert. In den Begriffsbestimmungen des JMStV fehlt zwar (auch *de lege lata*) ebenfalls eine Ausdehnung, dass „Anbieter" i.S.d. JMStV auch diejenigen natürlichen oder juristischen Personen sind, die lediglich den *Zugang zur Nutzung von Telemedien* vermitteln, ohne selbst „Anbieter von Telemedien" zu sein.[102] Die beim MDStV zumindest über den Wortlaut der Begriffsbestimmung begründbare Einbeziehung der Access-Provider gestaltete sich deshalb im Geltungsbereich des JMStV schwierig und war umstritten. Durch die eigenständige Qualifikation der Zugangsvermittler als Telemediendienst ist dieser Argumentationsaufwand nunmehr entbehrlich, da die dargestellte erweiterte Definition der Telemedien für die Zugangsvermittler auf der Internetschicht den Anwendungsbereich des JMStV unmittelbar eröffnet.

#### b) Subsumtion unter §§ 8 ff. TMG

Bei der Einordnung unter die Privilegierungstatbestände des TMG ist für den Diensteanbieter auf der Internetschicht das Bereitstellen des Einwahlknotens am ersten Router entscheidend. Dieses Angebot lässt sich problemlos unter die Alternative der Vermittlung des Zugangs zu fremden Informationen gemäß § 8 TMG subsumieren. Auch schon bisher wurde für die entsprechende Privilegierung in § 7 MDStV die Anwendbarkeit bejaht.[103] Zugangsvermittler auf der Internetschicht können damit Adressaten von Sperranordnungen sein.

### 3. Zugangsvermittler über einen Proxy-Server auf der Anwendungsschicht

#### a) Geltungsbereich des JMStV

Hinsichtlich der Einordnung als Telemedium ergibt sich für Zugangsvermittler über einen Proxy-Server auf der Anwendungsschicht keine andere Betrachtung als bei der Zugangsvermittlung auf der Internetschicht. Die geforderte inhaltliche Komponente des Dienstes über die bloße Signalübertragung hinaus ist bei der Bereitstellung eines Proxy-Servers noch deutlicher gegeben als bei der Vermittlung auf tieferen Schichten, da die Daten in das Format der Applikationsschicht gebracht werden. Im Übrigen differenzieren die vertragsschließenden Länder in den Materialien zum 9. Rundfunkänderungsstaatsvertrag auch nicht zwischen verschiedenen Angeboten des Internetzugangs.[104]

---

102 *Stadler*, Haftung für Informationen im Internet, Rn. 119c.

103 Z.B. *Ukrow* in Roßnagel, Recht der Multimedia-Dienste, § 7 Rn. 14.

104 Begründung zum Neunten Staatsvertrag zur Änderung rundfunkrechtlicher Staatsverträge, S. 5.

### b) *Subsumtion unter §§ 8 ff. TMG*

Bei der Einordnung der Zugangsvermittler auf der Anwendungsschicht werden die Unterschiede zwischen Proxy-Servern und Proxy-Cache-Servern relevant, auf die in Teil 2 bereits hingewiesen wurde.[105] Während Proxy-Server im vorliegenden Zusammenhang als Application-Gateways zu Sperr- und Kontrollzwecken eingesetzt werden, dienen Proxy-*Cache*-Server durch Zwischenspeicherungen auf ihren meist sehr großen Festspeichersystemen der effizienteren Datenübertragung. Die auf das Caching abgestimmte Privilegierung in § 9 passt deshalb nicht auf die hier maßgebliche Einsatzweise von Proxy-Servern. Die Zugangsvermittlung unter Einsatz eines solchen ist jedoch als Teilleistung der Zugangsvermittlung unter die Privilegierung gemäß § 8 TMG zu subsumieren. Diese Anbieter können damit ebenfalls Adressaten von Sperrverfügungen sein.

## 4. Network-Provider

Die Möglichkeit der Inpflichtnahme der Netzwerk-Provider war nach der alten Rechtslage stark umstritten. Die Bezirksregierung führte im Widerspruchsbescheid aus: „Im Gegensatz zum Network-Provider, der lediglich die Übertragungswege oder -kapazitäten zur Verfügung stellt, nicht aber einen elektronischen Informations- und Kommunikationsdienst i.S.d. § 2 Abs. 1 TDG, bietet der Access-Provider […] zusätzlich eine bestimmte Form der Datenübertragung, die den Zugang zu einem Rechnernetz gestattet, an. Neben der Zugangsmöglichkeit stellt der Access-Provider die zur Benutzung des Netzes erforderlichen Protokollfunktionen (IP-Adresse, Name-Service, Routing) zur Verfügung. Der Access-Provider bietet demnach alle Funktionen an, die notwendig sind, um den Rechner des Nutzers Teil des Kommunikationsnetzes werden zu lassen und kann daher nicht mit dem Netzwerk-Provider gleichgestellt werden."[106]

Diese Betrachtungsweise scheint im neuen Telemedienbegriff nunmehr eine deutliche Stütze zu finden. Maßgeblich ist allerdings, ob über die reine Signalübertragung hinaus noch eine inhaltliche Komponente des Diensteangebots zu bejahen ist. Dabei ist – anders als in der Position der Bezirksregierung geschehen – im Hinblick auf den Geltungsbereich des JMStV zwischen verschiedenen Formen des Network-Providings zu differenzieren.

---

105 *Sieber*, Verantwortlichkeit im Internet, Rn. 23, vgl. auch Rn. 150–153 zu den technischen Abschottungsmöglichkeiten der Proxy-Server.

106 Widerspruchsbescheid der Bezirksregierung Düsseldorf, S. 2, http://www.jura.uni-rostock.de/Gersdorf/News/Widerspruchsbescheid22.07.02.pdf; dazu *Stadler*, Der Widerspruchsbescheid zur Düsseldorfer Sperrungsverfügung, 2002, www.artikel5.de/artikel/widerspruchTS.html.

### *a) Geltungsbereich des JMStV*

Bei der Begriffsbestimmung des Network-Providings in Teil 2 B.III.2.d) wurde darauf hingewiesen, dass in der juristischen Literatur zumeist nicht zwischen reinen Carriern und Betreibern von (dem Einwahlknoten der Access-Provider nachfolgenden) Routern unterschieden wird. Der Gleichbehandlung von Routern (hinter dem Einwahlknoten) und Carriern liegt insbesondere die Überlegung zugrunde, dass regelmäßig nur am Einwahlknoten des Zugangsdiensteanbieters noch sämtliche IP-Datenpakete vorhanden sind und zusammengesetzt werden könnten. Sowohl bei Carriern als auch bei den Routern an späteren Netzknotenpunkten liegen hingegen regelmäßig nicht mehr alle Bausteine der gesamten Nachricht vor.

Für die Einordnung als Telemedium ist dieser Faktor allerdings nicht maßgeblich. Es kommt, wie oben dargestellt, nur darauf an, ob ausschließlich Signale übertragen werden oder eine Zusatzdienstleistung gegeben ist. Die Signalübertragung selbst ist jedoch nicht in § 3 TKG definiert. In der Informatik wird als Signal die physikalische Darstellung von Daten durch charakteristische räumliche bzw. zeitliche Veränderung von physikalischen Größen verstanden. Ein digitales Signal stellt sich allein als Folge von Zahlen dar. Reine Signalübertragung in diesem Sinne findet nur auf der untersten Ebene der Referenzmodelle statt, der physikalischen Schicht (bzw. der Verbindungsschicht im TCP/IP-Modell). Schon das Routing ist mehr als bloße Signalübertragung, insbesondere aufgrund der Bestimmung des effizientesten Weges zum nächsten Router. Dieses Angebot wird auf der höher angesiedelten Internetschicht erbracht, auf welcher die Signale dem Zweck der Weiterleitung entsprechend aufbereitet werden. Darin liegt, wie auch die Bezirksregierung in ihrer Aufzählung der Access-Provider-Zusatzleistungen einräumt, eine inhaltliche Komponente über die bloße Signalübertragung hinaus. Nach dem neuen Telemedienbegriff stellen deshalb auch die Router jenseits des ersten Einwahlknotens ein Telemedium dar. Für sie ist mithin der Geltungsbereich des JMStV eröffnet.

Etwas anderes ergibt sich für die Carrier, die tatsächlich ausschließlich Signalübertragung zwischen zwei Knotenpunkten anbieten und somit gleichsam die Reinform eines Telekommunikationsdienstes verkörpern, der i.S.d. § 3 Nr. 24 TKG „ganz“ in Signalübertragung besteht. Anders als Router erbringen Carrier ihren Dienst allein durch Signalübertragung auf der untersten Schicht der Referenzmodelle. Für sie ist somit grundsätzlich der Ansicht der Bezirksregierung Düsseldorf zu folgen und eine Einbeziehung in den Adressatenkreis mangels der Eröffnung des JMStV-Anwendungsbereichs auszuschließen. Die Tatsache, dass die Carrier möglicherweise als Diensteanbieter i.S.v. §§ 8 bis 10 TMG eingeordnet werden können, ändert an diesem Ergebnis nichts, da die Anwendungsvoraussetzungen des JMStV zusätzlich zu den Funktionsbeschreibungen der §§ 8 bis 10 TMG gegeben sein müssen. Dem liegt zugrunde, dass die vertragsschließenden Länder sich (auch aus Gründen der Gesetzgebungskompetenz) ausdrücklich nicht auf Telekommunikationsdienste bezogen haben, die *ganz* in Signalübertragung bestehen. Reine Carrier können damit jedenfalls nach der Neuordnung des Telemedienrechts nicht mehr überzeugend in den Adressatenkreis der Aufsichtsmaßnahme nach § 20 Abs. 4 JMStV, § 59 Abs. RStV einbezogen werden.

*Bisher* wurde allerdings von einer Ansicht vertreten, das Gesetz ermächtige die KJM zu Sperrverfügungen gegenüber *allen* Diensteanbietern im Sinne der Privilegierungstatbestände, somit auch gegen Diensteanbieter, die in einem Kommunikationsnetz nur Inhalte *übermitteln* (jetzt § 8 TMG), also auch gegenüber Network-Providern.[107] Aus der Neuformulierung des JMStV seit der Novellierung zum 1.3.2007 könnte sich auch für diese Ansicht eine neue Argumentationshilfe ergeben. Während § 20 Abs. 4 JMStV bislang lautete:

> „Für Anbieter von Telemedien trifft die zuständige Landesmedienanstalt durch die KJM entsprechend § 22 Abs. 2 bis 4 des Mediendienste-Staatsvertrages die jeweilige Entscheidung“,

findet sich nunmehr auch im JMStV selbst eine *direkte* Bezugnahme auf die Haftungsprivilegierungen des TMG:

> „Für Anbieter von Telemedien trifft die zuständige Landesmedienanstalt durch die KJM entsprechend § 59 Abs. 2 bis 4 des Rundfunkstaatsvertrages unter Beachtung der Regelungen zur Verantwortlichkeit nach den §§ 7 bis 10 des Telemediengesetzes die jeweilige Entscheidung.“

Trotz dieser Betonung der §§ 8 ff. TMG bleibt im Hinblick auf die Carrier die – zusätzlich erforderliche – Einbeziehung in den Geltungsbereich des JMStV problematisch. Schon nach der alten Rechtslage musste die Begriffsbestimmung des Diensteanbieters in § 3 MDStV sehr weit ausgelegt werden, um Carrier (über den Wortlaut des § 2 MDStV hinaus) in den staatsvertraglichen Geltungsbereich einbeziehen zu können: Die Formulierung des „Zugangsvermittelns“ zu fremden Diensten in der Bestimmung sollte dabei nach einer Ansicht „nicht nur den am ‚Beginn‘, sondern auch den in der ‚Mitte‘ oder am ‚Ende‘ des Leitungsnetzes stehenden Vermittler“ einbeziehen.[108] Teilweise wurde auf diese Argumentation mit Hilfe der Begriffsbestimmung auch verzichtet und nur auf den *eindeutigen Wortlaut* der MDStV-Privilegierung abgestellt, die (wie auch § 8 TMG *de lege lata*) klar die bloße Übermittlung einbezog. In der Literatur wurde gestützt auf diese Formulierung gefordert, die Medienaufsicht müsse im Anwendungsbereich des MDStV bei einer Verpflichtung von Access-Providern dann konsequenterweise auch eine Sperrverfügung gegen bloße Netzbetreiber wie etwa die Deutsche Telekom erwägen.[109] Nach den Ausführungen im technischen Gutachten der TU Dresden läge dabei auch kein Fall der technischen Unmöglichkeit vor.[110] Der intensive Analysebedarf bei der Auswertung und die Verpflichtung zu einer Datenauswertung auf einer höheren Schicht der Referenzmodelle wären vielmehr erst im Rahmen der Verhältnismäßigkeit zu problematisieren.[111]

---

107 *Stadler*, Haftung für Informationen im Internet, Rn. 119d zu § 22 Abs. 3 MDStV; zum Problem der Übertragbarkeit auf die Regelung im RStV, der in § 2 eine engere Begriffsbestimmung als § 3 MDStV („oder den Zugang zur Nutzung vornimmt“) vorsieht, siehe sogleich.

108 *Sieber*, Verantwortlichkeit im Internet, Rn. 262.

109 *Stadler*, Haftung für Informationen im Internet, Rn. 119d.

110 *Pfitzmann/Köpsell/Kriegelstein*, Sperrverfügung gegen Access-Provider – Technisches Gutachten vom 22.12.2006, S. 47, 48: „Carriern stehen prinzipiell mindestens die gleichen Informationen über Kommunikationsinhalte und -umstände wie Access-Providern zur Verfügung, auch wenn die Rekonstruktion und Analyse aufwendiger ist […].“

111 Zu den Schwierigkeiten und Beschränkungen aufgrund des flexiblen Routing-Verfahrens *Sieber*, Verantwortlichkeit im Internet, Rn. 50.

Im JMStV fehlt jedoch der für die weite Auslegung genutzte Zusatz „oder den Zugang zur Nutzung vermittelt" aufgrund der engeren Begriffsbestimmung des Anbieters in § 2 JMStV. Während beim MDStV über die genannte Argumentation auch Diensteanbieter in den Regelungsbereich des Vertrags einbezogen werden konnten, die nicht selbst einen Mediendienst anboten, aber im weitesten Sinne den Zugang zu einem solchen vermittelten, gibt der Wortlaut des JMStV für diese Konstruktion kein Argumentationsmaterial her. Zugleich käme nur die Begriffsbestimmung als Grundlage zur Erweiterung des Geltungsbereichs in Betracht, weil die Haftungsprivilegierung selbst (anders als beim MDStV) nicht im JMStV steht, sondern nur über die Verweisung auf das TMG erfasst ist. Für den JMStV-Anwendungsbereich wurde deshalb auch schon vor der Novellierung teilweise vertreten, dass Network-Provider nicht einbezogen werden könnten.[112] Allerdings wies eine Gegenansicht darauf hin, trotz des verunglückten Wortlauts sei von der Legislative ein umfassender Jugendmedienschutz gewollt, weshalb der Adressatenkreis der Aufsichtsmaßnahme sich aus dem vergleichsweise weiten Diensteanbieter-Begriff des MDStV ergeben sollte.[113] Überzeugend belegt wurde diese Ansicht insbesondere auch durch die Begründung zu § 20 JMStV.[114]

Nach der neuen Rechtslage teilt jedoch auch der (in der Verweisungskette an die Stelle des MDStV getretene) Staatsvertrag für Rundfunk und Telemedien nunmehr die *enge Anbieter-Begriffsbestimmung* des JMStV und sieht (aus Gründen der Gesamtsystematik) keinen eigenen Privilegierungstatbestand mehr vor. Aufgrund dieser Änderungen schiene das alleinige Abstellen auf den „übermittelt"-Wortlaut des § 8 TMG am Ende der Verweisungskette jetzt wie eine künstlich konstruierte Überdehnung des explizit auf den Telemedienbegriff beschränkten Anwendungsbereichs von JMStV und RStV. Da die vertragsschließenden Länder sich (auch aus Gründen der Gesetzgebungskompetenz) ausdrücklich nicht auf Telekommunikationsdienste bezogen haben, die *ganz* in Signalübertragung bestehen, können Carrier jedenfalls nach der Neuordnung des Telemedienrechts nicht mehr überzeugend in den Adressatenkreis der Aufsichtsmaßnahme nach § 20 Abs. 4 JMStV, § 59 Abs. RStV einbezogen werden.

### *b) Subsumtion unter §§ 8 ff. TMG*

Für die als Telemedien qualifizierten Router kann § 8 TMG schon nach dem Wortlaut klar herangezogen werden, weil sie fremde Informationen in einem. Kommunikationsnetz übermitteln.

---

112 Das Problem bestand nach der alten Rechtslage wegen des engeren Telemedienbegriffs für Access- und Network-Provider gleichermaßen. Vgl. *Stadler*, Haftung für Informationen im Internet, Rn. 119c: „Der JMStV gilt nach seinem § 3 Abs. 2 nur für Anbieter von Telemedien. Anders als in § 3 Nr. 1 MDStV und § 3 Nr. 1 TDG fehlt es im Jugendmedienschutz-Staatsvertrag an einer Vorschrift, die auch denjenigen zum Anbieter eines Dienstes erklärt, der lediglich den Zugang zur Nutzung vermittelt."

113 Für eine Gleichsetzung des Tatbestandsmerkmals „Anbieter" von Telemedien mit dem Diensteanbieter des MDStV a.F. (insoweit nun gleichlautend im TMG): *Storr*, Voraussetzung und Reichweite von Sperrverfügungen, in: Heerman/Ohly (Hrsg.), Verantwortlichkeit im Netz, S. 103, 111.

114 Bayer. LT-Drs. 14/10246, S. 25: „Welche Maßnahmen zulässig sind, richtet sich aber nach dem Mediendienste-Staatsvertrag – auch im Bereich der Teledienste. Das gilt sowohl für die Art der Maßnahme als *auch für den Adressaten*. Insoweit ist die Norm § 22 des Mediendienste-Staatsvertrages nachgebildet" (Hervorhebung diesseits).

### 5. Betreiber eines DNS-Servers

#### *a) Geltungsbereich des JMStV*

Wie in den Ausführungen in Teil 2 B.III.2.a) bereits dargelegt, kommt es für die Adressatenstellung der Verpflichteten nicht auf eine pauschale Einordnung des „durchschnittlichen" oder „typischen Access-Providers" an. Vielmehr ist im Hinblick auf die Sperrverfügung zwischen den einzelnen Diensten zu differenzieren und auf den Dienst abzustellen, an den die Maßnahme technisch anknüpfen soll. Da die DNS-Manipulation einem Zugangsvermittler „in seiner Eigenschaft als Betreiber eines DNS-Servers" auferlegt wird, ist hierfür die Adressatenstellung gesondert zu prüfen. Relevant wird dies auch bei der Inpflichtnahme von Anbietern, die einen unabhängigen DNS-Server betreiben, ohne einem Nutzer den gesamten Dienst der Zugangsvermittlung zum Netz anzubieten.

Der Einordnung als Telemedium könnte entgegenstehen, dass die Auskunft des DNS-Servers eine während der Telekommunikation erbrachte selbstständige Inhaltsleistung ist und kein räumlich und zeitlich trennbarer Leistungsfluss ausgelöst wird. Rein an der Definition des § 3 Nr. 25 TKG orientiert könnte es sich somit um einen telekommunikationsgestützten Dienst handeln, zu welchen Telemedien negativ abzugrenzen sind. Bei Heranziehung der Entwurfsbegründung zum TKG und einem Vergleich mit den dort genannten Anwendungsfällen der Mehrwertdienste[115] erschließt sich jedoch, dass die vom DNS-Server angebotene Auskunft so eng mit dem Kommunikationsvorgang selbst verknüpft ist, dass ihr Leistungsfluss nicht nur räumlich und zeitlich, sondern auch *inhaltlich* nicht von der Telekommunikation abtrennbar ist. Somit stellt sie sich als Beitrag zur Zugangsvermittlung dar, nicht aber als selbstständige telekommunikationsgestützte Auskunftsdienstleistung i.S.d. § 3 Nr. 25 TKG. Im Ergebnis ist die inhaltliche Komponente der DNS-Server-Bereitstellung dabei so bemessen, dass die Anbieter nicht ausschließlich, aber doch überwiegend zur Telekommunikation beitragen und damit nach der neuen weiten Begriffsbestimmung ein Telemedium anbieten. Der Anwendungsbereich des JMStV ist damit eröffnet.

#### *b) Subsumtion unter §§ 8 ff. TMG*

Für den Betreiber eines DNS-Servers kommt die Anwendung von § 8 TMG in Betracht. Wegen der dargestellten engen Verknüpfung zwischen der Tätigkeit des DNS-Servers und der von ihr ermöglichten Kommunikation kann die von § 8 TMG genannte Alternative Anwendung finden, dass der DNS-Betreiber „für fremde Informationen den Zugang zu einem Kommunikationsnetz vermittelt". Die vorliegend maßgebliche Variante von nicht-autorativen DNS-Servern stellt sich als typi-

115 *Piepenbrock* in Beck'scher TKG-Kommentar, § 3 Nr. 51.

scher Bestandteil des gesamten Tätigkeitskomplexes der Zugangsvermittlung dar, für die der Gesetzgeber nach Sinn und Zweck sowie gemäß dem Wortlaut die Privilegierung des § 8 TMG vorsah. Die Literatur hat dies überwiegend schon zu § 7 MDStV (und entsprechend für § 9 TDG) vertreten.[116] Soweit eine Einbeziehung abgelehnt wurde,[117] da es sich nur um eine Teilleistung der Zugangsvermittlung handle, vermag dies nicht zu überzeugen. Sämtliche Funktionen in ihrer Vereinzelung, wie es die oben erwähnte Entscheidung ausdrückt, greifen bei der Zugangsvermittlung ineinander und sind damit – auch jeweils für sich gesehen – aufgrund ihrer Bedeutung für das Gesamtergebnis unter den für die Verweisung von § 59 Abs. 4 RStV relevanten Wortlaut der Zugangsvermittlung in § 8 TMG zu fassen.[118]

Für den Betreiber eines autoritativen Name-Servers, der auch an der Domain-Vergabe mitwirkte, wurde eine entsprechende Einordnung allerdings von der Rechtsprechung (in einer noch zur ersten Fassung des § 5 TDG ergangenen Entscheidung) verneint.[119] Das Gericht argumentierte dabei im Wesentlichen mit der Rechtsbeziehung, die Nutzer und Registrar in dieser Konstellation eingehen. Sie stünde der Heranziehung des Privilegierungstatbestandes entgegen, da sie eine Einflussnahmemöglichkeit begründe „oder – soweit diese nicht besteht – jedenfalls die Möglichkeit, seine vertraglich vereinbarte konkrete Unterstützungshandlung für diesen Anbieter weiterhin aufrechtzuerhalten oder aber einzustellen."[120] Auch ein Bereithalten fremder Inhalte (i.S.d. § 9 TMG n.F.) zur Nutzung wurde verneint. Es handle sich nur um eine rein technische Mitwirkung.

Wie bereits dargelegt, ist jedoch zwischen autoritativen Servern und solchen, die nicht-autoritativ (also iterativ oder als rekursive Resolver) arbeiten, zu differenzieren. Im Hinblick auf Zugangsdiensteanbieter, die (üblicher-, aber nicht notwendigerweise) auch einen DNS-Server betreiben, kommt es vorliegend auf das *nicht-autoritative* DNS-Angebot an. Der erwähnte Argumentationsgang lässt sich schon deshalb auf diesen Dienst nicht übertragen, weil das Gericht in der Entscheidung die angenommene Einflussnahmemöglichkeit gerade gegenüber dem Tätigkeitsspektrum des typischen Access-Providers abgrenzte.[121]

---

116 *Ukrow* in Roßnagel, Recht der Multimedia-Dienste, § 7 Rn. 14; *Spindler* in Spindler/Schmitz/Geis, TDG, § 9 Rn. 18 (dort missverständlich allerdings die Formulierung, die Nutzeranfragen würden „an die entsprechende Adresse des Content-Providers weitergeleitet": Insbesondere für die Frage des Fernmeldegeheimnisses ist vorliegend der technische Hintergrund von Bedeutung, dass die rekursiven Resolver die benötigte IP-Adresse an den anfragenden Nutzer zurückleiten).

117 *Stadler*, Haftung für Informationen im Internet, Rn. 60a.

118 *Sieber/Höfinger*, Allgemeine Grundsätze der Haftung, Teil 18.1 Rn. 65, in: Hoeren/Sieber (Hrsg.), Handbuch Multimedia-Recht.

119 OLG Hamburg K&R 2000, 138, 140.

120 OLG Hamburg, a.a.O.

121 Auch die Ablehnung der Haftungsprivilegierung für die autoritativen DNS-Server fand im Übrigen keine Zustimmung. Vgl. die Anmerkung von *Spindler*, MMR 2000, 279, zur nahe liegenden Einordnung als Telekommunikationsdienst, der Vergleichbarkeit mit Hyperlinks, im Ergebnis jedoch auch für die Anwendung von § 5 Abs. 3 TDG a.F. (jetzt § 8 TMG). Vgl. zu einem Erst-recht-Schluss gestützt auf die Privilegierung des Host-Providers (jetzt § 10 TMG, analog) *Härting*, Anm. zu OLG Hamburg K&R 2000, 143, 144. Relevant für die Sperrungsthematik wurde das Diensteangebot des Registrars etwa im Fall der Zugriffsverhinderung zu ogrish.com, bei der die Staatsanwaltschaft an diesen im Inland ansässigen Anbieter herantrat.

Es gelang ihm dabei zwar nicht, das Diensteangebot der Zugangsvermittlung und seine „Funktionen in ihrer Vereinzelung“[122] aufzuschlüsseln und dem Haftungsprivileg zuzuordnen. Aus dem Begründungszusammenhang und dem Vergleich mit der Zugangsvermittlung erschließt sich aber, dass für die Verneinung der Vorfassung des § 8 TMG die Einflussmöglichkeit des Anbieters entscheidungserheblich war, welche beim Betrieb eines nicht-autoritativen DNS-Servers nicht zu bejahen wäre. Es kam dem Gericht ersichtlich nicht auf die rein technische Manipulationsmöglichkeit an einem DNS-Server, sondern auf die vertragliche Registrar-Beziehung an. Aufgrund dieser Unterschiede kann dahinstehen, ob die Argumente, die das Gericht zur Verneinung der begünstigenden Privilegierung der DNS-Betreiber vorbrachte, auch zur Verneinung der belastenden Sperrverfügung führen würden. Für die Bestimmung des Adressatenkreises von Sperrverfügungen ist die Argumentation des Gerichts zu Haftungsprivilegierung im Übrigen auch schon deswegen nicht maßgebend, weil die Argumentation mit der „Beeinflussung“ nicht an die Funktionsbeschreibung der Haftungsprivilegierung anknüpft, sondern an die für die Privilegierung maßgeblichen „sofern“-Einschränkung.

### 6. Suchmaschinen

#### *a) Geltungsbereich des JMStV*

Suchmaschinen sind ebenfalls „Anbieter von Telemedien“ gemäß § 2 RStV, da sie elektronische Informations- und Kommunikationsdienste darstellen, die weder „Telekommunikationsdienste nach § 3 Nr. 24 des Telekommunikationsgesetzes sind, die ganz in der Übertragung von Signalen über Telekommunikationsnetze bestehen“, noch „telekommunikationsgestützte Dienste nach § 3 Nr. 25 des Telekommunikationsgesetzes“ oder „Rundfunk nach Satz 1 und 2“. Im JMStV sind Suchmaschinen zwar nur in § 7 Abs. 1 ausdrücklich genannt. Danach haben geschäftsmäßige Anbieter von allgemein zugänglichen Telemedien, die entwicklungsbeeinträchtigende oder jugendgefährdende Inhalte enthalten, „sowie Anbieter von Suchmaschinen“ einen Jugendschutzbeauftragten zu bestellen. Die gesonderte Nennung von Suchmaschinen neben den „allgemein zugänglichen Telemedien“ könnte deswegen zu der intrasystematischen Auslegung führen, es handle sich bei Navigationshilfen selbst *nicht* um Telemedien.[123] Nach dem Willen der Legislative sind jedoch auch Online-Dienste, die Instrumente zur Datensuche, zum Zugang zu Daten oder zur Datenabfrage bereitstellen, in den Telemedienbegriff einzubeziehen. Der Gesetzgeber des TMG und die den RStV beschließenden Länder nannten Internet-Suchmaschinen in den Materialien ausdrücklich als Beispiel zur erläuternden Klarstellung ihrer Auffassung.[124] Der Geltungsbereich gemäß § 1 JMStV ist damit auch für Suchmaschinen eröffnet.

---

122 OLG Hamburg K&R 2000, 138, 140.

123 In Betracht kommt allerdings auch die Lesart, dass lediglich die Einschränkung der entwicklungsbeeinträchtigenden oder jugendgefährdenden Inhalte für Suchmaschinen nicht geprüft werden muss und die Anbieter stets einen Beauftragten bestellen müssen.

124 BT-Drs. 16/3078, S. 13; Begründung zum Neunten Staatsvertrag zur Änderung rundfunkrechtlicher Staatsverträge, S. 6.

### b) *Subsumtion unter §§ 8 ff. TMG*

Für die Frage, ob Suchmaschinenbetreiber Adressaten einer Sperrverfügung nach § 20 Abs. 4 JMStV i.V.m. § 59 Abs. 4 RStV i.V.m. §§ 8 ff. TMG sein können, kommt es zusätzlich zur Eigenschaft als Telemedium auf die Subsumtion unter die §§ 8 bis 10 TMG an. Die Verweisung von § 59 Abs. 4 RStV bezieht sich – wie oben dargestellt – nur auf die Tätigkeitsbeschreibungen in §§ 8 bis 10 TMG, nicht jedoch auf die (in den „sofern"-Bedingungen der Normen formulierten) weiteren Voraussetzungen für die jeweiligen Haftungsprivilegierungen. Die umstrittene Frage, inwieweit die Privilegierungen der §§ 8 bis 10 TMG auf Suchmaschinen anwendbar sind, ist deswegen im vorliegenden Zusammenhang nur in begrenztem Umfang relevant. Gegen eine Erfassung der Suchmaschinen durch § 8 TMG kann auch nicht vorgebracht werden, dass die europäischen Richtliniengeber und/oder der nationale Gesetzgeber des TMG die Suchmaschinenbetreiber von diesen Privilegierungen ausschließen wollten.[125] Eine solche Interpretation der Gesetzgebungsmaterialien hat sich bei deren genauerer Prüfung als nicht tragfähig erwiesen.[126] Sie könnte im Übrigen auch nicht unmittelbar von der Privilegierungsfunktion der §§ 8 bis 10 TMG auf die Eingriffsfunktion im Zusammenhang mit § 59 RStV übertragen werden.

Wie bereits in Teil 2 ausgeführt ist zwischen den verschiedenen Teilbereichen und -funktionen des Suchmaschinenangebots zu differenzieren.[127] Zu untersuchen sind bei algorithmisch erstellten Trefferlisten insbesondere die automatisierte Verlinkung auf Drittinhalte und die Suchindexinhalte selbst (Linktext, Thumbnails und Snippets). Hinzu kommen zwischengespeicherte WWW-Seiten in Cache-Archiven, redaktionell bearbeitete Kataloge und Werbeanzeigen (sponsored links). Jede dieser Suchmaschinen-Funktionen hat ein eigenständiges jugendgefährdendes Potential. Die Ermächtigungsgrundlage für Sperrverfügungen in §§ 20 Abs. 4 JMStV, 59 Abs. 4 RStV ist daher für jede der einzelnen Suchmaschinen*funktionen differenziert* anzuwenden.

---

125 Der Wortlaut der Umsetzung in § 8 TMG ist weiter gefasst als die Vorgaben der Richtlinie, ohne dadurch der Vollharmonisierung in den von der E-Commerce-Richtlinie geregelten Rechtsfragen entgegenzustehen. Vgl. *Sieber/Höfinger*, Allgemeine Grundsätze der Haftung, Teil 18.1 Rn. 114, in: Hoeren/Sieber (Hrsg.), Handbuch Multimedia-Recht.

126 Vgl. eingehend und m.w.N. *Sieber/Liesching*, MMR-Beilage 8/2007, 5–9.

127 Zu dieser Differenzierung und der hier dargestellten Einordnung hinsichtlich §§ 8 ff. TMG im Einzelnen und m.w.N. *Sieber/Höfinger*, Allgemeine Grundsätze der Haftung, Teil 18.1 Rn. 108 ff., in: Hoeren/Sieber (Hrsg.), Handbuch Multimedia-Recht; *Sieber/Liesching*, MMR-Beilage 8/2007. Zur Funktionsweise von Suchmaschinen und den technischen Hintergründen vgl. auch *Sieber*, Technische Grundlagen, Teil 1 Rn. 99 ff., in: Hoeren/Sieber (Hrsg.), Handbuch Multimedia-Recht.

### aa) Automatisierte Verlinkung auf Inhalte Dritter

Die automatische Verlinkung von Drittinhalten fällt unter die Funktionsbeschreibung von § 8 Abs. 1 2.Alt. TMG, da Suchmaschinen in dieser ihrer Grundfunktion den „Zugang zur Nutzung" fremder Daten vermitteln.[128] Die Erfassung von Internet-Inhalten durch automatische Suchprogramme (sogenannte Robots) stellt auch – anders als eine manuelle Verlinkung oder die Erfassung von Internetangeboten in manuell erstellten Katalogen – einen technisch-automatisierten Vorgang dar, der sich in das System und den Regelungszweck der §§ 8 ff. TMG einfügt. Wie oben dargestellt bezieht sich die Verweisung von § 59 RStV auf die §§ 8 bis 10 TMG nicht als Rechtsgrundverweisung auf jeweils alle Tatbestandsmerkmale der Privilegierungstatbestände (insb. nicht auf deren einschränkende „sofern"-Voraussetzungen), sondern nur auf die grundlegenden Funktionsbeschreibungen.

### bb) Angebot des Suchindexinhalts (Linktext, Snippets, Thumbnails, URL-Text)

Die Suchindexinhalte werden – anders als die Drittinhalte, zu denen nur der Zugang vermittelt wird – auf den eigenen Systemen der Suchmaschinenbetreiber gespeichert. Sie bestehen insbesondere aus den Titeln der verlinkten Seiten, einem Auszug aus der verlinkten Seite (Snippets) sowie der URL. Bilder werden häufig in einer Art „Vorschau" in verkleinerter Form (Thumbnails) nachgewiesen.

Da Suchmaschinenbetreiber diese Inhalte *speichern*, ist insoweit nicht § 8 TMG anwendbar, sondern es kommen nur die §§ 9 und 10 TMG in Betracht. Beide Tatbestände verlangen, dass es sich bei den zwischengespeicherten oder gespeicherten Daten um fremde Informationen handelt. Dies ist an sich zu bejahen, da die Suchmaschinenbetreiber diese Daten automatisiert aus dem Internet von fremden Rechnern übernehmen. Rechtsprechung und Literatur verneinen eine Fremdheit teilweise allerdings dann, wenn sich jemand fremde Daten zu Eigen macht. Aus den Materialien zum JMStV ergibt sich, dass auch die vertragsschließenden Länder diese Möglichkeit des Zu-eigen-Machens für die Bestimmung des Adressatenkreises von Sperrverfügungen in Betracht zogen.[129] Die Konstruktion wird teilweise auch für die hier relevanten Suchmaschineninhalte zum Ausschluss der Privilegierungen herangezogen, zum Beispiel für die Thumbnails einer Bildersuchmaschine.[130] Ein solcher Ausschluss der Privilegierungen mit der Figur des „Zu-eigen-Machens" ist jedoch mit der europäischen E-Commerce-Richtlinie zumindest für den Bereich der Haftungsprivilegierungen nicht vereinbar.[131] Die Richtlinie ver-

---

128 Vgl. *Sieber/Liesching*, MMR-Beilage 8/2007, 12. §§ 9 und 10 TMG kommen insoweit nicht in Betracht, da zunächst nur die Verlinkung als solche zu betrachten ist und bei dieser keine Speicherung fremder Inhalte erfolgt.

129 Bayer. LT-Drs. 14/10246, S. 25.

130 LG Hamburg MMR 2004, 558, 560.

131 Vgl. zur folgenden Argumentation *Sieber/Liesching*, MMR-Beilage 8/2007, 16 f.

wendet in Abschnitt 4 (Verantwortlichkeit der Vermittler) statt „fremd" den Terminus „vom Nutzer eingegeben". Schon daraus wird ersichtlich, dass sich an der „Fremdheit" i.S.d. §§ 8 ff. TMG bei richtlinienkonformer Betrachtung durch eine geistige inhaltliche Zueignung der Informationen oder unterlassene Distanzierungsvermerke im Hinblick auf die von fremden Personen eingegebenen Inhalte nichts ändern kann. Vor diesem rechtlichen Hintergrund werden die Suchmaschinenanbieter bei der Bereitstellung jugendgefährdender Thumbnails auch nicht selbst zum Content-Provider. Die Ausführungen gelten auch für die Textausschnitte (sog. Snippets) und URLs, die für den Suchmaschinenanbieter ebenfalls „fremde Inhalte" bleiben.[132]

Von den beiden in Betracht kommenden Tatbeständen (§§ 9, 10 TMG) scheidet § 10 TMG deswegen aus, weil die Suchmaschinenbetreiber die Suchindexinhalte nicht – wie die klassischen Host-Provider – „für einen Nutzer" speichern. Demgegenüber ist die Funktionsbeschreibung von § 9 TMG insoweit gegeben, als eine automatische, zeitlich begrenzte Zwischenspeicherung vorliegt. Diese dient allerdings nicht – wie § 9 TMG verlangt – dem Zweck, die Übermittlung fremder Informationen bei einer späteren Anfrage anderer Nutzer effizienter zu gestalten. Soweit die Rechtsprechung[133] zur Privilegierung der Anbieter die Heranziehung von § 9 TMG damit begründet, dass die ausschnittweise Zwischenspeicherung fremder Informationen durch die Suchmaschinenbetreiber erfolge, um Anfragen schneller bearbeiten zu können, kann dem deshalb nicht gefolgt werden. Die Darstellung von Teilen der fremden Information dient vielmehr vor allem der besseren Orientierung der Benutzer innerhalb der Trefferliste. Aufgrund der anderen Zwecksetzung bei ansonsten wertungsmäßiger Vergleichbarkeit ist für die automatisiert gespeicherten und einbezogenen URLs, Thumbnails und Snippets aber eine *analoge* Anwendung von § 9 TMG angebracht.[134] Das gleiche Ergebnis könnte man statt über eine analoge Anwendung von § 9 eventuell auch damit begründen, dass bei der Verweisung von § 59 Abs. 4 RStV auf §§ 8 bis 10 TMG nicht nur die enumerativen („sofern"-)Einschränkungen in den §§ 8 ff. TMG ungeprüft bleiben, sondern auch die von § 9 geforderte Zwecksetzung, oder dass die Voraussetzung der Speicherung für einen Nutzer in § 10 TMG nicht beachtet wird. Ein solches Ergebnis entspricht ersichtlich dem Willen des Gesetzgebers nach einem umfassenden Jugendmedienschutz unter Einbeziehung der informationstechnischen Diensteanbieter über den Inhaltsverantwortlichen hinaus. Suchmaschinenbetreiber können damit auch im Hinblick auf die Anzeige jugendgefährdender Suchindexinhalte als Diensteanbieter von Telemedien zum Adressaten von Sperrungsverfügungen gemäß § 20 Abs. 4 JMStV, § 59 Abs. 4 RStV werden.

---

132 Vgl. *Sieber/Liesching*, MMR-Beilage 8/2007, 15–17.

133 AG Bielefeld MMR 2005, 556, 557.

134 Vgl. allgemein zur Suchmaschinen-Einordnung bereits *Koch*, K&R 2002, 120, 126. Differenziert nach Suchmaschinenfunktionen *Sieber/Liesching*, MMR-Beilage 8/2007, 17, und zum Sonderfall Thumbnails S. 20.

Bejaht man entgegen der hier vertretenen Auffassung ein Zu-eigen-Machen der Inhalte, so hätte dies zur Folge, dass die Suchmaschinenbetreiber als unmittelbar Verantwortliche nach § 20 Abs. 4 JMStV, § 59 Abs. 3 RStV, § 7 TMG in Anspruch genommen werden könnten. Dies hätte Konsequenzen für die Subsidiarität des Vorgehens, würde an der Möglichkeit einer Inanspruchnahme der Suchmaschinenbetreiber jedoch nichts ändern.

### cc) Angebot einer Cache-Funktion

Suchmaschinenbetreiber bieten ihren Nutzern auch die Möglichkeit, zwischengespeicherte WWW-Seiten abzurufen (sog. Cache-Funktion). Zweck dieser Leistung ist vor allem, eine Archivfunktion für den Fall anzubieten, dass die Originalseiten zeitweise oder generell nicht mehr abrufbar sind. Eine Subsumtion dieser Tätigkeit unter die §§ 8 bis 10 TMG ist problematisch. § 9 TMG greift nicht ein, weil der Cache hier nicht der schnelleren Übermittlung, sondern der *ersatzweisen* Bereitstellung in Form eines Archivs dient. § 10 TMG scheitert dagegen an der Motivlage des die fremden Inhalte im *eigenen* Interesse (zur Steigerung der Angebotsattraktivität) speichernden Suchmaschinenanbieters.[135] Ebenso wie bei der vorhergehenden Einordnung der Thumbnails und Snippets ist allerdings denkbar, die vorgenannten Bestimmungen entweder analog anzuwenden oder aber den *Verweis* auf die §§ 8 ff. TMG als auf die reine Funktionsbeschreibung *reduziert* aufzufassen. Bei einer solchen Betrachtungsweise könnte dann beispielsweise § 10 TMG herangezogen werden, da die Bereitstellung eines Suchmaschinen-Caches aufgrund seiner Backup- und Archiv-Funktion noch eher dem Host-Providing gleicht als der reinen Zwischenspeicherung zur Effizienzsteigerung i.S.d. § 9 TMG. Gegen eine Anwendung von § 10 TMG spricht zwar, dass der Suchmaschinen-Betreiber – wie erwähnt – die Inhalte nicht für den jeweiligen Content-Provider speichert, sondern zur Optimierung seines eigenen Diensteangebots. Nach der Zielsetzung der Regelung kann dies jedoch kein Gesichtspunkt zur Besserstellung des Suchmaschinenbetreibers gegenüber Sperrverfügungen sein. Wer Inhalte nicht für einen anderen, sondern für sich selbst speichert (und damit einem Anbieter eigener Inhalte zumindest nahekommt), kann deswegen nicht privilegiert werden. Wird die hier vertretene ablehnende Position zur Rechtsfigur des Zu-eigen-Machens generell oder aber für den – von der E-Commerce-Richtlinie nicht geregelten – Bereich der Sperrverfügungen abgelehnt, ergibt sich die Eingriffsgrundlage im Übrigen direkt aus § 20 Abs. 4 JMStV, § 59 Abs. 3 RStV, weil sich der Suchmaschinenanbieter nach dieser Auffassung als Inhaltsanbieter i.S.d. § 7 TMG darstellt. Für eine Einordnung als eigene Inhalte kann im Übrigen unabhängig vom Gesichtspunkt eines „Zu-eigen-Machens" auch angeführt werden, dass die Dauerarchivierung von fremden Inhal-

---

135 *Sieber/Höfinger*, Allgemeine Grundsätze der Haftung, Teil 18.1 Rn. 125, in: Hoeren/Sieber (Hrsg.), Handbuch Multimedia-Recht; *Sieber/Liesching*, MMR-Beilage 8/2007, 27–29.

ten eine bewusste Übernahme einer Vielzahl von fremden Inhalten ist, die den ursprünglichen Inhaltsanbieter bewusst von Änderungen ausschließt.

### dd) Angebot redaktionell betreuter Kataloge

Einige Suchmaschinenbetreiber ermöglichen nicht nur eine Suche mit Hilfe der algorithmisch erstellten Trefferlisten, sondern auch mit hierarchisch strukturierten Katalogen, bei denen die nach Kategorien geordneten Stichpunkte über bestimmte Schlagworte und Links zu den Informationsangeboten Dritter führen. Diese Kataloge werden meist manuell erstellt. Ebenso wie bei algorithmisch erstellten Trefferlisten ist bei ihnen zwischen den in den Katalogen verlinkten Informationen Dritter und den Kataloginhalten (Linktext und Kurzbeschreibung verlinkter Angebote) zu unterscheiden: Für die *verlinkten Informationen Dritter* sind Sperrverfügungen gemäß § 59 Abs. 4 RStV i.V.m. § 8 Abs. 1 2. Alt. TMG möglich, da insoweit der Zugang zur Nutzung fremder Inhalte vermittelt wird und bei der Verweisung von § 59 Abs. 4 RStV die „sofern"-Ausnahme der Informationsauswahl in § 8 Abs. 1 Nr. 3 TMG nicht relevant ist. Diese Einordnung der Sperrmaßnahmen gegen die verlinkten Inhalte von Katalogen in § 59 Abs. 4 RStV ist – ebenso wie gegen die Drittinhalte von sonstigen Links – im Ergebnis auch zutreffend, da die Behörden in diesen Fällen primär nicht den Link, sondern den in Bezug genommenen illegalen Inhalt beseitigen sollten, der ansonsten bei einer Entfernung lediglich des Links von zahlreichen Nutzern weiterhin erreichbar wäre. Für die manuell zusammengestellten Kataloginhalte (Linktext und Kurzbeschreibung verlinkter Angebote), kommen dagegen Sperrverfügungen gemäß § 20 Abs. 4 JMStV, § 59 Abs. 3 TMG in Betracht, da es sich insoweit um eigene Inhalte handelt.

### ee) Sponsored Links

Bei den sogenannten Sponsored Links ist ebenfalls zu differenzieren. Wenn der *Suchmaschinenanbieter* die Anzeigentexte selbst eingestellt hat, ergibt sich die Möglichkeit der Inanspruchnahme über § 20 Abs. 4 JMStV, § 59 Abs. 3 RStV, da in diesem Fall nicht der Nutzer, sondern der Provider selbst die (deswegen für ihn auch eigenen) Inhalte eingegeben hat.[136]

Stellt hingegen der *Nutzer* Anzeigen ein, die dann automatisch im Kontext entsprechender Suchbegriffe erscheinen, ist dies unter § 10 TMG einzuordnen, weil Inhalte durch den Betreiber für einen Nutzer gespeichert werden. In diesem Fall sind Sperrverfügungen gemäß § 20 Abs. 4 JMStV, § 59 Abs. 4 RStV, § 10 TMG möglich.

---

136 Vgl. näher *Sieber/Liesching*, MMR-Beilage 8/2007, 27–29.

### 7. Zusammenfassung

Die Übersicht über die komplexe und durch die Verweisungsketten vielschichtige Frage der möglichen Adressaten soll durch die folgende tabellarische Zusammenfassung erleichtert werden:

| Diensteanbieter | Anbieter i.S.d. JMStV? | Diensteanbieter i.S.d. §§ 8 ff. TMG? |
|---|---|---|
| Zugangsvermittler auf der Internetschicht (Einwahlknoten) | (+) Telemedium | (+) § 8 |
| Zugangsvermittler auf der Anwendungsschicht (Proxy-Server) | (+) Telemedium | (+) § 8 |
| Betreiber eines nicht-autoritativen DNS-Servers | (+) Telemedium | (+) § 8 |
| Netzwerk-Provider | Router: (+) Telemedium, Carrier hingegen (-) | Nur bei Bejahung einer Eröffnung des Geltungsbereichs relevant, dann § 8 |
| Suchmaschinenbetreiber im Hinblick auf | | |
| – Verlinkte Drittinhalte | (+) Telemedium | (+) § 8 |
| – Snippets, Thumbnails, URL-Text | (+) Telemedium | Umfang der Verweisung problematisch, bei Nicht-Einbeziehung des Zwecks der Speicherung § 9, ggf. auch § 9 analog denkbar |
| – Cache-Archiv | (+) Telemedium | Umfang der Verweisung problematisch, bei Nicht-Einbeziehung der Voraussetzung „für einen Nutzer“: § 10, vertretbar auch (§ 20 Abs. 4 JMStV, § 59 Abs. 3 RStV), § 7 TMG analog |
| – Kataloge | (+) Telemedium | Für verlinkte Drittinhalte (§ 20 Abs. 4 JMStV, § 59 Abs. 4 RStV), § 8 TMG; für manuell zusammengestellte Katalogangaben (Linktext und Kurzbeschreibung verlinkter Angebote) (§ 20 Abs. 4 JMStV, § 59 Abs. 3 RStV), § 7 TMG |
| – Sponsored Links | (+) Telemedium | Verfahrensabhängig: (§ 20 Abs. 4 JMStV, § 59 Abs. 3 RStV) § 7 TMG oder (§ 20 Abs. 4 JMStV, § 59 Abs. 4 RStV), § 10 TMG |

## II. Verstoß gegen Bestimmungen des Staatsvertrags

§ 20 Abs. 1 JMStV knüpft die Aufsicht an die Feststellung der zuständigen Landesmedienanstalt, „dass ein Anbieter gegen *die Bestimmungen dieses Staatsvertrages* verstoßen hat". Der JMStV differenziert bei den entsprechenden Vorgaben in §§ 4 und 5 zwischen Angeboten, die absolut unzulässig (§ 4 Abs. 1), nur für Kinder und Jugendliche unzulässig (§ 4 Abs. 2) und nur für Kinder und Jugendliche bestimmter Altersstufe möglichst unzugänglich zu machen (§ 5) sind.

### 1. § 4 Abs. 1 JMStV

#### *a) Verbotsnormen*

Anders als in früheren Fassungen des Mediendienste-Staatsvertrags nimmt § 4 Abs. 1 JMStV die Verbotsnormen des StGB nicht mehr im Wege einer Generalklausel in Bezug. Vielmehr werden die Verstöße gesondert umschrieben, wobei vereinzelt auf das StGB Bezug genommen wird, zumeist aber nur eine inhaltliche Anlehnung erfolgt. Die vertragsschließenden Länder wollten dadurch klarstellen, dass die subjektiven Voraussetzungen des StGB nicht erfüllt sein müssen.[137] Für den wichtigen Bereich rechtsextremistischer und revisionistischer Angebote sind insbesondere die Alternativen Nrn. 1 bis 6 relevant. Zu beachten ist, dass die Einschränkung der Sozialadäquanzklausel gemäß § 86 Abs. 3 StGB auch im JMStV-Anwendungsbereich gilt, wie sich aus § 4 Abs. 1 Satz 2 ergibt.

In § 4 Abs. 1 Satz 1 Nrn. 1 und 2 JMStV finden sich unter ausdrücklicher Bezugnahme auf §§ 86 und 86a StGB Regelungen zu Propagandadelikten und zur Verwendung von Kennzeichen verfassungswidriger Organisationen.

§ 4 Abs. 1 Satz 1 Nr. 3 JMStV enthält eine § 130 Abs. 2 StGB entsprechende Verbotsnorm zur Volksverhetzung, wobei das StGB hier nicht direkt in Bezug genommen wird. Ein Angebot ist beispielsweise unter Nr. 3 zu subsumieren, wenn es verstärkt auf die Gefühle der Nutzer einwirkt, um eine über bloße Ablehnung hinausgehende feindselige Gesinnung gegen bestimmte nationale oder religiöse Gruppen hervorzurufen.

Hervorzuheben ist die bereits mehrfach thematisierte Regelung in § 4 Abs. 1 Satz 1 Nr. 4 JMStV, die sich mit den unter der Herrschaft des Nationalsozialismus begangenen Verbrechen befasst. Einerseits geht sie über § 130 Abs. 3 StGB hinaus, weil neben § 6 auch § 7 des Völkerstrafgesetzbuchs einbezogen wird.[138] Andererseits wurde im JMStV auf die Alternative des „Billigens" verzichtet. Der zu Art. 5 Abs. 2 GG dargestellte Streit zur Schranke der allgemeinen Gesetze stellt sich je-

---

137 Bayer. LT-Drs. 14/10246, S. 15; *Grapentin*, CR 2003, 458.

138 *Altenhain*, Jugendschutz, Teil 20 Rn. 29, in: Hoeren/Sieber (Hrsg.), Handbuch Multimedia-Recht.

doch für die Handlungsform des (qualitativen) Verharmlosens. *De lege lata* ist die Heranziehung des § 4 Abs. 1 Satz 1 Nr. 4 JMStV neben der Leugnung nur für klare Fälle eines *quantitativen* Verharmlosens unproblematisch, da bei erwiesen unwahren Tatsachenbehauptungen der Schutzbereich von Art. 5 Abs. 1 GG – wie oben dargelegt – nicht eröffnet ist. *De lege ferenda* wäre zu erwägen, ob nicht allgemein auf den Anwendungsbereich der §§ 6 und 7 VStGB abgestellt werden könnte, ohne dies auf die Verbrechen unter der Herrschaft des Nationalsozialismus zu beschränken. Bei entsprechender Ausgestaltung würde sich die Norm nicht mehr gegen eine *bestimmte* Meinung richten, sondern auch die Taten anderer Unrechtsregime einbeziehen, und könnte damit als „allgemeines Gesetz" betrachtet werden.

In Nr. 5 findet sich eine weitgehend § 131 StGB entsprechende Norm, die jedoch ebenfalls nicht ausdrücklich auf das StGB Bezug nimmt.[139] Die Erstreckung auf virtuelle Darstellungen in Nr. 5 wird als deklaratorisch und zutreffend als nicht über den Anwendungsbereich des § 131 StGB hinausgehend bewertet.[140] Allerdings bejaht die Literatur eine Schutzlücke in § 4 Abs. 1 Satz 1 Nr. 5 JMStV, da aus historischen Gründen anders als in § 131 StGB n.F. „menschenähnliche Wesen" nicht erfasst sind.[141]

Die Regelung in Nr. 6 verbietet Anleitungen zu einer in § 126 Abs. 1 StGB benannten Straftat und entspricht dabei weitgehend § 130a StGB. Letztere Norm stellt jedoch zusätzlich die Voraussetzung auf, dass die Darstellung nach ihrem Inhalt dazu bestimmt sein muss, die Bereitschaft anderer zur Tatbegehung zu wecken oder zu fördern. Diese Einschränkung findet sich im JMStV nicht.

§ 4 Abs. 1 Satz 1 Nr. 7 erklärt kriegsverherrlichende Angebote für absolut unzulässig und entspricht damit § 15 Abs. 2 Nr. 2 JuSchG und § 12 Abs. 1 Nr. 2 MDStV a.F. Unter diese Norm könnten auch fundamentalistische Angebote fallen, die Kriegsführung als Mittel zur Durchsetzung ihrer Weltanschauung propagieren.[142]

Nr. 8 des Verbotskatalogs in § 4 Abs. 1 JMStV betrifft Angebote, die gegen die Menschenwürde verstoßen, und erfasst als Generalklausel grundsätzlich alle Angebote, die Menschen den ihnen zukommenden Wert- und Achtungsanspruch absprechen. Um den verfassungsrechtlich nicht unbedenklichen Mangel an Bestimmtheit auszugleichen, wird gefordert, Nr. 8 nur in extremen Fällen bei erheblichen oder wiederholten Verstößen bzw. einem zielgerichtet entwürdigenden Vorgehen heranzuziehen, zumal die Unantastbarkeit der Menschenwürde einer Abwägung mit anderen Grundrechten entgegensteht.[143] Die in der Norm erwähnte Darstellung von

---

139 Zu den Facetten jugendgefährdender Gewaltdarstellungen *Nolden*, JMS-Report 4/2005, 6, 7.

140 *Scholz/Liesching*, Jugendschutz, JMStV, § 4 Rn. 8.

141 *Altenhain*, Jugendschutz, Teil 20 Rn. 29, in: Hoeren/Sieber (Hrsg.), Handbuch Multimedia-Recht.

142 *Scholz/Liesching*, a.a.O., § 4 Rn. 10.

143 *Scholz/Liesching*, a.a.O., § 4 Rn. 12.

sterbenden oder körperlich bzw. seelisch schwer leidenden Personen kann insbesondere auch für die sogenannten „tasteless"-Angebote relevant werden sowie für sogenannte „snuff"-Videos mit Darstellungen (angeblich) realer Tötungshandlungen.

§ 4 Abs. 1 Satz 1 Nr. 9 JMStV bezieht sich auf Darstellungen von Kindern und Jugendlichen in unnatürlich geschlechtsbetonter Körperhaltung. Hintergrund der Unzulässigkeit solcher Posing-Angebote ist vor allem, dass Kinder und Jugendliche durch derartige Inhalte beeinflusst werden könnten, sexuelle Kontakte von Erwachsenen und Minderjährigen als normal einzustufen, und dadurch in ihren Selbstbestimmungsrechten beeinträchtigt würden.[144]

Nr. 10 erfasst den Bereich harter Pornographie, ohne sich ausdrücklich auf § 184a und b StGB zu beziehen. Auch Darstellungen eines sexuellen Missbrauchs von Jugendlichen sind einbezogen. Insbesondere bei dieser Verbotsnorm zeigt sich die telemedienspezifische Besonderheit, dass auch Live-Darbietungen einbezogen werden können.[145] Allerdings ergänzt § 184c StGB seit dem 1.4.2004 insoweit auch die Anwendbarkeit von §§ 184 ff. StGB, die zuvor trotz der Erweiterung des Schriftenbegriffs in § 11 Abs. 3 StGB am Erfordernis der Speicherung scheiterte. Relevant wurde dies zuletzt in der Debatte um virtuelle Kinderpornographie auf der Online-Plattform „Second Life".

§ 4 Abs. 1 Satz 1 Nr. 11 JMStV schließt den ersten Verbotskatalog ab und nimmt auf die „Teile B und D"[146] der Bundesprüfstellen-Liste jugendgefährdender Medien Bezug. Bei Teil B handelt es sich um die *öffentliche* Liste der Trägermedien, die ein absolutes Verbreitungsverbot vorsehen, bei Teil D um die *nichtöffentliche* Liste mit dem gleichen Verbot. Absolut unzulässig sind nach Nr. 11 Angebote, die in einer dieser Listen aufgenommen oder mit einem dort aufgeführten Werk ganz oder im Wesentlichen inhaltsgleich sind. Die nichtöffentliche Liste der Bundesprüfstelle für jugendgefährdende Medien trägt der Gefahr Rechnung, die bei dem früheren öffentlichen Index unzulässiger Telemedien beobachtet wurde. Während es bei Träger-Medien nach der Kenntnisnahme der Indizierung immerhin noch der Beschaffung der Druckwerke oder Filme bedarf, entfällt dieser Zwischenschritt bei Telemedien aufgrund der Zugriffsmöglichkeit durch schlichte Eingabe der im Index genannten Adressen. Insbesondere ausländische Internetangebote waren auch nach der Listenaufnahme durch die Bundesprüfstelle für jugendgefährdende Medien noch erreichbar, weil sie nicht untersagt werden konnten. Die Veröffentlichung der Liste mit entsprechenden Links wurde deshalb von der Rechtsprechung auch bereits als rechtswidriges „Ankündigen indizierter Schriften" bewertet. Die Liste indizierter Telemedien wurde aus diesem Grund mittlerweile in die nichtöffentlichen Teile C und D des Indexes abgetrennt. Ähnliche Missbrauchsgefahren

---

144 Zum inhaltlich entsprechenden § 15 Abs. 2 Nr. 4 JuSchG vgl. BT-Drs. 14/9013, S. 23, vgl. auch die obigen Ausführungen in Teil 2 zum Deliktsbereich Pornographie.

145 *Hartstein/Ring/Kreile/Dörr/Stettner*, JMStV, § 4 Rn. 15.

146 Richtig wohl „B *oder* D".

im Sinne einer solchen „Wunschliste jugendgefährdender Telemedien" werden auch für die auf Negativlisten basierenden Sperrverfügungen diskutiert.

### *b) Umstrittene Einbeziehung des Strafanwendungsrechts*

Zur alten Rechtslage wurde in der Literatur vertreten, die Einbeziehung von StGB-Normen stelle eine Gesamtrechtsverweisung dar, nach der auch das Strafanwendungsrecht zu prüfen sei.[147] Während der MDStV in § 12 a.F. generalklauselartig[148] auf StGB-Verstöße Bezug nahm, sind die Tatbestände des Katalogs in § 4 JMStV nunmehr jedoch überwiegend eigenständig formuliert. In § 4 Abs. 1 Nrn. 1, 2 und 6 JMStV finden sich wie erwähnt jedoch immer noch Bezugnahmen auf bestimmte Tatbestände des StGB. Ob sich alleine aus dieser veränderten Verweisungstechnik ein Argument gegen die genannte Literaturmeinung ergibt, kann dahinstehen, da auch nach der alten Rechtslage die Annahme einer Gesamtrechtsverweisung den Unterschieden zwischen Strafrecht und Ordnungsrecht nicht hinreichend Rechnung getragen hat. Wie oben (Teil 2 B.I.2.) ausgeführt besteht trotz der Verbindung über den Begriff der öffentlichen Sicherheit kein Gleichlauf zwischen Strafrecht und Ordnungsrecht. Nationale Schutzgüter können auch tangiert sein, wenn kein für das Strafanwendungsrecht ausreichender legitimer Anknüpfungspunkt durch einen hinreichenden Inlandsbezug gegeben ist.[149] Die Voraussetzungen des Strafanwendungsrechts sind deshalb beim ordnungsrechtlichen Vorgehen auch dann nicht zu prüfen, wenn die Verbotsnorm sich auf das StGB bezieht.

## 2. § 4 Abs. 2 JMStV

Während § 4 Abs. 1 JMStV absolut – also für jedermann – unzulässige Angebote regelt, sind die in § 4 Abs. 2 JMStV aufgeführten Inhalte nur für Jugendliche (aller Altersgruppen) unzulässig und können Erwachsenen bei Sicherstellung geschlossener Benutzergruppen angeboten werden.[150]

### *a) Verstoß im Sinne des § 4 Abs. 2 JMStV*

In der *1. Gliederungsziffer* von § 4 Abs. 2 JMStV sind pornographische Angebote erfasst, die nicht schon als „harte Pornographie" nach Abs. 1 absolut unzulässig

---

147 *Engel*, MMR-Beilage 4/2003, 9.

148 „Angebote sind unzulässig, wenn sie gegen Bestimmungen des StGB verstoßen", so z.B. in einer früheren Fassung des § 12 MDStV.

149 *Germann*, Gefahrenabwehr und Strafverfolgung im Internet, S. 237.

150 *Bornemann*, NJW 2003, 787, 789; *Erdemir*, CR 2005, 275, 276 f.

sind. Der JMStV differenziert somit wie das StGB in §§ 184 bis 184b und verwendet auch denselben Pornographiebegriff.[151]

Ergänzend zu § 4 Abs. 1 Nr. 11 MDStV bezieht sich die *2. Regelungsalternative* des Katalogs in Abs. 2 auf indizierte Angebote. Die indizierten Medien in den Teilen A und C der Liste nach § 18 JuSchG sind nach Einschätzung der Bundesprüfstelle ohne strafrechtliche Relevanz, aber geeignet, die Entwicklung von Kindern und Jugendlichen zu gefährden. Auch inhaltlich mit einem solchen indizierten Werk völlig übereinstimmende oder geringfügig veränderte[152] Angebote sind von § 4 Abs. 2 Nr. 1 Satz 2 JMStV untersagt, was insbesondere für Mirror-Sites relevant werden kann. Für die Inhaltsgleichheit kommt es auf den jeweiligen jugendgefährdenden Inhalt an.[153]

§ 4 Abs. 2 Satz 2 Nr. 3 JMStV bezieht sich allgemein auf Angebote, die „offensichtlich geeignet sind, die Entwicklung von Kindern und Jugendlichen [...] schwer zu gefährden", wobei die besondere Wirkungsform des Verbreitungsmediums zu berücksichtigen ist.

Auf welche Weise die geforderte mediendifferenzierte Wirkungsweise in die Betrachtung einzustellen ist, wird in der Begründung zum Staatsvertrag nicht näher dargelegt. Im Ergebnis sollen aufgrund dieser Formulierung Fälle einbezogen werden können, die nicht *per se* evident schwer jugendgefährdend sind, bei denen sich aber aufgrund der Distribution im Internet oder im Rundfunk ein spezielles Gefährdungspotential ergebe.[154] Die Literatur nennt als Anwendungsbeispiel Internetspielbanken, da im Einzelfall gerade bei Jugendlichen eine besonders hohe Gefahr der Ausnutzung des Spieltriebs bestehen kann.[155] Auch „reale Spielbanken" sollten deshalb erst ab 21 Jahren betreten werden dürfen. Im Internet ergäben sich zusätzliche Risiken überdies aufgrund der besonderen Interaktionsmöglichkeit ohne Beobachtung durch andere Menschen.

Noch problematischer als die geforderte mediendifferenzierte Betrachtungsweise und die Evidenzkontrolle ist allerdings, dass sich anders als in § 12 MDStV a.F.[156] *im Katalog absolut unzulässiger Inhalte* gemäß § 4 Abs. 1 JMStV *keine allgemeine Verweisung in Bezug auf StGB-Verstöße mehr* findet.[157] Daher ist fraglich, ob

---

[151] *Altenhain*, Jugendschutz, Teil 20 Rn. 71, in: Hoeren/Sieber (Hrsg.), Handbuch Multimedia-Recht.

[152] Zum Verständnis von „inhaltsgleich" BT-Drs. 13/7934, S. 50.

[153] *Scholz/Liesching*, Jugendschutz, JMStV, § 4 Rn. 31.

[154] *Scholz/Liesching*, a.a.O., § 4 Rn. 34.

[155] *Hartstein/Ring/Kreile/Dörr/Stettner*, Band III, JMStV, § 4 Rn. 63d.

[156] Geltung von Juli 2002 bis April 2003, zuvor § 8 MDStV a.F.

[157] A.A. *Landmann*, in: Eberle/Rudolf/Wasserburg (Hrsg.), Mainzer Rechtshandbuch der Neuen Medien, Kap. VI Rn. 20: § 4 Abs. 1 sei nicht abschließend. Argumentiert wird mit der – als nicht abschließend betrachteten – früheren Fassung des § 3 RStV, die mit § 12 MDStV a.F. vergleichbar war.

StGB-Verstöße, die nicht in der Aufzählung des § 4 Abs. 1 StGB erfasst sind, nunmehr über die generalklauselartig geöffnete Formulierung in § 4 Abs. 2 Satz 3 JMStV einbezogen werden können, *wenn* sie offensichtlich schwer jugendgefährdend sind. Diese Frage stellt sich insbesondere für Beleidigungen (§§ 185 ff. StGB), die Beschimpfungen von Bekenntnissen, Religionsgemeinschaften und Weltanschauungsvereinigungen (§ 166 StGB) sowie die Werbung für eine kriminelle oder terroristische Vereinigung (§§ 129, 129a StGB).[158] Problematisch ist auch die Behandlung von illegalen Glücksspielangeboten i.S.d. §§ 284, 285 StGB.

Der *Wortlaut* würde eine solche Subsumtion von StGB-Verstößen unter § 4 Abs. 2 Satz 1 Nr. 3 JMStV grundsätzlich zulassen. Auch würde die Entscheidung des Gesetzgebers für einen abschließenden Katalog in § 4 Abs. 1 JMStV nicht zwingend in Frage gestellt, da neben der Verletzung eines StGB-Tatbestands für die Bejahung von Abs. 2 Satz 1 Nr. 3 ein *besonderes* jugendgefährdendes Potential zu fordern wäre, das bei den Inhalten i.S.v. Abs. 1 nicht geprüft werden müsste. Wegen dieses Erfordernisses der *Offensichtlichkeit* könnte nicht ohne Weiteres allein vom StGB-Verstoß auf die schwere Jugendgefährdung i.S.d. § 4 Abs. 2 Satz 1 Nr. 3 JMStV geschlossen werden.[159]

Als Konsequenz der möglichen Einbeziehung von StGB-Verstößen würde sich jedoch ergeben, dass diese *absolut verbotenen* Inhalte gemäß § 4 Abs. 2 Satz 2 JMStV „*zulässig* [sind], wenn von Seiten des Anbieters sichergestellt ist, dass sie nur Erwachsenen zugänglich gemacht werden (geschlossene Benutzergruppe)“, obwohl dabei Straftatbestände verwirklicht würden. Dieses Ergebnis entspricht jedoch nicht der Systematik des JMStV. Denn in den anderen Beispielen des § 4 Abs. 2 JMStV sind nur Delikte aufgeführt, die Erwachsenen ohne Rechtsverstoß angeboten werden können. Hier unterscheidet sich der JMStV von der Regelung in § 15 Abs. 1 und 2 JuSchG, die auch im Hinblick auf strafbare Inhalte nur die Zugänglichmachung an *Kinder und Jugendliche* untersagt. Diese grundlegenden Unterschiede in der Zielsetzung, der Regelungstechnik und der Reichweite von § 4 JMStV und § 15 JuSchG wurden bereits bei der Diskussion der Schranken des Art. 5 Abs. 2 GG dargestellt.

StGB-Verstöße jenseits des Katalogs von § 4 Abs. 1 JMStV können deshalb bei systematischer Betrachtung nicht über § 4 Abs. 2 JMStV in den Anwendungsbereich des Staatsvertrags einbezogen werden. Hierfür spricht auch die historische Auslegung. Der Gesetzgeber hat sich bewusst gegen eine Übernahme der General-

---

158 *Scholz/Liesching*, Jugendschutz, JMStV, § 4 Rn. 7; *Nikles/Roll/Spürck/Umbach*, Jugendschutzrecht, § 4 Rn. 14.

159 Eine eigenständige Bedeutung der Regelungsziffer 3 und die erhöhten Anforderungen an die Schwere der Jugendgefährdung zeigen sich auch systematisch in der *Strafbarkeit* (§ 23 JMStV) eines Verstoßes gegen § 4 Abs. 2 Satz 1 Nr. 3 JMStV, während alle anderen Verstöße gegen § 4 im Falle der Missachtung nur als *Ordnungswidrigkeit* (§ 24 JMStV) geahndet werden. Vgl. dazu *Altenhain*, Jugendschutz, Teil 20 Rn. 71, in: Hoeren/ Sieber (Hrsg.), Handbuch Multimedia-Recht.

klausel-Lösung in der früheren Fassung des § 12 MDStV (zuvor § 8) entschieden. Hätte er weitere StGB-Verstöße aufnehmen wollen, die nicht – wie § 184 StGB – nach dem Alter der Rezipienten differenzieren, wäre § 4 Abs. 1 der entsprechende Standort für eine Generalklausel zur Einbeziehung von Straftaten gewesen, bei denen die schwere Jugendgefährdung nicht zu vermuten wäre, sondern eventuell als zusätzliches Erfordernis verlangt werden könnte. Die Lösung, illegale Inhalte in einer geschlossenen Benutzgruppe anbieten zu können, entspricht damit – wie dargelegt – nicht der differenzierten Regelungssystematik des § 4 JMStV.

Aus dieser Betrachtungsweise ergibt sich im Übrigen auch keine Regelungslücke. Im Ergebnis ist bei strafbaren Inhalten, die nicht in § 4 Abs. 1 JMStV aufgeführt sind, § 59 Abs. 4 RStV direkt anzuwenden, da ein Verstoß gegen die in § 54 Abs. 1 RStV geforderte Einhaltung der verfassungsmäßigen Ordnung und der allgemeinen Gesetze vorliegt.[160] Wie aufgezeigt führt dies allerdings dazu, dass nicht die KJM zuständig ist, sondern die nach § 59 Abs. 2 RStV von den jeweiligen Ländern bestimmte Behörde, für Nordrhein-Westfalen zum Beispiel die Bezirksregierung Düsseldorf.[161]

### *b) Konsequenz für die Sperrverfügung*

Die Angebote gemäß § 4 Abs. 2 Satz 1 JMStV sind gemäß Satz 2 dann zulässig, wenn „seitens des Anbieters" sichergestellt ist, dass die Inhalte nur Erwachsenen in geschlossenen Benutzergruppen zugänglich gemacht werden. Dies kann durch ein geeignetes Altersverifikationssystem erfolgen.

In der Literatur wird deshalb der Einsatz von Sperrverfügungen in Zweifel gezogen, wenn die Inhalte nur mit § 4 Abs. 2 Satz 1 JMStV nicht in Einklang stehen.[162] Vor diesem Hintergrund stellt sich die Frage, ob Sperrverfügungen nur bei Verstößen gegen § 4 Abs. 1 JMStV oder auch bei § 4 Abs. 2 und § 5 JMStV in Betracht kommen. Zu einer solchen Erörterung gibt ferner das im Vorwort genannte Gutachten der TU Dresden Anlass, nach dem eine Altersverifikation mit Hilfe eines sogenannten AVS (Altersverifikationssystem) durch Zugangsvermittler auf der Anwendungsschicht technisch möglich ist.[163]

---

160 Kritisch zu derart weiten Generalklauseln wie der Einhaltung der „allgemeinen Gesetze" als Anknüpfungspunkt für Sperren bereits *Mayer*, Das Internet im öffentlichen Recht, S. 228.

161 GVBl für das Land Nordrhein-Westfalen Nr. 9 vom 30.3.2007, S. 137, http://www.landtag.nrw.de/portal/WWW/dokumentenarchiv/Dokument/XMMGVB079.pdf?von=137&bis=138.

162 *Storr*, Voraussetzungen und Reichweite von Sperrverfügungen, in: Heermann/Ohly (Hrsg), Verantwortlichkeit im Netz, S. 103, 117.

163 *Pfitzmann/Köpsell/Kriegelstein*, Sperrverfügung gegen Access-Provider – Technisches Gutachten vom 22.12.2006, S. 65.

Insoweit sind zwei Problemkreise zu unterscheiden. Zunächst ist fraglich, ob Access-Providern *de lege lata* auferlegt werden kann, ein Altersverifikationssystem zu implementieren, um Angebote einer geschlossenen Benutzergruppe vorzubehalten. Anschließend ist (zumindest bei einer Verneinung der ersten Frage) zu prüfen, ob eine umfassende Sperranordnung, die auch Erwachsene vom Zugriff ausschließt, an einen Verstoß gegen § 4 Abs. 2 JMStV anknüpfen kann.

#### aa) AVS-Einsatz durch Access-Provider

§ 4 Abs. 2 Satz 2 JMStV regelt lediglich, dass „von Seiten des Anbieters" sichergestellt sein muss, dass die Inhalte nur Erwachsenen zugänglich sind. Nach dem neuen Telemedienbegriff ist zwar auch die Zugangsvermittlung ein Telemediendienst, und die Access-Provider unterfallen damit dem Anbieterbegriff gemäß § 2 JMStV. Angesichts des bestimmten Artikels in der Formulierung, dass „seitens *des* Anbieters" die Altersverifikation sichergestellt sein muss, kann in § 4 Abs. 2 JMStV aber nur der jeweilige *Content-Provider* gemäß § 7 Abs. 1 TMG gemeint sein, der sicherzustellen hat, dass nur Erwachsene die Inhalte abrufen können.[164]

Zudem ist in § 59 Abs. 4 RStV nur die Anordnung einer *Sperrung* vorgesehen. Bei einer intrasystematischen Betrachtung von § 59 Abs. 4 und 3 RStV, auf die § 20 Abs. 4 JMStV Bezug nimmt, ergibt sich, dass die Ausdifferenzierungen hinsichtlich Art und Umfang der Maßnahme nur an die Anordnung einer *Untersagung* anknüpfen (vgl. § 59 Abs. 3 RStV). Zwar bleibt, soweit in der Literatur eine Differenzierung zwischen Untersagung und Sperrung überhaupt für sinnvoll erachtet wird,[165] die Abgrenzung dieser Maßnahmen häufig unklar. Eine Ansicht sieht im Untersagen das Verbot einer Weiterverbreitung und in der Sperrung die über die Untersagung hinausgehende Verpflichtung, „das betroffene Angebot aus dem Gesamtangebot herauszunehmen".[166] Bei einer solchen Betrachtungsweise wäre eine Sperranordnung gegen die Access-Provider jedoch ausgeschlossen, obwohl der Wortlaut des § 59 Abs. 4 RStV nur diese vorsieht. Access-Provider können allenfalls die Zugangsvermittlung unterbinden, nicht aber das Angebot entfernen.

Eine systematische Betrachtung von § 59 Abs. 3 und 4 RStV spricht deshalb für eine andere Ansicht, nach der in der Untersagung ein Verbot der Verbreitung und *Zugänglichmachung* liegt, wogegen bei der Sperrung nur die Erreichbarkeit ver-

---

164 So ebenfalls, eine gesetzliche Verpflichtung von *Host-Providern* zum AVS-Einsatz verneinend, Brandenburgisches OLG vom 13.6.2006, 6 U 114/05, online veröffentlicht als MIR-Dokument 150-2006, http://medien-internet-und-recht.de/volltext.php?mir_dok_id=367.

165 Zusammenfassend zur „Maßnahme der Untersagung und Sperrung" *Scholz/Liesching*, Jugendschutz, JMStV, § 20 Rn. 17.

166 *Vesting* in Roßnagel, Recht der Multimedia-Dienste, § 22 Rn. 34.

hindert werden muss.[167] Gegen die Anbieter nach § 7 TMG ist bei dieser Auslegung gleichermaßen die Anordnung von Untersagungen *und* Sperrungen möglich, wie es auch in § 59 Abs. 3 RStV vorgesehen ist. Gegen Anbieter nach §§ 8 ff. TMG ist dagegen (wie in § 59 Abs. 4 RStV geregelt) ausschließlich die Sperranordnung denkbar, da die Zugänglichmachung „im technischen Sinne" zu verstehen ist und als solche das Bereithalten des Angebots voraussetzt.[168] Einer Untersagung der Zugänglichmachung könnten Access-Provider gar nicht nachkommen.

In § 59 Abs. 4 RStV wird das Maßnahmenspektrum auch nicht durch die „insbesondere"-Einschränkung erweitert, sondern ist abschließend. Nach der dargestellten (an der Differenzierung zwischen Untersagung und Sperrung festhaltenden) Lesart ergibt sich, dass in § 20 Abs. 4 JMStV i.V.m. § 59 Abs. 4 RStV damit nur die undifferenzierte Anordnung der vollständigen Zugriffsverhinderung vorgesehen ist. Eine Ermächtigung zur Anordnung von Altersverifikationssystemen ist deshalb nicht ersichtlich.

In Betracht kommt damit allenfalls, dass eine Verpflichtung zum AVS-Einsatz als milderes Mittel gesehen werden und daher eventuell als „Minusmaßnahme" auf die Rechtsgrundlage der Sperrverfügung gegen die Access-Provider gestützt werden kann. Vor dem Hintergrund der technisch-neutralen Diensteerbringung der Provider i.S.d. §§ 8 ff. TMG stellt sich der AVS-Einsatz aber als *aliud* dar und (zumindest für den Access-Provider selbst) jedenfalls nicht als geringerer Eingriff, der noch von der Ermächtigungsgrundlage gedeckt sein könnte. Deshalb ist der Auffassung zuzustimmen, die es mit den einfachgesetzlichen Vorgaben nicht für vereinbar hält, die Zugangsprovider zur Einrichtung geschlossener Benutzergruppen durch eingeschränkte Zugriffssperren zu verpflichten.[169] Ob der Einsatz von Altersverifikationssystemen durch die Access-Provider *de lege lata* mit dem Fernmeldegeheimnis vereinbar wäre, kann deshalb an dieser Stelle dahinstehen.

#### bb) Sperrung auch bei Verstößen gegen § 4 Abs. 2 JMStV

Von dem Problem eines AVS-Einsatzes durch Access-Provider ist die Frage zu trennen, ob eine Anordnung zur Sperrung des Zugriffs aller – auch der erwachsenen – Nutzer an einen Verstoß gegen Art. 4 Abs. 2 JMStV anknüpfen kann oder ob diese Maßnahme auf *absolut unzulässige* Inhalte i.S.d. § 4 Abs. 1 beschränkt ist. Die reine Subsumtion unter die Voraussetzungen der Rechtsgrundlage ist ohne Unterschied möglich, da § 20 Abs. 1 JMStV nicht zwischen den verschiedenen Ver-

---

167 *Altenhain*, Jugendschutz, Teil 20 Rn. 225, in: Hoeren/Sieber (Hrsg.), Handbuch Multimedia-Recht (Untersagen: Verbot der Verbreitung oder der *Zugänglichmachung*, Sperrung: Unterbinden des Zugangs).

168 Zur Tathandlung des Zugänglichmachens, auch im Verhältnis zur BGH-Rechtsprechung zum Verbreitens-Begriff, *Liesching/Knupfer*, MMR 2003, 562, 563.

169 *Tauss*, Jugendmedienschutz-Staatsvertrag: Verfassungsrechtlich bedenklich, http://www.tauss.de/presse/pressearchiv/presse_2002/20020821_jugendmedienschutzstaatsvertrag/.

botskategorien differenziert. § 20 Abs. 4 JMStV verweist ebenfalls ohne weitere Unterscheidungen auf die Regelung im RStV.

Auch in § 59 Abs. 4 RStV findet sich nur eine einheitliche Ermächtigung zur Sperrung. *De lege lata* besteht somit auch beim Vorgehen gegen die nur für Jugendliche unzulässigen Angebote die Möglichkeit einer umfassenden Sperrung. Den Einwänden der Kritiker ist allerdings bei der Prüfung der Erforderlichkeit und ggf. der Angemessenheit nochmals nachzugehen, wobei dann unter Umständen auch die Interessen der anderen beteiligten Grundrechtsträger einzubeziehen sind.

### 3. § 5 JMStV

§ 5 JMStV befasst sich mit sogenannten entwicklungsbeeinträchtigenden Angeboten, die nicht generell für Jugendliche ungeeignet sind, sondern nur bestimmten Altersgruppen noch weitgehend vorenthalten werden sollen. Dies kann zum Beispiel durch zeitliche Beschränkungen des Angebots realisiert werden oder auch durch den Einsatz technischer Mittel wie spezieller Jugendschutzprogramme.[170] Im Hinblick auf die Konsequenzen für die Sperrverfügungen kann auf die obigen Ausführungen zu § 4 Abs. 2 JMStV hinsichtlich der fehlenden Ausdifferenzierung nach Verbotsnormen verwiesen werden. Dem Gesetzestext der Ermächtigungsnorm für Sperranordnungen selbst lässt sich nicht entnehmen, dass bei Verstößen gegen § 5 JMStV keine Verfügung ergehen kann oder soll. Aus § 5 JMStV ergibt sich jedoch, dass dem Verstoß gegen diese Vorschrift auch mit bloßen Wahrnehmungsbeeinträchtigungen abgeholfen werden kann. Auch wird für die nur entwicklungsbeeinträchtigenden Angebote die Verhältnismäßigkeit von Sperranforderungen besonders zu problematisieren sein.

### 4. Herkunftslandprinzip

Werden die Inhalte, deren Erreichbarkeit unterbunden werden soll, von Bürgern der Europäischen Union angeboten, ist ferner zu prüfen, ob eine Sperrverfügung gegen nationale Provider mit dem Herkunftslandprinzip vereinbar ist.

Den Hintergrund des Herkunftslandprinzips bildet Art. 2 des Vertrags über die Europäische Union (EUV). Nach dieser Regelung ist Ziel der Union, den wirtschaftlichen und sozialen Fortschritt insbesondere durch die Schaffung eines Raumes ohne Binnengrenzen zu fördern. Es stellt sich als Hemmnis für den wirtschaftlichen Fortschritt im Binnenmarkt dar, wenn eine Ware oder Dienstleistung vor dem transnationalen Angebot auf ihre Vereinbarkeit mit diversen Rechtsordnungen hin überprüft und gegebenenfalls sogar angepasst werden muss. Auch hier – wie in anderem Zusammenhang für die Meinungsfreiheit dargestellt – droht ein „chilling

170 *Scholz/Liesching*, Jugendschutz, JMStV, § 5 Rn. 7 ff. zum Katalog der möglichen Vorsorgemaßnahmen.

effect": die Selbstbeschränkung der Dienstleister bis hin zum Unterlassen grenzüberschreitender Angebote.

Da der Allgemeinheit zugängliche Internet-Angebote grundsätzlich[171] immer international bereitgehalten werden, bildet dies gerade für den E-Commerce eine große Gefahr. Daher ist Ziel der E-Commerce-Richtlinie,[172] Wirtschaftshindernisse wie unterschiedliche innerstaatliche Rechtsvorschriften, Rechtsunsicherheiten hinsichtlich der auf Dienste der Informationsgesellschaft jeweils anzuwendenden nationalen Regelungen und das unklare Maß der Kontrolle der Mitgliedstaaten über Dienste aus einem anderen Mitgliedstaat zu beseitigen.

Aussichten auf eine baldige und umfassende Harmonisierung des materiellen Rechts bestehen bis heute nicht, auch eine kollisionsrechtliche Lösung im vielfältigen Markt des E-Commerce verspricht keine Rechtsvereinheitlichung. Daher beugt Art. 3 ECRL der Gefahr einer Rechtszersplitterung durch die Anordnung des sogenannten Herkunftslandprinzips vor.[173] Allein maßgeblich – im Wege gegenseitiger Anerkennung – soll danach grundsätzlich das Sachrecht am Ort der Niederlassung der Diensteanbieter sein.[174] Jeder Mitgliedstaat trägt dafür Sorge, dass die in seinem Hoheitsgebiet niedergelassenen Diensteanbieter die dort geltenden innerstaatlichen Vorschriften einhalten, die in den sogenannten koordinierten Bereich fallen. Zum koordinierten Bereich gehören, wie sich aus Art. 2 Abs. h und i ECRL erschließt, unter anderem die vom Diensteanbieter zu erfüllenden Anforderungen in Bezug auf die Qualität oder den *Inhalt* des Dienstes, sowie die Anforderungen betreffend die Verantwortlichkeit des Diensteanbieters. Art. 3 Abs. 2 der Richtlinie führt als weiteren Aspekt des Herkunftslandprinzips aus, kein Dienst der Informationsgesellschaft aus einem anderen Mitgliedstaat dürfe aus Gründen, die in den koordinierten Bereich fallen, eingeschränkt werden. Als Konsequenz des Prinzips ergibt sich daher eine besondere Verantwortung des jeweiligen Sitzlandes, da dessen Versäumnisse beim Normenvollzug das Risiko rechts(durchsetzungs)freier Räume mit sich bringen können und andere Staaten in ihren Einflussmöglichkeiten nun zusätzlich durch das Herkunftslandprinzip beschränkt sind.

Da die inhaltlichen Anforderungen an ein Online-Angebot – wie dargestellt – in den koordinierten Bereich fallen, ist das Herkunftslandprinzip bei der Beurteilung

---

[171] Vgl. zu den Möglichkeiten des Zoning im Sinne einer Reterritorialisierung *Hoeren*, MMR 2007, 3; sowie bereits: *Lessig/Resnick*, Michigan Law Review 1999, 395.

[172] Richtlinie 2000/31/EG des Europäischen Parlaments und des Rates vom 8.6.2000 über bestimmte rechtliche Aspekte der Dienste der Informationsgesellschaft, insbesondere des elektronischen Geschäftsverkehrs, im Binnenmarkt („Richtlinie über den elektronischen Geschäftsverkehr" – „E-Commerce-Richtlinie").

[173] *Ahrens*, CR 2000, 835, 837.

[174] Vgl. zum niedergelassenen Diensteanbieter: Erwägungsgrund 19 und Art. 2 c der Richtlinie: ein Anbieter, der mittels einer festen Einrichtung auf unbestimmte Zeit eine Wirtschaftstätigkeit tatsächlich ausübt. Die Nutzung technischer Mittel und Technologien, die zum Anbieten des Dienstes erforderlich sind, begründet allein keine Niederlassung.

der Sperrverfügungen grundsätzlich zu beachten. Das bislang in § 5 MDStV und § 4 TDG umgesetzte Herkunftslandprinzip findet sich mit wenigen Änderungen nunmehr in § 3 TMG. Aus der Umsetzung in § 3 Abs. 2 TMG folgt, dass Diensteanbieter, die in einem anderen Staat im Geltungsbereich der E-Commerce-Richtlinie niedergelassen sind und die dortigen rechtlichen Vorgaben einhalten, bei einem Angebot ihrer Dienste in Deutschland grundsätzlich auch dann nicht zur Verantwortung gezogen werden können, wenn die Dienste mit der deutschen Rechtsordnung unvereinbar sind.[175] Schon in den Gesetzesmaterialien zum TDG wurde daher ausgeführt, das öffentliche Recht finde *grundsätzlich* keine Anwendung auf Angebote ausländischer Anbieter mit Niederlassungen in der Europäischen Union. Damit seien auch die deutschen Behörden nicht befugt, insoweit Maßnahmen zu ergreifen.[176]

Für die Beurteilung der Sperrverfügungen ist jedoch zu berücksichtigen, dass die Geltung des Herkunftslandprinzips für das Strafrecht und das Ordnungsrecht kontrovers diskutiert wird. Wenn und soweit das Territorialitätsprinzip auch in diesen Rechtsgebieten vom Herkunftslandprinzip überlagert wird, würde daraus nämlich als Konsequenz folgen, dass die Mitgliedstaaten darauf verzichten müssen, ihre Bürger vor gefährdenden Internetinhalten aller Art zu schützen, die von anderen EU-Staaten aus international angeboten werden.[177] Die E-Commerce-Richtlinie sieht deshalb Modifikationen des strengen Binnenmarktprinzips vor: Eine Anwendung des innerstaatlichen Rechts ist zulässig, soweit es erforderlich ist zum Schutz der öffentlichen Ordnung, insbesondere zur Verhütung, Ermittlung, Aufklärung und Verfolgung von Straftaten, einschließlich des *Jugendschutzes* und der Bekämpfung der Hetze aus Gründen der Rasse, des Geschlechts, des Glaubens oder der Nationalität.

Um eine solche Anwendung des innerstaatlichen Rechts zu erlauben, muss der inkriminierte Dienst der Informationsgesellschaft die genannten Schutzziele beeinträchtigen oder eine ernsthafte und schwerwiegende Gefahr der Beeinträchtigung dieser Ziele darstellen. Ferner müssen die ergriffenen Maßnahmen in einem angemessenen Verhältnis zu den Schutzzielen stehen. Überdies bestehen als prozedurale Sicherungen Konsultations- und Informationspflichten wie zunächst die Aufforderung des anderen Mitgliedstaates sowie anschließend die Pflicht zur Information der Europäischen Kommission und des Mitgliedstaates über das erfolgte Einschreiten. Nur unter diesen engen Voraussetzungen kann das Ordnungsrecht somit auch auf Telemedien eines im EU-Ausland niedergelassenen Anbieters Anwendung fin-

175 *Kudlich*, Herkunftslandprinzip und internationales Strafrecht, HRRS 2004, 278 (zur entsprechenden Fassung des TDG).

176 BT-Drs. 14/6098, S. 18, mit Bezug auf dieses Zitat auch *Altenhain*, Europäisches Herkunftslandprinzip und nationales Strafanwendungsrecht, in: Zieschang/Hilgendorf/Laubenthal (Hrsg.), Strafrecht und Kriminalität in Europa, S. 112.

177 *Altenhain*, Europäisches Herkunftslandprinzip und nationales Strafanwendungsrecht, in: Zieschang/Hilgendorf/Laubenthal (Hrsg.), Strafrecht und Kriminalität in Europa, S. 110.

den.[178] Andernfalls verbleibt es beim Herkunftslandprinzip, das Maßnahmen des inländischen Ordnungsrechts dann entgegensteht.[179] Die dargestellte Einschränkungsmöglichkeit des Herkunftslandprinzips hat sich nach kontroversen Debatten übrigens auch im bereits erwähnten Entwurf zur Erweiterung der EG-Fernsehrichtlinie auf audiovisuelle Medien (in Art. 2a Abs. 4, a) durchgesetzt.[180]

## III. Subsidiarität

Sperrverfügungen setzen gemäß § 59 Abs. 4 RStV voraus, dass sich Maßnahmen gegenüber dem Verantwortlichen nach § 7 des Telemediengesetzes als nicht durchführbar oder nicht Erfolg versprechend erweisen. Aus diesem Grund ist zu prüfen, welche anderweitigen hoheitlichen oder alternativen Bemühungen dem Vorgehen gemäß § 20 Abs. 4 JMStV i.V.m. § 59 Abs. 3 RStV vorausgehen müssen.

### 1. Erweiterung des Adressatenkreises durch die subsidiäre Inanspruchnahme

Nach einer in der Literatur vertretenen Ansicht ist die erste Voraussetzung einer subsidiären Inanspruchnahme der Access-Provider, dass einem Vorgehen gegen Inhaltsanbieter der zu sperrenden Angebote keine rechtlichen Hindernisse entgegenstehen. Eine Erweiterung des Adressatenkreises der durch Sperrungen betroffenen Inhaltsanbieter sei durch die ergänzende Inanspruchnahme nicht gewollt.[181] Völkerrechtlich und gemäß Art. 25 GG sei nicht nur das unmittelbare Vorgehen gegen die ausländischen Anbieter unzulässig, sondern auch eine ersatzweise Inanspruchnahme anderer Adressaten. Der für diese Position relevante oben wiedergegebene Normtext „nicht durchführbar" und „nicht Erfolg versprechend" hat sich

---

[178] *Greiner*, Die Verhinderung verbotener Internetinhalte im Wege polizeilicher Gefahrenabwehr, S. 179 (zur Richtlinie und zu § 18 MDStV a.F. im Vergleich).

[179] *Volkmann*, Der Störer im Internet, S. 205.

[180] Beschränkungen audiovisueller On-Demand-Dienste sind zulässig unter der Voraussetzung "necessary for one of the following reasons: public policy, in particular the prevention, investigation, detection and prosecution of criminal offences, including the protection of minors and the fight against any incitement to hatred on grounds of race, sex, religion or nationality, and violations of human dignity concerning individual persons, […] public security", zum Normtext des Richtlinien-Entwurfs: http://ec.europa.eu/avpolicy/docs/reg/modernisation/proposal_2005/avmsd_cons_may07_en.pdf. Zur Gefahr einer Rechtsunsicherheit vgl. z.B. die Stellungnahme der Kommission, http://www.europarl.europa.eu/meetdocs/2004_2009/documents/com/com_com(2005)0646_/com_com(2005)0646_de.pdf, S. 9. Zur Harmonisierungswirkung der Vorfassung auch *Schulz*, Zum Vorschlag für eine Richtlinie über audiovisuelle Mediendienste, S. 8, http://www.hans-bredow-institut.de/publikationen/apapiere/17EU-Mediendiensterichtlinie.pdf. Zur Überschneidung mit der E-Commerce-Richtlinie *Faßbender*, AfP 2006, 505, 511.

[181] *Engel*, MMR-Beilage 4/2003, 15 f.

durch die Novellierung des Telemedienrechts nicht geändert. Die dargestellte Auffassung war jedoch bereits nach der alten Rechtslage abzulehnen und ist auch nach der Neuregelung unzutreffend, da sie nicht nur dem Wortlaut der Norm widerspricht, sondern auch der Intention des Gesetzgebers, die sich explizit aus der Begründung des JMStV ergibt.[182] Die Möglichkeit einer subsidiären Inanspruchnahme soll gerade auch dann bestehen, wenn das unmittelbare Vorgehen gegen Inhaltsanbieter auf rechtliche Hindernisse stößt.

### 2. „Nicht durchführbar" oder „nicht Erfolg versprechend"

Wie mehrfach ausgeführt tritt das Bedürfnis für eine Inanspruchnahme der Access-Provider in der Praxis vor allem dann auf, wenn der Inhaltsanbieter seine Anonymität wahren kann, seine Erreichbarkeit nicht bekannt ist oder er außerhalb des Geltungsbereichs des JMStV und des RStV im Ausland ansässig ist.[183] Fraglich ist insbesondere, ob bei den vorliegend problematischen Auslandssachverhalten trotz der bereits dargestellten völkerrechtlichen Probleme in jedem Einzelfall versucht werden muss, gegen die Content- oder Host-Provider vorzugehen.

In der Literatur finden sich Stimmen, die mit Bezug auf die strengen Anforderungen des Subsidiaritätsgrundsatzes ein intensives Bemühen um Amts- und Rechtshilfe fordern.[184] Das Gefahrenabwehrrecht kennt insoweit die rechtliche Unmöglichkeit als Fallgruppe des polizeilichen Notstandes, zum Beispiel bei Exterritorialität.[185] Eine unmittelbare Inanspruchnahme wird in diesen Fällen jedoch nicht gefordert. Dies findet auch in der Formulierung „nicht Erfolg versprechend" eine Stütze, die inhaltlich gerade über die reine Nicht-Durchführbarkeit hinaus eine *Prognose* seitens des handelnden Organs zulässt. Beispielsweise könnte sich in Fällen rechtsextremistischer Angebote auf einem US-amerikanischen Server aus der oben geschilderten Aufhebung des von der Bezirksregierung zitierten „Yahoo v. LICRA"-Urteils ein Anhaltspunkt ergeben, anhand eines exemplarischen Falls einen erneuten Versuch der unmittelbaren Inanspruchnahme unter Einbeziehung von Amts- und Rechtshilfe zu unternehmen.[186] Zu berücksichtigen ist jedoch auch der Gegensatz von langwierigen Rechtshilfe- und ggf. Rechtsschutzverfahren einer-

---

182 Begründung zum Staatsvertrag über den Schutz der Menschenwürde und den Jugendschutz in Rundfunk und Telemedien, zu § 20 Abs. 4: „Ist eine solche Maßnahme nicht Erfolg versprechend oder aus technischen *oder rechtlichen* Gründen nicht durchführbar" (Hervorhebung diesseits).

183 *Storr*, Voraussetzung und Reichweite von Sperrungsverfügungen, in: Heermann/Ohly (Hrsg.), Verantwortlichkeit im Netz, S. 103, 113.

184 *Spindler/Volkmann*, K&R 2002, 398, 405; *Mayer*, Das Internet im öffentlichen Recht, S. 230.

185 *Roos*, Polizei- und Ordnungsbehördengesetz Rheinland-Pfalz, § 6 Rn. 13 f.

186 Wie erwähnt führten jedoch Fragen der Zuständigkeit und des „lack of ripeness" zur Aufhebung, ohne dass daraus zwingend eine inhaltliche Änderung der Position gefolgert werden könnte.

seits und der Eilbedürftigkeit von Maßnahmen des Polizei- und Ordnungsrechts andererseits, gerade wenn eine Gefahr sich schon als Störung manifestiert hat. Entsprechend ist im Interesse einer effektiven Gefahrenabwehr ein übergangsweises Vorgehen gegen die Access-Provider auch denkbar, wenn Rechtshilfe zwar gewährt wird, dabei aber ersichtlich ein Zeitraum einzukalkulieren ist, der etwa im Fall eines extremen Verstoßes gegen § 4 Abs. 1 JMStV nicht hingenommen werden kann.

Zusammenfassend lässt sich festhalten, dass sich aus dem Vorrangverhältnis und der Subsidiarität, die in § 59 Abs. 3 und 4 RStV geregelt ist, ein Regel-Ausnahme-Verhältnis ergibt, das zwingend zu beachten ist. Gleichwohl ermächtigt gerade die Voraussetzung „nicht Erfolg versprechend" zu einer Prognose unter Einbeziehung der *Position des betreffenden Landes zu den konkret einschlägigen Deliktsbereichen.* Wiederholte Versuche in insoweit gleich gelagerten Fällen aus „bloßer Förmelei" und ohne dass beim jeweiligen Staat ein Anlass zu einer Änderung der Standpunkte ersichtlich wird, sind mit dem Effizienzgedanken des Ordnungsrechts nicht vereinbar.

Die Termini „nicht durchführbar" und „nicht Erfolg versprechend" in § 59 Abs. 4 RStV beziehen sich bei *systematischer* Betrachtung nicht auf alternative Maßnahmen *anderer* Einrichtungen, sondern auf das *hoheitliche* Vorgehen des Aufsichtsorgans im Wege der Untersagungs- und Sperrverfügung gemäß § 59 Abs. 3 RStV. Gleichwohl sind auch die nicht-hoheitlichen[187] Interventions- und Kooperationsbemühungen von jugendschutz.net bei der Betrachtung der Erfolgsaussichten zu berücksichtigen. Schon 2002 argumentierten die verpflichteten Provider gegen die Inanspruchnahme unter Hinweis auf die von dieser zentralen Länderstelle verbuchten positiven Ergebnisse bei der internationalen Zusammenarbeit. Zwar ist jugendschutz.net gemäß § 18 JMStV fachlich unabhängig und sieht sich auch im Selbstverständnis nicht als „verlängerter Arm" der KJM.[188] Die organisatorische Anbindung der Einrichtung an die KJM und vor allem die *Unterstützungsfunktion* gemäß § 18 Abs. 2 JMStV geben aber Anlass, auch die nicht-hoheitlichen Bemühungen von jugendschutz.net bei der Beurteilung der Erfolgsaussichten gemäß § 59 Abs. 4 RStV einzubeziehen, um dem Subsidiaritätsprinzip Geltung zu verschaffen.

Die Praxis hat gezeigt, dass gerade Host-Provider im Ausland in einer überraschenden Zahl der Fälle zur Kooperation bereit sind. Dies gilt vor allem für kinderpornographische Inhalte. In den letzten Jahren haben die Erfolge noch deutlich zugenommen. So konnte jugendschutz.net schon 2005 immerhin für ein Drittel der 1075 neu erfassten Verstöße auf ausländischen Servern über Diensteanbieter und

---

187 *Scholz/Liesching*, Jugendschutz, JMStV, § 18 Rn. 2.

188 *Ermert*, Jugendschutz: Selbstverpflichtung für Provider und weitergehende Verantwortlichkeitsregelungen, http://www.heise.de/ct/hintergrund/meldung/91599.

Meldestellen eine Beseitigung erreichen.[189] Auch sei es 2005 erstmals gelungen, Websites von Nazi-Providern zu schließen und den Zugriff auf eine Website, die Gewaltvideos zum Download anbot, sperren zu lassen. 2006 haben sich diese Zahlen nochmals verbessert:[190] Jugendschutz.net ging im Jahr 2006 rund 1390 neuen Verstößen im Ausland nach. Zwar führen die routinemäßigen Weitergaben an ausländische *Hotlines* kaum – und überwiegend ohnehin nur im Bereich von kinderpornographischen Inhalten – zu Erfolgen. Allerdings waren die ausländischen *Host-Provider* in 78 % der Fälle, in den jugendschutz.net an sie herantrat, kooperationsbereit. Auffälligerweise wurden gerade im Bereich rechtsextremistischer Angebote Erfolge erzielt. Allerdings ergibt sich aus dem Bericht nicht, in welchen Ländern das gelang. Zudem sind diese Zahlen aufgrund der durch jugendschutz.net in mehrfacher Hinsicht getroffenen *Vorauswahl* wenig aussagekräftig für die *Gesamtsituation* aller Deliktsbereiche und potentieller Serverstandorte.

Interventions- und Kooperationsbemühungen von jugendschutz.net werden der Inanspruchnahme der Access-Provider durch die KJM damit nicht stets und zwingend vorausgehen müssen und können aufgrund des in § 59 Abs. 4 RStV eingeräumten Prognosespielraums in klar aussichtslosen Fällen grundsätzlich unterbleiben. Eine bloße Förmelei ist auch bei diesem nicht-hoheitlichen Ansatz nicht im Sinne der effektiven Gefahrenabwehr. Allerdings ist zu berücksichtigen, dass gerade bei der Kooperation mit den Host-Providern von jugendschutz.net recht häufig auch überraschende Erfolge erzielt wurden. Die Prognose, ob das (ohnehin vergleichsweise schnell und unbürokratisch mögliche) Vorgehen Erfolg versprechend i.S.d. § 59 Abs. 4 RStV ist, darf daher nicht zu pessimistisch ausfallen. Um dem Subsidiaritätsprinzip der Inanspruchnahme von Access-Providern durch die KJM Rechnung zu tragen, ist deshalb in der Regel vor einer Sperrverfügung ein Bemühen um Intervention oder Kooperation durch jugendschutz.net zu fordern.

### 3. Allgemeine Grundsätze der Heranziehung von Nichtstörern und Entschädigungsregelung

Teilweise wird in der Literatur über die dargestellten Voraussetzungen der Nicht-Durchführbarkeit und der fehlenden Erfolgsaussichten hinaus auch die Anwendung von allgemeinen Grundsätzen der Heranziehung von Nichtstörern (sog. polizeilicher Notstand) gefordert. Die Access-Provider seien Nichtstörer und deshalb nur unter den entsprechenden weiteren Voraussetzungen des allgemeinen Polizei- und Ordnungsrechts heranzuziehen. Überdies sei die für die Inanspruchnahme die (in

---

[189] Jugendschutz.net: Erfahrungsbericht 2005, http://www.jugendschutz.net/pdf/bericht 2005.pdf.

[190] Vgl. zu den nun folgenden Zahlen: *Glaser/Günter/Schindler*, Jugendschutz im Internet, Jahresbericht 2006, S. 16, 17, http://www.jugendschutz.net/pdf/bericht2006.pdf.

den Landespolizeigesetzen einheitlich) vorgesehene *Entschädigungsregelung* zu beachten.[191]

Die Berücksichtigung dieser Grundsätze ist jedoch fraglich. Denn die Nichtstörer-Regelungen des allgemeinen Polizei- und Ordnungsrechts können dann nicht ergänzend angewandt werden, wenn sich die Ermächtigungsgrundlage als von den vertragsschließenden Ländern abschließend gewollte Spezialregelung darstellt. Diese Frage kann jedoch dahinstehen, falls Access-Provider und Suchmaschinenbetreiber ohnehin als sogenannte Verhaltensstörer, Zweckveranlasser oder Zustandsstörer einzuordnen sind. Dies ist daher zu erörtern, bevor die Anwendbarkeit der allgemeinen Grundsätze geprüft wird.

#### a) *Prüfung der Störereigenschaft*

##### aa) Zugangsvermittler und Router-Betreiber

Gegen eine Qualifikation der Access-Provider und Router-Betreiber als *Verhaltensstörer* spricht, dass der Zugangsdiensteanbieter keinerlei aktiven Einfluss auf den Inhalt der Datenbestände nimmt und – polizeirechtlich neutral – nur seine Infrastruktur bereitstellt.[192] Da erst der Abruf durch den Nutzer, noch nicht aber der durch die Provider ermöglichte Zugang zum Netz die Störung der offensichtlichen Sicherheit begründet, überschreiten die in Pflicht genommenen Diensteanbieter nicht die Schwelle zur Gefahr.[193]

Zu erwägen ist jedoch weiter, ob die Access-Provider und Router-Betreiber in die Fallgruppe der *Zweckveranlasser* gehören, bei der eine Störereigenschaft auch aus einer nur mittelbaren Handlung resultieren kann.[194] Zur Begründung einer Zweckveranlassung wird entweder auf das Vorliegen von objektiven Kriterien (z.B. Eintritt der Gefahr als typische Folge der begangenen Handlung) oder auf subjektive Elemente (billigendes Inkaufnehmen des Gefahreneintritts) abgestellt. Den Vorzug verdient die erstgenannte Theorie, da im Polizei- und Ordnungsrecht grundsätzlich die *objektiven* Umstände einer Situation maßgeblich sind. In Bezug auf die Access-Provider ergibt sich, dass bei der Zugangsvermittlung eine relevante Handlung allenfalls in der Bereitstellung der Infrastruktur liegen kann. Da diese Tätigkeit sich aber

---

[191] *Spindler/Volkmann*, K&R 2002, 398, 405.

[192] *Volkmann*, Der Störer im Internet, S. 209.

[193] *Spindler/Volkmann*, K&R 2002, 399, 403.

[194] Zu Wertungsproblemen und Zurechnungskriterien bei der Figur des Zweckveranlassers *Schoch*, Polizei- und Ordnungsrecht, Kap. 2 Rn. 138 ff., in: Schmidt-Aßmann (Hrsg.), Besonderes Verwaltungsrecht.

polizeirechtlich neutral auf das gesamte Internet und nicht nur auf rechtlich problematische Seiten bezieht, ist auch die Figur des Zweckveranlassers zu verneinen.[195]

Der schließlich noch in Betracht kommenden Qualifikation als *Zustandsstörer* steht entgegen, dass die Gefahr nicht von der Leitungsverbindung oder der Zugangssoftware ausgeht, sondern von den Inhalten, über die der Zugangsvermittler physikalisch nicht verfügt.[196] Der inkriminierte Inhalt ist überdies mit der Infrastruktur der Access-Provider nicht schon bei der Nutzeranfrage verbunden, sondern erst bei der Antwort seitens des Host-Providers.[197] Zu dem Zeitpunkt, in dem die Sperrung ansetzt, wäre der Zugangsvermittler deswegen noch kein Zustandsstörer.[198] Im Ergebnis kann er somit nur als *Nichtstörer* in Anspruch genommen werden.

### bb) Suchmaschinen

Für Suchmaschinenanbieter hingegen wird die Figur des *Zweckveranlassers* in der Literatur in Bezug auf die Trefferlisten bejaht.[199] Wie beim Setzen eines Links werde der Aufruf der angezeigten Seiten gerade als Geschäftsgrundlage bezweckt. Dabei werde neben legalen Seiten auch der Aufruf von polizeiwidrigen Seiten zumindest in Kauf genommen. Die Gleichstellung von Suchmaschinen mit Links erscheint angesichts ihrer *automatisch* nach bestimmten Algorithmen erstellten Trefferliste aber fraglich.[200] Wird beim Zugangsvermittler damit argumentiert, er vermittle den Zugang „zum ganzen Netz“, so muss auch beim Betreiber von Suchmaschinen die Wertung hinter § 8 Abs. 1 Nr. 3 TMG in die Betrachtung einfließen. Solange Suchmaschinenbetreiber *keine inhaltliche Selektion* vornehmen, sondern nur das Verfahren für die automatische Recherche im gesamten Internet festlegen, sind illegale Inhalte in der Trefferliste wie bei den Zugangsvermittlern keine „typische Folge der Veranlassung“. Insoweit können sie den Setzern eines konkret bestimmten Hyperlinks nicht gleichgestellt werden und die Figur des Zweckveranlassers ist abzulehnen. Da auch die Zustandsverantwortlichkeit – wie bei den polizeilich neutral agierenden Access-Providern – nicht bejaht werden kann, sind auch die Suchmaschinenbetreiber in Bezug auf algorithmisch erzeugte Trefferlisten *Nichtstörer*.

---

195 *Volkmann*, Der Störer im Internet, S. 213, dort auch zur latenten Gefahr. Diese ist zu verneinen, da der Inhaltsanbieter eine unmittelbare Gefahrenquelle eröffnet und sich die Gefahr nicht erst aus dem Nebeneinander mehrerer mittelbarer Handlungen ergibt.

196 *Zimmermann*, NJW 1999, 3145, 3149.

197 *Volkmann*, Der Störer im Internet, S. 216.

198 *Spindler/Volkmann*, K&R 2002, 398, 403.

199 *Volkmann*, a.a.O., S. 214.

200 *Sieber/Liesching*, MMR-Beilage 8/2007, 12.

### b) *Allgemeine Grundsätze der Heranziehung von Nichtstörern*

Wie oben ausgeführt ist die Nichtstörereigenschaft der Zugangsvermittler sowie der Betreiber von Routern und Suchmaschinen somit zu bejahen. Bei einer Anwendung der *allgemeinen* Grundsätze der Inanspruchnahme von Nichtstörern wäre deshalb als zusätzliche Voraussetzung das Vorliegen einer *gegenwärtigen erheblichen* Gefahr[201] zu prüfen. Ferner käme in diesem Fall die Anwendung der in den Polizei- und Ordnungsgesetzen vorgesehenen Entschädigungsregelung für die durch die Inpflichtnahme angefallenen Kosten in Betracht.

Allerdings sieht § 59 Abs. 4 RStV weitere Beschränkungen neben den fehlenden Erfolgsaussichten eines unmittelbaren Vorgehens gegen Content- und Host-Provider gerade *nicht* vor. Die in der Literatur teilweise geforderte Anwendbarkeit der allgemeinen polizeirechtlichen Grundsätze ist deshalb problematisch.[202] Selbst im direkten Anwendungsbereich der entsprechenden Polizei- oder Sicherheits- und Ordnungsgesetze werden die allgemeinen Vorschriften zur Nichtstörerhaftung nur herangezogen, wenn keine abschließende Regelung, zum Beispiel in Form einer Standardmaßnahme, vorliegt. Soweit die Polizeigesetze der Länder nur für die *allgemeinen* Ordnungsbehörden gelten, käme ergänzend zu den Voraussetzungen in § 20 Abs. 4 JMStV, § 59 RStV ohnehin auch nur eine *analoge* Anwendung in Betracht. Dies würde eine planwidrige Regelungslücke voraussetzen.

Fraglich ist daher, ob die vorliegend zu prüfende spezielle Ermächtigungsgrundlage eine bewusst abschließende Regelung darstellt, die einer ergänzenden Anwendung der allgemeinen Grundsätze entgegensteht und auch nicht als planwidrig lückenhaft zu werten ist. Besondere Relevanz haben diese Fragen auch für die *Kostentragung*, da weder im JMStV noch im RStV eine Lösung zur Aufwendungserstattung vorgesehen ist. Die zusätzlichen Anforderungen an die Gefahrenstufe wären demgegenüber in der Praxis zumeist gegeben. Bei den Verstößen des JMStV liegt regelmäßig nicht nur eine gegenwärtige Gefahr vor, sondern bereits eine manifestierte Störung, die auch bedeutsame Rechtsgüter betrifft.

*Gegen* eine als ausschließlich gewollte Regelung gerade im Hinblick auf die Kostenübernahme könnte sprechen, dass der Bundesgesetzgeber bei der Inpflichtnahme zur Infrastrukturbereitstellung für die Telekommunikationsüberwachung gemäß § 110 TKG explizit in das Gesetz aufgenommen hat, dass diese Bereitstellung „auf eigene Kosten" der Provider zu erfolgen habe.[203] *Für* eine Betrachtung als abschließende Spezialregelung und damit gegen die (auch analoge) Heranzie-

---

[201] Zu den Voraussetzungen *Knemeyer*, Polizei- und Ordnungsrecht, § 10 Rn. 94.

[202] *Dietlein/Heinemann*, K&R 2004, 418, 424.

[203] Zum Entwurf eines Gesetzes zur Neuordnung der Entschädigung von Telekommunikationsunternehmen für die Heranziehung im Rahmen der Strafverfolgung (TK-Entschädigungs-Neuordnungsgesetz) vgl. BT-Drs. 16/7103. Ein Ersatz der Investitionskosten für Überwachungsschnittstellen ist weiterhin nicht vorgesehen.

hung der allgemeinen Grundsätze zur Nichtstörerhaftung spricht aber entscheidend, dass die Länder in § 59 Abs. 4 RStV sowohl die Inanspruchnahme der Nichtstörer selbst als auch die Voraussetzung der Subsidiarität detailliert geregelt haben.[204] Werden somit mehrere Voraussetzungen einer allgemeinen Regelung gesondert normiert, einige abgeändert und andere nicht aufgenommen, spricht dies deutlich für eine *lex specialis*-Regelung. Eine solche differenzierende Entscheidung des Gesetzgebers kann nicht durch eine Heranziehung der allgemeinen Grundsätze unterlaufen werden. Für eine Analogie fehlt es damit schon an der Planwidrigkeit der Regelungslücke.

Somit können sich die Access-Provider nicht – auch nicht entsprechend – auf die Anspruchsgrundlage für die Entschädigung von Nichtstörern nach dem allgemeinen Polizei- und Ordnungsrecht stützen. Bei der verfassungsrechtlichen Überprüfung ist später vielmehr zu berücksichtigen, dass die vertragsschließenden Länder keine Entschädigung vorsehen wollten. Deswegen wird dort zu prüfen sein, ob tatsächlich davon ausgegangen werden kann, die Internetwirtschaft müsse sich auf die entsprechenden Kosten als Teil ihrer sozialen Verantwortung einstellen wie zuvor bereits die Fernsehwirtschaft.[205]

#### 4. Entschließungs- und Auswahlermessen

Aus dem Wortlaut des § 59 RStV (wie auch des § 22 MDStV, siehe oben) ergibt sich die Ausgestaltung als Ermessensnorm. Die Bezirksregierung Düsseldorf hatte ein Entschließungsermessen zwar bestritten, hilfsweise jedoch zur alternativen Ermächtigungsgrundlage des allgemeinen Polizei- und Ordnungsrechts Ausführungen gemacht, welche die Gerichte in den Entscheidungen entsprechend auch für die MDStV-Grundlage heranzogen.

Im Hinblick auf das Auswahlermessen wird auf die Ausführungen zur Subsidiarität verwiesen (siehe Teil 4 D.III.2.), welche die Vorgaben für die ermessensgerechte Adressatenauswahl enthalten.[206] In der Literatur wird in diesem Zusammenhang darauf hingewiesen, dass die KJM vor einer ungleich größeren Herausforderung steht als die Bezirksregierung, die nur auf Landesebene agieren konnte.[207] Dies ist zutreffend: Auf der Basis des JMStV muss die KJM – auch im Hinblick auf Art. 3 GG – grundsätzlich bundesweit gegen *alle* Access-Provider vorgehen, da bei einem nur anteiligen Vorgehen ein Ausweichen auf die nicht zur

---

204 *Dietlein/Heinemann*, K&R 2004, 418, 424.

205 *Ring* im Interview mit *Ermert*, Sperrverfügungen im Web als äußerstes Mittel denkbar, www.heise.de/ct/hintergrund/meldung/43117; zur vergleichbaren Position von *Büssow* siehe *Schumacher*, International Journal of Communications Law and Policy, 8/2004, S. 1, 18.

206 *Zimmermann*, NJW 1999, 3145, 3150.

207 *Spindler/Volkmann*, K&R 2002, 405.

Sperrung verpflichteten Anbieter zu befürchten ist. Eine Ausnahme kann sich nur ergeben, wenn nach der konkreten Situation einzelner Provider bei einem geschlossenen Vorgehen Ungleiches gleich behandelt würde.

## IV. Technische Möglichkeit von Sperrmaßnahmen

Die KJM kann einen Provider nur dann zu einer Sperrung verpflichten, wenn eine solche technisch möglich ist. Dieses Postulat entspricht einem allgemeinen Rechtsgrundsatz. Dem einschränkenden Tatbestandsmerkmal der technischen Möglichkeit kommt im Normtext des § 59 Abs. 4 RStV deswegen nur deklaratorische Bedeutung zu, da eine Sperrverfügung nicht nur rechtswidrig, sondern bereits gemäß § 44 Abs. 2 Nr. 4 VwVfG nichtig wäre, wenn durch sie etwas objektiv tatsächlich Unmögliches verlangt würde, also nach dem gegenwärtigen Stand der Technik niemand den Verwaltungsakt ausführen könnte.[208] Die technische Ausführbarkeit der im Verwaltungsakt vorgeschriebenen DNS-Manipulation, des Sperransatzes am Routing-System oder der Implementierung eines Proxy-Servers wurde bisher nicht bestritten.[209] Derartige Veränderungen lassen sich grundsätzlich vornehmen und sind deshalb „technisch möglich".

Teilweise wird vertreten, die Auslegung des Tatbestandsmerkmals der technischen Möglichkeit sei „praktisch nicht von der verfassungsrechtlichen Frage der Geeignetheit zu unterscheiden".[210] Die Begriffe der technischen Möglichkeit und Geeignetheit sind jedoch nicht deckungsgleich. Eine mangelnde Eignung eines Verwaltungsaktes oder der durch ihn gebotenen Handlung zur Erreichung des mit der Verfügung verfolgten Ziels fällt deswegen nicht unter den Begriff der (Un-) Möglichkeit i.S.d. § 59 RStV bzw. § 44 VwVfG.[211] Sie ist daher unten im Rahmen der Verhältnismäßigkeitsprüfung zu untersuchen.

## V. Ausschluss von Überwachungspflichten (§ 7 Abs. 2 Sätze 1 und 2 TMG)

§ 59 Abs. 4 RStV schließt an die Ermächtigung zu Sperranordnungen den Satz an: „§ 7 Abs. 2 des Telemediengesetzes bleibt unberührt." Durch diesen Satz wer-

---

[208] Vgl. *Kopp/Ramsauer*, § 44 Rn. 39; *Maurer* hingegen nennt die tatsächliche Unmöglichkeit als Rechtmäßigkeitsvoraussetzung, die sich aus der „Grenze des Faktischen" ergebe, vgl. *Maurer*, Allgemeines Verwaltungsrecht, § 20 Rn. 19.

[209] *Schnabel*, Sperrverfügungen gegen Access-Provider, S. 27, http://www-en.eulisp.uni-hannover.de/media/Abschlussarbeiten/schnabel_christoph.pdf.

[210] *Engel*, MMR-Beilage 4/2003, 19 f.

[211] *Kopp/Ramsauer*, § 44 Rn. 39.

den sowohl Regelungen zum Ausschluss von Überwachungspflichten der Provider als auch zur Wahrung des Fernmeldegeheimnisses in Bezug genommen.

§ 7 Abs. 2 TMG bringt in seinen ersten beiden Sätzen das Spannungsverhältnis zum Ausdruck, das in großem Umfang auch Ursache der emotional und kontrovers geführten Debatte um die Zulässigkeit von Sperrverfügungen ist: Einerseits verrichten Diensteanbieter bei der Speicherung bzw. Übermittlung fremder Daten eine technische, automatisierte Tätigkeit, ohne von den Inhalten Kenntnis zu nehmen oder sie zu kontrollieren. Andererseits jedoch sollen sich die Provider nicht von jeder Verantwortlichkeit frei zeichnen können und bleiben insbesondere zur Sperrung verpflichtet, soweit die allgemeinen Gesetze das vorsehen.[212] Dieser Konflikt beeinflusst im vorliegenden Zusammenhang die für Sperrmaßnahmen wichtige Frage, welche Prüfpflichten sich für die in Anspruch genommenen Provider im Hinblick auf eventuelle Mirror-Sites oder Standortverlagerungen der zu sperrenden Inhalte ergeben.

### 1. § 7 Abs. 2 Satz 1 und 2 TMG

In § 7 Abs. 2 Satz 1 TMG bringt der Gesetzgeber den Willen zum Ausdruck, Überwachungspflichten der Diensteanbieter i.S.d. §§ 8 bis 10 TMG auszuschließen. Die Vorschrift setzt Art. 15 Abs. 1 ECRL um. Der Text der Norm lautet:

> „Die Mitgliedstaaten erlegen Anbietern von Diensten im Sinne der Artikel 12, 13 und 14 keine allgemeine Verpflichtung auf, die von ihnen übermittelten oder gespeicherten Informationen zu überwachen oder aktiv nach Umständen zu forschen, die auf eine rechtswidrige Tätigkeit hinweisen."

Die Regelung ist in engem Zusammenhang mit Erwägungsgrund 42 zu sehen, der einen zentralen Gedanken der Richtlinie enthält: Der Betrieb eines Kommunikationsnetzes, der Vorgang der Zugangsvermittlung und die Informationsübermittlung sind Tätigkeiten rein technischer, automatischer und passiver Art, „was bedeutet, dass der Anbieter eines Dienstes der Informationsgesellschaft weder Kenntnis noch Kontrolle über die weitergeleitete oder gespeicherte Information besitzt" (Erwägungsgrund 42 ECRL). Bei der automatisierten Diensteerbringung stehen die Anbieter den von ihren Nutzern eingegebenen oder abgerufenen Informationen neutral gegenüber. Von der Art der Inhalte haben sie dabei weder Kenntnis noch dürfen sie sich diese ohne Weiteres verschaffen, da § 88 TKG zu beachten ist (siehe sogleich § 7 Abs. 2 Satz 3 TMG). Den technisch-neutralen Charakter solcher Dienste der Informationsgesellschaft erkennt die E-Commerce-Richtlinie an. Sie bringt das nicht nur in den Haftungsprivilegierungen, sondern auch im Ausschluss proaktiver Überwachungspflichten zum Ausdruck. Klargestellt wird damit auch, dass Provider eine sozialadäquate Tätigkeit verrichten, die nicht als Gefahrenquelle

---

212 Vgl. zum Konflikt des § 8 Abs. 2 TDG a.F. (jetzt § 7 Abs. 2 TMG n.F.) *Neubauer*, K&R 2004, 482.

anzusehen ist.[213] Aus dieser Haltung des Richtlinien- und des Gesetzgebers soll für die Diensteanbieter Rechtssicherheit als Grundvoraussetzung eines florierenden elektronischen Geschäftsverkehrs in der Informationsgesellschaft entstehen, auch im Interesse eines reibungslosen Funktionierens des Binnenmarktes.

Flankiert werden § 7 Abs. 2 Satz 1 TMG und Art. 15 ECRL allerdings durch die Erwägungsgründe 47 und 48.[214] Erwägungsgrund 48 räumt den Mitgliedstaaten die Möglichkeit ein, von Host-Providern zu verlangen, dass sie mit der nach vernünftigem Ermessen zu erwartenden Sorgfalt bestimmte Arten rechtswidriger Tätigkeiten aufdecken und verhindern. Der deutsche Gesetzgeber hat diese Option jedoch bei der Umsetzung nicht genutzt. Erwägungsgrund 47 stellt klar, dass nur Überwachungspflichten *allgemeiner Art* ausgeschlossen sein sollen:

> „Die Mitgliedstaaten sind nur daran gehindert, den Diensteanbietern Überwachungspflichten aufzuerlegen, wenn diese allgemeiner Art sind. Dies betrifft nicht Überwachungspflichten in spezifischen Fällen und berührt insbesondere nicht Anordnungen, die von einzelstaatlichen Behörden nach innerstaatlichem Recht getroffen werden." (Erwägungsgrund 47)

Wenn damit „Überwachungspflichten in spezifischen Fällen", insbesondere Anordnungen nach innerstaatlichem Recht, möglich bleiben sollen, so lässt sich dies bei teleologischer Betrachtung auch mit dem genannten Kerngedanken der E-Commerce-Richtlinie in Einklang bringen: Besteht in einem konkreten Fall Kenntnis von illegalen Inhalten, ist der spezifische Sachverhalt gesondert von der Masse allgemeiner, automatisiert verarbeiteter Daten zu betrachten, soweit dies dem Anbieter technisch und rechtlich möglich ist.

Damit wird grundsätzlich anerkannt, dass die Dienste der Informationsgesellschaft (anders als die meisten Dienstleistungen der Offline-Welt) technisch-automatisiert und grundsätzlich ohne Kenntnisnahme des Einzelfalls erbracht werden. Gleichzeitig wird den Providern jedoch ein Vorgehen gegen bestimmte Angebote zugemutet, wenn insoweit Rechtsverletzungen bekannt werden und sich die konkreten Inhalte aus dem allgemeinen Datenstrom oder -pool herausfiltern lassen.[215] Der Grundgedanke der technisch-automatisierten und als sozialadäquat anerkannten Diensteerbringung bleibt jedoch nur erhalten und unangetastet, wenn die konkreten Fälle und die sie betreffenden „spezifischen Überwachungspflichten" dabei so präzise bestimmbar sind, dass Diensteanbieter sie bearbeiten und umsetzen können, ohne im Ergebnis doch anlassunabhängig sämtliche Daten kontinuierlich überwachen zu müssen.[216] Eine solche allgemeine Überwachungsverpflichtung wäre mit Sinn und Zweck des § 7 Abs. 2 Satz 1 TMG und dem zugrunde liegenden

---

213 *Sieber/Höfinger*, Allgemeine Grundsätze der Haftung, Teil 18.1. Rn. 53, in: Hoeren/Sieber (Hrsg.), Handbuch Multimedia-Recht.

214 *Sieber/Höfinger*, a.a.O., Teil 18.1 Rn. 53.

215 *Stadler*, K&R 2006, 253, 254.

216 *Sieber/Höfinger*, Allgemeine Grundsätze der Haftung, Teil 18.1 Rn. 53 ff., in: Hoeren/Sieber (Hrsg.), Handbuch Multimedia-Recht.

Art. 15 der Richtlinie auch dann unvereinbar, wenn sie von einer „einzelstaatlichen Behörde" i.S.d. Erwägungsgrunds 47 der Richtlinie erlassen würde. Der deutsche Gesetzgeber hat dies durch die folgende Regelung von § 7 Abs. 2 Satz 1 und 2 umgesetzt:

> „Diensteanbieter im Sinne der §§ 8 bis 10 sind nicht verpflichtet, die von ihnen übermittelten oder gespeicherten Informationen zu überwachen oder nach Umständen zu forschen, die auf eine rechtswidrige Tätigkeit hinweisen. Verpflichtungen zur Entfernung oder Sperrung der Nutzung von Informationen nach den allgemeinen Gesetzen bleiben auch im Fall der Nichtverantwortlichkeit des Diensteanbieters nach den §§ 8 bis 10 unberührt."

## 2. Einschlägige Zivilrechtsprechung

Der von der E-Commerce-Richtlinie beabsichtigte klare Rahmen für bestimmte rechtliche Aspekte des elektronischen Geschäftsverkehrs erscheint allerdings aktuell durch die zivilrechtliche Rechtsprechungsentwicklung zur Tragweite der Störerhaftung angetastet. Der BGH führte 2004 in einer Grundsatzentscheidung aus, dass die Haftungsprivilegierung (konkret: eines Host-Providers) Unterlassungsansprüche unberührt lasse. Er stützte sich dabei nicht nur auf den Wortlaut der in Frage kommenden Privilegierung, sondern auch auf § 8 Abs. 2 TDG a.F. (jetzt: § 7 Abs. 2 Satz 2 TMG), wonach Verpflichtungen zur Entfernung oder Sperrung der Nutzung von Informationen nach den allgemeinen Gesetzen auch im Fall der Nichtverantwortlichkeit des Diensteanbieters unberührt bleiben. Eine (zivilrechtliche) Haftung als Störer komme für den Provider jedoch nur in Betracht, soweit zumutbare Kontrollmöglichkeiten bestünden, um die Rechtsverletzung zu unterbinden.

Entsprechend dem Leitgedanken in Erwägungsgrund 42 der E-Commerce-Richtlinie stellte der BGH dann weiter klar, dass nicht jede von einem Nutzer eingegebene und in einem automatisierten Verfahren bearbeitete Information im Hinblick auf Rechtsverletzungen überprüfbar sei. Bei Kenntnis einer Markenverletzung müsste jedoch nicht nur das konkrete Angebot unverzüglich gesperrt werden, sondern seien auch technisch mögliche und zumutbare Maßnahmen zu ergreifen, um weitere „entsprechende" Markenverletzungen zu verhindern. Angebote der streitgegenständlichen gefälschten Rolex-Uhren seien einer besonderen Prüfung zu unterziehen, „möglicherweise" mit einer speziellen Software.[217] Die Entscheidung wurde sehr kontrovers diskutiert und führte in der Internetwirtschaft zu einer erheblichen Rechtsunsicherheit im Hinblick auf die praktische Umsetzung und das Ausmaß der Prüfpflichten. Befürchtet wurde vor allem die faktische Einführung einer „*ex ante*-Filterpflicht".[218] Während teilweise kritisiert wurde, dass der BGH die Diensteanbieter zur Bestimmung des technisch Möglichen auf die Verschuldens-

---

[217] BGH MMR 2004, 668, 672.

[218] *Hoeren*, MMR 2004, 672, 673.

prüfung im Vollstreckungsverfahren verweist, sahen andere Stimmen hierin die Möglichkeit einzelfallbezogener Zumutbarkeitsprüfungen.[219]

Besonders einige instanzgerichtliche Entscheidungen in der Folge dieses Urteils zeigen jedoch, dass die Befürchtungen einer ausufernden Prüfungspflicht der Anbieter – *contra legem* und nicht richtlinienkonform – nicht ganz unberechtigt waren.[220] Im Spannungsverhältnis zwischen § 7 Abs. 2 Satz 1 und 2 TMG droht die Wertung des Satzes 1 derzeit zu wenig Beachtung zu finden.

### 3. Relevanz für die Beurteilung der Sperrverfügungen

Die sich ausbreitende Rechtsunsicherheit ist auch in den Materialien zum Telemediengesetz vom 1.3.2007 unter dem Gliederungspunkt „Ziel und wesentlicher Inhalt" zum Ausdruck gekommen. Der Gesetzgeber führt darin aus, vor allem die Vorschriften, welche die Anforderungen der E-Commerce-Richtlinie in deutsches Recht umsetzen, sollten danach unverändert bleiben. Es werde aber nicht verkannt, „dass bei den Regelungen zur Verantwortlichkeit bei Teilen der Internetwirtschaft Befürchtungen bestehen, diese Regelungen würden dem Bedürfnis nach Rechtssicherheit nicht mehr gerecht".[221] Insbesondere das angesprochene Rolex-Ricardo-Urteil aus dem Jahr 2004 habe die „Besorgnis ausgelöst, dass damit eine Rechtsprechungsentwicklung eingeleitet werden könnte, die möglicherweise die Zielrichtung der Verantwortlichkeitsregeln der E-Commerce-Richtlinie beeinträchtigt".

Die zivilrechtlichen Grundsatzentscheidungen sind dabei nicht ohne Relevanz, da die Regelungen zur Verantwortlichkeit im TMG Querschnittscharakter haben.[222] Sie erfassen grundsätzlich jede Form des Einstehenmüssens für das Verhalten der Nutzer. Die Entwicklung der Rechtsprechung zur zivilrechtlichen Störerhaftung, die sich inzwischen in einer Entscheidung zur Unanwendbarkeit der Haftungsprivilegierung auf den vorbeugenden Unterlassungsanspruch fortsetzte,[223] kann deshalb auch bei einer Beurteilung der *ordnungsrechtlichen* Inanspruchnahme nicht außer Betracht bleiben. Dies gilt vor allem, weil sich nunmehr ein weiteres Urteil des Bundesgerichtshofs explizit auch auf das Angebot jugendgefährdender Medien bezieht. In Übereinstimmung mit seiner Rechtsprechung zu Markenrechtsverletzungen führte das Gericht aus, das in jenem Fall beklagte Internet-Auktionshaus

---

219 *Neubauer*, Haftung der Betreiber von Internet-Auktionsplattformen für (marken-) rechtsverletzende Inhalte Dritter, K&R 2004, 482, 485.

220 LG Hamburg MMR 2006, 491; einschränkend: OLG Hamburg MMR 2006, 744 ff.; *Stadler*, Proaktive Überwachungspflichten der Betreiber von Diskussionsforen im Internet. Zur Situation bei Suchmaschinen vgl. KG Berlin CR 2007, 263, 264.

221 Begründung zum Entwurf eines Gesetzes zur Vereinheitlichung von Vorschriften über bestimmte elektronische Informations- und Kommunikationsdienste (ElGVG), S. 14.

222 *Sieber/Höfinger*, Allgemeine Grundsätze der Haftung, Teil 18.1 Rn. 15, in: Hoeren/ Sieber (Hrsg.), Handbuch Multimedia-Recht.

223 BGH MMR 2007, 507 ff.

müsse bei Kenntnis eines konkreten jugendgefährdenden Angebots nicht nur dieses Angebot unverzüglich entfernen, sondern auch Vorsorge treffen, dass es möglichst nicht zu kerngleichen Rechtsverstößen komme.[224] So müsse verhindert werden, dass die konkret benannten jugendgefährdenden Medien von anderen Verkäufern erneut angeboten würden oder dass derselbe Versteigerer „nach Kategorie und Medium entsprechende“ indizierte Werke anbiete.

Auch die Unterschiede in den Tätigkeiten des Host- und Access-Providings führen hierbei zu keiner anderen Betrachtung. Zivilrechtlich reicht für eine mittelbare Störerhaftung jede adäquat-kausale Mitwirkung an einem Rechtsverstoß, sofern eine Verhinderungsmöglichkeit besteht. Deshalb wirken nach den zivilrechtlichen Verantwortlichkeitsregelungen auch Access- und sogar Network-Provider an den Rechtsverstößen durch illegale Inhalte mit, indem sie den Zugang ver- bzw. die Nachrichten übermitteln.[225] Wenn und soweit die Dienstleistung willentlich erbracht wird und durch ihre Verweigerung die Rechtsverletzung verhindert werden könnte, wird zivilrechtlich die Mitstörereigenschaft bejaht. Die Rechtsprechungsentwicklung könnte deswegen auch für die durch die Sperrverfügungen verpflichteten Provider zu weiterreichenden Überwachungspflichten führen, insbesondere, da es sich bei den Sperrverfügungen – wie bereits erwähnt – um Verwaltungsakte handelt, deren Wirkung nach Sinn und Zweck wesensgemäß auf Dauer angelegt ist (Dauerverwaltungsakte).

Teilweise schloss die Rechtsprechung bei der Entscheidung über die Düsseldorfer Sperrverfügung aber gerade aus dem Charakter des Dauerverwaltungsakts, dass es Aufgabe *der zuständigen Behörde* sei, die Verfügung nach ihrem Erlass „unter Kontrolle zu halten, auf Veränderungen der Sach- und Rechtslage zu reagieren und die Verfügung ggf. auch aufzuheben“.[226] Somit könnten sich die Unterschiede in der zivilrechtlichen und der *öffentlich-rechtlichen* Inanspruchnahme für die Internet-Provider günstig auswirken, wenn die Beobachtungspflicht eindeutig dem Organ obliegt, das die Verfügung erlassen hat.

Allerdings beinhaltet nach einer anderen Entscheidung die „Sperrungsverfügung in der ‚IP-Variante‘ das Gebot, entsprechende Änderungen zu verfolgen, die Sperrung also an geänderte IP-Nummern anzupassen. Geschieht dies, möglicherweise auch automatisiert, so sind die sich aus dem Wechsel der IP-Nummern ergebenden Bedenken ausgeräumt“.[227] Dieses Gebot erinnert in der „möglicherweise automatisiert“-Diktion an das oben genannte Rolex-Ricardo-Urteil des BGH.

---

224 BGH, Urteil vom 12.7.2007, I ZR 18/04, http://juris.bundesgerichtshof.de/cgi-bin/rechtsprechung/document.py?Gericht=bgh&Art=en&Datum=Aktuell&Sort=12288&nr=40359&pos=0&anz=519.

225 *Volkmann*, Der Störer im Internet, S. 82 zur zivilrechtlichen Störerhaftung.

226 VG Düsseldorf, Entscheidungsgründe I, http://www.afs-rechtsanwaelte.de/Pages/URTEILE133.HTM (insoweit nicht abgedruckt in MMR 2005, 794).

227 VG Köln MMR 2005, 399, 403.

Es besteht jedoch keineswegs Einigkeit darüber, dass die einen Dauerverwaltungsakt erlassende Behörde dessen fortbestehende Rechtsbeständigkeit zu überwachen oder „unter Kontrolle zu halten“[228] hat. Teilweise wird eine Verpflichtung zur Überprüfung nur auf Antrag des Betroffenen und für noch nicht vollzogene Verfügungen bejaht.[229] Für die vorliegende Problematik kommt dabei erschwerend hinzu, dass es sich um einen Verwaltungsakt mit Drittwirkung handelt, dessen mittelbar Betroffene regelmäßig im Ausland ansässig sind. Die Behörde würde ihrer aus Art. 1 Abs. 3 GG erwachsenden Verpflichtung zu rechtmäßigem Handeln, mit der auch eine Pflicht zum Widerruf bei Veränderungen der Sach- und Rechtslage korrespondiert,[230] nicht gerecht, wenn sie trotzdem darauf vertraut, dass sich die Betroffenen selbstständig melden und eine Aufhebung beantragen. Da sich die in Pflicht genommenen Provider gegenüber Dritten auch nach inhaltlichen Veränderungen des Angebots weiter auf die hoheitliche Verfügung beziehen können, haben auch sie kein unmittelbares Eigeninteresse, bei Veränderungen einzuschreiten.

Für die Beurteilung, ob beispielsweise das von der Rechtsprechung bejahte Gebot, Änderungen in der IP-Adresse zu verfolgen, schon gegen § 7 Abs. 2 Satz 1 TMG verstößt, ist wiederum das Spannungsverhältnis aus den Erwägungsgründen 42 und 47 zu betrachten.[231] Der technisch-neutrale, inhaltsferne Charakter des Diensteangebots ist bei Access- und Network-Providern noch stärker als bei den bislang von der Rechtsprechung beurteilten Host-Providern zu berücksichtigen. Für die Access-Provider sieht § 8 TMG (anders als § 10 TMG) nicht einmal bei positiver Kenntnis eine Pflicht zum selbstständigen Einschreiten vor.[232] Bei der oben genannten Verpflichtung zur Prüfung einer Änderung von IP-Adressen handelt es sich noch um eine auferlegte Kontrolle aus einem konkreten Anlass, die auf diesen beschränkt ist. Anders wäre wohl eine Verpflichtung zur Sperrung bestimmter Inhalte einzuordnen, die auch eine Überprüfung von Mirror-Sites einschlösse. Zwar wäre auch dies mit dem Wortlaut von Erwägungsgrund 47 vereinbar, soweit es sich um eine von einer innerstaatlichen Behörde erlassene Maßnahme handelt. Dabei dürfen den Diensteanbietern aber nicht entgegen § 7 Abs. 2 Satz 1 TMG Pflichten auferlegt werden, die faktisch nur durch allgemeine Überwachungspflichten des Internets umsetzbar wären. Zudem wird sich die zusätzliche Belastung durch die angesprochenen konkreten und zulässigen Prüfpflichten je nach Fallaufkommen vergleichsweise schnell auf die Zumutbarkeit der Inpflichtnahme insgesamt auswirken.[233]

---

228 BVerwGE 22, 16, 23; BVerwGE 28, 202, 204.

229 Zum Streitstand *Stelkens* in Stelkens/Bonk/Sachs, § 35 Rn. 150.

230 BVerwGE 28, 202, 204.

231 *Sieber/Höfinger*, Allgemeine Grundsätze der Haftung, Teil 18.1 Rn. 55, in: Hoeren/Sieber (Hrsg.), Handbuch Multimedia-Recht.

232 § 8 Abs. 2 nennt erst die Kollusion zwischen Diensteanbieter und Nutzer als Ausschlussgrund, vgl. *Sieber/Höfinger*, a.a.O., Rn. 69.

233 Vgl. zur Zumutbarkeit auch in der entsprechenden Entscheidung selbst: VG Köln MMR 2005, 399.

## VI. Wahrung des Fernmeldegeheimnisses (§ 7 Abs. 2 Satz 3 TMG)

Die Verweisung von § 59 Abs. 4 RStV auf § 7 Abs. 2 TMG schließt in Abs. 2 Satz 3 die Formulierung ein:

„Das Fernmeldegeheimnis nach § 88 TKG ist zu wahren.“

Damit wird die Geltung des *einfachgesetzlichen* Fernmeldegeheimnisses bekräftigt, das für Access- und Network-Provider auch ohne diese Verweisung gelten würde, da sie Anbieter von Telekommunikationsdiensten i.S.d. TKG sind.[234]

Zwischen der verfassungsrechtlichen Beurteilung des Fernmeldegeheimnisses durch Art. 10 GG und der Subsumtion unter die Voraussetzungen des einfachen Rechts in § 88 TKG besteht dabei kein völliger Gleichlauf. Auch wenn die Güterabwägung im Rahmen der Verhältnismäßigkeit keine Unangemessenheit ergeben sollte, kann die Rechtswidrigkeit der Maßnahme zu bejahen sein, wenn die Eingriffsgrundlage nicht den in § 88 TKG aufgestellten einfachgesetzlichen Anforderungen gerecht wird.[235] Auch umgekehrt ließe eine Vereinbarkeit mit den einfachgesetzlichen Vorgaben nicht schon den Schluss auf die Verhältnismäßigkeit im engeren Sinne zu. Vor diesem Hintergrund müssen die Voraussetzungen des § 88 als Teil der Eingriffsgrundlage losgelöst von der Prüfung der Angemessenheit erörtert werden.

Die Auswertung der IP-Adresse beim Router-Ansatz, der URL bei der Implementierung eines Proxies sowie entsprechend auch die Kombination der beiden Kontrollstrategien beim hybriden Ansatz sind getrennt und unter Berücksichtigung der jeweiligen Besonderheiten zu prüfen. Durch § 88 Abs. 3 TKG ergibt sich dabei die Beurteilungsgrundlage erst aus der Kombination des jeweiligen Sperrkriteriums und des konkreten Diensteangebots des Verfügungsadressaten, da gemäß Satz 1 dieser Vorschrift den Diensteanbietern untersagt ist, sich „über das für die geschäftsmäßige Erbringung der Telekommunikationsdienste einschließlich des Schutzes ihrer technischen Systeme hinaus erforderliche Maß Kenntnis vom Inhalt oder den näheren Umständen der Telekommunikation zu verschaffen“. Zunächst kommt es somit darauf an, welche Daten die jeweils in Anspruch genommenen Provider im Rahmen ihrer Diensteerbringung benötigen. Wird diese erste, in Abs. 3

---

[234] Telekommunikationsdienste sind gemäß § 3 Nr. 24 TKG „in der Regel gegen Entgelt erbrachte Dienste, die ganz oder überwiegend in der Übertragung von Signalen über Telekommunikationsnetze bestehen, einschließlich Übertragungsdienste in Rundfunknetzen“. Diensteanbieter ist nach § 3 Nr. 6 TKG „jeder, der ganz oder teilweise geschäftsmäßig a) Telekommunikationsdienste erbringt oder b) an der Erbringung solcher Dienste mitwirkt“. Eine Übertragung von Signalen erfolgt nicht nur durch die Carrier auf der physikalischen Übertragungsschicht des Internets. Die Signale dieser Übertragungsschicht werden auch von den Routern und Proxy-Servern weitergeleitet, die zusätzlich auf den höheren Protokollschichten arbeiten. Da die Signalübertragung auch bei diesen Providern Hauptzweck des Diensteangebots ist, betreiben auch sie „überwiegend“ Signalübertragung.

[235] *Germann*, Gefahrenabwehr und Strafverfolgung im Internet, S. 454.

Satz 1 liegende Hürde der Erforderlichkeit für die Diensteerbringung genommen, so ist gemäß Abs. 3 Satz 3 des Weiteren zu prüfen, ob die im Rahmen der Geschäftserbringung zulässigerweise erlangten Daten auch für die Durchführung von Sperrungen genutzt werden dürfen, da nach der Vorschrift „eine Verwendung dieser Kenntnisse für andere Zwecke … nur zulässig ist, soweit dieses Gesetz oder eine andere gesetzliche Vorschrift dies vorsieht und sich dabei ausdrücklich auf Telekommunikationsvorgänge bezieht".

## 1. § 88 Abs. 3 Satz 1 TKG

Für die Adressaten der Sperrverfügung ist zunächst zu prüfen, welche Daten für die geschäftsmäßige Erbringung – einschließlich des Systemschutzes – jeweils erforderlich sind. Nur in diesem Maße kann der Abgleich mit Identifikationsmerkmalen zu sperrender Kommunikation *de lege lata* zulässig sein. Andernfalls würden sich die Anbieter schon durch die Auswertung von IP-Adresse, Port-Nummer oder URL unbefugt Kenntnis von näheren Umständen der Kommunikation verschaffen.[236] Wenn das jeweilige Verkehrsdatum für die Geschäftserbringung (einschließlich des Systemschutzes) nicht erforderlich ist, scheitert die Rechtfertigung über § 20 Abs. 4 JMStV i.V.m. § 59 Abs. 4 RStV i.V.m. § 7 Abs. 2 TMG i.V.m. § 88 TKG daher bereits an § 88 Abs. 3 Satz 1 TKG, weil eine Analyse der näheren Umstände der Telekommunikation über das zulässige Maß hinaus durchgeführt werden müsste. Die Sperrverfügung würde dann eine Verfahrensweise anordnen, die nur unter Verstoß gegen § 88 TKG durchführbar ist, und wäre deshalb gemäß § 44 Abs. 2 Nr. 5 VwVfG (i.V.m. § 206 Abs. 3 StGB) nichtig.[237]

Zugangsvermittler auf der *Internetschicht*, die Router und Einwahlknoten bereitstellen, benötigen zur Weiterleitung der IP-Pakete grundsätzlich nur die IP-Adresse. Daten höherer Schichten, insbesondere die URL, werden für die Erbringung dieses Dienstes nicht gebraucht und sind bereits der Ende-zu-Ende-Kommunikation zwischen Nutzer und Zielserver zuzuordnen. Von *diesen* Zugangsvermittlern kann deshalb nicht verlangt werden, mittels eines Proxy-Servers URLs auf der Anwendungsschicht auszuwerten. Die– wie oben dargestellt vom Fernmeldegeheimnis erfassten – Daten sind für ihre Diensteerbringung nicht erforderlich und daher auch gemäß § 88 Abs. 3 Satz 1 TKG von ihnen nicht in zulässiger Weise nutzbar. An diesem Ergebnis ändert sich auch nichts, wenn die allgemeinen Geschäftsbedingungen des Anbieters diesem eine Installation neuer Hardware zum Zweck der Erbringung der Telekommunikationsdienstleistung erlauben, da es insoweit um eine andere Zwecksetzung geht. Ein Zugangsvermittler auf der Internetschicht kann daher nicht zur Erbringung eines anderen Dienstes –

---

236 *Greiner*, Die Verhinderung verbotener Internetinhalte im Wege polizeilicher Gefahrenabwehr, S. 116.

237 *Greiner*, a.a.O., S. 116.

zum Beispiel der Zugangsvermittlung auf der Anwendungsschicht – verpflichtet werden.[238] Damit scheitert für die Zugangsanbieter auf der Internetschicht sowohl die Verpflichtung, einen Proxy-Server einzusetzen, als auch die Anordnung der hybriden Sperrtechnologie schon an § 88 Abs. 3 Satz 1 TKG.

Auch die Port-Nummer ist, wie sich aus dem technischen Gutachten ergibt, bereits ein Datum der Transport-Schicht, und ihre Kenntnis ist für die bloße Vermittlung von IP-Paketen auf der Internetschicht nicht zwingend notwendig.[239] Allerdings sehen Router überwiegend und standardisiert Möglichkeiten vor, auch diese Angabe auszuwerten, da die Trennung nach Diensten anhand typischer Port-Nummern in vielerlei Hinsicht systemschützend zum Einsatz kommen kann. Die geschäftsmäßige Erbringung von Telekommunikationsdiensten umfasst auch die Störungsbeseitigung und Sicherstellung eines geordneten Kommunikationsablaufs. Soweit also der Port aus sachlich begründeten Systemschutz-Gründen ermittelt wird, ist dies mit § 88 Abs. 3 Satz 1 TKG vereinbar. Wird sie von den Zugangsvermittlern auf der Internetschicht jedoch nicht aus diesen Gründen ausgewertet, kann sie auch nicht zur Verfeinerung und Schadensbegrenzung der Sperre anhand der IP-Adresse ausgewertet und herangezogen werden.

Zugangsvermittler auf der *Anwendungsschicht*, die ohnehin einen Proxy-Server einsetzen und nur über diesen den Zugriff auf das Internet ermöglichen, benötigen demgegenüber zur geschäftsmäßigen Erbringung ihrer Dienste die Kenntnis der genauen URL. Da sich der Proxy für den Nutzer wie ein Server und für den Zielrechner wie ein Client verhält, fällt die Auswertung der Dienstmerkmale der Anwendungsschicht hier in vollem Umfang bereits bei diesen Diensteanbietern an. Werten derartige Zugangsvermittler URL-Requests im Datenstrom aus, so ist dies deshalb mit § 88 Abs. 3 Satz 1 TKG vereinbar. Entsprechendes gilt grundsätzlich auch für die hybride Sperrtechnik, die Routing und Proxy-Einsatz vereint. Auch bei diesem Ansatz muss ein Zugangsvermittler auf der Anwendungsschicht keine Daten auswerten, die er nicht ohnehin für die Diensteerbringung heranzieht.

### 2. § 88 Abs. 3 Satz 3 TKG

Von der Kenntnisverschaffung im Rahmen der Geschäftserbringung gemäß § 88 Abs. 3 Satz 1 TKG ist zu unterscheiden, ob auch die Verwendung der Kenntnisse für andere Zwecke als den der geschäftsmäßigen Erbringung des Dienstes rechtmäßig ist. Dies ist an § 88 Abs. 3 Satz 3 TKG zu messen, der besagt:

---

[238] *Köhntopp*, Inkomplöhntopp-Eintrag „Re: www.webcom.com wieder erreichbar aus dem WiN" vom 5.2.1996, http://kris.koehntopp.de/inkomploehntopp/00429.html.

[239] Bei der Erläuterung mittels funktionaler Äquivalente war insoweit für die Port-Nummer das Bild hilfreich, dass der Postzusteller (d.h. Vermittler auf der Internetschicht) die Post eines Apartmenthauses gesammelt zustellt und die Sortierung in die einzelnen Postfächer hausintern (d.h. beim Zielserver) organisiert wird.

„Eine Verwendung dieser Kenntnisse für andere Zwecke, insbesondere die Weitergabe an andere, ist nur zulässig, soweit dieses Gesetz oder eine andere gesetzliche Vorschrift dies vorsieht und sich dabei ausdrücklich auf Telekommunikationsvorgänge bezieht."

Auch wenn beispielsweise der Betreiber eines Routers die IP-Adressen zur Paketvermittlung auswerten muss, bedeutet dies deshalb noch nicht, dass er diese Daten auch mit der Blacklist abgleichen darf, um eine IP-basierte Zugriffssperre zu implementieren. Die im Rahmen der Geschäftserbringung erlangten Kenntnisse sind, wie sich aus § 88 Abs. 3 Satz 2 TKG ergibt, *zweckgebunden*. Die Unterbindung von Störungen der öffentlichen Sicherheit gehört nicht zur geschäftsmäßigen Diensteerbringung, da die Kontrolle und Unterdrückung illegaler Inhalte keine „inhärente Bedingung der Übermittlung"[240] ist. Die Sperrung ist insoweit eindeutig ein „anderer Zweck" i.S.d. § 88 Abs. 3 Satz 3 TKG. Die Verwendung der Kenntnis von IP-Adresse, Port-Nummer und URL für die Sperrung setzt deshalb voraus, dass eine gesetzliche Vorschrift diese Verwendung vorsieht und sich dabei auf Telekommunikationsvorgänge bezieht. Aufgrund der Voraussetzung der Bezugnahme auf Telekommunikationsvorgänge wird die Regelung auch als „kleines Zitiergebot" bezeichnet. Damit stellt sich die Frage, ob die Rechtsgrundlage gemäß § 20 Abs. 4 JMStV i.V.m. § 59 Abs. 4 RStV i.V.m. § 7 Abs. 2 TMG (i.V.m. § 88 TKG) durch die Verweisung auf § 88 TKG am Ende der Verweisungskette diesen Bedingungen für einen rechtmäßigen Eingriff genügt.

Eine Funktion der Regelung von § 88 Abs. 3 Satz 3 TKG ist, Normen als Eingriffsgrundlage auszuschließen, die beispielsweise Auskunftspflichten in allgemeiner Form und ohne Bezugnahme auf Telekommunikationsvorgänge regeln.[241] Diesbezüglich könnte die Ausgestaltung in § 59 Abs. 4 RStV aufgrund des typischerweise mit Telekommunikationsvorgängen verbundenen Sperrvorgangs noch dem Sinn und Zweck genügen. Die einfachgesetzliche Version des Zitiergebots soll aber darüber hinaus sicherstellen, dass der Wille des Gesetzgebers, das Fernmeldegeheimnis zurücktreten zu lassen, in der Befugnisnorm deutlich wird.[242] Es soll erkennbar werden, dass bei einer Kollision des Fernmeldegeheimnisses mit staatlichen Eingriffsbefugnissen Ersteres grundsätzlich *Vorrang* hat. Dies gilt gerade im Unterschied zur Vorläuferregelung des TKG in § 12 FAG.[243] Eine Erwähnung des Fernmeldegeheimnisses oder ein Verweis auf § 88 TKG wären dazu nicht einmal erforderlich.[244] Wenn der Gesetzgeber aber eine Verbindung zu § 88 TKG herstellt, so muss er sich am Wortlaut der Formulierung auch festhalten und messen lassen. Dies stellt sich vorliegend – auch unter Berücksichtigung der historischen Entwicklung der Eingriffsnorm – als problematisch dar.

---

240 *Germann*, Gefahrenabwehr und Strafverfolgung im Internet, S. 451.

241 BT-Drs. 13/3609, S. 53 zu § 82 TKG a.F., der inhaltlich weitgehend übereinstimmenden Vorläuferregelung zu § 85 TKG a.F.

242 *K. Lau* in Manssen, § 88 Rn. 26.

243 BT-Drs. 13/3609, S. 53.

244 *Zerres* in Scheurle/Mayen, TKG, § 85 Rn. 40.

§ 18 des MDStV in der 1. Fassung von 1997 enthielt für die Sperrverpflichtung nach Abs. 3 noch ausdrücklich die Einschränkung, dass Sperrmaßnahmen gegen den Anbieter fremder Inhalte gerichtet werden können, „sofern der Anbieter unter Wahrung des Fernmeldegeheimnisses gemäß § 85 des Telekommunikationsgesetzes von den Inhalten Kenntnis erlangt“. Aufgrund dieser gesonderten Nennung der Kenntnisnahme wurde teilweise angenommen, dass sich der „sofern“-Vorbehalt bezüglich des Fernmeldegeheimnisses nur auf die *Kenntnisnahme* von den Inhalten beziehe. Die *Verwendung* dieser Kenntnis sehe die Rechtsgrundlage (in der damaligen Fassung) sodann *ohne Einschränkung* im Hinblick auf das Fernmeldegeheimnis vor, weshalb die Norm eine gesetzliche Erlaubnis zur weiteren Verwendung i.S.d. § 88 Abs. 3 Satz 3 TKG sei.[245] Dabei bringe die Legislative gerade durch den Vorbehalt bei der Kenntnisnahme zum Ausdruck, dass ihr der Bezug zu Telekommunikationsvorgängen bewusst sei.

Diese Annahme war allerdings unzutreffend. Denn die genannte Regelung des § 18 MDStV bezog sich nur auf die *zu sperrenden* Inhalte und nicht auf die zur Umsetzung der Sperrverfügung erforderlichen Implementationsmaßnahmen. Dies wird nicht nur aus dem Wortlaut von § 18 MDStV, sondern vor allem auch aus der Parallelvorschrift des § 5 Abs. 4 TDG 1997 deutlich, nach der sich bei Verpflichtungen zur Sperrung der Nutzung von rechtswidrigen Inhalten die Kenntniserlangung auf „diese“ zu sperrenden Inhalte bezieht.[246] Bestätigt wird dies durch die Begründung zum TDG 1997, die vor allem darauf abstellt, dass die Access-Provider die durchgeleiteten Inhalte nicht mitlesen dürfen und deswegen entsprechende Hinweise von den Behörden bekommen müssen.[247] Der Gesetzeswortlaut und die Materialien bieten damit keinerlei Anlass zu der Annahme, dass der Legislative klar war, die Umsetzung der Sperre könne beim Abgleich der Datenströme mit der Sperrliste in das Fernmeldegeheimnis eingreifen.[248] Deswegen ist davon auszugehen, dass der Gesetzgeber nur die Überwachung und Kontrolle der vom Nutzer angefragten Online-Angebote („Kenntniserlangung von den *Inhalten*“) als problematisch ansah und das Fernmeldegeheimnis im Übrigen als nicht tangiert befand: Der

---

[245] *Germann*, Gefahrenabwehr und Strafverfolgung im Internet, S. 453 (zu § 85 TKG a.F.).

[246] *Germann*, a.a.O., S. 436, macht bei der Betrachtung polizeirechtlicher Befugnisse an § 5 Abs. 4 TDG a.F. deutlich, dass der Gesetzgeber das Fernmeldegeheimnis in dieser Norm gerade gegenüber einer Verpflichtung zur Sperrung rechtswidriger Inhalte betont. § 5 Abs. 4 a.F. enthielt wie § 18 MDStV die Formulierung: „wenn der Diensteanbieter unter Wahrung des Fernmeldegeheimnisses gemäß § 85 des Telekommunikationsgeheimnisses von diesen Inhalten Kenntnis erlangt und eine Sperrung möglich und zumutbar ist“.

[247] Vgl. BT-Drs. 13/7385, S. 21.

[248] Vgl. zum Bundesgesetzgeber BT-Drs. 13/7385 vom 9.4.1997, S. 21, sowie zum Landesgesetzgeber Bayer. LT-Drs. 13/7716 vom 21.3.1997, S. 17. Die Verhinderung der Kommunikation selbst ist (wie in Teil 2 ausgeführt) im Hinblick auf Art. 10 GG irrelevant und daher auch nicht über § 88 TKG rechtfertigungsbedürftig. Dies gilt jedoch nicht für den Abgleich des Datenstroms mit den Sperrkriterien mit dem Ziel, an diese Kenntnisse eine Sperre anzuknüpfen.

Gesetzgeber hat daher ersichtlich nicht bedacht, dass die Provider auch bei einem entsprechenden (hoheitlichen) Hinweis auf illegale Inhalte jedenfalls noch bestimmte von Art. 10 ebenfalls geschützte *Umstände* der Kommunikation auswerten müssen, um daran anknüpfend die Zugriffssperre implementieren zu können.

Die im Jahr 2002 folgende Fassung des MDStV war insoweit sogar noch weniger gelungen. Die vorgenannte Regelung wurde nicht einmal übernommen. Vielmehr findet sich in § 6 Abs. 2 MDStV nur der undifferenzierte Hinweis:

„Das Fernmeldegeheimnis nach § 85 des Telekommunikationsgesetzes [nunmehr: § 88] ist zu wahren."

Die unterbliebene Übernahme der oben dargestellten Regelung von § 18 Abs. 3 MDStV lag nach der Gesetzesbegründung allein darin, dass der allgemeine Verweis in § 6 Abs. 2 Satz 3 MDStV eine spezielle Erwähnung in der Aufsichtsregelung entbehrlich mache.[249] Die Gesetzesmaterialien zeigen dazu hier ebenfalls, dass der Gesetzgeber das Fernmeldegeheimnis allein im Hinblick auf die Erlangung der Kenntnis von den illegalen Inhalten als berührt ansah.[250]

In der aktuellen Fassung nach dem 9. Rundfunkänderungsstaatsvertrag findet sich nunmehr in § 59 Abs. 4 ein Hinweis auf § 7 Abs. 2 TMG, dessen Satz 3 wie zuvor den obigen allgemeinen Verweis auf die Wahrung des Fernmeldegeheimnisses enthält.

Problematisch ist dabei nicht die Verweisungstechnik. Die herrschende Meinung hält es – wie beim verfassungsrechtlichen Zitiergebot nach Art. 19 Abs. 1 Satz 2 GG[251]– ebenfalls bei diesem sogenannten kleinen Zitiergebot für ausreichend, der Warn-, Besinnungs- und Informationsfunktion an irgendeiner Stelle im Gesetz, auch in einer zusammenfassenden Klausel, Rechnung zu tragen.[252] Aus der einschränkenden Rechtsgrundlage soll jedoch die Abwägung und Entscheidung des Normgebers hervorgehen, das Fernmeldegeheimnis nach seinem Willen *zurücktreten* zu lassen.[253] Ein solcher Entschluss des Gesetzgebers lässt sich aus der allgemeinen Regelung „§ 88 TKG ist zu wahren" jedoch gerade nicht erkennen. Im Gegenteil: Der Wortlaut von § 7 Abs. 2 Satz 3 TMG „Das Fernmeldegeheimnis ist zu wahren" und eine intrasystematische Auslegung von § 7 Abs. 2 TMG deuten darauf hin, dass der Gesetzgeber dem Fernmeldegeheimnis generell den Vorrang einräumen wollte. Denn § 7 TMG enthält in Abs. 2 Satz 1 nicht nur die für den Schutz der vertraulichen Kommunikation fundamentale Vorschrift, dass Diensteanbieter nach §§ 8 bis 10 TMG nicht zur Überwachung und Kontrolle der Rechtmäßigkeit

249 Begründung zum Sechsten Rundfunkänderungsstaatsvertrag, http://www.jura.uni-rostock.de/Gersdorf/medienrecht/BRD_LandesR/6RAeStV_Begruendung.pdf, S. 51.

250 Vgl. Bayer. LT-Drs. 14/8628 vom 4.2.2002, S. 22.

251 *Krüger/Sachs* in Sachs, GG, Art. 19 Rn. 31.

252 *Klesczewski*, Berliner Kommentar zum TKG, § 88 Rn. 28. Zu den möglichen Formen der Nennung *Wuttke*, Polizeirecht und Zitiergebot, S. 22.

253 BT-Drs. 13/3609, S. 53.

der übermittelten oder gespeicherten Dienste verpflichtet sind. § 7 Abs. 2 Satz 3 verweist auch auf den kompletten § 88 TKG und damit ebenfalls auf Abs. 1, der neben den Inhalten ausdrücklich die näheren Umstände der Kommunikation als schützenswert hervorhebt. Zwar stellt § 7 Abs. 2 Satz 2 TMG fest, dass die Pflicht zu Sperrung und Entfernung selbst im Fall der Nichtverantwortlichkeit unberührt bleibt. § 7 Abs. 2 Satz 3, die Bezugnahme auf das Fernmeldegeheimnis, bezieht sich insoweit aber auf beide Sätze, die Verneinung einer Überwachungspflicht und die Bejahung der Sperrpflicht. Überdies bezieht der umfängliche Verweis auf § 88 TKG die Einschränkungsmöglichkeit in § 88 Abs. 3 Satz 3 und das entsprechende Zitiergebot des TKG mit ein.

Ein Eingriff in das Fernmeldegeheimnis bei der Implementation von Sperrmaßnahmen lässt sich ebensowenig dadurch rechtfertigen, dass zur Erfüllung des Zitiergebots auf die Regelung des Gesetzgebers zur Zulassung von Sperrmaßnahmen in § 20 Abs. 4 JMStV, § 59 Abs. 4 RStV abgestellt und dabei angenommen wird, die Implementation von Sperrmaßnahmen erfordere stets oder regelmäßig Eingriffe in Art. 10. Einer solchen Argumentation steht neben dem Wortlaut der Regelung schon entgegen, dass es mit DNS-Sperrungen und Verfügungen gegen Suchmaschinen durchaus Technologien gibt, die ohne Eingriffe in das Fernmeldegeheimnis funktionieren.

Eine diesem Hintergrund Rechnung tragende Lösung kann auch nicht damit erzielt werden, dass – ergänzend zur geltenden Anordnungsnorm – auf die oben dargestellte alte Regelung des § 18 MDStV abgestellt und ein Redaktionsversehen im Hinblick auf die Übernahme dieser Norm behauptet wird. Wie bereits erwähnt wurde, kann schon nicht davon ausgegangen werden, dass sich § 18 MDStV auch auf Eingriffe bei der Implementation von Sperrverfügungen bezieht. Ferner ist nicht darüber hinwegzukommen, dass § 18 MDStV heute nicht mehr gilt. Entsprechende Konstruktionen verfehlen deswegen nicht nur das kleine Zitiergebot gemäß § 88 TKG, sondern genauso das verfassungsrechtliche Zitiergebot nach Art. 19 Abs. 1 Satz 2 GG, das – wie in Teil 3 E. dargestellt – für Art. 10 GG gilt.

Der Mangel einer entsprechenden Eingriffsrechtfertigung wird besonders deutlich, wenn man der vorliegenden Regelung die Zitiergebote in § 64 Abs. 1 TKG und § 115 Abs. 5 TKG gegenüberstellt. § 64 TKG formuliert: „Das Grundrecht des Fernmeldegeheimnisses nach Artikel 10 des Grundgesetzes wird nach Maßgabe der Sätze 2 bis 4 eingeschränkt." § 115 Abs. 5 bestimmt „Das Fernmeldegeheimnis des Artikels 10 des Grundgesetzes wird eingeschränkt, soweit dies die Kontrollen nach den Absätzen 1 oder 4 erfordern."

Die Formulierung des § 7 Abs. 2 Satz 3 TMG „Das Fernmeldegeheimnis ist zu wahren" verfehlt demgegenüber nicht nur das Zitiergebot für die Rechtfertigung von Eingriffen in das Fernmeldegeheimnis, sondern verbietet derartige Eingriffe sogar ausdrücklich. Da die Vorschrift – anders als § 64 Abs. 1 und § 115 Abs. 5 TKG – nach ihrem Wortlaut keine Einschränkung des Fernmeldegeheimnisses vorsieht, kann sie insbesondere nicht dahingehend ausgelegt werden, dass es nur zu „berücksichtigen“ oder „abzuwägen“ sei und dass damit dem Zitiergebot Rechnung getragen würde. § 7 Abs. 2 Satz 3 TMG bestätigt vielmehr im Gegenteil deutlich, dass der Gesetzgeber die Wahrung anordnen wollte.

### 3. Zwischenergebnis

Im Ergebnis ist damit entscheidend: Der Gesetzgeber hat nicht erkannt, dass die Implementation von Sperrmaßnahmen in unterschiedlicher Intensität in das Fernmeldegeheimnis eingreifen kann. Er hat die Möglichkeiten und Grenzen dieser Eingriffe auch nicht geregelt und insbesondere nicht – wie von dem Zitiergebot verlangt – im Gesetz zum Ausdruck gebracht, dass die Umsetzung der Sperrungen in das Fernmeldegeheimnis eingreifen kann, sondern dies im Gegenteil sogar ausgeschlossen. Eine gesetzliche Regelung dieser Fragen wäre dabei vor allem auch deswegen notwendig gewesen, weil einzelne der (insb. hybriden) Sperrtechnologien zum Aufbau von Überwachungssystemen benutzt werden können, die eine weitreichende Kontrolle der Internetnutzer ermöglichen können.[254] Aus diesem Grunde muss die Implementation der Maßnahmen zum gegenwärtigen Zeitpunkt auf Technologien beschränkt bleiben, die nicht in das Fernmeldegeheimnis eingreifen. Möglich sind deswegen nach geltendem Recht aufgrund der obigen Analyse insbesondere Manipulationen von DNS-Servern und Sperranordnungen gegen Suchmaschinen, nicht jedoch gegen Router oder Proxies.

Zur Regelung weitergehender Maßnahmen müsste die Legislative deswegen *de lege ferenda* in § 7 Abs. 2 TMG klarstellen, inwieweit Sperrtechnologien in das Fernmeldegeheimnis eingreifen können. Der Gesetzgeber muss sich dabei darüber klar sein, dass bereits der Abgleich von IP-Adressen, Port-Nummern und URLs einer Telekommunikationsverbindung mit einer Liste zu sperrender Angebote einen rechtfertigungsbedürftigen Eingriff in Art. 10 GG und eine Verwendung der dem Fernmeldegeheimnis unterliegenden Daten i.S.d. § 88 Abs. 3 Satz 3 TKG (zu „anderen Zwecken“ als der Diensteerbringung) darstellt.[255] Darüber hinaus müsste der Gesetzgeber durch eine Beachtung des „kleinen Zitiergebots“ deutlich machen, dass das Fernmeldegeheimnis hinter die staatliche Eingriffsmöglichkeit zurücktreten soll, damit die Rechtsgrundlage den Anforderungen des § 88 Abs. 3 Satz 3 TKG und dem verfassungsrechtlichen Zitiergebot genügt.

Zum gegenwärtigen Zeitpunkt ist allerdings nicht abzusehen, ob sich die Rechtsprechung über die vorliegend geltend gemachten Bedenken hinwegsetzen wird oder ob die Legislative durch eine gesetzliche Änderung weiterreichende Eingriffe in das Fernmeldegeheimnis ermöglichen wird. Aus diesem Grunde werden im Fol-

---

254 Vgl. dazu oben Teil 2 B.III.3. und 2 C.I.

255 *Greiner*, Die Verhinderung verbotener Internetinhalte im Wege polizeilicher Gefahrenabwehr, S. 116 f.

genden die weiteren Voraussetzungen für Sperrverfügungen im Hinblick auf alle Arten von Sperranordnungen untersucht, auch soweit diese Sperrverfügungen Eingriffe in Art. 10 GG erfordern.

## VII. Bestimmtheit der Sperrverfügung

Ein Verwaltungsakt ist hinreichend bestimmt, wenn der Inhalt der getroffenen Regelung im Zusammenhang mit den sonstigen bekannten oder erkennbaren Umständen für die Beteiligten i.S.d. § 13 VwVfG, besonders für die Adressaten, so vollständig und eindeutig ist, dass die weiteren Verhaltensschritte daran ausgerichtet werden können.[256] Der Adressat muss erkennen können, was genau von ihm gefordert wird. Im Hinblick auf die Sperrverfügung stellen sich hier insbesondere zwei Probleme.

### 1. Bestimmtheit der zu sperrenden Inhalte

In der Literatur wird kritisiert, dass die Bezirksregierung Düsseldorf in ihrer Sperrungsanordnung nur Web-Adressen statt konkreter zu sperrender Angebote angegeben hat. Dabei werde die Adresse unter Missachtung der Natur des World Wide Web und der sich online häufig ändernden Inhalte mit dem Angebot selbst gleichgesetzt.[257] Dem ist zuzugeben, dass die Norm selbst in § 59 Abs. 3 und 4 RStV (nur) zu einer „Sperrung der Angebote“ ermächtigt. Andererseits argumentierten gerade die Provider selbst im Rechtsstreit gegen die Bestimmtheit, für den Router-Ansatz hätten die konkreten IP-Adressen angegeben werden müssen.[258] Das Gericht hat die Bestimmtheit gleichwohl bejaht und seinerseits mit den online häufig wechselnden IP-Adressen argumentiert, die der Behörde eine genauere Angabe nicht ermöglicht hätten.

Die Publikationsweise im Internet und die konfligierenden Interessen der Beteiligten führen für die Bestimmtheit der Verfügung zu einem kaum lösbaren Dilemma: Während eine Sperrung konkret bezeichneter Angebote dem Normtext und wohl auch den Interessen der Inhaltsanbieter Rechnung tragen würde, entspricht eine technisch möglichst genau und ohne weitere Inhaltskontrolle umsetzbare Identifikation eher dem Interesse der Provider. Da die Vermeidung von allgemeinen Überwachungspflichten und die Anerkennung des technisch-neutralen, weitgehend inhaltsfernen Diensteangebots im Kern der E-Commerce-Richtlinie stehen und entgegen der aktuellen Rechtsprechungsentwicklung auch Baustein des nationalen

256 *Kopp/Ramsauer*, VwVfG, § 37 Rn. 5.

257 *Stadler*, Haftung für Informationen im Internet, Rn. 127a.

258 VG Köln MMR 2005, 399.

Telemedienrechts bleiben soll, ist den Interessen der verpflichteten Provider hier der Vorrang einzuräumen.

Würden dagegen nur Angaben oder Screenshots zum Inhalt der zu sperrenden Angebote erfolgen, so könnten die verpflichteten Provider die Verfügung nicht einfach technisch umsetzen, sondern müssten die Inhalte und die Aktualität überprüfen. Eine allein auf Inhalte des inkriminierten Angebots fokussierte Sperrverfügung ist zudem im Hinblick auf Mirror-Sites bedenklich. Es wäre den Providern wohl nur durch eine – vom Gesetz gerade ausgeschlossene – allgemeine Überwachung möglich, auch diese Spiegelungen in die „Sperre des Angebots" einzubeziehen.

Da die E-Commerce-Richtlinie in den Erwägungsgründen andererseits nur allgemeine Überwachungspflichten, nicht aber spezifische Prüfpflichten im Einzelfall ausschließt,[259] bietet sich ein *kombiniertes Vorgehen* an. Das zu sperrende Angebot ist so konkret wie möglich, das heißt mit Angaben der inkriminierten Inhalte zu einem bestimmten Datum sowie Domain und IP-Adresse, ggf. auch URL, zu bezeichnen. Die Provider sind dann in der Lage, zumindest bei der Einrichtung der Sperre genau ausmachen zu können, für welches Angebot die Sperrung von ihnen verlangt wird. Dies zu gewährleisten ist gerade Ziel des Bestimmtheitserfordernisses von § 37 VwVfG. Da für die Einrichtung der Sperre in der Infrastruktur des Providers auch kein Nutzer-Traffic auszuwerten ist und die Provider das Angebot des Inhaltsanbieters anhand der öffentlich zugänglichen Inhalte im Internet überprüfen können, ergibt sich insoweit auch keine Unvereinbarkeit mit dem Fernmeldegeheimnis.

### 2. Bestimmtheit des geforderten Verfahrens

Unter dem Gesichtspunkt der Bestimmtheit wurde auch die Wahlmöglichkeit zwischen den verschiedenen Sperrverfahren kritisch diskutiert. Zwar scheint diese die Provider weniger zu beeinträchtigen als eine einzelne konkret bestimmte Angabe. Im Hinblick auf die Titelfunktion eines Verwaltungsakts können sich aus der Wahlmöglichkeit jedoch Probleme für die Verwaltungsvollstreckung ergeben.[260] Die Rechtsprechung löst die Problematik jedoch mit dem Hinweis, dass auch im Vollstreckungsverfahren die am wenigsten eingreifende Maßnahme zu wählen ist.[261]

Nach der vorliegend vertretenen Position sind schon aus Gründen des einfachgesetzlichen Fernmeldegeheimnisses *de lege lata* die meisten Sperrtechnologien aus-

---

259 Vgl. nochmals zu Erwägungsgrund 47 *Sieber/Höfinger*, Allgemeine Grundsätze der Haftung, Teil 18.1 Rn. 55, in: Hoeren/Sieber (Hrsg.), Handbuch Multimedia-Recht.

260 *Stelkens* in Stelkens/Bonk/Sachs, § 37 Rn. 28 f.

261 VG Köln MMR 2005, 399, 401; vgl. zur Position, dass kein konkretes Mittel anzugeben ist, z.B. auch BVerwGE 31, 15, 18.

geschlossen. Auch bei einer Korrektur dieses Ergebnisses *de lege ferenda* sollte jedoch anstelle einer unbestimmten „Technologietrias" der möglichen Sperrverfügungen in der Verfügung berücksichtigt werden, wie der jeweilige Provider seinen Dienst erbringt und ob er bereits einen DNS-Server betreibt oder einen Proxy-Server einsetzt. Im Rahmen der Verhältnismäßigkeitsprüfung wird noch zu ermitteln sein, ob eine spezielle Implementierung von zusätzlicher Hardware sowie die damit einhergehende Änderung des Diensteangebots gefordert werden kann. Falls sich dies nicht ergibt, muss auf den freiwilligen Charakter einer solchen Umstellung der Geschäftserbringung hingewiesen werden, wenn (trotz der aufgezeigten Bedenken zur Vollstreckbarkeit) mehrere Sperrmethoden zur Auswahl gestellt werden sollen.

# Teil 5: Verhältnismäßigkeit der Maßnahme

Trotz der Lösung einzelner Fragen durch die Klarstellungen im neuen Telemedienrecht besteht vor allem bei der Beurteilung der Verhältnismäßigkeit der Sperrmaßnahme weiterer Diskussionsbedarf. Der Verhältnismäßigkeit kommt dabei deswegen besondere Bedeutung zu, weil sie das Grundkonzept der nationalen Abschottung in Frage stellen kann und einschlägige Bedenken überwiegend auch nicht durch eine Anpassung der einfachgesetzlichen Rechtslage behoben werden könnten.

Die verfassungsrechtliche Forderung nach der Verhältnismäßigkeit der Sperrverfügungen verlangt, dass diese im Einzelfall einem legitimen Zweck dienen (unten A.) sowie zur Verwirklichung dieses Zweckes geeignet (unten B.), erforderlich (unten C.) und angemessen (unten D.) sind.

## A. Legitimer Zweck

Gemäß der Begründung des Jugendmedienschutzstaatsvertrags liegt dessen Ziel im Schutz von Kindern und Jugendlichen vor Angeboten, die deren Entwicklung oder Erziehung beeinträchtigen oder gefährden können. „Daneben dient er jedoch auch *allgemein* dem Schutz vor Angeboten in elektronischen Medien, welche die Menschenwürde oder sonstige durch das Strafgesetzbuch geschützte Rechtsgüter verletzen."[1]

### I. Jugendschutz

Der Verfassungsrang des Jugendschutzes und das staatliche Wächteramt gemäß Art. 6 Abs. 2 Satz 2 GG wurden bereits mehrfach hervorgehoben. Insoweit wird mit dem Schutz der Jugend ein legitimer Zweck verfolgt. Hierbei ist jedoch zu beachten, dass allenfalls bei Verstößen gegen § 4 Abs. 2 und § 5 JMStV Jugendschutz der alleinige Zweck von Sperrverfügungen sein kann. Wie dargelegt ist die Schranke gemäß Art. 5 Abs. 2 GG auf Eingriffe in die Rezipientenfreiheit Jugendlicher und korrespondierende Beeinträchtigungen des Kommunikators begrenzt.

---

[1] Begründung zum Jugendmedienschutz-Staatsvertrag (Hervorhebung diesseits), Bayer. LT-Drs. 14/10246.

Eingriffe in die Informationsfreiheit Erwachsener wie bei § 4 Abs. 1 JMStV lassen sich grundsätzlich nicht rechtfertigen. Dies muss auch für die Zweckverfolgung bei der Verhältnismäßigkeitsprüfung berücksichtigt werden, sodass insoweit noch andere Zwecke ergänzend hinzutreten müssen.

## II. Schutz der Allgemeinheit

Neben dem Schutz der Jugend verfolgen der JMStV und die Aufsichtsmaßnahmen in seinem Geltungsbereich auch den Schutz der Allgemeinheit vor solchen Angeboten in elektronischen Informations- und Kommunikationsmedien, welche die *Menschenwürde* oder sonstige durch das *Strafgesetzbuch geschützte Rechtsgüter* verletzen.

Im Hinblick auf die Menschenwürde ist auf die Schwierigkeiten bei der Anwendung der Objektsformel des BVerfG auf Medieninhalte hinzuweisen. Die mediale Darstellung macht die Gegenstände oder Personen, über die berichtet wird, stets zum „Objekt der Betrachtung", weshalb es in diesem Bereich überzeugender ist, auf den Aspekt der Achtung vor der Autonomie und Selbstbestimmung der dargestellten Menschen abzustellen.[2] Vor diesem Hintergrund und aufgrund seiner Unbestimmtheit wird der Begriff bislang von der Rechtsprechung und der Medienaufsicht nur zögerlich und zurückhaltend herangezogen.

Die maßgeblichen, teilweise auch durch das StGB geschützten Rechtsgüter ergeben sich aus § 4 JMStV, wobei eine Generalklausel das StGB betreffend allerdings gerade nicht mehr vorgesehen ist und die Verbotsnorm daher nicht auf die umfassende Zweckbestimmung abgestimmt erscheint. Schutzgüter des § 4 Abs. 1 JMStV sind der demokratische Rechtsstaat sowie der politische und der öffentliche Frieden. Letzteres Rechtsgut ist nach herrschender Meinung auch maßgeblich bei dem Verbot von Gewaltdarstellungen und der untersagten Anleitung zu schweren Straftaten. Auch § 4 Abs. 2 verfolgt über den Jugendschutz hinaus den Zweck, die ungewollte Konfrontation Erwachsener mit Pornographie zu vermeiden.[3]

Der Schutz all dieser erwähnten Rechtsgüter stellt sich als legitimer Zweck der hier zu prüfenden Aufsichtsmaßnahme dar. Diese müsste jedoch auch geeignet sein, das genannte Schutzziel zu verfolgen.

---

2 *Scholz/Liesching*, Jugendschutz, JMStV, § 1 Rn. 8; *Kreile/Detjen*, ZUM 1994, 78, 82; zum Autonomie-Ansatz *Fink*, AfP 2001, 189, 191.

3 Bayer. LT-Drs. 14/10246, S. 14.

## B. Geeignetheit

Insbesondere von Informatikern wurde und wird gegen Sperrverfügungen vorgebracht, schon die Infrastruktur des Internets verhindere eine wirksame Sperrung des Zugangs zu bestimmten Angeboten. Häufig pflichteten die Kritiker einem – wechselnd *John Gilmore* oder *John Nagle* zugeschriebenen – Zitat bei: "The Internet treats censorship as though it were a malfunction and routes around it." Eine Umgehung der Sperrung durch alternative Wege zum begehrten Angebot sei schon bei geringem technischem Sachverstand möglich. Der Chaos Computer Club beispielsweise veröffentlichte eine aus wenigen kurzen Schritten bestehende Anleitung zur Konfiguration der DNS-Einstellungen, inklusive einer Liste von nicht manipulierten Ersatz-DNS-Servern. Sperrmaßnahmen, die derart unkompliziert zu umgehen sind, stellen nach den Maßstäben vieler Informatiker keine technisch wirkungsvolle Lösung dar.

Die damit deutlich gewordene Diskussion um die Geeignetheit von Sperrmaßnahmen ist in einzelne Teilaspekte aufzugliedern. Zunächst ist fraglich, welche Zielgruppe (I.) primär am Zugriff auf die Inhalte gehindert werden soll, da auch die Umgehungsmöglichkeiten an den Fähigkeiten dieses Personenkreises zu messen sind. Anschließend ist in die Überlegungen einzubeziehen, dass der juristische Begriff der Geeignetheit mit der Beschränkung auf die Zweckförderlichkeit (II.) eine Besonderheit aufweist, die in der bisherigen Kritik der Sperrverfügungsmaßnahmen häufig nicht hinreichend beachtet wurde. Ein weiterer bedeutsamer, insbesondere von der Rechtsprechung noch ausgesparter Punkt ist sodann die Frage der Skalierbarkeit der einzelnen Sperrtechnologien (III.). Dabei wird auch auf die einschlägigen Erwägungen in der bereits mehrfach erwähnten Sperranordnung der Bezirksregierung Düsseldorf einzugehen sein. Unter Berücksichtigung dieser Prämissen sind die einzelnen in Frage kommenden Ansätze der Zugriffssperrung ferner jeweils hinsichtlich der Vor- und Nachteile zu betrachten (IV.).

### I. Zielgruppe

„Netzsperre für Fritzchen Doof"[4] lautet die Überschrift eines zahlreich rezipierten Artikels des Online-Magazins Telepolis. Der verantwortliche Mitarbeiter eines von der Sperrverfügung betroffenen Providers wird darin mit der Aussage zitiert, die Maßnahme sei „eigentlich schwachsinnig" und treffe höchstens „Fritzchen Doof". Diese Aussagen sind insoweit richtig, als die Umgehungsmöglichkeiten zweifellos mit den IT-Fähigkeiten und der Motivation der Nutzer zunehmen. Einen IT-Experten auch nur ansatzweise am gezielten Zugriff auf einen konkreten Inhalt

[4] *Krempl*, Netzsperre für Fritzchen Doof, Telepolis-Artikel vom 22.11.2001, http://www.heise.de/tp/r4/artikel/11/11175/1.html.

zu hindern, würde ein anderes Vorgehen erfordern als einen durchschnittlichen Grundschüler davor zu bewahren, zufällig beim Surfen mit rechtsextremistischer Propaganda in Berührung zu kommen. Maßgeblich ist deshalb, wer durch die Zugriffssperre vom Kontakt mit den betreffenden Inhalten abgehalten werden soll.

Nach einer Ansicht soll bei der Sperrmaßnahme auf den durchschnittlichen Jugendlichen abgestellt werden. Ihm müsse der Zugang wesentlich erschwert werden.[5] Nach einer anderen Ansicht orientiert sich der Jugendschutz „generell [...] nicht am durchschnittlichen Jugendlichen, sondern der Jugendschutz soll dafür sorgen, dass die ‚Gefährdungsgeneigten' geschützt werden – also solche Jugendliche, die sich riskant verhalten oder etwa Kontaktanbahnungen in Chats noch nicht richtig einschätzen können".[6] In diese Richtung argumentieren Kritiker der Sperrmaßnahmen, die darauf hinweisen, dass „der durchschnittliche Nutzer" kaum auf kinderpornographische oder revisionistische Inhalte zugreifen werde.

Die Rechtsprechung folgte im Wesentlichen der ersten Ansicht[7] und stellte im Anwendungsbereich des MDStV (jetzt JMStV) auf den Horizont eines „durchschnittlichen geschäftlichen, beruflichen oder privaten Nutzers"[8] bzw. auf den Normal-Nutzer ab. Diesem werde der Zugriff zu den inkriminierten Angeboten etwa durch die in der Verfügung der Bezirksregierung Düsseldorf bezeichneten Methoden „in zeitlicher und technischer Hinsicht" erschwert.

Dieser letztgenannten Auffassung ist zuzustimmen. Auf den Horizont gefährdungsgeneigter Jugendlicher kommt es vor allem bei der Beantwortung der Frage an, ob von einem Medium überhaupt Gefahren für die Jugend ausgehen.[9] Diesbezüglich kann nicht nur auf den durchschnittlichen Jugendlichen, sondern muss zur Erreichung eines umfassenden Jugendschutzes auch auf den labilen Jugendlichen abgestellt werden. Dies bedeutet aber nicht, dass Maßnahmen ungeeignet sind, die nur den Durchschnittsnutzer, nicht aber auch den Gefährdungsgeneigten schützen, der möglicherweise besonderes Interesse an den Angeboten hat und Kenntnisse über Umgehungsmaßnahmen erwirbt. Die Geeignetheit zum Jugendschutz kann vielmehr auch zu bejahen sein, wenn sie nur den durchschnittlichen Nutzer vom zufälligen Kontakt abhält, auch wenn diese begrenzte Reichweite von Sperrmaßnahmen bei der Angemessenheit zu berücksichtigen ist. Die eingangs im Rahmen der Ausführungen zur Phänomenologie illegaler Inhalte zitierte Studie der Universität New Hampshire zeigte hohe Fallzahlen des unerwünschten Kontakts mit pornographischen Angeboten, was neben der verbesserten Infrastruktur und Band-

---

[5] *Altenhain*, Jugendschutz, Teil 20 Rn. 188, in: Hoeren/Sieber (Hrsg.), Handbuch Multimedia-Recht.

[6] *Stegers*, Interview mit Jugendschützer *Schindler*, „Viele verhalten sich noch unsicher", http://www.tagesschau.de/aktuell/meldungen/0,1185,OID6378876,00.html.

[7] VG Köln MMR 2005, 399, 402.

[8] VG Düsseldorf MMR 2005, 794, 798.

[9] *Schulze-Fielitz* in Dreier, Art. 5 I, II Rn. 148.

breite des Internets auch auf die aggressiver werdende Vermarktung von Pornographie zurückgeführt wurde. Die Beobachtungen zum Rechtsextremismus ergaben ebenfalls eine zunehmende Professionalisierung, bei der gerade Jugendliche gezielt über Computerspiele und populäre Formate wie YouTube angesprochen werden sollen.[10] Das Risiko eines zufälligen Kontakts mit jugendgefährdenden Inhalten ist daher steigend und ausreichend groß, um zu rechtfertigen, dass die begrenzten Ressourcen der Medienaufsicht nicht nur auf gefahrgeneigte Jugendliche konzentriert werden, die eventuell auf wirkungsvollere Art von einem gezielten Zugriff auf problematische Angebote abgehalten werden müssten.

## II. Beschränkung auf Zweckförderlichkeit

Nach ganz herrschender Meinung ist ein Mittel dann im rechtlichen Sinne zur Zielerreichung geeignet, wenn mit seiner Hilfe der gewünschte Erfolg zumindest gefördert werden kann.[11]

> „Die Geeignetheit des Mittels, im Sinne der Möglichkeit den angestrebten Zweck zu fördern, bedeutet […] nicht, der Erfolg müsse in jedem Einzelfall auch tatsächlich erreicht werden oder erreichbar sein. Die abstrakte Möglichkeit der Zweckerreichung genügt."[12]

Eine auf die Verringerung der abzuwehrenden Gefahren beschränkte Betrachtungsweise wurde allerdings vereinzelt als „Immunisierung der Maßnahme" durch eine entsprechend angepasste Definition des verfolgten Ziels kritisiert.[13] Dieser Position kann jedoch nur insoweit gefolgt werden, als das tatsächliche Ausmaß der Zweckerreichung bei der späteren Proportionalitätsbetrachtung nicht außer Betracht bleiben darf. Es kann den Ausführungen der Bezirksregierung Düsseldorf in den oben genannten Verfahren jedoch nicht entgegengehalten werden, das Ziel werde in unzulässiger Weise verfeinert und umdefiniert, um den Begriff der Geeignetheit leerlaufen zu lassen und das Übermaßverbot zu umgehen. Begründungsbedürftig wäre vielmehr, warum ein strengerer Maßstab als der im Ordnungsrecht allgemein übliche angelegt werden sollte. Die Beschränkung auf die Zweckförderlichkeit trägt den Schwierigkeiten Rechnung, die sich bei jeder Effektivitätsbeurteilung ergeben: Eine Schwarz-Weiß-Betrachtung wird der Komplexität von Lebenssachverhalten nicht gerecht. Ob die Maßnahme einen „Schritt in die richtige Richtung"[14] darstellt, lässt sich demgegenüber noch vergleichsweise einfach beurteilen. Die Kritik an der „Immunisierung des Ziels" ist daher unzutreffend.

---

[10] Zu einem solch gezielten Vorgehen schon in den Anfängen des Internets *Sieber*, ZRP 2001, 97.

[11] BVerfGE 67, 157, 173.

[12] BVerfGE 67, 157, 175.

[13] *Engel*, MMR-Beilage 4/2003, 24 f., 28 f.

[14] OVG Münster MMR 2003, 348, 352; vgl. aber auch *Stadler*, Haftung für Informationen im Internet, Rn. 136b, der die Maßnahme für einen „Schritt in die falsche Richtung" hält.

## III. Skalierbarkeit

Ein bedeutendes Argument der Gegner von Sperrmaßnahmen ergibt sich jedoch aus der problematischen Skalierbarkeit dieser Maßnahmen. Die Anordnungen der Bezirksregierung waren von der damaligen Aufsichtsbehörde als Präzedenz für ein beabsichtigtes Massenverfahren ausgelegt. Besonders aus Sicht der Informatik drängt sich bei der Prüfung der Geeignetheit einer Maßnahme jedoch auch die Frage auf, ob die jeweilige Methode zunehmenden Datenmengen gewachsen ist und wie sich ihr Ressourcenbedarf im Verhältnis zur Leistung bei einer steigenden Anzahl zu sperrender Seiten verhält. Die Rechtsprechung trug diesem Punkt der zu erwartenden Gesamtbelastung jedoch in keiner Weise Geltung. Es sei nur die konkrete Maßnahme zu prüfen und „aus Rechtsgründen" nicht die Frage, wie sich eine Vielzahl parallel zu berücksichtigender Sperrungen auf die betrieblichen Abläufe der Zugangsprovider auswirke. Das OVG Münster räumte aber ein, dass sich die Frage der Skalierbarkeit für die Aufsichtsbehörde in künftigen Fällen stellen werde.[15] Vorliegend ist die Gesamtbelastung, mit der die Provider im Fall verstärkt angeordneter Sperrungen rechnen müssten, daher in alle Stufen der Verhältnismäßigkeitsprüfung einzubeziehen. Bei der vom konkreten Einzelfall losgelösten Beurteilung der *Geeignetheit* der Maßnahme lässt sich die Skalierbarkeit ebenfalls nicht ausklammern, weil es im Kern nicht darum geht, ob die nationalen Provider im Krisenfall den Zugriff auf eine Handvoll Angebote verhindern können, sondern ob die Strategie nationaler Abschottung für die Medienaufsicht grundsätzlich als Instrument der Gefahrenabwehr zur Verfügung steht.

Die dabei gewonnenen Erkenntnisse werden auch für die anderen Stufen der Verhältnismäßigkeitsprüfung relevant. So ist hinsichtlich der *Erforderlichkeit* denkbar, dass sich bei der Betrachtung einiger weniger Anwendungsfälle eine Maßnahme als die mildeste Lösung darstellt, während sie insoweit bei Einbeziehung der Skalierbarkeit von einer alternativen Maßnahme übertroffen wird, die größeren Datenmengen und Fallzahlen wesentlich besser gewachsen ist. Bei der Prüfung der *Verhältnismäßigkeit im engeren Sinne* schließlich kann für eine Einbeziehung der erwarteten Gesamtbelastung auf die Rechtsprechung des Bundesverfassungsgerichts verwiesen werden, die zunehmend auch den sogenannten additiven Grundrechtseingriff in die Abwägung einbezieht. Eine nur punktuelle Betrachtung der Einzelfälle wird den vielfältigen staatlichen Inpflichtnahmen, denen sich die Privatwirtschaft ausgesetzt sieht, deswegen nicht mehr gerecht.[16] Gerade die Berufsgruppe der Internet-Service-Provider wird vom Staat immer umfassender herangezogen.

Ansätze der Einbeziehung von zukünftigen Entwicklungen einer gravierenden Mehrbelastung zeigen sich beispielsweise auch in der Rechtsprechung des BGH

---

[15] OVG Münster MMR 2003, 348, 352.

[16] *Lücke*, DVBl 2001, 1469.

zur Telefax- und E-Mail-Werbung. Danach ist eine Werbeart auch dann unlauter, wenn sie „den Keim zu einem immer weiteren Umsichgreifen in sich trägt“ und unter Umständen erst dadurch zu einer unzulässigen Belastung wird.[17] Die möglichen Folgen einer großen Anzahl von Verfügungen sind bereits zu Beginn des Sperrverfügungseinsatzes zu berücksichtigen, und sowohl Kosten als auch Nutzen sind entsprechend in die Betrachtung einzustellen. Allerdings sind die aktuellen Fallzahlen des Jahresberichts von jugendschutz.net weitaus geringer als die von der Bezirksregierung zumindest nach dpa-Meldungen avisierten 6000 Sperren.

## IV. Technische Möglichkeiten der Zugriffssperrung

Die Eingriffsgrundlage des (§ 20 Abs. 4 JMStV i.V.m.) § 59 Abs. 4 RStV schreibt zwar nicht vor, in die Verfügung Hinweise für die Zugangsprovider aufzunehmen, *wie* die Zugriffssperrung vorzunehmen ist.[18] Die Anordnung kann jedoch nur verhältnismäßig sein, wenn zumindest *eine* technische Vorgehensweise „geeignet“ im juristischen Sinne ist, also den Zweck der Sperrverfügung zu fördern vermag. An diesem Maßstab sind die derzeit bekannten Methoden zu messen. Obwohl das Gutachten bereits zu dem Zwischenergebnis kam, dass das Fernmeldegeheimnis (mangels einer dem kleinen Zitiergebot genügenden Ermächtigungsgrundlage und der Beachtung des verfassungsrechtlichen Zitiergebots) *de lege lata* nur die DNS-Lösung und Verfügungen gegen Suchmaschinenbetreiber zulässt, sollen hier im Anschluss an den DNS-Ansatz auch die anderen Verfahren mit einbezogen werden, insbesondere um mögliche Veränderungen *de lege ferenda* bereits zu berücksichtigen.

### 1. Manipulation am DNS-Server

#### *a) Vor- und Nachteile*[19]

Die Qualität und das Kosten-Nutzen-Verhältnis der DNS-Sperre hängen maßgeblich davon ab, wie sorgfältig sie implementiert wurde. Die Analyse der technischen Umsetzung der Düsseldorfer Sperrverfügung durch 27 Provider erbrachte ein sehr uneinheitliches Bild.[20] Tragen zum Beispiel die Provider bei der Zugriffssperre nicht eventuellen unterschiedlichen Subdomains durch entsprechend sorgfältige

[17] Sowohl BGH GRUR 1996, 208, 209 (Telefaxwerbung) als auch BGH MMR 2004, 386, 388 (E-Mail-Werbung).

[18] *Schnabel*, Sperrungsverfügungen gegen Access-Provider, http://www-en.eulisp.uni-hannover.de/media/Abschlussarbeiten/schnabel_christoph.pdf, S. 32.

[19] Vgl. zur Manipulation des DNS-Servers bereits die Ausführungen zur Funktionsweise sowie zum Schutzbereich des Fernmeldegeheimnisses.

[20] *Dornseif*, Government Mandated Blocking of Foreign Web Content, http://md.hudora.de/publications/200306-gi-blocking/200306-gi-blocking.pdf.

Implementierung Rechnung, können sich unbeabsichtigte Mitsperrungen legaler Inhalte ergeben. Die Ermittlung aller erforderlichen Daten zur Ausdifferenzierung der Sperre ist für die Provider jedoch nicht ohne Weiteres zugänglich und einsetzbar.[21] Erfolgt die Umsetzung der DNS-Sperre deshalb nicht mit dem bestmöglichen Differenzierungsgrad, kann zum Beispiel auch der E-Mail-Verkehr beeinträchtigt werden.[22]

Unabhängig von der Umsetzungsqualität birgt die DNS-basierte Zugriffssperre wie jede andere Inhaltsregulierung das Risiko, dass die Internetnutzer die national gesperrten Inhalte auf sogenannten Mirror-Sites inhaltsgleich „gespiegelt" bereithalten. Solche identischen Ausweichseiten werden teils von Sympathisanten der Anbieter, mitunter aber auch von Personen aufgesetzt, die sich zwar in der Sache von den gesperrten Inhalten distanzieren, jedoch gegen jede Art von Inhaltsregulierung und „Zensur" eintreten wollen. Da die Sperrlösung am DNS-Server nicht inhaltsbezogen ist, müssten diese Seiten fortlaufend in die Liste zu sperrender Telemedien eingepflegt werden, wenn auch sie von der Zugriffssperre erfasst werden sollen.

Als weiterer Nachteil wird ferner die vergleichsweise leichte Umgehungsmöglichkeit kritisiert. Bei der Beschreibung der Funktionsweise im Rahmen der Begriffsbestimmung des Access Providings wurde dazu bereits ausgeführt, dass das Domain Name System zwar die Benutzerfreundlichkeit des Internets beträchtlich steigert, die direkte Eingabe von IP-Adressen aber in vielen Fällen (abhängig von den jeweiligen Servereinstellungen) möglich ist. Vor allem aber wurde die Eintragung eines frei verfügbaren – alternativen – DNS-Servers als Argument gegen die Geeignetheit vorgebracht. Der Chaos-Computer-Club hat hierzu eine Anleitung für verschiedene Betriebssysteme sowie eine Liste frei verwendbarer DNS-Server im Internet bereitgestellt.[23] Gerade aufgrund dieser aus wenigen Schritten bestehenden Anleitung wurde die Effizienz der DNS-Sperre vielfach in Frage gestellt. Es stünde zu befürchten, dass der Reiz des Verbotenen in Verbindung mit der leichten Umgehungsmöglichkeit aufgrund der „anarchistischen Mentalität vieler Internet-Nutzer",[24] die vor allem auch bei der jugendlichen Zielgruppe der Schutzmaßnahmen verbreitet sei, das Interesse an den gesperrten Inhalten wecke und diesen erst zur Popularität verhelfe. Auch Provider selbst könnten entsprechend reagieren, indem sie den Betrieb eigener DNS-Server einstellen und den Nutzern die Einstellung nicht manipulierter DNS-Server empfehlen.[25]

---

21 So wohl *Dornseif*, a.a.O., S. 10.

22 *Stadler*, Haftung für Informationen im Internet, Rn. 130a.

23 *Pylon*, Chaos Computer Club e.v., Anleitung zur Konfiguration der DNS-Einstellungen: http://www.ccc.de/censorship/dns-howto/.

24 *Rosenkranz*, Sperrungsanordnungen gegen Access-Provider, Teil 1 und 2, JurPC-Web-Dok. 16/2003, http://www.jurpc.de/aufsatz/20030016.htm, Abs. 20.

25 *Rosenkranz*, Sperrungsanordnungen gegen Access-Provider, Teil 1 und 2, JurPC-Web-Dok. 16/2003, http://www.jurpc.de/aufsatz/20030016.htm, Abs. 20.

Ferner wurde eingewandt, die DNS-Zugriffssperre sei schon durch die Nutzung einer Suchmaschine zu umgehen.[26] Ob dadurch tatsächlich das Original-Angebot weiter erreichbar bleibt, hängt jedoch von der verwendeten Suchmaschine und ihrer jeweiligen Konfiguration ab. Wenn bei der Auswahl der Treffer der DNS-Server des eigenen Providers aktiviert wird, lässt sich die Sperre auf diese Weise nicht umgehen. Der Hinweis auf die Suchmaschinen ist jedoch vor allem auch deshalb berechtigt, da bei der Abfrage aufgrund der Cache-Funktion der meisten Navigationshilfen weiterhin solche Zwischenspeicherungen der gesperrten Seiten erreichbar bleiben können. Zu denken ist dabei auch an Web-Archive, die den Zugriff auf gespeicherte (Vor-)Versionen der gesperrten Inhalte ermöglichen. Auch können vor allem durch einen Suchmaschineneinsatz die erwähnten Mirror-Sites der gewünschten Angebote ermittelt werden. Selbst wenn also entgegen der Kritik das gesperrte Angebot selbst nicht über den angezeigten Link (und im für die Medienaufsicht günstigsten Fall auch nicht im jeweiligen Cache-Angebot der Suchmaschine) erreichbar ist, so sind jedenfalls eventuelle Mirror-Angebote auf diese Weise auffindbar. Damit ist es auch den Inhaltsanbietern selbst möglich, die Inhalte ohne gravierende Nachteile hinsichtlich der Bekanntheit und Erreichbarkeit unter verschiedenen oder wechselnden Domain-Namen anzubieten. *Gary Lauck* beispielsweise verfügte zeitweise unter anderem über die Alternativdomains bundesrepublikdeutschland.us, verfassungsschutz.net und bundesinnenministerium.com. [27] Um Domain-Namen mit eigenem rechtsradikalem Hintergrund zu verhindern, wurde auch schon vorgeschlagen, alle Domain-Adressen mit rechtsradikalen Inhalten, wie zum Beispiel Eva-Braun.de oder NSDAP.de[28] staatlich zu belegen. Die Maßnahme ist angesichts der Fülle denkbarer Domain-Namen jedoch allenfalls für die offensichtlichsten Fälle praktikabel und von rein symbolischer Bedeutung.

Für die Umgehung von DNS-Sperren wie für alle anderen Lösungen ergibt sich als weitere Alternative zum Zielserver die Nutzung eines Zugangsdiensteanbieters im Ausland. So sind beispielsweise die „Internet by call"-Angebote der ausländischen Provider nicht mehr unerschwinglich. Als Gegenargument kommt allerdings in Betracht, dass der Nutzer damit auch die nationalen Schutzvorschriften wie beispielsweise Verbraucherschutz und Datenschutz einbüßt und somit möglicherweise im Hinblick auf Logfiles und Vorratsdatenspeicherungen ein „Kontroll-Übel" gegen das andere eintauscht. Entsprechend ist zumindest beim „Durchschnittsnutzer" nicht zu erwarten, dass er solche Unwägbarkeiten ohne Weiteres in Kauf nimmt. Hinzu kommen bei vertraglichen Problemen die Unklarheiten zum Gerichtsstand.

---

[26] *Vassilaki*, Anm. zu OVG NRW CR 2003, 361.

[27] *Kaufmann*, Neonazi Lauck verliert US-Domains an Bundesrepublik, http://www.golem.de/0506/38936.html.

[28] *Holznagel/Kussel*, MMR 2001, 347, 351.

Nahe liegend ist auch das Ausweichen auf Anonymisierungsdienste und andere Proxy-Lösungen wie zum Beispiel das Psiphon-Projekt.[29] Das Psiphon-Proxy-Tool wurde gezielt zu dem Zweck entwickelt, für die Bevölkerung totalitärer Staaten einen uneingeschränkten Internetzugriff zu ermöglichen und bei hoheitlichen Inhaltskontrollen Umgehungslösungen zu schaffen. Die Besonderheit von Psiphon liegt darin, dass es webbasiert zum Einsatz kommt und nicht auf dem Rechner des Nutzers installiert werden muss, was den Nachweis der Nutzung erschwert und so zusätzlich zum Schutz der Grundrechte beiträgt. Wie die (im technischen Gutachten beschriebenen) Umgehungen durch http-Tunnel kommen Anonymizer und vergleichbare Proxy-Lösungen bei allen Sperransätzen als Gegenstrategie der Nutzer in Betracht.

### *b) Skalierbarkeit und Kosten*

Für die Durchführung von DNS-Sperrungen wurden im Hinblick auf die Umstellung am Server in den Verfahren zur Sperrverfügung der Bezirksregierung Düsseldorf Kostenbelastungen von einem halben Arbeitstag berechnet. Zur Minimierung der Kosten wie auch der Kollateralschäden infolge einer ungünstigen Umsetzung könnte jedoch eine zentrale Server-Lösung erwogen werden. Allerdings sind insoweit die Hinweise des technischen Gutachtens zu berücksichtigen, dass bei einer Umleitung an einen externen DNS-Server deutliche Performance-Verluste zu befürchten sind. Zielführender ist daher der Vorschlag, eine speziell auf die DNS-Sperre zugeschnittene Software zu entwickeln, um die Nebenwirkungen und die Kosten der Maßnahmen zu reduzieren. Vorbehaltlich einer Prüfung der konkreten Umsetzung müsste dabei voraussichtlich auch nicht in das Fernmeldegeheimnis eingegriffen werden, da der Betreiber des DNS-Servers intermediärer Kommunikationspartner des Nutzers bleibt.

Als Nachteil von DNS-Sperrungen zu berücksichtigen ist ferner der Verlust der globalen Einheitlichkeit von Domain-Namen, der mit steigenden Fallzahlen immer deutlicher ins Gewicht fällt und bei der Kosten-Nutzen-Abwägung im Rahmen der Angemessenheit einzubeziehen ist, auch wenn eine solche Verletzung technischer Normen grundrechtsdogmatisch schwer einzuordnen ist.

## 2. IP-Ausschluss durch Sperrung am Router

### *a) Vor- und Nachteile*

Kritikpunkte an dieser Maßnahme ergeben sich weniger hinsichtlich ihrer Einrichtung. Die Methode verhindert grundsätzlich wirksam, dass die Nutzeranfrage

---

29 *Rentrop*, Psiphon: Hackertool gegen Internet-Zensur, http://www.netzwelt.de/news/74101-psiphon-hackertool-gegen-internetzensur.html.

zum Zielserver mit der betreffenden IP-Adresse gelangt.[30] Heftig kritisiert wird jedoch insbesondere die fehlende Zielgenauigkeit. So zeigte beispielsweise die Sperrung der IP-Adresse des niederländischen Providers „xs4all.nl“ durch den deutschen DFN-Verein, dass die IP als Kriterium nur ein sehr grobes Raster zur Verfügung stellt. Gesperrt wurden nicht nur die vom Generalbundesanwalt beanstandeten Seiten der Zeitschrift „radikal“, sondern auch der Web-Auftritt von über 6000 Anbietern.[31] Gestört wurde ferner der E-Mail-Verkehr zu diesem Server. Die geschilderten Probleme waren bereits bei dem unter Teil 2 C.V. geschilderten Fall in der Schweiz zu beobachten, bei dem auf Druck der Schweizer Bundespolizei mehrere in der Schweiz ansässige Internet-Provider den Zugriff auf rassistische Inhalte verhindern sollten.[32]

Problematisch an IP-Adress-Sperrungen ist insbesondere, dass schon seit 1999 zahlreiche Domain-Namen über die gleiche IP-Adresse erreichbar gemacht werden können. Aus Gründen der Ressourcenschonung stellt diese Möglichkeit des IP-Sharing oder *virtual hosting* sogar den Regelfall dar. Nach einer Studie zur Verbreitung des virtuellen Hostings teilten sich zum Analysezeitpunkt im Dezember 2002 87 % der Domain-Namen unter .com, .net und .org die IP-Adresse mit einer oder mehreren anderen Domains.[33] Vor diesem Hintergrund sind nicht intendierte Sperrungen legaler Angebote unter der gleichen IP-Adresse kaum vermeidbar, zumal nicht ohne Weiteres feststellbar ist, welche anderen Inhalte neben dem zu sperrenden zu erreichen sind. Während bei einer Filterung auf der Internetschicht derartige Kollateralschäden diensteübergreifend auftreten, kann bei einer Einbeziehung der Port-Nummer auf der Transport-Schicht die Zugriffssperre zumindest auf sämtliche WWW-Seiten des Zielhosts, die zum Beispiel über Port 80 laufen, eingegrenzt werden.[34] Dies reduziert das Problem jedoch nur, ohne es für den Fall des „virtual hostings“ zu lösen.

Abgesehen von diesen Nebenwirkungen, die mehr der *Angemessenheit* als der *Geeignetheit* entgegenstehen können, kommt eine Umgehung der Sperrmaßnahmen durch die Nutzer auch hier vor allem durch Anonymizer und andere Proxy-Lösungen in Frage.[35]

---

[30] *Stadler*, Haftung für Informationen im Internet, Rn. 128.

[31] *Sieber*, Verantwortlichkeit im Internet, Rn. 171, zu den kontraproduktiven Effekten des Vorgehens vgl. Rn. 194.

[32] *Schulzki-Haddouti*, Schweizer Provider in der Verantwortung, http://www.heise.de/tp/deutsch/inhalt/te/1512/1.html.

[33] *Edelman*, Web Sites Sharing IP Addresses: Prevalence and Significance, http://cyber.law.harvard.edu/people/edelman/ip-sharing/.

[34] Packet Filtering differenziert nach Schicht 3- und Schicht 4-Filterung beschreibt *Dornseif*, Government Mandated Blocking of Foreign Web Content, http://md.hudora.de/publications/200306-gi-blocking/200306-gi-blocking.pdf, S. 2–5.

[35] *Federrath*, Zur Kontrollierbarkeit des Internet, ZUM 1999, 177, 179.

### b) *Skalierbarkeit und Kosten*

Auch wenn vorhandene Ressourcen der Provider einsetzbar sind, so ist der administrative Aufwand bei einer steigenden Zahl von IP-Sperrungen nicht zu vernachlässigen. In der Literatur wird darauf hingewiesen, dass auch die Berechnung der Ausgaben selbst recht aufwändig sei, gerade weil die zusätzliche Belastung nur schwerlich von den Kosten des regulären Betriebs abgegrenzt werden könne.[36]

## 3. Einsatz eines Proxy-Servers

### a) *Vor- und Nachteile*

Im Vergleich mit den zuvor geschilderten Ansätzen ist die Proxy-Lösung vor allem im Hinblick auf ihre Zielgenauigkeit vorteilhaft, da der Einsatz eines Proxy-Servers auf der Anwendungsebene die Verwendung der URL als Sperrkriterium ermöglicht. Allerdings kann gerade die vergleichsweise hohe Zielgenauigkeit auch nachteilig sein, weil sie dem Content-Anbieter leicht Umgehungsmöglichkeiten unter derselben Domain oder IP eröffnet. So weisen Kritiker darauf hin, dass ein Inhaltsanbieter zum Beispiel durch (nach einem vereinbarten System) häufig wechselnde Zusätze als Bestandteil der URL, zum Beispiel den aktuellen Dollarkurs oder auch nur das Datum, das jeweilige Angebot für seine Nutzer erreichbar halten und URL-bezogene Sperrmaßnahmen unterlaufen kann.[37]

Ein weiteres Problem sehen die Kritiker der Sperrmaßnahme darin, dass Browser üblicherweise standardmäßig eine „no-proxy"-Einstellung enthalten und die Benutzung des Proxy-Servers bei den Nutzern erzwungen werden müsse.[38] Die Belastung durch einen solchen Zwangsproxy-Einsatz für das gesamte Netzwerk und der erforderliche Aufwand würden völlig unterschätzt.

Das zu Problemen führende hohe Datenaufkommen auf den Proxy-Servern liegt auch darin begründet, dass alle Nutzer vom Proxy-Einsatz zunächst in gleicher Weise betroffen sind und eine Treffsicherheit der Maßnahme im Sinne einer Beschränkung auf die Nutzer der zu sperrenden Seiten – anders als bei der Fortentwicklung der Sperrmaßnahmen im Rahmen der hybriden Ansätze – grundsätzlich nicht gelingt.[39] Entsprechend wird kritisiert, dass sich auch eventuelle Performance-Probleme auf alle Nutzer auswirken. Denkbar wäre – ähnlich wie beim Routing-Ansatz – eine Verringerung dieser Nachteile durch die Begrenzung des Proxy-Einsatzes auf den (WWW-typischen) Zielport 80. Als Gegenargument wird zu diesem Vorschlag jedoch eingewandt, bei einem Zusammenwirken von Nutzern und

---

36 *Semken*, Sperren von Inhalten im Internet, in: Heermann/Ohly (Hrsg.), Verantwortlichkeit im Netz, S. 9, 15.

37 *Schneider*, MMR 2004, 18, 23.

38 *Schneider*, MMR 1999, 571, 574.

39 Zur Kombination mit dem Router-Ansatz vgl. nachfolgend das hybride Sperrverfahren am Beispiel des britischen Modells „CleanFeed".

Inhaltsanbietern könne ein anderer Port vereinbart werden, unter Umständen auch dynamisch und täglich wechselnd.[40]

Wie bei den anderen Ansätzen auch ist zur Umgehung der Sperre ferner der Einsatz eines Anonymizers möglich, mit dem sich der Nutzer-Request und anschließend auch die Herkunft der gewünschten Inhalte verschleiern lassen, weil für den Proxy nur der Anonymisierdienst als Kommunikationspartner zu erkennen ist.[41]

#### *b) Skalierbarkeit und Kosten*

Bei der Proxy-Lösung stellt sich die Kostenfrage besonders dringlich. Sie bildet deswegen einen Hauptkritikpunkt dieser Sperrtechnologie. Bei einem hohen Datenaufkommen können sich zudem Performance-Verluste zum Nachteil aller Nutzer ergeben. Insbesondere für die Zugangsvermittler auf der Internetschicht, die keinen Proxy betreiben, würden sich (neben den auch bei den anderen Sperransätzen gegebenen Unterhaltskosten) hohe Anschaffungskosten ergeben. Allerdings ist bei der Beurteilung der Angemessenheit von Sperrungen zu thematisieren, ob eine solche Verfügung (bei einer Anpassung von § 88 Abs. 3 Satz 3 TKG *de lege ferenda*) Bestand haben könnte. Eine erhebliche Reduktion der Kosten würde sich vor diesem Hintergrund allerdings schon dann einstellen, wenn Provider allenfalls zu Sperrungen anhand von Daten verpflichtet würden, die sie bei der Geschäftserbringung benötigten. Entsprechend könnte von Providern auf der Internetschicht auch nicht die kostenintensive Anschaffung eines Proxy-Servers auf der Anwendungsebene verlangt werden.

### 4. Hybride Sperrungen

#### *a) Vor- und Nachteile*

Die zuvor dargestellten technischen Maßnahmen haben unterschiedliche Stärken und Schwächen. Die am Router ansetzende Lösung beispielsweise ist schnell und skaliert vergleichsweise gut, bringt aber ein hohes Maß an unbeabsichtigten Sperrungen legaler Angebote mit sich. Die Proxy-Lösung hingegen arbeitet zielgenauer, jedoch sind die Performance-Verluste bei einem hohen Datenaufkommen recht stark, was nur durch kostenintensive Hardware oder speziell entwickelte Algorithmen bewältigt werden könnte.[42] Neue, sogenannte hybride Ansätze versuchen deswegen, die Vorteile der einzelnen Maßnahmen zu kombinieren.[43]

---

[40] *Schneider*, MMR 1999, 571, 574.

[41] *Degen*, Freiwillige Selbstkontrolle der Access-Provider, Rn. 167.

[42] *Rebei*, Über die Umsetzbarkeit von Sperrverfügungen durch Veränderungen am DNS, http://www.ks.uni-freiburg.de/download/studienarbeit/WS06/02-07-drebei-sperrverf.pdf, S. 45.

[43] *Clayton*, Failures in a Hybrid Content Blocking System, http://www.cl.cam.ac.uk/~rnc1/cleanfeed.pdf.

Das im Gutachten der TU Dresden als Beispiel geschilderte Sperrinstrument CleanFeed will die Skalierbarkeit des Packet Filtering am Router mit der Selektivität einer Proxy-Zugriffssperre verbinden.[44] CleanFeed wird von einem der größten britischen Internet-Service-Provider namens BT eingesetzt, um den gezielten oder unbeabsichtigten Zugriff auf kinderpornographische Online-Angebote zu verhindern. Das System bezieht aus den Datenbanken der Internet Watch Foundation (IWF) eine Liste zu sperrender URLs. Zu den in diesen URLs enthaltenen Domain-Namen werden die jeweiligen IP-Adressen ermittelt und in Routing-Protokolle eingebunden. Sodann erfolgt mittels Routing-Technik eine Auswertung des Internetverkehrs zur Ermittlung der Requests, die an Zielserver mit diesen spezifischen IP-Adressen gerichtet sind. Nur diese Anfragen werden zum weiteren URL-Abgleich auf einen Proxy-Server umgeleitet, der bei Übereinstimmung der URLs mit der IWF-Liste den Zugriff auf das angefragte Angebot unterbindet. Angezeigt wird in diesem Fall ein Hinweis auf die Zugriffsverweigerung und eine stichwortartige Angabe des Grundes der Zugriffssperre. Alle anderen Datenpakete, bei denen lediglich die IP-Adresse (und nicht die URL) mit der eines zu sperrenden Angebots übereinstimmt, werden weitergeleitet, ohne dass der Nutzer von dem Vorgang Kenntnis erlangt. Eine vergleichbare Umsetzung mittels einer zentralisierten Infrastruktur lag konzeptuell auch dem deutschen Projekt „Filterpilot" zugrunde, mit dem sich ab Ende 2001 eine Arbeitsgruppe befasste.[45] Ähnlich arbeitet offenbar auch das australische Anti-Phishing-Programm Scam-Slam.[46]

Trotz der Vorzüge und der vergleichsweise hohen Treffsicherheit hybrider Sperransätze ist zu berücksichtigen, dass versierte Nutzer auch auf diese Kontrollstrategie wiederum durch den Einsatz von http-Tunneln, Anonymizern und vergleichbaren Proxy-Lösungen reagieren können, um trotz hoheitlich angeordneter Zugriffsverhinderungen an die gewünschten Inhalte zu gelangen.

#### *b) Skalierbarkeit und Kosten*

Der eingesetzte Proxy profitiert von der Vorfilterung nach IP-Adressen. Dies verringert die Performance-Verluste und ermöglicht eine bessere Skalierbarkeit bei niedrigeren Anschaffungskosten. Es erscheint jedoch fraglich, ob Zugangsvermittler der Anwendungsschicht, die ohnehin bereits den gesamten Verkehr über einen

---

44 Vgl. das im Vorwort genannte Gutachten von *Pfitzmann/Köpsell/Kriegelstein*, Sperrverfügung gegen Access-Provider – Technisches Gutachten vom 22.12.2006, S. 55; *Rebei*, Über die Umsetzbarkeit von Sperrverfügungen durch Veränderungen am DNS, http://www.ks.uni-freiburg.de/download/studienarbeit/WS06/02-07-drebei-sperrverf.pdf, S. 44.

45 *Schwichtenberg*, Prüfung einer Filtertechnik zur weitgehenden Sperrung rechtsradikaler Web-Seiten, Abschlussbericht, http://www2.bocatel.de/2002-1216_Filterpilot-Abschlussbericht.pdf.

46 Scam-Slam, What is it?, http://www.scamslam.com/ScamSlam/whatis.shtml.

(Zwangs-)Proxy leiten, ein Interesse daran haben, vorab durch einen IP-Paketfilter die Datenströme zu sortieren und nur einen kritischen Teil zur weiteren Verarbeitung über einen Proxy-Server umzuleiten. Damit scheint die hybride Sperrtechnologie vor allem für die Zugangsvermittler auf der Internetschicht attraktiv, die grundsätzlich keinen Proxy verwenden und bei einer entsprechenden Implementierung die erforderlichen Kapazitäten durch die Vorfilterung nach IP-Adressen reduzieren könnten. Gerade für diese Anbieter eines bloßen Einwahlknotens im Sinne eines Point-of-Presence wurden allerdings (wie soeben beim reinen Proxy-Einsatz angesprochen) Probleme hinsichtlich der Berufsfreiheit und des Fernmeldegeheimnisses festgestellt, sollte ihnen der Einsatz eines Zwangsproxy-Servers auferlegt werden.

## V. Suchmaschinen

Die Unterdrückung von Suchmaschineneinträgen aufgrund hoheitlicher Sperrverfügungen wurde in der Literatur nicht so kontrovers diskutiert wie die anderen Ansätze. Auch liegen kaum Erkenntnisse zu den anfallenden Kosten und zur Skalierbarkeit vor, zumal viele Anbieter bestrebt sind, ihre Mitwirkung an umstrittenen Maßnahmen der Inhaltskontrolle möglichst zu verschweigen.

Für die Geeignetheit und Zweckförderlichkeit eines solchen Vorgehens gegen Suchmaschinenbetreiber spricht ihre wichtige Gatekeeper-Funktion. Inhalte, die in keiner Trefferliste aufgeführt sind, werden vom Leser kaum wahrgenommen und gehen schlicht in der großen Masse von Websites unter. Gerade zur Verhinderung einer *zufälligen* und ungewollten Konfrontation ist die Unterdrückung von Treffern im Index geeignet. Wie in den Ausführungen zur Adressatenstellung müssen hier die verschiedenen Angebotsfunktionen umfassend einbezogen werden. Der gewünschte Erfolg wird nicht schon dadurch erreicht, dass die Verlinkung zu den inkriminierten Inhalten unterbleibt, sondern erst, wenn auch der URL-Text, Snippets sowie Thumbnails nicht mehr in der Trefferliste angezeigt werden und das jeweilige Angebot auch nicht über den Suchmaschinen-Cache erreichbar ist.

Problematisch ist ferner, dass Nutzer gerade über Suchmaschinen schnell und umfassend Kenntnis von inhaltsgleichen Spiegelungen bzw. Mirror-Sites erlangen. Außerdem ist (gerade für den gezielt gewünschten Zugriff auf bestimmte Inhalte) anzumerken, dass ein Rückgriff auf alternative Suchmaschinen-Angebote, die nicht der deutschen Rechtsordnung unterstehen, für den Nutzer noch einfacher zu realisieren ist als das oben diskutierte Ausweichen auf Access-Provider mit Sitz im Ausland. Gleichwohl ist die Macht der Gewohnheit, die den Nutzer häufig schon reflexartig immer den gleichen Anbieter verwenden lässt, in diesem Zusammenhang nicht zu unterschätzen. Eine Zweckförderlichkeit entsprechender Sperrmaßnahmen ist jedenfalls gegeben. Wegen der angesprochenen Gatekeeper-Funktion kann die Wirkung einer Inpflichtnahme der Suchmaschinenanbieter sogar noch größer sein als die Heranziehung der Access-Provider. Gerade bei wenig einprägsamen Netzadressen oder Domain-Namen fügen viele Nutzer die URL nicht selbst im Browser ein, sondern verwenden entsprechende Stichworte in einer Suchmaschine und wählen das Angebot dann aus der Trefferliste aus. Ein solches Vorgehen wäre bei einer Unterdrückung der Inhalte nicht mehr möglich.

## VI. Zusammenfassung zur Geeignetheit der Methoden

Während in der Literatur teilweise sämtliche Sperrversuche schon aufgrund der Möglichkeit eines Anonymizer-Einsatzes angezweifelt werden,[47] erscheint diese negative Gesamtbewertung nicht zwingend, da Zielgruppe der Maßnahme *zumindest auch* der normale Durchschnittsjugendliche und -nutzer ist, der von einer zufälligen Kenntnisnahme abgehalten werden soll. Die Nutzung von Anonymisierdiensten stellt im Internet bislang keineswegs den Regelfall dar.

Abgesehen von dieser bei allen Maßnahmen gegebenen Umgehungsmöglichkeit und dem (ebenfalls bei allen Ansätzen drohenden) erhöhten Aufkommen von Solidaritäts-Mirror-Sites lässt sich die reine Zweckförderlichkeit für keine der Maßnahmen grundsätzlich ausschließen. Dabei ist auch zu berücksichtigen, dass der – in der Verfügung ausgedrückten – Normbekräftigung selbst eine Werte bewahrende und die Entwicklung der Jugend fördernde Funktion beigemessen werden kann. Jugendschutzmaßnahmen ermöglichen einer Gesellschaft ebenfalls, sich des gemeinsamen Wertekanons zu versichern. Die wichtige Funktion, Jugendlichen klare Strukturen aufzuzeigen, mit denen sie sich – selbst im Wege eines Verstoßes – auseinandersetzen können, erfüllen auch bereits Maßnahmen, die sich ohne größeren Aufwand umgehen lassen. Die globale Informations- und Risikogesellschaft ist darauf angewiesen, den normativen Gehalt und die gemeinsamen fundamentalen Werte so stabil im Bewusstsein ihrer Mitglieder zu verankern, dass an die Stelle kaum noch praktikabler sozialer (Fremd-)Kontrolle frühzeitig die Selbstkontrolle der Nutzer tritt.[48] Auf die Vermittlung der Normen wegen der Durchsetzungsprobleme gänzlich zu verzichten, würde insbesondere Jugendliche überfordern, da ihr ohnehin schon großer Selektionsspielraum dann nicht einmal mehr durch symbolische Gesetzgebung begrenzt würde. Selbst einfach zu umgehenden Sperrmaßnahmen kann eine normbewahrende Bedeutung zukommen. *Engel* hat dies mit den Worten formuliert:

> „Worauf es ankommt, ist die Herausbildung eines Bewusstseins von Recht und Unrecht. Selbst die viel geschmähte symbolische Politik ist also immer noch etwas ganz anderes als gar keine Politik."[49]

---

47 *Schöttle*, K&R 2007, 366, 369.

48 *Rost/Herrmann*, Jugendschutz im Internet aus soziologischer Sicht, S. 15, http://www.maroki.de/pub/sociology/mr_jsi.html.

49 *Engel*, AfP 1996, 220, 224.

Vollzugsdefizite und technische Hindernisse bei der Rechtsdurchsetzung sind auch keine auf den Jugendmedienschutz beschränkte Problematik. Rechtsdurchsetzungsprobleme bestehen in vielen anderen Rechtsbereichen. Das Umweltrecht beispielsweise ist ein Gebiet, in dem Maßnahmen aufgrund bestehender Vollzugsdefizite oft mit sogenannter symbolischer Politik in Verbindung gebracht werden.[50] Auch im Wirtschafts- und Steuerrecht gibt es Akteure, die sich in *safe havens* zurückziehen und gegen die staatliches Einschreiten häufig überwiegend erfolglos bleibt. Sogar das Strafrecht kennt Delikte, bei denen die Dunkelziffer so hoch einzuschätzen ist, dass dem jeweiligen Tatbestand mehr symbolische als substanzielle Bedeutung zukommt.[51]

Inwieweit eine derartige symbolische Politik legitim ist, braucht hier allerdings nicht entschieden zu werden. Denn bei genauer Betrachtung unterscheidet sich selbst die vergleichsweise leicht umgehbare Maßnahme der DNS-Sperre von rein symbolischer Politik im engeren Sinne, was sich auch in der rechtlichen Betrachtung niederschlägt. Während als symbolische Politik Maßnahmen verstanden werden, die sich in „politischem Marketing durch Botschaften“[52] erschöpfen, stellt sich die Sperrverfügung (vorbehaltlich der nachfolgenden Prüfung) zwar als Maßnahme eingeschränkter Wirksamkeit, aber nicht als gänzlich wirkungslos dar. Die Kritik an symbolischer Politik im engeren Sinne knüpft vor allem an die Täuschung über eine politische Leistung und die beabsichtigte Abweichung zwischen „Signalisiertem und tatsächlich Bewirktem“.[53] Die Sperrverfügung hingegen dient durchaus als Instrument der Steuerung und nicht nur als „Instrument zur Vermittlung der Botschaft, dass gesteuert werde“.[54] Dass die Wirkung nicht so weit reicht wie erwünscht, ist hingegen kein Kennzeichen symbolischer Politik im engeren Sinne und als solches auch noch nicht kritikwürdig. Solange die Organe des Jugendmedienschutzes nicht rein politisches Marketing betreiben, sondern lediglich die Wirksamkeit der Maßnahme aufgrund der Infrastruktur des Internets und der technischen Umgehungsmöglichkeiten eingeschränkt ist, kann „das gegenwärtig Machbare“[55] nicht als nutzlose Symbolik kritisiert werden. Gerade der Zweck des Jugendschutzes lässt sich bereits fördern, wenn der Zugriff auf inkriminierte Inhalte

---

[50] *Hansjürgens/Lübbe-Wolff* (Hrsg.), Symbolische Umweltpolitik.

[51] *Hassemer*, NStZ 1989, 553, 559, kritisch zum symbolischen Strafrecht „mit Täuschungsfunktion“, welches das Vertrauen der Bevölkerung in die Strafrechtspflege untergrabe.

[52] *Lübbe-Wolff*, Verfassungsrechtliche Grenzen symbolischer Umweltpolitik, S. 217, 218, in: Hansjürgens/Lübbe-Wolff (Hrsg.), Symbolische Umweltpolitik.

[53] *Hassemer*, NStZ 1989, 553, 559; *Hansjürgens/Lübbe-Wolff*, Symbolische Umweltpolitik – Einführung und Überblick, S. 11, S. 17, in: Hansjürgens/Lübbe-Wolff (Hrsg.), Symbolische Umweltpolitik.

[54] *Lübbe-Wolff*, Verfassungsrechtliche Grenzen symbolischer Umweltpolitik, S. 217, 218, in: Hansjürgens/Lübbe-Wolff (Hrsg.), Symbolische Umweltpolitik.

[55] *Rost/Herrmann*, Jugendschutz im Internet aus soziologischer Sicht, S. 22, http://www.maroki.de/pub/sociology/mr_jsi.html.

nicht durch „effektive Barrieren“ unterbunden, sondern nur durch eine zumindest spürbare Begrenzung erschwert wird. Nach alledem ergibt sich aus der symbolischen Wirkung, welche die Sperrverfügungen neben dem Charakter als Steuerungsinstrument *auch* in sich tragen,[56] dass die Anforderungen an die Wirksamkeit nicht zu hoch angesetzt werden dürfen.

Trotz der vergleichsweise leichten Umgehungsmöglichkeiten des DNS-Ansatzes ist daher auch bei diesem Ansatz die Geeignetheit der Maßnahme gegeben. Die IP-Sperre arbeitet zuverlässiger, aber bringt große Kollateralschäden mit sich, vor allem infolge des sogenannten virtual hostings von zahlreichen Angeboten unter derselben IP. Der Proxy-Einsatz schließlich stellt einen hohen Kostenfaktor dar und kann insbesondere durch den flächendeckenden Einsatz auch Performance-Probleme verursachen. Vor diesem Hintergrund scheint *de lege ferenda* (bei einer Korrektur der Ermächtigungsgrundlage im Hinblick auf das Fernmeldegeheimnis) auf den ersten Blick der hybride Ansatz grundsätzlich attraktiv, da er die Vorteile zweier Ansätze gut zu kombinieren vermag. Da die mit diesem Ansatz verbundene Infrastruktur erhebliche Missbrauchsmöglichkeiten (insbesondere im Hinblick auf Eingriffe in das Fernmeldegeheimnis) eröffnet, müsste er jedoch zunächst sorgfältig geprüft werden. Weitere Einschränkungen können sich insoweit auch bei der Prüfung der Angemessenheit ergeben.

# C. Erforderlichkeit

Die Erforderlichkeit der konkreten Sperrmaßnahme setzt voraus, dass keine andere mildere Maßnahme zur Zielerreichung zur Verfügung steht. Wie eingangs erwähnt sind bei der Suche nach der mildesten aller gleich geeigneten Gegenstrategien nicht allein die traditionellen rechtlichen Regelungen in den Blick zu nehmen. Auch außerrechtliche Maßnahmen und solche des „Soft Law“ haben sich in vielen Bereichen als sehr wirksam erwiesen und sind daher bei der Frage nach milderen Maßnahmen einzubeziehen.[57]

## I. Bemühungen um supranationale Vereinbarungen

Eine wesentliche Ursache der Probleme, vor die sich der Jugendmedienschutz im Internet gestellt sieht, ist das bei den Verbreitungs- und Äußerungsdelikten noch immer geringe Harmonisierungsniveau. Aufgrund ihres Begriffverständnisses der Meinungsfreiheit wollten zahlreiche Staaten in der Convention on Cybercrime des

56 *Faber*, Jugendschutz im Internet, S. 179.

57 *Sieber*, Verantwortlichkeit im Internet, Rn. 546.

Europarates (CETS/SEV-Nr. 185) im Jahr 2002 eine materielle Regelung zu Inhaltsdelikten nur für den Deliktsbereich der Kinderpornographie akzeptieren. Extremistische und fremdenfeindliche Äußerungen konnten vom Europarat im Januar 2003 nur in einem Zusatzprotokoll (CETS/SEV-Nr. 189) behandelt werden. Zu den Staaten, die das Zusatzprotokoll bis heute nicht unterzeichnet haben, gehören nicht nur die USA aufgrund des ersten Verfassungszusatzes (First Amendment), sondern auch einige EU-Mitglieder wie Italien, Spanien, die Tschechische Republik und Bulgarien. Auch der seit 2001 geplante Rahmenbeschluss zur Bekämpfung von Rassismus und Fremdenfeindlichkeit, nach dem alle Mitgliedstaaten rassistische oder fremdenfeindliche Handlungen unter Strafe stellen sollen, steht zwar wieder auf der politischen Agenda, ist jedoch noch nicht wirksam.[58]

Zwar scheint die Harmonisierung gerade für das Internetstrafrecht und seine transnationalen Sachverhalte der Königsweg zu sein. Zahlreiche Fälle der Straflosigkeit am Serverstandort könnten so vermieden werden. Ob und wann die Harmonisierung auf einem höheren Niveau erreicht wird und welche der international divergierenden Rechtsauffassungen ihr dann zugrunde liegt, ist aktuell jedoch noch nicht abzusehen. Nicht einmal die Positionen zwischen Westeuropa und Nordamerika nähern sich an. Mit der sich erst allmählich auch faktisch einstellenden Globalisierung des Cyberspace könnten sich durchaus eher noch gravierendere interkulturelle Konflikte ergeben.[59]

Es besteht deshalb kaum berechtigte Hoffnung, dass eine Harmonisierung als ernstzunehmende Alternative zu nationalen Maßnahmen in naher Zukunft in Betracht kommt. Wahrscheinlicher ist noch, dass die zunehmende Aufweichung der Voraussetzung beiderseitiger Strafbarkeit bei der internationalen Rechtshilfe zukünftig ein straf- oder ordnungsrechtliches Vorgehen gegen die Inhaltsanbieter erleichtert und das subsidiäre Vorgehen gegen die Diensteanbieter entbehrlich macht.

Im Übrigen wäre eine Rechtsharmonisierung allein noch keine ausreichende Problemlösung. Erforderlich wäre darüber hinaus, dass die harmonisierten Strafvorschriften im Ausland auch angewandt und auf ihrer Grundlage illegale Inhalte tatsächlich von den Servern genommen würden. Mit einer solchen Entwicklung ist jedoch weltweit in absehbarer Zeit nicht zu rechnen.

---

58 Zusammenfassung unter http://europa.eu/scadplus/leg/de/lvb/l33178.htm, Volltext des von der Kommission vorgelegten Vorschlags des Rates unter http://eur-lex.europa.eu/LexUriServ/site/de/com/2001/com2001_0664de01.pdf.

59 *Hilgendorf*, ZStW 113 (2001), S. 650, 676.

## II. Stärkung der Medienkompetenz

Zuweilen wird gegen die Sperrverfügung eingewandt, angesichts der wachsenden Masse illegaler Inhalte gleiche das Vorgehen einem Ausschöpfen des Ozeans mit einem Fingerhut. Maßnahmen des Jugendmedienschutzes hätten größere Wirkung, wenn sie unmittelbar bei der Zielgruppe ansetzen würden. Gefordert wird dabei ein intensiveres Bemühen, Kinder und Jugendliche zu reflektiertem und kritischem Medienkonsum zu befähigen, damit sie Informationen ihren eigenen Bedürfnissen entsprechend nutzen können. Auch die Lissabon-Agenda der Europäischen Union wertet Medienkompetenz als Schlüsselqualifikation auf dem Weg, die EU bis 2010 zum weltweit erfolgreichsten wissensbasierten Wirtschaftsraum zu entwickeln.[60]

Bausteine einer umfassenden Medienkompetenz sind dabei – entsprechend einer Ausdifferenzierung des Begriffs nach *Dieter Baacke* – insbesondere die Fähigkeiten, Medien in ihrer Vielfalt zu kennen, sie selbstbestimmt zu nutzen und in kritischer Distanz aufnehmen zu können, sowie interaktiv und kreativ an der Medienwelt teilzunehmen.[61] Das staatliche Wächteramt wäre tatsächlich erheblich entlastet, wenn Kinder zuverlässig in die Lage versetzt werden könnten, kritisch und eigenverantwortlich auszuwählen, welche Inhalte für ihre Entwicklung und ein gedeihliches Sozialleben förderlich und welche ungeeignet sind. Die Idee der Medienkompetenz gleicht hier einer gegen viele verschiedenartige Viren wirksamen Schutzimpfung, die das gesamtgesellschaftliche Infektionsrisiko und den Bedarf nach anderen hoheitlichen Bekämpfungsstrategien erheblich senken könnte. Gelänge es, Jugendliche durch Aufklärung gegen rechtsextremistische Propaganda zu immunisieren, so würde sich das Bedrohungspotential einer Seite wie www.stormfront.org stark reduzieren. Den Extremisten wäre ein erheblicher Teil des Konsum-Markts entzogen, selbst wenn der Zugriff auf ihre Seiten nicht gesperrt würde.

Angesichts der fundamentalen Bedeutung, die Medien im Alltag der Informationsgesellschaft einnehmen, sollten pädagogische Maßnahmen zur Ausbildung von Medienkompetenz so früh wie möglich einsetzen. Bei dieser Vermittlung von Werten und Fähigkeiten handelt es sich aber nur um *eine* Säule des Jugendmedienschutzes. Der kontrollierend-eingreifende Jugendschutz, zu dem auch die Sperrverfügungen zu rechnen sind, muss als weitere Säule nach wie vor und kumulativ zu erzieherischen-präventiven Maßnahmen umgesetzt werden. Dass die großen Herausforderungen der neuen Medien die rezeptiven und analytischen Kompetenzen Jugendlicher häufig übersteigen und jugendliche Unerfahrenheit auch weiterhin zu schützend-bewahrendem Einschreiten Anlass gibt, lässt sich zum Beispiel auch aus

---

60 Vgl. http://www.bundesregierung.de/Content/DE/Artikel/2006/06/2006-06-14-lissabon-strategie-ein-schwerpunkt-der-deutschen-eu-praesidentschaft-2007.html.

61 *Bachmair*, medienimpulse 9/2006, 48, 49, online unter: www.mediamanual.at/mediamanual/themen/pdf/kompetenz/57_Bachmair-Kann_%20Medienkompetenz_.pdf.

den Ergebnissen der PISA-Studie ableiten.[62] Die Lesekompetenz ist bei vielen Jugendlichen (noch) nicht ausreichend ausgeprägt, um Inhalte reflektiert und mit kritischer Distanz auswerten zu können.

Beide Säulen des Jugendschutzes müssen somit auch im Hinblick auf das Internet parallel zum Einsatz kommen. Auf dem Information Highway gilt genauso wie offline, dass Verkehrserziehung die Straßenverkehrsordnung oder Tempo-30-Zonen vor Schulen nicht entbehrlich macht.

## III. Filtermaßnahmen auf Seiten der Nutzer

Eine Erklärung der OSZE vom Juni 2005, die sich mit der Meinungsfreiheit im Internet befasste, bewertet staatliche Eingriffe als inakzeptabel und spricht sich dafür aus, die Inhaltskontrolle allein den Nutzern zu überlassen.[63] Angesichts der dargestellten Überforderung der Kinder und Jugendlichen kommt insoweit Filtermaßnahmen durch die Eltern besondere Bedeutung zu. Die hierzu entwickelten Konzepte lassen sich gliedern in redaktionell erstellte Positiv- oder Negativlisten, automatisiert-algorithmisch arbeitende Verfahren (u.a. Keyword-Blocking) und Systeme, die bewertende Angaben der Inhaltsanbieter heranziehen.[64]

Bei der Filterung mit Positivlisten (white lists) wird der Zugang zum Internet grundsätzlich gesperrt und nur für geprüfte und für geeignet befundene Inhalte freigegeben. Negativlisten (black lists) lassen umgekehrt den Zugang zum Internet grundsätzlich zu, schließen aber den Zugriff auf bestimmte, für ungeeignet befundene Inhalte aus. Während Positivlisten, die mehr Inhalte ausschließen als zulassen, selten ein nachhaltig interessantes Angebot ermöglichen, gleichen black-list-basierte Verfahren angesichts stetig neu hinzukommender illegaler Inhalte häufig einem Wettlauf mit der Zeit. Aus Sicht der Informatik stellen auch die diskutierten Sperransätze Filtermaßnahmen dar, da sie ebenfalls mit Negativlisten arbeiten.[65] Entsprechend teilen sie mit dem erheblichen Erstellungs-, Aktualisierungs- und Pflegeaufwand auch den größten Nachteil dieses Ansatzes.

---

[62] *Bachmair*, medienimpulse 9/2006, 48, 56, online unter: www.mediamanual.at/mediamanual/themen/pdf/kompetenz/57_Bachmair-Kann_%20Medienkompetenz_.pdf.

[63] Gemeinsame Erklärung der OSZE mit der Journalistenorganisation *Reporter ohne Grenzen*, https://www.osce.org/documents/rfm/2005/06/15239_en.pdf; vgl. nunmehr auch den OSZE-Bericht „Governing the Internet“, http://www.osce.org/item/25667.html?ch=918, S. 3 f. mit Bezugnahme auf die aktuelle Studie der OpenNet Initiative.

[64] *Holznagel/Kussel*, MMR 2001, 347, 350; KJM, Altersdifferenzierte Jugendschutzfilter entwickeln, http://www.kjm-online.de/public/kjm/downloads/09-11%20Jugendschutz filter.pdf.

[65] *Schneider*, MMR 2004, 18, zur Filterung auf http-Protokollebene S. 22.

Algorithmisch arbeitende Verfahren leiden insbesondere an einer noch immer nicht befriedigenden Treffsicherheit. Jede vierte Seite wird falsch behandelt.[66] Dies betrifft zum einen das sogenannte Over-Blocking legaler Inhalte, die versehentliche Zugriffsverhinderung auf „falsch positive" Treffer. Ein bekanntes Beispiel ist hier das denkbare Keyword-Blocking von Informationen zum Staat*sex*amen, weil in dem Begriff das Wort „Sex" enthalten ist. Aus Sicht des Jugendschutzes wohl noch bedenklicher ist aber, dass auch zahlreiche inkriminierte Inhalte noch immer die Filter passieren können. Während die Filterung von pornographischen Inhalten vergleichsweise gut gelingt, versagen die Systeme insbesondere noch bei Rassismus, Gewalt und Glücksspiel.[67]

Filtersysteme, die sich an Ratings und eigenen Bewertungen der Inhaltsanbieter orientieren, könnten grundsätzlich den dargestellten Nachteilen wirksam begegnen. Die Angebote müssten nicht erst extern kontrolliert und eingeordnet werden, um die Negativlisten aktuell zu halten. Machen zuverlässige Inhaltsanbieter selbst standardisierte und maschinenlesbare Angaben zu den Inhalten, lassen sich auch zahlreiche Fälle eines Over-Blockings vermeiden. Entsprechend unterstützen bereits zahlreiche Browser Auszeichnungsformate wie PICS (Platform for Internet Content Selection) bzw. nunmehr RDF (Resource Description Framework) und darauf aufbauende Filtermaßnahmen auf Basis des ICRA (Internet Content Rating Association)-Labels. Je nach Betriebssystem könnten Eltern sogar sicherstellen, dass sich für die Benutzerkonten der Kinder die ICRA-Filterung nicht ausstellen lässt. Dieses Filterkonzept weist aber gerade im vorliegenden Zusammenhang den Nachteil auf, dass die Content-Provider daran mitwirken müssen. Die Bereitschaft, das ICRA-Verfahren zu unterstützen, fällt naturgemäß gerade bei Extremisten und anderen Anbietern illegaler Inhalte entsprechend gering aus und wird sich auch nicht durch einen über den Jugendschutzzweck hinausgehenden Zusatznutzen des RDF-Bewertungssystems steigern lassen.

Ferner knüpfen alle Filtermaßnahmen, die bei den Nutzern ansetzen und von diesen implementiert werden müssen, an einen entsprechenden Willen zur (Selbst-) Kontrolle an und laufen dementsprechend leer, wenn es den Nutzern gerade darauf ankommt, beispielsweise auf Propaganda oder Pornographie zuzugreifen.[68] Selbst für die Bedürfnisse des Jugendschutzes aber, bei dem die Eltern ihren Willen durchsetzen und für die Kinder die Filter implementieren könnten, scheinen Filtermaßnahmen derzeit keine Alternative für hoheitliches Handeln zu sein. Die auch von der OSZE vertretene Position muss sich mit den Realitäten konfrontieren lassen, die sich beispielsweise aus den KIM-Studien („Kinder und Medien, Computer und Internet") des Medienpädagogischen Forschungsverbundes Südwest ergeben.

---

[66] *Glaser/Günter/Schindler*, Jugendschutz im Internet, Jahresbericht 2006, S. 13, http://www.jugendschutz.net/pdf/bericht2006.pdf.

[67] *Glaser/Günter/Schindler*, a.a.O., S. 13.

[68] *Bremer*, MMR 2002, 147, 150; *Dietlein/Heinemann*, K&R 2004, 418, 423, Fn. 63.

Zwar wächst die Zahl der Eltern, die sich technisch kompetent des Schutzes ihrer Kinder annehmen können oder dies zumindest versuchen, kontinuierlich. Auch 2006 hatten jedoch nicht einmal zwei Fünftel der befragten Erziehungsberechtigten eine Filtersoftware installiert, obwohl drei Viertel das Internet für generell gefährlich hielten und der Ansicht waren, Kinder sollten nur geschützt durch Filterprogramme surfen.[69] Dieses ernüchternde Ergebnis stützt Literaturstimmen, die eine Selbstregulierung durch die Nutzer für illusorisch halten.[70]

Wie bereits bei der Darstellung der hoheitlichen Gegenstrategien erwähnt, ist es rechtspolitisch abzulehnen, den Filtereinsatz durch die *ultima ratio* des Strafrechts fördern zu wollen, indem etwa Eltern strafrechtlich zur Verantwortung gezogen werden, die den Kontakt ihrer Kinder mit jugendgefährdenden Inhalten nicht unterbinden. Attraktiv scheint dagegen die Anregung, „alle gängigen Filtersysteme öffentlich mit einer auf das deutsche Recht abgestimmten Konfiguration“[71] anzubieten. Aufgrund der dargestellten, auf absehbare Zeit bestehenden Probleme aller Filterkonzepte und des enormen Pflegeaufwands scheint auch diese Idee jedoch eher eine Zukunftsvision zu sein als eine in der Wirkung vergleichbare Alternative zur Sperrverfügung.

## IV. Jugendschutzzonen im Internet

Dem erwähnten Konzept der Positivfilterung folgt im Ergebnis auch die Idee spezieller Jugendschutzzonen, die als Ausschnitt des Internets white-list-basiert für Kinder und jugendliche Nutzer nur kontrollierte und geeignete Inhalte bereithalten. Die 2005 vom Europaparlament in einem Maßnahmenkatalog zum Jugendmedienschutz geplante Domain „.kid“ soll allein kindgerechten Webseiten vorbehalten bleiben.[72] Ein ähnlicher Ansatz wurde in den Vereinigten Staaten mit der Subdomain „kids.us“ schon zuvor verfolgt. *George W. Bush* verglich das Vorhaben bei der Unterzeichnung mit „der Kinderecke in einer Bücherei, sodass die Eltern ohne Bedenken ihre Kinder surfen lassen können“.[73] Auch einige Schulbehörden betreiben solche Schutzzonen im Netz, die „Walled Gardens“ – Gärten mit Mauern – genannt werden und für die Schüler mit wachsender Medienkompetenz schrittweise ausgeweitet werden können.

---

69 Medienpädagogischer Forschungsverbund Südwest, KIM-Studie 2006, S. 64, http://www.mpfs.de/fileadmin/KIM-pdf06/KIM2006.pdf.

70 *Hornig*, ZUM 2001, 846, 850.

71 *Holznagel/Kussel*, MMR 2001, 347, 351.

72 EU plant .KID-Domain zum Schutz von Kindern, http://www.jugendschutz.net/news/200509/news_05-09-07_21-56-00_fs.html.

73 *Rötzer*, Virtueller Grünlichtbezirk für Kinder, http://www.heise.de/tp/r4/artikel/13/13735/1.html.

Wer eine Domain in einem solchen Adressraum beantragt, unterwirft sich einem speziellen Zulassungs-, Kontroll- und Auflagensystem. Für die kids.us.-Domain wurde der amerikanische Registrar *Neustar* mit der Überwachung betraut. Die Ansätze wurden zu Beginn überwiegend begrüßt und die ICANN wurde dafür kritisiert, dass eine solche Schutzzone noch nicht global existierte.[74] Die praktischen Erfahrungen zeigten jedoch, dass bei einem white-list-basierten System der Weg zu einem attraktiven Kindernetz (zu) lang und die Mitwirkungsbereitschaft der Provider – auch aufgrund der Beschränkungen für Hyperlinks – begrenzt ist. Ein Blick auf die Entwicklung von www.kids.us gibt insoweit Anlass zu einer negativen Zwischenbilanz.[75]

Gleichwohl wollen der Bundesbeauftragte für Kultur und Medien und das Familienministerium (Medienberichten über die EU-Konferenz „Mehr Vertrauen in Inhalte" im Mai 2007 zufolge) 1 bis 1,5 Millionen Euro in die Förderung kindgerechter Angebote im Internet investieren, verbunden mit dem Ziel, eine Positivliste als geschlossenes Angebot für Kinder bis zwölf Jahre umzusetzen.[76] Die redaktionelle Betreuung soll bei der Freiwilligen Selbstkontrolle Multimedia-Diensteanbieter (FSM) liegen. Ziel der Bemühungen ist, durch wachsende Medienkompetenz mündige Kommunikatoren für das Web 2.0 zu gewinnen. Diese Ansätze werden jedoch kumulativ, nicht alternativ zu hoheitlichen Maßnahmen erwogen.

## V. Vollständige Selbstregulierung: Cyberlaw – Lex informatica

„Regierungen der industriellen Welt, […] ich komme aus dem Cyberspace, der neuen Heimat des Geistes. Im Namen der Zukunft bitte ich Euch, Vertreter einer vergangenen Zeit: Lasst uns in Ruhe! Ihr seid bei uns nicht willkommen. Wo wir uns versammeln, besitzt Ihr keine Macht mehr. Wir besitzen keine gewählte Regierung, und wir werden wohl auch nie eine bekommen – und so wende ich mich mit keiner größeren Autorität an Euch als der, mit der die Freiheit selber spricht. […] Ihr habt hier kein moralisches Recht zu regieren *noch besitzt Ihr Methoden, es zu erzwingen, die wir zu befürchten hätten.*"[77]

Dieses Zitat aus der „Unabhängigkeitserklärung des Cyberspace" von *John Perry Barlow* fasst die Forderung nach radikaler Selbstregulierung des Cyberspace gut zusammen. Vehement und euphorisch vertraten die „Internet-Separatisten"[78] insbe-

---

[74] Schutzzone für Kinder? Spiegel Online-Artikel, zitiert nach http://www.zentrum-rodaun.at/lesen/schutzzone.html.

[75] Vernichtende Zwischenbilanz für Kinderdomain, Bericht vom 6.6.2005, http://www.intern.de/news/6783.html. Seither hat sich das kids.us-Angebot nur geringfügig erweitert.

[76] *Ermert*, Ein Netz für Kinder, http://www.heise.de/newsticker/meldung/89652.

[77] *Barlow*, Unabhängigkeitserklärung des Cyberspace, http://www.heise.de/tp/r4/artikel/1/1028/1.html (Hervorhebung nicht im Original).

[78] *Reidenberg*, Fordham University School of Law, Research Paper 11/2001, S. 4, online unter http://papers.ssrn.com/sol3/papers.cfm?abstract_id=267148.

sondere in der Anfangsphase des Internets den Standpunkt, das Internet könne sich nur selbst regulieren.[79] Motiviert wurde (und wird) diese Position einerseits durch eine (neo-)liberale Grundhaltung, andererseits aber auch durch die zahlreichen Anwendungsprobleme traditioneller Rechtsregeln, wie sie vor allem aus deren jeweiligen territorialen Bezügen erwachsen. Die Vielzahl möglicherweise involvierter Rechtsordnungen und Gerichtsbarkeiten sowie die Schwierigkeiten der exterritorialen Ausdehnung nationaler Rechtsordnungen bzw. Strategien einer territorial gebundenen Abschottung machen nach dieser Ansicht ein praktikables, an Nationalstaaten anknüpfendes Regelungsregime illusorisch.[80] Auch Formen repräsentativer Demokratie im Cyberspace sollen nach dieser Auffassung schon an der Feststellung des Kreises aller Wahlberechtigten und der Sicherstellung ordnungsgemäßer Wahlen scheitern. „Cyberlaw", das nicht an Staatsgrenzen, sondern (hard- oder softwarebasiert) allein an den Grenzen des Cyberspace anknüpfe, solle durch die Nutzer und maßgeblich auch durch die mit der Internetarchitektur und den Netzwerkprotokollen am besten vertrauten Experten bestimmt werden. Bei Ansätzen der Selbstregulierung sei ferner im Vergleich mit den Normen staatlicher Autoritäten eine wesentlich erhöhte Akzeptanz und Einhaltung seitens der Nutzer zu erwarten. Eine sich selbst beaufsichtigende Internetgemeinschaft agiere nicht nur wesentlich effizienter als staatliche Aufsichtsbehörden. Sie wahre auch die besonderen Errungenschaften des Internets in bestmöglicher Weise.

In der Tat ist zu konstatieren, dass die Einigung über Protokolle und technische Standards, ICANN, das Domain Name System und andere durch RFCs oder Netiquette getroffene Abmachungen überraschend kollisionsarm gelingt. Dies liegt jedoch maßgeblich darin begründet, dass die Interessen aller Beteiligten im Hinblick auf die technische Leistungsfähigkeit des Internets nur in vergleichsweise geringem Umfang voneinander abweichen. Es scheint deshalb zu optimistisch, diese Erfahrungen vollumfänglich auf Übereinkommen zur – vorliegend relevanten – Inhaltsregulierung zu übertragen. Die Befürworter einer radikalen Selbstregulierung müssen sich insoweit selbst die Argumente entgegenhalten lassen, die sie gegen eine traditionelle Regulierung des Internets vorbringen: Nicht nur zwischen Staaten, auch unter Individuen und stark heterogenen Interessengruppen der Zivilgesellschaft ergeben sich Normfindungs- und Durchsetzungsprobleme.[81] Zwar kann den Verfechtern radikaler Selbstregulierung nicht vorgehalten werden, die am Prozess der Entscheidungsfindung Beteiligten seien jeweils bereits durch ihre Offline-Rechtsordnungen in unterschiedlicher Weise gebunden. Der Selbstregulierungsansatz führt – konsequent gedacht – zu einem von den traditionellen Rechtsordnungen völlig gelös-

---

79 *Johnson/Post*, Law and Borders – The Rise of Law in Cyberspace, http://www.cli.org/X0025_LBFIN.html; *Post,* Against "Against Cyberanarchy", in: Thierer/Crews (Hrsg.), Who rules the net?, S. 71 (auch online abrufbar: http://btlj.boalt.org/data/articles/17-4_fall-2002_post.pdf).

80 Zur Position der „Cyber-Kulturbewegung" vgl. *Christiansen*, MMR 2000, 123, 124.

81 *Hornig*, ZUM 2001, 846, 850.

ten eigenen Rechtsregime für Internetsachverhalte, einschließlich Kollisionsnormen für das Aufeinandertreffen der virtuellen und der nicht-virtuellen Welt.

Angesichts der weiter fortschreitenden Ausbreitung des Internets über Kulturen und Ländergrenzen hinweg kann aber immer weniger von „dem durchschnittlichen Internet-Nutzer" ausgegangen werden, der einer staatlichen Bevormundung und Einflussnahme gleichsam nicht bedarf, weil er sich mit den gleich gesinnten Gliedern der globalen Internetgemeinde über territoriale Grenzen hinweg einigen und die Einhaltung der Abmachungen dann auch effektiv einfordern kann. Schon der Streit um das Thema Inhaltsregulierung selbst kann hier als Beleg für ein zu uneinheitliches Stimmungsbild dienen. Eine wichtige Funktion von Staatsgrenzen ist die Reduktion von Komplexität. Selbst hochgradig pluralistische Nationen schließen durch ihre Grenzen noch immer einen größeren Teil der Welt aus als ein, wirken limitierend auf die Rechtshorizonte und schaffen für ihre Bürger ein Mindestmaß an Erwartungssicherheit durch eine gemeinsame Rechtskultur.[82] So attraktiv die Möglichkeit einer Weltgesellschaft im globalen Cyberspace scheinen mag, verfügt der radikale Cyberlaw-Ansatz (noch) nicht über Mittel zur Reduktion der wachsenden Hyperkomplexität und der Unsicherheit, die mit einer Erosion von Staatsgrenzen zwangsläufig einhergehen und durch geeignete, die Erwartungssicherheit wiederherstellende Äquivalente ausgeglichen werden müssten.

Zudem ist zu befürchten, dass sich staatstheoretische Grundprobleme wie etwa die Frage nach dem Schutz von Minderheiten gegen den dominierenden Mehrheitswillen großer Interessengruppen genauso wie in der nicht-virtuellen Welt stellen und trotz der online abschöpfbaren „Weisheit der Vielen" nicht im Wege reiner Konsensfindung lösbar sind. Zu denken ist dabei ganz besonders an die Bereiche Jugendschutz und Datenschutz. Dass eine reine Selbstregulierung häufig schlicht auf das Recht des Stärkeren und der Majorität hinausläuft, belegen auch die Beispiele „gelungener" Cyberlaw-Durchsetzung durch Online-Vigilantismus, etwa ein konzertierter DoS-Angriff als Reaktion auf den Versand einer unerwünschten Werbe-E-Mail.[83] Auch die Bekämpfung der Kinderpornographie dient nicht nur der Legislative als häufiger Türöffner für Grundrechtsbeschränkungen. Privatpersonen sehen sich mitunter ebenfalls moralisch im Recht, Server außer Gefecht zu setzen und Festplatten zu löschen, wenn sich darauf illegale Inhalte wie Kinderpornographie oder Nazi-Propaganda befinden.[84]

Gegen eine „Selbstregulierung" des Netzes allein durch die Kräfte der Stärkeren, der Wirtschaft und des Kapitalismus, wendet sich überzeugend *Lawrence Lessig*.

---

[82] *Schimank*, Weltgesellschaft und Nationalgesellschaften: Funktion von Staatsgrenzen, in: Heintz/Münch/Tyrell (Hrsg.), Weltgesellschaft, S. 394, 403.

[83] *Engel*, AfP 1996, 220, 223 („Sicht des Optimisten").

[84] *Burke*, Hackers New Tack on Child Porn, http://www.wired.com/news/politics/0,1283,33869,00.html.

Er hält den Cyberspace keineswegs für unregulierbar, im Gegenteil.[85] Er sei lückenloser zu kontrollieren als die Offline-Welt. Zu den traditionellen Instrumenten Gesetz, Markt und Sozialnormen trete im Cyberspace noch der Code, seine Architektur, mit entsprechend interessanten Wechselwirkungen zwischen diesen vier Einflussgrößen. Es könne nicht der „Natur des Cyberspace" angelastet werden, dass Nationalstaaten mit den traditionellen Strategien vor Durchsetzungsproblemen stehen. Eine solche „Natur" mit eigenen Naturgesetzen gebe es – anders als im realen Raum – im Cyberspace gerade nicht.[86] Er bestehe nur aus Code, aus Hard- und Software, die seine Architektur bildeten, und dieser Code lasse sich verändern und anpassen.[87] „Der Cyberspace muss nicht immer und überall eine bestimmte Beschaffenheit haben […]. Was wir ‚das Netz' nennen, kann ganz verschiedene Architekturen haben."[88] Es könne dabei Aufgabe der Regierungen sein, über die Architektur des Cyberspace Grundwerte zu verankern und durchzusetzen, die nicht im Interesse der Wirtschaft seien.

## VI. Regulierte Selbstregulierung und freiwillige Selbstkontrolle

Während somit auf der globalen Ebene des Internets ein gemeinsamer Verhaltenskodex an der fehlenden Homogenität der Anbieter und Nutzer wenig Aussicht auf Erfolg hat, sind die Chancen eines Selbstregulierungsansatzes auf der Ebene der einzelnen (Sub-)Netze des Internets besser zu bewerten.[89] Hier könnten somit die beschriebenen Vorzüge einer Selbstkontrolle – etwa größere Sachnähe und Akzeptanz – genutzt werden, um hoheitliche eingriffsintensive Maßnahmen zu minimieren und die liberalen Grundstrukturen des Cyberspace zu achten. Entsprechend setzte auch die Neuregelung des Jugendmedienschutzes im Jahr 2003 im Bereich der Informations- und Kommunikationsdienste auf sogenannte regulierte Selbstregulierung als Modell der Inhaltskontrolle.[90]

### 1. Grundprinzip der regulierten Selbstregulierung

Die Einhaltung der Bestimmungen des JMStV wird vorrangig durch die in Selbstkontrolleinrichtungen organisierten Telemedienanbieter kontrolliert, die der

---

85 *Lessig*, Code und andere Gesetze des Cyberspace, S. 56; zum Problem, *Lessigs* Position in die Steuerungsmodelle staatlicher und privater Regulierung einzuordnen vgl. *Leube*, Die Rolle des Staates im Internet, S. 227.

86 *Lessig*, Code und andere Gesetze des Cyberspace, S. 406: „Wir schaffen diese Natur und unterwerfen uns den Zwängen dieser von uns geschaffenen Natur."

87 *Ahlert*, Wer regiert den Cyberspace?, http://www.heise.de/tp/r4/artikel/5/5645/1.html.

88 *Lessig*, Code und andere Gesetze des Cyberspace, S. 56.

89 *Hornig*, ZUM 2001, 846, 849.

90 *Liesching*, JMS-Report 6/2006, 2.

KJM sachkundige und unabhängige Prüfer benennen. Die Rahmenbedingungen werden dabei hoheitlich festgelegt, während sich der Staat im Weiteren – widerruflich – in seiner Aufsicht gegenüber den Mitgliedern dieser Einrichtungen beschränkt.

Diese auch als Koregulierung bezeichnete Strategie setzt auf eine geteilte Verantwortlichkeit bei der Inhaltskontrolle, die es dem Staat ermöglicht, einerseits dem Schutzauftrag der Jugend gegenüber nachzukommen, andererseits aber, den Eingriff in (vor allem) Art. 5 GG so grundrechtsschonend wie möglich zu gestalten. Eine Selbstregulierung durch die Medienschaffenden innerhalb der staatlich vorgegebenen Grenzen kann die KJM nicht nur entlasten, sondern auch aufgrund der Sachnähe und übernommenen Eigenverantwortung der Anbieter die Akzeptanz und Wirkung der Entscheidungen erhöhen.

Erfahrungen mit dem Instrument der Koregulierung bestehen unter anderem bereits durch die 1949 gegründete Freiwillige Selbstkontrolle der Filmwirtschaft (FSK) und seit 1994 durch die Freiwillige Selbstkontrolle Fernsehen (FSF, seit August 2003 auch anerkannt im Sinne von § 19 JMStV). Durch den JMStV wurde das Instrument jedoch deutlich ausgebaut und gestärkt, insbesondere durch eine über die bloße Einbeziehung hinausgehende Bindungswirkung der Entscheidungen anerkannter Einrichtungen. § 20 Abs. 5 JMStV sieht in einer gesonderten Regelung für Telemedien vor, dass vor der hoheitlichen Überprüfung zunächst Selbstkontrolleinrichtungen – wie die seit 2005 anerkannte Freiwillige Selbstkontrolle Multimedia-Diensteanbieter (FSM) – mit den Telemedienangeboten ihrer Mitglieder zu befassen sind. Eine Untergruppe der FSM ist die „Selbstkontrolle Suchmaschinen".[91] Für die Einrichtungen besteht ein nur eingeschränkt überprüfbarer Beurteilungsspielraum. Rechtsstaatlichen Anforderungen wird insoweit durch die Voraussetzungen der hoheitlichen Anerkennung einer Selbstkontrolleinrichtung, die sich aus § 19 Abs. 3 JMStV ergeben, Rechnung getragen. Problematisch ist allerdings, dass nach der Anerkennung bei Meinungsverschiedenheiten zwischen der Selbstkontrolleinrichtung und der KJM kein differenziertes Instrumentarium jenseits des Widerrufs der Anerkennung zur Verfügung steht.[92]

Auch das EU-Parlament favorisiert die Kooperation „zwischen der Internet-Industrie, den Regierungen und den nationalen und regionalen Behörden" als „die wirksamste Möglichkeit … gegen schädigende und illegale Inhalte im Internet vorzugehen".[93] Dies geht aus einem Entschließungsantrag im April 2002 hervor.[94] Das

---

91 http://www.fsm.de/de/FAQs_Selbstkontrolle_Suchmaschinen.

92 *Sellman*, K&R 2007, 196, 197.

93 Bericht über den Evaluierungsbericht der Kommission an den Rat und das Europäische Parlament über die Anwendung der Empfehlung des Rates in Bezug auf den Jugendschutz und den Schutz der Menschenwürde (A5-0037/2002), http://www.europarl.europa.eu/sides/getDoc.do;jsessionid=71E30EA9ACC2C46F0A3B4A240F4F4046.node2?language=DE&pubRef=-//EP//NONSGML+REPORT+A5-2002-0037+0+DOC+PDF+V0//DE.

Parlament führte darin weiter aus, es zeige sich „besorgt, dass die jüngsten Entscheidungen bzw. Strategien im Hinblick auf die Blockierung des Zugangs zu bestimmten Websites zur teilweisen Einschränkung des Internetzugangs bzw. zur Verhinderung des Zugangs zu rechtmäßigen Inhalten führen können und deshalb keine wirksame europäische Lösung für die Bekämpfung illegaler und schädigender Internetinhalte darstellen".

## 2. Selbstkontrolle der Content-Provider

Trotz der beachtlichen Argumente für die Selbstkontrolle durch die Inhaltsanbieter ergeben sich im Hinblick auf die Sperrverfügungsproblematik auch bei dieser Schutzstrategie Schwierigkeiten. Zum einen ist wenig realistisch, dass sich gerade Anbieter illegaler Inhalte öffentlich organisieren oder sich freiwillig einem Verhaltenskodex unterwerfen.[95] Zum anderen kann auch dem Problem der Internationalität und dem Pluralismus der Rechtsordnungen und -kulturen im Internet auf diese Weise nicht begegnet werden. Die subsidiäre Inanspruchnahme der Access-Provider soll gerade in Konstellationen herangezogen werden, in denen ein Vorgehen gegen Inhaltsanbieter nicht durchführbar oder nicht Erfolg versprechend ist, weil diese der deutschen Rechtsordnung nicht unterstehen und sich auch nicht – etwa aus wirtschaftlichen Interessen am hiesigen Markt – freiwillig an die in der Bundesrepublik Deutschland geltenden gesetzlichen Vorschriften halten. Eine Selbstregulierung der nationalen Content-Provider hilft über diese Rechtsdurchsetzungsprobleme nicht hinweg. Zwar kann sich die FSM mit Angeboten von Nichtmitgliedern befassen und insoweit um Abhilfe bemühen, wie sich aus Ziffer 7 ihres Verhaltenskodexes ergibt. Es bestehen Kooperationen mit europäischen Schwesterorganisationen, die die Befassung mit illegalen Inhalten im jeweiligen Ursprungsland sicherstellen soll. Unter anderem ist die FSM – wie auch der Verband der deutschen Internetwirtschaft eco und jugendschutz.net – Mitglied im internationalen Hotline-Dachverband INHOPE, der inzwischen 27 Partner-Hotlines umfasst.[96] Auch ist weder aus der Gesetzeslage noch aus dem Kodex oder dem Internetauftritt der FSM unmittelbar ersichtlich, dass ein (an der Erreichbarkeit am deutschen Markt interessierter) ausländischer Inhaltsanbieter nicht der FSM beitreten und sich dadurch die Privilegierung des § 20 Abs. 5 JMStV sichern könnte.

All dies ändert aber nichts daran, dass ein amerikanischer Diensteanbieter, der sich dem System freiwilliger Selbstkontrolle unterwirft, sich zur Einhaltung ande-

---

94 *Kleinz*, Europäisches Parlament gegen Webseitensperrungen, http://www.heise.de/tp/r4/artikel/12/12300/1.html.

95 *Grzeszick*, AöR 123 (1998), 173, 193.

96 *Glaser/Günter/Schindler*, Jugendschutz im Internet – Jahresbericht 2006, S. 14, http://www.jugendschutz.net/International/inhope/index.html; www.inhope.org. Allerdings führen die routinemäßigen Weitergaben an die ausländischen Hotlines nur in seltenen, auf Kinderpornographie beschränkten Fällen zu Erfolgen, vgl. den Jahresbericht 2006, S. 17.

rer Rechtsvorschriften verpflichten würde als beispielsweise ein deutscher oder ein dänischer. Er würde seinen Nutzern nur schwer vermitteln können, dass beispielsweise ein rechtsextremes Angebot unterbunden werden muss, obwohl dieses mit seiner nationalen Rechtsordnung vereinbar ist. Deshalb wird zwar gerade als Argument für die Effektivität und gegen die Gefahr einer ausufernden privaten Zensur angeführt, dass die Selbstkontrolle der Diensteanbieter schon aufgrund der sozialen Kontrolle durch die Kunden und die Öffentlichkeit nur innerhalb der gesetzlichen Grenzen wirken könne.[97] Im Hinblick auf diese problematischen internationalen Sachverhalte ist die Selbstkontrolle der Inhaltsanbieter aber genau aus diesem Grund keine ausreichend wirksame Alternative zu Sperrverfügungen, um auf die Werte- und Rechtszersplitterung im globalen Cyberspace zu reagieren.

### 3. „Selbstkontrolle" der Access-Provider

Besonderes Interesse könnte vor diesem Hintergrund der Erwägung zukommen, den Fokus auch bei der Selbstkontrolle statt auf die Content-Provider auf die nationalen Access-Provider zu legen.[98] Die Zugangsdiensteanbieter könnten auf die Freistellung von allgemeinen Überwachungspflichten, die ihnen § 7 Abs. 2 Satz 1 TMG in Umsetzung von Art. 15 ECRL gewährt, verzichten und Inhalte kontrollieren sowie den Zugriff gegebenenfalls ohne staatliche Anordnung sperren. Eine Motivation hierzu mag neben dem Imagegewinn am Markt durch ethisch-verantwortliches Handeln darin liegen, durch Selbstregulierung und Kooperation mit der Medienaufsicht weiteren staatlichen Inpflichtnahmen die Grundlage zu entziehen. Zur Verhinderung einer befürchteten Gesetzesflut zum Schutz von Minderjährigen diskutierten US-Provider bereits einen Code of Conduct.[99]

Auch jugendschutz.net wünscht sich für die Zukunft eine Selbstverpflichtung der Provider, nachdem mit dem Verhaltenskodex der Suchmaschinenbetreiber sehr positive Erfahrungen gemacht wurden.[100] Im Unterschied zu den Suchmaschinenbetreibern und den Selbstkontrollinitiativen der Inhaltsanbieter ist jedoch die als Vorzug der freiwilligen Selbstkontrolle stets angeführte Sachnähe bei den Access-Providern nicht in gleicher Weise gegeben. Auch insoweit ist gerade für Access- und Network-Provider die primär technisch-neutrale Diensteverrichtung zu beachten, die auch Erwägungsgrund 42 der E-Commerce-Richtlinie betont. Bei einer inhaltlichen Regulierung würden sich die Access-Provider im Ergebnis gar nicht

---

[97] *Degen*, Freiwillige Selbstkontrolle der Access-Provider, S. 353.

[98] *Degen*, a.a.O., passim.

[99] *Ermert*, Jugendschutz im Netz: Selbstverpflichtung soll US-Gesetzeswelle verhindern, http://www.heise.de/newsticker/meldung/76309.

[100] *Ermert*, Jugendschutz: Selbstverpflichtung für Provider und weitergehende Verantwortlichkeitsregelungen, http://www.heise.de/ct/hintergrund/meldung/91599.

„selbst kontrollieren", weshalb die Bezeichnung „freiwillige Selbstkontrolle der Access-Provider" euphemistisch wirkt.

Rein infrastrukturell erscheint es gleichwohl möglich, die Requests nicht erst beim Nutzer, sondern bereits beim Access-Provider zu filtern.[101] Die Befürworter schlagen als Maßnahmen einer freiwilligen Selbstkontrolle der Zugangsdienste-Anbieter weniger eine (selbst auf Verbandsebene kaum realisierbare) eigene inhaltliche Auswertung vor, sondern Verhaltenskodizes in Verbindung mit Filtermaßnahmen, die sich zum Beispiel auf die beschriebene Selbstklassifizierung der Content-Provider stützen.[102] Aus Sicht des Jugendschutzes wäre damit grundsätzlich etwas gewonnen, da dem mangelnden Filtereinsatz seitens der Nutzer begegnet werden könnte. Allerdings pflanzen sich hier die für den Einsatz vorkonfigurierter Filter beschriebenen Probleme fort, insbesondere die fehlende Mitwirkungsbereitschaft der Content-Provider an Rating-Systemen. Überdies wären die Performance-Verluste, die von den Providern schon bei der vergleichsweise punktuellen staatlichen Inanspruchnahme durch die Sperrmaßnahme beklagt werden, erst recht bei einer freiwilligen flächendeckenden Inhaltskontrolle der Access-Provider zu besorgen.[103]

Auch wenn die freiwillige Kooperation der Access-Provider also auf den ersten Blick weniger eingriffsintensiv als die hoheitliche Inpflichtnahme wirkt und allgemein mit größerer Akzeptanz rechnen könnte, wäre der freiwillige Filtereinsatz durch die Provider im Ergebnis nicht weniger belastend. Dies gilt nicht nur für die einzukalkulierenden Performance-Verluste. Je nach der vertretenen Position im Streitstand um die Kostentragung bei hoheitlich angeordneten Sperrmaßnahmen könnte sich als Hinderungsgrund auch herauskristallisieren, dass die Access-Provider als Nichtstörer einen Ersatzanspruch haben, um den sie ein „vorauseilender Gehorsam" bringen würde. Insoweit wird vorgeschlagen, finanzielle Anreize zu schaffen, etwa durch steuerliche Entlastungen wie eine Absetzbarkeit der zu Zwecken des Jugendmedienschutzes eingesetzten Infrastruktur.[104]

Selbst wenn die Zugangsdiensteanbieter aber Performance-Verluste und finanzielle Einbußen hinnehmen würden, um aus authentischem ethischem oder vorgegebenem marketingwirksamen Interesse überobligationsmäßig am Jugendmedienschutz mitzuwirken, so sind sie nicht zwingend über alle bei der Umsetzung tangierten Rechtspositionen dispositionsbefugt. Mit der einfachgesetzlichen Normierung des Fernmeldegeheimnisses ist der Gesetzgeber bereits Schutzpflichten nachgekommen, auch Übergriffe Privater in grundrechtlich gewährte Freiräume

---

101 *Pfitzmann/Köpsell/Kriegelstein*, Sperrverfügung gegen Access-Provider – Technisches Gutachten vom 22.12.2006, S. 60.

102 *Degen*, Freiwillige Selbstkontrolle der Access-Provider, S. 353.

103 *Pfitzmann/Köpsell/Kriegelstein*, a.a.O., S. 60.

104 *Holznagel/Kussel*, MMR 2001, 347, 351; zu einem solchen Ansatz in den USA: *Degen*, Freiwillige Selbstkontrolle der Access-Provider, S. 241.

durch die Ausgestaltung der Rechtsordnung zu verhindern.[105] Im Hinblick auf § 7 Abs. 2 Satz 2 TMG i.V.m. § 88 TKG würde eine Filterung des gesamten Datenverkehrs erfordern, dass die Anbieter ihren Nutzern offen legen, den Zugang zum Netz nicht nur über einen Zwangsproxy zu vermitteln, sondern die Requests zu Zwecken der Zugriffssperre mit einer Blacklist abzugleichen. Der angebotene Dienst wäre dann ein „jugendschutzgerechter Netzzugang", und insoweit wäre die Verwendung der betreffenden Daten auch für die Geschäftserbringung erforderlich. Hierfür kann durchaus ein Markt existieren. Fraglich ist jedoch, ob die Kunden solcher Angebote diejenigen wären, die durch staatliche Sperrverfügungen vom gezielten Zugriff auf illegale (beispielsweise rechtsradikale) Inhalte abgehalten werden sollen.

Zudem richtet sich die „Zensur"-Kritik der Gegner von Zugriffssperren überwiegend nicht nur gegen staatliche Inhaltskontrolle, sondern in gleicher Weise auch gegen Beschränkungen der Meinungs- und Informationsfreiheit durch Privatpersonen. Die American Civil Liberties Union zeichnet diesbezüglich ein Szenario, nach dem sich zunächst ein Standard der Inhaltsbewertung etabliert, dann marktbeherrschend und in den gängigen Browsern implementiert wird, um sich schließlich dergestalt zur Default-Einstellung zu entwickeln, dass alle Inhalte ohne bestimmte Rating-Angaben von Access-Providern blockiert und von Suchmaschinen nicht mehr angezeigt werden.[106] Nach den Beobachtungen zu den Standards PICS und RDF lassen sich erste Schritte in diese Richtung nicht leugnen.

Schon heute kann angesichts des verbreiteten Zwangsproxy-Einsatzes niemand garantieren, dass nicht auch politisch unerwünschte oder Lobbyarbeit und Tätigkeit der Provider kritisierende Informationen ausgeblendet oder manipuliert werden.[107] Bei einzelnen Providern wurde dies bereits vermutet.[108] Vor diesem Hintergrund stellt sich jedoch in Anbetracht des zur systematischen Nachzensur vertretenen Ergebnisses die Frage einer Zensurpraxis durch Privatpersonen: Zwar richten sich die Grundrechte als unmittelbare Abwehr nur gegen „staatliche Machtfaktoren".[109] Für die freiwillige Selbstkontrolle der Filmwirtschaft wird deshalb vertreten, dass sie von Art. 5 Abs. 1 Satz 3 GG nicht tangiert werde.[110] Nach Sinn und Zweck des Zensurverbots ist vorliegend jedoch eine mittelbare Drittwirkung zu erwägen.[111] Als entscheidendes Argument gegen eine solche Drittwirkung von Grundrechten gilt, dass zwischen Privaten aufgrund des Gleichordnungsverhältnisses kein Macht-

---

105 Vgl. *Hüper*, Zensur und neue Kommunikationstechnologien, S. 71.

106 American Civil Liberties Union, Fahrenheit 451.2: Is Cyberspace Burning? Electronic Privacy Information Center, Filters and Freedom 2.0, S. 97, 100.

107 *Hoffmann-Riem*, Herausforderungen an die rechtliche Absicherung der Kommunikationsfreiheiten, S. 41, www.m-und-k.info/MuK/Hefte/MuK_02_02.pdf.

108 *Kleinz*, Internet-Provider Freenet sperrt Seiten von Kritikern, www.heise.de/newsticker/meldung/45099.

109 *Clemens* in Umbach/Clemens, GG, Art. 5, Rn 150.

110 *Clemens*, a.a.O., Rn. 151.

111 *Hüper*, Zensur und neue Kommunikationstechnologien, S. 77.

gefälle bestehe, aus dem sich eine dem Bürger-Staat vergleichbare Bedrohungslage der Freiheit ergeben könnte. Im Hinblick auf die Rechte von Kommunikatoren und Rezipienten aus Art. 5 Abs. 1 GG trifft dies aber nur zu, solange es für die Betroffenen ausreichende Alternativen und die Möglichkeit gibt, den Kommunikationskontrollen der Provider durch den Wechsel zu anderen Vertragspartnern auszuweichen.[112] Ist dies nicht der Fall, droht der gefürchtete chilling effect – die Selbstbeschränkung im Hinblick auf die Kommunikationsfreiheiten – auch bei manipulativen privaten Filterinstanzen. Zu diskutieren ist daher, ob auch ein Schutz vor „zensurähnlichen Akten durch private Wirtschaftsunternehmen gewährt"[113] werden muss. Da dem Zensurverbot im Hinblick auf die Informationsfreiheit der Rezipienten nur Reflexwirkung zuerkannt wird, ist für die Zensurdebatte vor allem die Meinungsfreiheit der Kommunikatoren relevant. Über eine mittelbare Drittwirkung der Informationsfreiheit wird ein Schutz vor Beeinträchtigungen durch Private aber auch für die Rezipienten vertreten.[114] Nicht erst in den letzten Entwicklungsstufen des von der American Civil Liberties Union gezeichneten Dystopia-Szenarios bergen systematische Filterkonzepte privater Provider genau wie staatliche Maßnahmen die Gefahr einer Lähmung des Geisteslebens, wenn nicht nur einzelne Provider für bestimmte Empfängerkreise einen gefilterten Zugang bereithalten, sondern sich eine solche vorkonfigurierte „regulation by code" als marktbeherrschender technischer Standard allgemein durchsetzt.

Wird diese Inhaltskontrolle für Kommunikatoren und Rezipienten unausweichlich, spricht nach alledem viel dafür, aus teleologischen Erwägungen eine mittelbare Drittwirkung der Rechte aus Art. 5 GG anzuerkennen, sodass derartige Maßnahmen privater Provider unzulässig und nicht mehr von der Privatautonomie gedeckt wären.[115] Auch vor dem Hintergrund der fraglichen demokratischen Legitimation von Maßnahmen freiwilliger Selbstkontrolle sowie im Hinblick auf die bei staatlicher Anordnung gegebenen prozeduralen Sicherungen und klar geregelten Rechtsschutzmöglichkeiten der Betroffenen ist danach eine freiwillige „Selbstkontrolle" der Access-Provider *je nach ihrer Ausgestaltung* keineswegs zwingend die für alle Beteiligten weniger belastende Alternative zu staatlichen Sperrmaßnahmen.

Etwas anderes gilt für ein Konzept der Selbstverpflichtung über Verhaltenskodizes, bei dem Access-Provider nicht eigenständig flächendeckend und systematisch filtern, sondern – in den hier vertretenen engen Grenzen der §§ 7 Abs. 2 Satz 3 TMG, 88 TKG – auf Hinweise beispielsweise von jugendschutz.net reagieren und den Zugriff unterbinden.

---

[112] *Hüper*, a.a.O., S. 81, 83.

[113] *Hoffmann-Riem*, Herausforderungen an die rechtliche Absicherung der Kommunikationsfreiheiten, S. 42, www.m-und-k.info/MuK/Hefte/MuK_02_02.pdf.

[114] *Degen*, Freiwillige Selbstkontrolle der Access-Provider, S. 266.

[115] Für eine Drittwirkung der Meinungsfreiheit und des Zensurverbots: *Hüper*, a.a.O., S. 85; für die Informationsfreiheit: *Hoffmann-Riem* in AK-GG, § 5 Rn. 102; *Degen*, Freiwillige Selbstkontrolle der Access-Provider, S. 267.

## VII. Spezifische Zugriffssperren bei Verstößen gegen § 4 Abs. 2 und § 5 JMStV

Zu prüfen bleibt jedoch die bei der Erörterung von § 4 Abs. 2 und § 5 JMStV bereits angesprochene Möglichkeit abgestufter Zugriffssperren. Wie oben erwähnt, werden in der Literatur spezifische Zugriffsbeschränkungen wie Altersverifikationssysteme und Jugendschutzprogramme als weniger eingriffsintensives Mittel erwogen, die der Erforderlichkeit einer Vollsperrung entgegenstehen könnten.

Bei den lediglich entwicklungsbeeinträchtigenden Inhalten im Sinne des § 5 JMStV stellt sich die Frage nach der Verhältnismäßigkeit dabei besonders intensiv. Zu berücksichtigen ist jedoch schon, dass effiziente Jugendschutzprogramme im Sinne des § 5 JMStV derzeit noch eine Zukunftsvision des Gesetzgebers sind. Im Jahresbericht 2006 von jugendschutz.net wird berichtet, dass keines der auf ihre Effizienz geprüften Jugendschutzprogramme eine zufriedenstellende Wirkung aufwies.[116] Noch immer wird jede vierte Seite falsch bewertet. Wie für die eingeschränkt zulässigen Angebote nach § 4 Abs. 2 JMStV könnten sich aber auch für die nur entwicklungsbeeinträchtigenden Inhalte nach § 5 JMStV zumindest zuverlässige Altersverifikationssysteme als milderes Mittel – verglichen mit der Vollsperrung – darstellen.

Für die Zugangsvermittler selbst wurde bereits im Rahmen der Subsumtion unter § 4 Abs. 2 JMStV ausgeführt, dass sich eine Verpflichtung zum Einsatz eines Altersverifikationssystems für sie keinesfalls als mildere „Minus-Maßnahme" darstellt. Dies gilt nicht nur für die Zugangsvermittler auf der Internetschicht, die dazu einen Proxy-Server implementieren und ihr Diensteangebot völlig umstellen müssten. Auch für die Anbieter, die schon einen (Zwangs-)Proxy einsetzen, wäre die Realisierung einer Altersverifikation eine deutliche Zusatzbelastung, die ihrem rein technischen Diensteangebot zudem ein anderes Gepräge verleihen würde.

Etwas anderes könnte sich ergeben, wenn auch die Interessen der Nutzer und der Inhaltsanbieter einzubeziehen sind. Betrachtet man nur den Normtext, scheint die jeweilige Eingriffsintensität an das Ausmaß der Gefährdung gekoppelt zu sein und sich entsprechend in § 4 Abs. 2 und 5 JMStV verglichen mit § 4 Abs. 1 abzuschwächen. Dies gilt aber nur für Maßnahmen gegen Content-Provider, für die das Gesamtsystem der §§ 4 und 5 JMStV auch primär konzipiert ist. Für die Inhaltsanbieter scheint es in der Tat regelmäßig vorteilhaft, Inhalte zumindest in geschlossenen Benutzergruppen bereithalten zu können, als darauf ganz verzichten zu müssen.

Bei der Ermittlung, welche Maßnahme für alle von einer Zugriffssperre *durch Access-Provider* Betroffenen die geringste Belastung bei gleicher Wirksamkeit darstellt, ist aber nicht nur die Theorie des JMStV-Systems zu berücksichtigen. In

---

[116] *Glaser/Günter/Schindler*, Jugendschutz im Internet, Jahresbericht 2006, S. 13, http://www.jugendschutz.net/pdf/bericht2006.pdf.

der Praxis lauten die Alternativen insoweit bei nüchterner Betrachtung nicht „gar kein Zugriff infolge einer Sperrung“ oder „Zugriff zumindest nach Altersverifikation“. Für die Ermittlung der Belastungsintensität der jeweiligen Maßnahmen sind vielmehr auch die Umgehungsmöglichkeiten zu berücksichtigen. Die tatsächlichen Wirkungen einer Zugriffssperre bleiben teilweise weit hinter den Anforderungen zurück, die an geschlossene Benutzergruppen im Sinne des § 4 Abs. 2 JMStV gestellt werden. Insbesondere die DNS-Manipulation lässt sich wesentlich leichter unterlaufen als ein wirksames Altersverifikationssystem.

Die Rechtsprechung bejaht die Geeignetheit einer Zugriffssperrung durch die Access-Provider bereits, wenn dem technisch nicht versierten Nutzer der Zugang in zeitlicher und technischer Hinsicht *erschwert* wird.[117] Auch die Literatur vergleicht die Anforderungen teilweise ausdrücklich mit denen, die an § 5 JMStV gestellt werden und fordert, wie bei dieser Regelung müsse „dem durchschnittlichen (jugendlichen) Nutzer der Zugang wesentlich erschwert“ werden.[118] Diese angesichts des abgestuften Systems von § 4 Abs. 1 und 2 sowie § 5 JMStV zunächst verwirrende Bezugnahme eröffnet den Blick auf die belastenden Wirkungen der einzelnen Jugendschutzmaßnahmen in der Praxis. Ein den Voraussetzungen des § 4 Abs. 2 JMStV genügendes Altersverifikationssystem hält den Nutzer effektiver vom Zugriff auf inkriminierte Inhalte ab als die DNS-Sperre. Damit stellt sich der AVS-Einsatz faktisch auch aus Sicht der Nutzer keineswegs als milderes Mittel dar, da sie wirksamer in der Ausübung der Rezipientenfreiheit beschränkt würden.

Dies gilt nicht nur für jugendliche Nutzer, die durch ein Altersverifikationssystem grundsätzlich vollständig vom Zugriff auf bestimmte Angebote abgehalten werden könnten. Auch bei erwachsenen Nutzern muss im Hinblick auf ihre Informationsfreiheit der zusätzliche Aufwand bei der Kenntnisnahme von AVS-geschützten Inhalten berücksichtigt werden. Die häufig stark zurückgehende Nachfrage bei Angeboten, die ein AVS implementiert haben, hat deutlich gezeigt, dass sehr viele Erwachsene den Aufwand scheuen. Die „alternativen Wege zum Angebot“, die beispielsweise beim DNS-Ansatz durch Nutzung eines alternativen DNS-Servers möglich sind, wären faktisch auch für erwachsene Nutzer eine vergleichsweise geringere Belastung. Korrespondierend dazu gilt dies gleichfalls für Einschränkungen der Meinungsfreiheit der Inhaltsanbieter. Jedenfalls bei der DNS-Sperre sind damit auch bei Angeboten, die nicht absolut unzulässig sind, keine milderen Maßnahmen denkbar. Die Frage, welche Bedeutung den Interessen der anderen Grundrechtsträger bei der Erforderlichkeitsprüfung überhaupt zukommt, kann deshalb *de lege lata* offen bleiben.

Etwas anderes kann sich *(de lege ferenda)* für die Zugangsvermittler ergeben, die bereits einen Proxy einsetzen und – nach einer Lösung des Konflikts mit § 88

---

117 OVG Münster MMR 2003, 348, 352.

118 *Altenhain*, Jugendschutz, Teil 20 Rn. 188, in: Hoeren/Sieber (Hrsg.), Handbuch Multimedia-Recht.

TKG – Inhalte damit wirksamer als durch den DNS-Ansatz sperren könnten. Bei Einbeziehung der Grundrechte der Nutzer und der Inhaltsanbieter könnte das Altersverifikationssystem insoweit die insgesamt geringere Belastung sein. Ratsam erschiene jedenfalls eine Wahl- oder *Abwendungsmöglichkeit* für Zugangsvermittler, die aus Kundenfreundlichkeit die Inhalte i.S.v. § 4 Abs. 2 und § 5 JMStV nicht sperren, sondern zumindest über ein AVS anbieten oder – im Hinblick auf § 5 JMStV – andere Wahrnehmungserschwerungen vornehmen wollen.

## VIII. Bilanz zur Erforderlichkeit

Mangels eines Allheilmittels im Bereich des Jugendmedienschutzes sollten alle denkbaren Strategien möglichst miteinander verknüpft werden.[119] Die Betrachtung der Alternativmaßnahmen hat jedoch gezeigt, dass es derzeit kein Mittel gibt, das die Herausforderungen der Internationalität und des Aufeinandertreffens divergierender Rechtsordnungen im Internet mit gleicher Wirkung und dabei weniger eingriffsintensiv bewältigen könnte als Sperrverfügungen gegen Access-Provider.

Die Harmonisierungsbemühungen sind selbst im Kernbereich des Strafrechts noch nicht weit fortgeschritten. Eine Annäherung ist jedenfalls im Bereich der Inhaltsregulierung momentan nicht absehbar. Selbst bei einer erfolgreichen Harmonisierung des materiellen Rechts bliebe das Problem einer effektiven Durchsetzung der Rechtsvorschriften.

Eltern sind mit dem Einsatz von Filtermaßnahmen offenbar überfordert, setzen diese jedenfalls nur zu einem geringen Prozentsatz um. Der Staat muss deshalb unterstützend einschreiten, um seinem Wächteramt gemäß Art. 6 Abs. 2 Satz 2 GG gerecht zu werden.

Jedenfalls zur Bewältigung internationaler Sachverhalte kann er sich dabei auch nicht auf Rahmenbedingungen zur Selbstregulierung durch die Provider beschränken. Die ausländischen Content- und Host-Provider unterwerfen sich in der Regel allenfalls den Selbstkontroll-Einrichtungen im jeweils eigenen Staat und verpflichten sich auch nicht zur Einhaltung anderer Rechtsordnungen. Die Erfolge bei der internationalen Einigung auf *technische* Normen lassen sich im Hinblick auf Wertentscheidungen zur Inhaltsregulierung nicht in vergleichbarer Weise erzielen.

Bei einer Bilanz der Erforderlichkeitsprüfung ist deshalb derzeit kein milderes Mittel ersichtlich, das ebenso geeignet wäre wie die Strategie einer nationalen Abschottung, um Kinder, Jugendliche und die Allgemeinheit vor Angeboten zu schützen, die mit der deutschen Rechtsordnung nicht vereinbar sind. Die Erforderlichkeit von Sperrmaßnahmen im Sinne der verfassungsrechtlichen Verhältnismäßigkeitsprüfung lässt sich daher nicht grundsätzlich verneinen.

---

119 *Langenfeld*, MMR 2003, 303, 310.

# D. Angemessenheit

Eine Sperrmaßnahme ist angemessen, wenn zwischen der Beeinträchtigung, die sich aus der Maßnahme für die Betroffenen ergibt, und dem verfolgten Zweck kein Missverhältnis besteht. Diese Angemessenheitsprüfung ist vorliegend nicht nur deswegen problematisch, weil sich bei der Normanwendung aufgrund der diversen illegalen Inhalte, des Tätigkeitsspektrums der Provider und der einsetzbaren technischen Sperrmaßnahmen sehr unterschiedliche Fallkonstellationen ergeben können. Die Prüfung ist darüber hinaus auch in den jeweiligen konkreten Ausgestaltungen schwierig, da meist mehrere Grundrechtsträger und unterschiedliche Grundrechte betroffen sind. Aus diesem Grund erfolgt die Angemessenheitsprüfung im Folgenden zunächst differenziert für die unterschiedlichen Grundrechtsträger und die jeweils betroffenen Grundrechte.[120] Bei dieser Gliederung ist allerdings anschließend noch eine Gesamt-Interessenabwägung erforderlich, um auf diese Weise dem „mehrdimensionalen Grundrechtsverhältnis"[121] gerecht zu werden. Insgesamt ist dabei zu berücksichtigen, dass sich der Staat nicht nur dem Übermaßverbot, sondern gerade durch den Verfassungsrang des Jugendschutzes auch einem Untermaßverbot verpflichtet sieht.

## I. Adressaten der Sperrverfügung: Zugangsvermittler, Router- und Suchmaschinenbetreiber

### 1. Verpflichtung zur Vornahme der Zugriffssperrung

Bei den zur Sperrung verpflichteten Internet-Providern liegt das Hauptproblem der Angemessenheitsprüfung in dem Eingriff in die Berufsfreiheit der Access-Provider. Wie ausgeführt ist hinsichtlich der Intensität der Betroffenheit zwischen den einzelnen Diensteangeboten und den jeweiligen Sperrkriterien (bzw. Sperransätzen) zu differenzieren. Da die einzelnen Formen der Zugangsvermittlung nach der maßgeblichen natürlichen Verkehrsauffassung noch keine Spezialberufe darstellen würden (siehe Teil 3 B.I.1.), liegt bei der Verpflichtung der Provider zu den diversen Zugriffssperren jeweils nur ein Eingriff in die Berufs*ausübungs*freiheit vor, der nach der Drei-Stufen-Theorie bei vernünftigen Erwägungen des Gemeinwohls gerechtfertigt sein kann.

Soweit das Ziel des Jugendschutzes und ergänzend auch die von §§ 4 und 5 JMStV im Übrigen erfassten Schutzgüter in die Abwägung einzustellen sind, entsprechen diese Zwecke eindeutig solchen Erwägungen. Allerdings ist die Bedeutung des bezweckten Vorteils auch mit der Eingriffsintensität und der Schwere des

---

[120] *Engel*, MMR-Beilage 4/2003, 20.

[121] *Storr*, Voraussetzungen und Reichweite von Sperrverfügungen, in: Heermann/Ohly (Hrsg.), Verantwortlichkeit im Netz, S. 103, 118.

Nachteils für den Grundrechtsträger abzuwägen. Zudem ist die bei der Geeignetheit (wegen der Beschränkung auf die Zweckförderlichkeit) noch ausgeblendete Frage der Zweckerreichung in die Zumutbarkeitsprüfung einzubeziehen. Die Rechtsprechung hat in vergleichbaren Interessenkonflikten darauf hingewiesen, dass Maßnahmen zur Verhinderung des Zugriffs auf fremde Inhalte unzumutbar sein können, „wenn sie einen erheblichen Aufwand erfordern, ihre Wirksamkeit jedoch durch einen Zugriff auf entsprechende Informationsangebote über andere Netzverbindungen mit einem vergleichsweise geringen Aufwand umgangen werden können“.[122]

Die Prüfung in Teil 3 hat bereits ergeben, dass in die Berufsausübungsfreiheit dann besonders intensiv (und) an der Grenze zur Berufswahlfreiheit eingegriffen wird, wenn die Provider zur Diensteerbringung auf einer höheren Schicht der Referenzmodelle verpflichtet werden. Dies gilt beispielsweise für Zugangsvermittler auf der Internetschicht, wenn diesen der Einsatz eines Proxy-Servers auferlegt wird. Wurden vorher nur IP-Pakete transportiert, kommen Anbieter durch einen Proxy-Einsatz möglicherweise in die Rolle eines Kontrolleurs und Regulators auf der Anwendungsschicht.[123] Bei einem solchen Diensteangebot würden weitaus mehr Daten anfallen und zu verarbeiten sein. Der Dienst auf der Anwendungsschicht hat auch ein anderes Gepräge als das technisch völlig neutrale und automatisierte Angebot auf der Internetschicht. Eine solche Änderung im Profil der Diensteerbringung bewegt sich an der Grenze zur Berufswahlregelung, die nur zum Schutz überragend wichtiger Gemeinschaftsgüter zulässig wäre.[124] Zwar ist auch in die Abwägung einzustellen, dass Maßnahmen auf höheren Schichten zur Förderung des verfolgten Zwecks, d.h. des Schutzes der Jugend und der Allgemeinheit, besser geeignet sein können. Allerdings ist dabei – ebenfalls im Interesse der Allgemeinheit – darauf zu achten, dass der bestmögliche *Schutz der Infrastruktur des Internets* ebenfalls als Ziel einbezogen wird.[125] Von den Anbietern wird bei der Umsetzung der Sperrverfügung je nach technischem Ansatz verlangt, das Gebot der globalen Eindeutigkeit von IP-Adressen oder Domain-Namen zu missachten.[126] Eine solche Verletzung technischer Normen und Grundsätze lässt sich nur schwer in die Grundrechtsdogmatik eingliedern, scheint jedoch aufgrund ihres Beitrags

[122] OLG München MMR 2000, 617, LS 3 und 619 mit insoweit ablehnender Anmerkung von *Hoffmann*, MMR 2000, 619, 620. Die Entscheidung „CD-Bench“ betraf über einen FTP-Server angebotene Software.

[123] *Engel*, MMR-Beilage 4/2003, 20.

[124] Zur Fallgruppe der verkappten Berufswahlregelung *Dörr*, NJW 1988, 1049, 1052.

[125] Zu den Gefahren *Villeneuve*, The filtering matrix: Integrated mechanisms of information control and the demarcation of borders in cyberspace, First Monday 11/2006, http://firstmonday.org/issues/issue11_1/villeneuve/.

[126] *Semken*, Sperren von Inhalten im Internet, S. 9 f., 25, in: Heermann/Ohly (Hrsg.), Verantwortlichkeit im Netz.

zum Gesamtsystem der Internet-Infrastruktur bei den Grundrechten der Provider interessengerecht als zusätzliches Abwägungskriterium verortet.

Der (z.B. von *Lawrence Lessig* vertretenen) Position einer grundsätzlich möglichen Regulierbarkeit des Internets ist darin zuzustimmen, dass das Netz keine eigene Natur mit entsprechend zwingenden Naturgesetzen hat. Der „Code" ist von Menschen gemacht und kann ihren Bedürfnissen angepasst werden, um überragende gesellschaftliche Interessen durchzusetzen. Einzelne Manipulationen sind deshalb aufgrund der wichtigen Bedeutung des verfolgten Schutzzwecks in Kauf zu nehmen. Soweit die jeweiligen Diensteangebote nicht (auch nicht faktisch) unmöglich gemacht, sondern nur überschaubare Eingriffe in die bestehende Infrastruktur vorgegeben werden, sind diese von vernünftigen Erwägungen des Allgemeinwohls getragenen Maßnahmen zumutbar. Dabei entsteht grundsätzlich aus einzelnen Sperrungen kein so erheblicher Aufwand, dass er – selbst angesichts der bestehenden Umgehungsmöglichkeiten – außer Verhältnis stünde.

Mit den entsprechenden Eingriffen wird nicht nur der durchschnittliche Nutzer vom zufälligen Kontakt mit inkriminierten Angeboten bewahrt, wenn der Zugriff zu diesen verhindert wird. Selbst dem gezielt nach einer inkriminierten Seite Suchenden und an entsprechenden Inhalten Interessierten wird zumindest die Position der nationalen Rechtsordnung signalisiert und eine sichtbare Grenze gesetzt, obwohl er auf Umwegen eventuell doch an das gesperrte Angebot zu gelangen vermag. Diese symbolisch-erzieherische Komponente von Jugendschutzmaßnahmen und die Wirkung auf den öffentlichen Frieden, die von einem hoheitlichen Einschreiten im Hinblick auf viele der in § 4 Abs. 1 JMStV geschützten Rechtsgüter ausgehen kann, sind bei der Zumutbarkeitsprüfung ebenfalls einzubeziehen. Das Untermaßverbot kann den Ermessensspielraum der Exekutive dahingehend einschränken, dass sie gegenüber bestimmten Angeboten, die mit der deutschen Rechtsordnung nicht vereinbar, aber im Inland zugänglich sind und eine Gefährdung der öffentlichen Sicherheit darstellen, nicht untätig bleiben darf.[127] Die derzeitige Infrastruktur des Internets erschwert dabei häufig eine effektive Rechtsdurchsetzung, macht sie aber nicht technisch unmöglich.

Es ist jedoch darauf zu achten, dass die Diensteanbieter nur im Rahmen des für sie im Zuge der Geschäftserbringung Machbaren herangezogen werden und ihr Angebot nicht übermäßig behindert wird, um Kontroll- und Sperrmaßnahmen erzwingen oder optimieren zu können. Bei der rechtspolitischen Entscheidung, ob die Machbarkeit von Inhaltskontrollen beim derzeitigen Stand der Technik und der Infrastruktur nicht nur ausgeschöpft, sondern durch Veränderungen der Architektur des Cyberspace auch erweitert werden soll, müssen – wie oben erwähnt – auch die Nachteile einer Verletzung der bestehenden technischen Normen berücksichtigt werden. Das Internet hat seine Bedeutung auch den global geltenden Grundsätzen

---

[127] *Storr*, Voraussetzungen und Reichweite von Sperrverfügungen, in: Heermann/Ohly (Hrsg.), Verantwortlichkeit im Netz, S. 103, 118.

wie der Einheitlichkeit von IP-Adressen und Domain-Namen sowie den dadurch weltweit identisch verfügbaren Inhalten zu verdanken. Ebenso wie die Grundrechtseingriffe der Betroffenen, so ist auch die Verletzung der technischen Normen auf ein Mindestmaß zu begrenzen, um die Vorzüge des Internets und die bewährte Infrastruktur so weit wie möglich zu erhalten.

Daraus ergibt sich insbesondere, dass Zugangsvermittlern auch ein Diensteangebot auf der Internetschicht möglich bleiben sollte, obwohl die Sperr- und Kontrollmöglichkeiten auf der obersten Schicht der Referenzmodelle größer sind.[128] Diese Zugangsvermittlung auf der Internetschicht hat den großen und schutzwürdigen Vorteil, dass eine direkte Kommunikation der Nutzer ohne Zwischenschaltung eines Proxy-Servers möglich ist. Beim Proxy-Einsatz können sich zusätzliche Risiken für die Vertraulichkeit und Integrität der Inhalte daraus ergeben, dass der Nutzer nicht unmittelbar mit dem gewünschten Inhaltsanbieter kommuniziert, sondern ein Proxy-Server dazwischentritt, der sich zum Nutzer wie ein Server, zum Content-Anbieter hingegen wie ein Client verhält. Wie leicht sich Inhalte dabei nicht nur blockieren, sondern auch unbemerkt manipulieren lassen, zeigte sich insbesondere im sogenannten „Insert Coin"-Projekt, als in einem Modellversuch die Internet-Kommunikation von 250 Studenten flächendeckend mittels eines Proxy-Servers kontrolliert und (von den Nutzern unbemerkt) inhaltlich manipuliert wurde.[129]

Ein Eingriff in die Grundrechte der Zugangsvermittler, der ihr Diensteangebot und *damit auch die Infrastruktur* des Internets grundlegend ändert oder unmöglich macht, wäre nicht nur im Hinblick auf die Kosten unangemessen, sondern unabhängig von der finanziellen Belastung bereits aufgrund der Inpflichtnahme als solcher. Ansätze, die das technisch-neutrale Gepräge der Zugangsvermittlung zugunsten eines „Paradigmenwechsels"[130] und verbesserter Kontroll- und Regulierungsmöglichkeiten aufgeben wollen, sind aufgrund der nicht abschätzbaren und wahrscheinlich irreversiblen Folgen für die Informationsgesellschaft jedenfalls so lange abzulehnen, bis sämtliche unter dem Prüfungspunkt der Erforderlichkeit dargestellten Alternativen intensiviert und – auch untereinander verschränkt – voll ausgeschöpft wurden.

[128] Zu den Risiken *Köhntopp*, Inkomplöhntopp-Eintrag vom 27.7.1996, http://kris.koehntopp.de/inkomploehntopp/01773.html.

[129] *Espenschied/Freude*, insert_coin, http://odem.org/insert_coin/.

[130] Zu einem Vorstoß des Interessenverbands des Video- und Medienfachhandels in Deutschland *Nolden*, IVD für „Paradigmenwechsel" bei Haftungsfreistellung von Access-Providern, JMS-Report 3/2007, 6 f.

### 2. Kostentragung

Die zur Vornahmepflicht vertretene Position, dass Diensteanbieter nicht zu einer Veränderung des Wesens ihrer Geschäftserbringung herangezogen werden können, wirkt sich auch auf die Kostenfrage grundrechtsschonend aus. Die *intensivste* finanzielle Belastung der Access-Provider würde sich für die Adressaten aus der Auflage ergeben, zur Ermöglichung punktueller Sperrungen einen Proxy-Server anzuschaffen. Verneint man für Diensteanbieter auf der *Internetschicht* die Möglichkeit einer solchen Verpflichtung (schon unabhängig von der finanziellen Belastung) aufgrund des damit einhergehenden Eingriffs in die Berufsfreiheit, so ergibt sich das Problem sehr hoher Investitionskosten der Provider zur Umsetzung von Sperrverfügungen in der Praxis allenfalls für Zugangsvermittler auf der *Anwendungsschicht*, wenn aufgrund hoher Fallzahlen ihre allgemein eingesetzten Proxy-Server nicht ausreichend sind, um die Zusatzbelastung durch Sperrverfügungen zu bewältigen.[131] Im Übrigen können sich für die Kostenbelastung die Möglichkeiten der hybriden Sperrung positiv auswirken, und die Belastung für den Proxy-Server kann durch einen beim Routing eingesetzten Vorfilter deutlich gemindert werden.

Bei der Verpflichtung zur Installation eines Proxy-Servers würde sich die Frage der Zumutbarkeit einer Kostentragungspflicht durch die Provider in besonders krasser Weise stellen. Im Grundsatz ist das Problem der Kostentragung jedoch bei allen Ansätzen zu thematisieren. Selbst bei einem geringen Fallaufkommen und einem vergleichsweise kostengünstigen Sperransatz wie der DNS-Manipulation ist problematisch, dass – anders als im allgemeinen Polizei- und Ordnungsrecht – im JMStV und im RStV keine Kostenerstattung zur Entschädigung der herangezogenen Diensteanbieter vorgesehen ist. Aufgrund der hier vertretenen Idealkonkurrenz von Berufs- und Eigentumsfreiheit ist insoweit auch Art. 14 GG in die Betrachtung und Abwägung einzubeziehen.[132]

Das Eigentumsrecht umfasst die Befugnis, einen Gegenstand nach eigenem Belieben nutzen zu können. Durch die Verpflichtung, vorhandene Einrichtungen nach den gesetzlichen Vorgaben einzusetzen, wird der Provider deshalb im privatnützigen Gebrauch seines Eigentums eingeschränkt.[133] Die Pflicht zum Tragen der anfallenden Kosten wird unterschiedlich beurteilt. Teilweise wird – wie in Teil 4 D.III.3.b) dargestellt – die Stellung der Access-Provider als Nichtstörer betont und

---

[131] Soweit daher vertreten wird (*Storr*, Voraussetzungen und Reichweite von Sperrverfügungen, in: Heermann/Ohly (Hrsg.), Verantwortlichkeit im Netz, S. 103, 118; *Mankowski*, MMR 2002, 277, 278), die Bezirksregierung Düsseldorf habe „ganz bewusst nur einfache Maßnahmen“ auferlegt, „die ohne großen Personalaufwand und mit verschwindend geringen Kosten“ erfüllbar sind, kann dem nicht gefolgt werden.

[132] Zur Angleichung der Schrankenprüfung von Art. 12 und 14 GG auch beim Härteausgleich *Dörr*, NJW 1988, 1049, 1051.

[133] Differenzierend zwischen diesem Fall und der Verpflichtung zu neuen Investitionen, für die der Schutzbereich des Art. 14 GG verneint wird, *Haß* in Manssen, § 88 Rn. 49.

eine (analoge) Heranziehung der Entschädigungsansprüche aus dem Polizeirecht gefordert.[134] Alternativ wird auf die Anwendung von Entschädigungsansprüchen aus dem Institut der Aufopferung abgestellt, deren Anwendung für alle Adressaten aufgrund eines erbrachten Sonderopfers geboten sei.[135] Eine andere Ansicht hebt als Gegenargument einer generellen Entschädigungslösung die Sozialpflichtigkeit des Eigentums hervor.[136]

Die Position einer (analogen) Anwendung der Entschädigungsansprüche aus dem allgemeinen Polizei- und Ordnungsrecht wurde wegen der als abschließend angesehenen Spezialregelung zur Heranziehung von Nichtstörern nach JMStV, RStV und TMG oben bereits abgelehnt. Auf die Ansprüche aus Aufopferung kann bei genauer Betrachtung ebenfalls nicht abgestellt werden, zumindest nicht generalisierend für alle Fälle der Inanspruchnahme zur Zugriffssperre. Dies ergibt sich aus der Systematik und Dogmatik zur Eigentumsfreiheit. Art. 14 Abs. 1 Satz 2 GG schreibt dem Gesetzgeber bei der Ermächtigung zu Inhalts- und Schrankenbestimmungen – anders als für die Enteignung in Art. 14 Abs. 3 GG – kein ausdrückliches Entschädigungsgebot vor und ermöglicht nicht nur Eigentums*nutzungs*-, sondern auch Eigentums*wert*beschränkungen.[137] Entsprechend wäre die Subsumtion unter die in Betracht kommenden Entschädigungsansprüche problematisch. Für die vorliegende Konstellation eines Eingriffs in Art. 14 GG wäre (je nach Beurteilung der Maßnahme als rechtmäßig oder rechtswidrig) der Anspruch aus enteignendem oder enteignungsgleichem Eingriff zu prüfen.[138] Diese Entschädigung ist jedoch allenfalls als Ausgleich für einzelne Fälle einer übermäßigen Belastung durch meist *atypische und unvorhergesehene Nebenfolgen* zu erwägen.[139] Sie kann nicht ohne Weiteres für den Regelfall der Sperrverfügung die Entscheidung des Gesetzgebers unterlaufen, der offensichtlich gerade keine Entschädigung vorsehen wollte. Durch die allgemeine Heranziehung des Instituts der Aufopferung würde der Legislative überdies die Entscheidungsmöglichkeit genommen, auf Fälle einer unzumutbaren Inanspruchnahme wahlweise mit einer Freistellung oder einer finanziellen Entschädigung zu reagieren.[140] Ohnehin sind der Fortbestand des Instituts des enteig-

---

[134] *Engel*, MMR-Beilage 4/2003, 32; offen, ob das Polizeirecht analog heranzuziehen ist oder ein Anspruch aus Aufopferung besteht: *Stadler*, Haftung für Informationen im Internet, Rn. 140.

[135] Ebenfalls beide Entschädigungsalternativen diskutierend und im Ergebnis offen: *Spindler/Volkmann*, K&R 2002, 398, 405; *Volkmann*, Der Störer im Internet, S. 222.

[136] Soweit nicht schon der Heranziehung von Art. 14 GG selbst entgegengetreten wird: *Dietlein/Heinemann*, K&R 2004, 418, 423; aufgrund der Regelung im MDStV a.F. jedenfalls für die Zugangsvermittlung zu ehemaligen Mediendiensten so auch *Zimmermann*, NJW 1999, 3145, 3149, Fn. 46.

[137] *Papier* in Maunz/Dürig, GG, Art. 14 Rn. 347.

[138] Die Heranziehung des Aufopferungsanspruchs infolge des Eingriffs in Art. 12 GG wird von Teilen der Literatur angeregt, hat sich bisher aber nicht durchgesetzt, *Maurer*, Allgemeines Verwaltungsrecht, § 28 Rn. 3.

[139] *Maurer*, a.a.O., § 27 Rn. 107, 108.

[140] *Dörr*, NJW 1988, 1049, 1051.

nenden Eingriffs und das Verhältnis zur Fallgruppe der sogenannten ausgleichspflichtigen Inhalts- und Schrankenbestimmung umstritten.[141]

Vorzugswürdig ist vor diesem Hintergrund die Auffassung, bei der die erforderliche Abwägung mit der Sozialbindung des Eigentums hervorgehoben wird. Einer Entscheidung über (von der Legislative nicht vorgesehene) Entschädigungsansprüche hat daher jedenfalls die Zumutbarkeitsprüfung vorauszugehen. Der Gesetzgeber hat in Art. 14 Abs. 2 GG ausgeführt, dass Eigentum verpflichtet und dem Wohl der Allgemeinheit dienen muss. Damit hat er für die Abwägung das Spannungsverhältnis zwischen der Institutsgarantie aus Art. 14 Abs. 1 GG und der Sozialpflichtigkeit des Eigentums gemäß Art. 14 Abs. 2 GG vorgegeben.

Bei vergleichbaren Indienstnahme-Sachverhalten werden jedoch von Teilen der Literatur auch Prüfungskriterien der Sonderabgabenlehre in die Interessenabwägung einbezogen.[142] Sonderabgaben sind hoheitlich auferlegte Geldleistungspflichten, mit denen kein Anspruch auf eine unmittelbare Gegenleistung einhergeht.[143] Obwohl vorliegend keine finanzielle Abgabe gefordert wird, bejahen viele Stimmen die Vergleichbarkeit der Inanspruchnahme. Hintergrund der Argumentation ist, dass für die Finanzierung von öffentlichen Aufgaben grundsätzlich *die Allgemeinheit* im Rahmen der Steuerlast aufzukommen hat. Das Bundesverfassungsgericht hat die gesonderte finanzielle Inanspruchnahme bestimmter Adressatenkreise zwar als Finanzierungsform anerkannt, fordert aber, dass die mit der Abgabepflicht belegten Betroffenen eine abgrenzbare homogene Gruppe bilden, die sich durch eine spezifische Sachnähe im Sinne einer Finanzierungsverantwortlichkeit von der Allgemeinheit unterscheidet. Überdies müssen die Einnahmen gruppennützig verwendet werden.

Wirtschaftlich und im Hinblick auf das Problem der Lastenverteilung mache es (so die Befürworter einer entsprechenden Anwendung) keinen Unterschied, ob die Provider im Zuge der Inpflichtnahme zur Kostentragung verpflichtet oder ob sie zu einer Sonderabgabe herangezogen würden, durch welche der Hoheitsträger die anfallenden Unkosten ausgleichen könnte.[144] Vorliegend kann die *vollständige* Heranziehung der Sonderabgabenlehre aber offen bleiben, denn zumindest der Zulässigkeitsvoraussetzung einer Sachnähe oder Möglichkeit zur Situationsbeherrschung wird unabhängig davon Bedeutung beigemessen. Vertreter, die eine entsprechende Anwendung ablehnen, weil die Problematik einer Aushöhlung der Vorschriften zur Finanzverfassung und zum Haushaltsplan bei Indienstnahme-Sachverhalten (anders als bei Abgaben) nicht bestehe, erörtern nämlich die unentgeltliche Inpflichtnahme als Gleichheitsproblem anhand von Art. 3 GG und fordern *ebenfalls besondere*

---

141 *Maurer*, DVBl 1991, 781, 783; *ders.*, Allgemeines Verwaltungsrecht, Rn. 108, 109.

142 *Waechter*, VerwArchiv 1996, 68, 75.

143 *Friedrich*, Die Verpflichtung privater Telekommunikationsunternehmen, die staatliche Überwachung und Aufzeichnung der Telekommunikation zu ermöglichen, S. 169.

144 So insbesondere *Ehmer* in Beck'scher TKG-Kommentar, 2. Aufl., § 88 Rn. 51.

*legitimierende Gründe.*[145] Auch der BGH bejaht das Erfordernis einer solchen Rechtfertigung durch einen speziellen Zurechnungsgrund schon bei vergleichsweise geringen Belastungen.[146] Das Gericht begründet dies damit, dass der Grundsatz der Lastengleichheit eine wesentliche Ausprägung rechtsstaatlicher Demokratie sei und entsprechend restriktiv nicht nur bei der Auferlegung von Abgaben, sondern auch bei der Indienstnahme Privater für öffentliche Aufgaben beachtet werden müsse.

Ein derartiger besonderer Zurechnungsgrund wird jedenfalls bei einer besonderen *Sach- und Verantwortungsnähe* zum Zweck der Abgabe oder Indienstnahme anerkannt.[147] Als Orientierungsmaßstab verweist die Literatur dabei auf die Kriterien der Zweckveranlassung.[148] Eine Verantwortungsbeziehung zu den Gefahren, die von den inkriminierten Angeboten ausgehen, ist vorliegend für die potentiellen Adressaten zu verneinen, da sie einen technisch-automatisierten Dienst erbringen und lediglich die Infrastruktur bereitstellen, ohne dass sie die Inhalte zur Kenntnis nehmen oder kontrollieren. Das bloße Risiko, dass die Kommunikationseinrichtungen zu Straftaten oder Gefährdungen der öffentlichen Sicherheit missbraucht werden, kann kein ausreichender Anknüpfungspunkt der Belastung sein.[149] Der Zugang wird völlig neutral zum gesamten Internet, nicht spezifisch zu möglicherweise problematischen Seiten vermittelt. Wie in Teil 4 D.III.6. bereits ausgeführt gilt auch für die Suchmaschinenbetreiber, dass sie hinsichtlich ihrer automatisiert und algorithmisch produzierten Trefferlisten nicht als Zweckveranlasser zu qualifizieren sind, sondern ebenfalls einen inhaltsneutralen, automatisierten Dienst anbieten. Eine Sach- und Verantwortungsnähe zu den illegalen Inhalten ist daher zu verneinen. Die Möglichkeit einer Situationsbeherrschung im Hinblick auf das Angebot von illegalen Inhalten scheitert auch schon am Fernmeldegeheimnis aus § 88 TKG.

Zumindest bei *geringfügigen Belastungen* wird ein spezieller Zurechnungsgrund für Indienstnahme-Sachverhalte vom Bundesverfassungsgericht in ständiger Rechtsprechung allerdings auch dann bejaht, wenn die zu übernehmende Aufgabe sich jedenfalls nicht als unternehmensfremd darstellt.[150] Dies ergibt sich aus der Sozialbindung des Eigentums. Auch stellt sich etwa die Vornahme bestimmter DNS-

---

145 *Friedrich*, Die Verpflichtung privater Telekommunikationsunternehmen, die staatliche Überwachung und Aufzeichnung der Telekommunikation zu ermöglichen, S. 173; die Heranziehung der Sonderabgabenlehre ebenfalls wegen der Argumentation zu Art. 104a bis 108 GG ablehnend: *Haß* in Manssen, § 88 Rn. 41.

146 BGH NJW 1997, 574, 578; obwohl die Anwendbarkeit der Sonderabgabenlehre auf S. 580 abgelehnt wird.

147 *Klesczewski* in Säcker, § 110 Rn. 26.

148 *Kube/Schütze*, CR 2003, 663, 669.

149 *Koenig/Koch/Braun*, K&R 2002, 289, 295.

150 *v. Hammerstein*, MMR 2004, 222, 224; BVerfGE 22, 380, 386 (keine schlechthin unternehmensfremde Tätigkeit, beeinflusst nicht in maßgeblicher Weise); BVerfGE 30, 292, 324 (keine schlechthin unternehmensfremde Tätigkeit); BVerfGE 44, 103, 104.

Einträge, die Aufstellung von Routingtabellen oder die Request-Auswertung am Proxy nicht schon deshalb als unternehmensfremd dar, weil die Geschäftserbringung grundsätzlich nicht in der *Verhinderung*, sondern gerade in der *Ermöglichung* von Kommunikationsverbindungen liegt.[151] Die verlangte Tätigkeit unterscheidet sich vornehmlich in der Zwecksetzung und dem kontrollierend-regulierenden Element, nicht aber in den Handlungen selbst. Das dargestellte Problem der gebotenen allgemeinen Lastengleichheit ist bei der unentgeltlichen Heranziehung zur Erledigung *hoheitlicher Aufgaben* (wie der Abwehr von Gefahren für die öffentliche Sicherheit) allerdings durch eine entsprechend restriktive Prüfung der Zumutbarkeit im Hinblick auf die Schwere, Intensität und Dauer der Belastung zu berücksichtigen. Über die Grenze der Geringfügigkeit hinaus ist die unentgeltliche Inanspruchnahme nicht mehr angemessen.

Von einer unwesentlichen finanziellen Belastung kann jedenfalls dann nicht mehr ausgegangen werden, wenn etwa Provider mit kleinem Kundenstamm und einem DNS- oder Proxy-Server von entsprechend geringer Kapazität mit der Umsetzung von Sperrmaßnahmen überlastet würden. Für Fälle einer generell verhältnismäßigen Inhalts- und Schrankenbestimmung, die einzelne Betroffene besonders hart trifft, folgt zwar aus der Rechtsprechung des Bundesverfassungsgerichts seit dessen Pflichtexemplar-Entscheidung, dass die Unzumutbarkeit durch einen finanziellen Ausgleich oder insbesondere einen Dispens beseitigt und die Verfassungsmäßigkeit der Regelung insgesamt hergestellt werden könnte.[152] Soweit der Gesetzgeber einen solchen Ausgleich für die entschädigungspflichtige Inhalts- und Schrankenbestimmung aber nicht vorgesehen hat, kann diese Entscheidung der Legislative nicht durch die Heranziehung der Ansprüche aus Aufopferung ersetzt werden.[153] *Insoweit* könnten und müssten sich die Betroffenen deshalb im Wege des Primärrechtsschutzes auf die Unzumutbarkeit der Maßnahme im konkreten Fall berufen, wenn die Exekutive der besonderen Situation nicht bei der Ausübung des Ermessens Rechnung trägt. Hinsichtlich der Vereinbarkeit der Kostentragungspflicht mit Art. 12 GG folgt dieses Ergebnis, wie oben erwähnt, aus der fehlenden Anwendbarkeit des Instituts der Aufopferung.[154] Daher besteht schon keine Anspruchsgrundlage, durch die ein finanzieller Ausgleich zur Vermeidung unzumutbarer Belastungen erzielt werden könnte.

Erst recht kann bei einer derartigen Situation die Unzumutbarkeit nicht durch die (für Ausnahmefälle einer besonders schweren Betroffenheit vorgesehenen) Entschädigungsansprüche ausgeschlossen werden, wenn nicht nur einzelne Provider

---

[151] Gegen eine zu rigide Beurteilung der Übereinstimmung von gewerbespezifischer und auferlegter Tätigkeit auch *Plewa*, Die Verfassungsmäßigkeit der Indienstnahme Privater für Verwaltungsaufgaben, S. 172. Für die Problematik der TK-Überwachung eine Nähe zur Providertätigkeit ablehnend *v. Hammerstein*, MMR 2004, 222, 225.

[152] BVerfGE 58, 137, 149; *Papier* in Maunz/Dürig, GG, Art. 14 Rn. 345 f.

[153] *Maurer*, Allgemeines Verwaltungsrecht, Rn. 81.

[154] Vgl. dazu auch *Klesczewski* in Säcker, § 110 Rn. 31.

wegen ihrer speziellen Situation überfordert wären, sondern die Maßnahme aufgrund hoher Fallzahlen in der Summe der Belastung allgemein (auch für die großen Provider) neben der Geschäftserbringung nicht mehr zu bewältigen wäre.

Für die Entscheidung der Zumutbarkeit könnte zwar auch die Frage der *Kostenabwälzung auf die Nutzer* zu berücksichtigen sein.[155] Das BVerfG hat in der Entscheidung zur Erdölbevorratung ausreichen lassen, dass die Möglichkeit zur Weitergabe der Belastung an die Kunden vom Gesetzgeber nicht ausgeschlossen wird, ohne dass es auf die Marktlage ankomme.[156] Während aber in diesem Fall die Bevorratungspflicht im Schwerpunkt gerade den jeweiligen Verbrauchern selbst zum Vorteil gereichte, weil sie einen sprungartigen Anstieg der Kosten in Krisenzeiten gerade verhindern sollte,[157] kann dies für den mit der Sperrverfügung verfolgten Zweck nicht in gleicher Weise bejaht werden.[158] Die Abwehr von Gefahren für die öffentliche Sicherheit, die von Internetinhalten ausgehen, kommt (anders als die Versorgungssicherheit bei den Öl-Verbrauchern) nicht im Schwerpunkt den Internet-Nutzern, sondern der gesamten Bevölkerung zugute. Überdies hat das BVerfG selbst in der später ergangenen Pflichtexemplar-Entscheidung betont, der Verweis auf eine „mögliche Schadloshaltung des Eigentümers" durch eine Abwälzung der Kosten sei mit der Bestandsgarantie des Art. 14 Abs. 1 Satz 1 GG nicht vereinbar.[159] Zudem wurden Bedenken einer Wettbewerbsverzerrung durch die unterschiedlichen Möglichkeiten der Kostenabwälzung je nach Größe des Kundenstamms in der Entscheidung zur Erdölbevorratung nicht überzeugend entkräftet.[160] In der Pflichtexemplar-Entscheidung spricht auch das BVerfG diese unterschiedlichen Aussichten der Betroffenen, die Kosten auf die Käufer umzulegen, ausdrücklich an.[161]

Aus der fehlenden Regelung zur Kostenerstattung folgt damit im Ergebnis die Unzumutbarkeit einer Inanspruchnahme, soweit diese über geringfügige Belastungen hinausgeht.

---

155 *Scholz*, ArchivPT 1995, 169, 188.

156 BVerfGE 30, 292, 326.

157 *Plewa*, Die Verfassungsmäßigkeit der Indienstnahme Privater für Verwaltungsaufgaben, S. 173.

158 Kritisch auch *v. Hammerstein*, MMR 2004, 222, 226. *Koenig/Koch/Braun*, K&R 2002, 289, 296 hingegen ziehen (bei den Kosten der TK-Überwachung) die Abwälzungsmöglichkeit auf die Kunden grundsätzlich als Rechtfertigungskriterium heran.

159 BVerfGE 58, 137, 152; *Schmidt-Preuß*, Die verfassungsrechtlichen Anforderungen an die Entschädigung für Leistungen der Telekommunikationsüberwachung, S. 16.

160 *Kube/Schütze*, CR 2003, 663, 670.

161 BVerfGE 58, 137, 151.

## II. Inhaltsanbieter

### 1. Art. 5 Abs. 1 Satz 1 Alt. 1 GG

Im Rahmen der Angemessenheitsprüfung von Sperrmaßnahmen ist für die Inhaltsanbieter vor allem der Eingriff in Art. 5 Abs. 1 Satz 1 Alt. 1 GG relevant. Auch wenn (nach hier vertretener Ansicht) die Ermächtigungsgrundlage für Sperrverfügungen nicht generell verfassungswidrig im Hinblick auf die Zensurproblematik gemäß Art. 5 Abs. 1 GG ist, muss Art. 5 Abs. 1 bei der Normanwendung im Einzelfall berücksichtigt werden.

Die Einschränkung der Meinungsfreiheit steht hier nicht nur dem verfolgten Ziel des Jugendschutzes gegenüber. Entsprechend der besonderen Bedeutung der Schranke „Jugendschutz" kann dieser nicht in die Abwägung eingestellt werden, soweit die Meinungsfreiheit der Content-Anbieter auch im Hinblick auf erwachsene Nutzer eingeschränkt wird. Vielmehr müssen die mit den allgemeinen Gesetzen verfolgten Zwecke, wie zum Beispiel der öffentliche Friede oder die freiheitlich demokratische Grundordnung (§ 4 Abs. 1 Nr. 1 bis 3 JMStV), jedenfalls bei den absolut unzulässigen Inhalten ergänzend herangezogen werden, um den gesamten Eingriff zu erfassen. Dabei ist im Schutzbereich des Art. 5 Abs. 1 GG die Wechselwirkung zwischen Grundrecht und einschränkendem Gesetz zu beachten. Die Ermächtigungsgrundlage muss im konkreten Fall ihrerseits im Lichte der besonderen Bedeutung des Grundrechts eng ausgelegt werden.

Die vorliegende Prüfung hat dazu als Spezialproblem ergeben, dass beim – qualitativen – *Verharmlosen* der unter der nationalsozialistischen Herrschaft begangenen Verbrechen (§ 4 Abs. 1 Satz 1 Nr. 4 JMStV) die Problematik einer Bestimmung der „allgemeinen Gesetze" auftritt, soweit die Sperrung über jugendliche Rezipienten hinausgeht und sich der Eingriff in die Kommunikationsgrundrechte Erwachsener nicht vollumfänglich auf die Schranke des Jugendschutzes stützen lässt. Bei entsprechend gelagerten Angeboten ist im Einzelfall zu prüfen, ob die Menschenwürde einschränkend als kollidierendes Verfassungsrecht herangezogen werden kann.[162] Andernfalls kommt eine verfassungskonforme Auslegung in Betracht, die nur das quantitative Verharmlosen in die Verbotsnorm einbezieht, da diesbezüglich der Schutzbereich des Art. 5 GG nicht eröffnet ist.

Abgesehen von diesem Fall kann das Gefährdungspotential eines Angebots die umfassende Zugriffssperre bei der Abwägung mit der Meinungsfreiheit rechtfertigen. Die verfolgten Schutzzwecke sind ausreichend gewichtig, um die Rechte der Inhaltsanbieter einschränken zu können. Es ist jedoch bei der Durchführung der Sperrung darauf zu achten, dass inhaltliche Manipulationen, die von dem Content-

---

[162] Zu dieser Möglichkeit bei den Tatalternativen Verharmlosen und Billigen gemäß § 130 Abs. 3 StGB *Stegbauer*, NStZ 2000, 281, 283. Wie bei § 4 Abs. 1 Satz 1 Nr. 8 JMStV erörtert, ist dieses Schutzgut jedoch zurückhaltend heranzuziehen.

Provider bestimmte Meinungsäußerungen verlangen würden, nicht erforderlich und schon aus diesem Grund nicht verhältnismäßig wären. Eine Zugriffsverhinderung stellt hier im Vergleich mit inhaltlichen Änderungen, die dem Inhaltsanbieter zugerechnet würden, das mildere Mittel dar. Allerdings ist dabei wichtig, dass *de lege ferenda* gerade beim Proxy-Ansatz die Sperrung so punktuell wie möglich zu erfolgen hat und der Eingriff in die Meinungsfreiheit nur in diesem Rahmen verhältnismäßig ist.

Problematischer stellen sich nicht intendierte Einschränkungen der Meinungsfreiheit dar, wenn gerade bei der Manipulation von DNS-Einträgen und Routing-Tabellen aus technischen Gründen auch legale Angebote und die Inhalte weiterer Content-Provider mitgesperrt werden. Ergeben sich bei der Sperrung im konkreten Fall solche Kollateralschäden, so sind die Anforderungen an die Nicht-Hinnehmbarkeit des jeweiligen inkriminierten Angebots entsprechend höher zu bemessen. Die Angemessenheit ist jedoch auch in diesem Fall nicht schlechthin ausgeschlossen, sondern abhängig von der Abwägung im Einzelfall. Losgelöst vom konkreten Einzelfall kann hier jedoch nur auf die jeweils einzubeziehenden Faktoren hingewiesen werden.

Die Verhältnismäßigkeit der Zugriffssperre kann dabei aufgrund des Verfassungsrangs des Jugendschutzes auch bei Angeboten zu bejahen sein, die nur mit § 4 Abs. 2 und § 5 JMStV unvereinbar sind. Wie dargestellt ist gerade aus Sicht des Access-Providers ein differenzierteres Vorgehen kein milderes Mittel, da der Aufwand durch ein Altersverifikationssystem größer ist als der einer vollständigen Zugriffssperre. Auch die Nutzer und korrespondierend dazu die Inhaltsanbieter werden nach dem derzeitigen Stand der Sperrtechnologien durch eine wirksame Beschränkung auf geschlossene Benutzergruppen faktisch effektiver von der Ausübung der Kommunikationsgrundrechte abgehalten als durch Sperrungen. Vor diesem Hintergrund stellt sich die Vollsperrung, die aus der Aufgabenverteilung in der Infrastruktur folgt, nicht ohne Weiteres als unangemessen dar. Gerade bei hohen Kollateralschäden einerseits und „nur“ entwicklungsbeeinträchtigenden Inhalten andererseits kann aber die Meinungsfreiheit der mitbetroffenen Anbieter *legaler* Inhalte im Einzelfall bei der Abwägung mehr Gewicht zukommen als dem legitimen Zweck des Schutzes der Jugend vor entwicklungsbeeinträchtigenden Angeboten. Die Problematik nicht intendierter Nebenwirkungen lässt sich bei einer entsprechend sorgfältigen Implementierung der Sperre bei dem vergleichsweise weiten DNS-Ansatz vermindern. Zu denken ist insbesondere an die im technischen Gutachten der TU Dresden vorgesehene, speziell zu entwickelnde Software für den Zweck der DNS-Sperre, die neben einer Kostensenkung auch dazu beitragen kann, dass die Kollateralschäden geringer ausfallen und vor allem keine anderen Dienste als die zu sperrenden miterfasst werden.

*De lege ferenda* kommen im Fall einer Anpassung der Rechtslage an die Anforderungen des kleinen Zitiergebots gemäß § 88 Abs. 3 Satz 3 TKG Beeinträchtigungen legaler Angebote insbesondere auch für eine IP-Sperrung am Router in Betracht. Für die Router-Betreiber unter den Network-Providern ist dies der einzige mit der Geschäftserbringung grundsätzlich zu vereinbarende Ansatz. Angesichts der gerade in Fällen des Virtual Hostings nicht zu vermeidenden Nebenwirkungen muss hier besonders sorgfältig geprüft werden, ob im Einzelfall auch die Router-Betreiber in die nationale Abschottung einzubeziehen sind, um beispielsweise auf umfangreich beobachtete Umgehungsmaßnahmen zu reagieren. Hinzu kommt, dass gerade bei Sperren durch Network-Provider auch Wirkungen außerhalb des nationalen Territoriums zu befürchten sind. Ein solches Vorgehen kann daher nur bei einer besonderen, vom inkriminierten Angebot ausgehenden Gefahrenlage bejaht werden.

Da die Proxy-Lösung und der hybride Ansatz ein genaueres Vorgehen ermöglichen, kommt *de lege ferenda* auch in Betracht, dass in bestimmten Fällen nur die Zugangsvermittler auf der Anwendungsschicht in zumutbarer Weise zu Sperrmaßnahmen herangezogen werden. Hieran ist zu denken, wenn bei der DNS-Manipulation und dem Routing-Ansatz im Hinblick auf Art. 5 GG unverhältnismäßige Kollateralschäden entstehen, die Proxy-Lösung sich aber auf das inkriminierte Angebot begrenzen lässt. Die hieraus resultierende unterschiedliche Heranziehung der Zugangsvermittler der verschiedenen Schichten wäre im Hinblick auf die den Nutzern daraus erwachsenden Umgehungsmöglichkeiten (in Form eines Wechsels der Zugangsdiensteanbieter) bedenklich, jedoch sachlich durch die Unterschiedlichkeit der Dienste begründet.

### 2. Weitere Grundrechte

Losgelöst vom konkreten Fall lässt sich eine Abwägung für weitere Grundrechte allenfalls skizzieren. Insbesondere bei vorbehaltlosen Grundrechten wie der Glaubens- und Gewissensfreiheit gemäß Art. 4 GG können sich andere Ergebnisse aufgrund der Wertigkeit des dann beeinträchtigten Rechts ergeben. Gleiches gilt für die Kunst- und die Wissenschaftsfreiheit.

## III. Nutzer

Einschränkungen der *Rezipientenfreiheit* jugendlicher Nutzer aus Art. 5 Abs. 1 Satz 1 GG stehen bei der Abwägung dem hohen Rechtsgut des Jugendschutzes gegenüber. Erwachsene Nutzer müssen deshalb jedoch keine Vollsperrung hinnehmen. Vielmehr sind hier die Interessen mit den ergänzend durch §§ 4 und 5 JMStV verfolgten Zwecken abzuwägen, wie bereits bei der Meinungsfreiheit ausgeführt wurde. Von erheblichem Gewicht für die Abwägung ist auch hier das Ausmaß eventueller Kollateralschäden im konkreten Fall.

Bei den Grundrechtspositionen der Nutzer ist für die Interessenabwägung auch die Betrachtung der Intensität von Bedeutung, mit der durch die Sperrmaßnahmen in Art. 10 GG eingegriffen wird. Zwar wurde für die DNS-Manipulation durch den Betreiber des DNS-Servers und für die Bereinigung der Index-Liste durch den Suchmaschinenbetreiber schon die Eröffnung des Schutzbereichs verneint. Hinsichtlich der Auswertung der IP-Adresse, der Port-Nummer und der URL mit dem Ziel, den Zugriff mit Hilfe dieser Kriterien zu unterbinden, wurde jedoch ein Eingriff in das Fernmeldegeheimnis bejaht.[163] Bei der Prüfung der Angemessenheit ist zu berücksichtigen, dass auch die Zweckentfremdung von Daten einen Grundrechtseingriff in Art. 10 GG darstellt. Gleichwohl ist bei Daten, die ohnehin für die Geschäftserbringung ausgewertet werden, die Schutzbedürftigkeit regelmäßig geringer als bei solchen Verkehrs- (und Inhalts-)Daten, die allein für die Zwecke der Sperrverfügung auszuwerten wären. Im Hinblick darauf kann dies insbesondere bejaht werden, weil mit der Auswertung der Daten und dem dabei erfolgenden Eingriff in Art. 10 GG gleichzeitig eine Stärkung der Rechtsposition aus Art. 5 GG einherginge, weil *(de lege ferenda)* durch die Möglichkeit des Proxy-Ansatzes wesentlich genauer und damit weniger stark in die Rezipientenfreiheit eingegriffen werden könnte.

Für die Daten, die ein Zugangsvermittler auf der Anwendungsschicht ohnehin bereits im Rahmen seiner Diensteerbringung über einen Proxy-Server auswertet, ist bei entsprechenden Angeboten *de lege ferenda* daher eine Rechtfertigung des – aus der Zweckentfremdung folgenden – Eingriffs in das Fernmeldegeheimnis möglich. Eine Datenerhebung über den konkreten Bedarf der Geschäftserbringung hinaus ist bislang jedoch in § 88 TKG nicht vorgesehen. Dieser Unterschied im Hinblick auf die Auswertungsmöglichkeit ergibt sich aus der größeren Intensität des Eingriffs bei den nicht für die Geschäftserbringung erforderlichen Daten und fließt dementsprechend auch in die Abwägung ein. Eine Verpflichtung zur Ermittlung zusätzlicher Daten ist daher schwieriger zu legitimieren.

Ferner ist die konkrete Ausgestaltung der Sperre zu berücksichtigen. Würden etwa neben der Sperre Logfiles der Nutzer-Requests gebildet, so würde sich eine intensivere Belastung als bei der schlicht unterlassenen Bearbeitung bzw. Sperrung des Zugangs ergeben. Jedenfalls beim Zugriff auf Angebote, deren bloße Rezeption nicht strafbar ist, wäre eine solches Speicherung von Anfragen schon nicht erforderlich und deshalb unverhältnismäßig. Wie bei den Inhaltsanbietern erwähnt, wird auch im Hinblick auf die Rechte der Nutzer zu berücksichtigen sein, ob die Auswertung und die Sperrung offen gelegt und beispielsweise durch eine Informationsseite die Hintergründe der Sperrung mitgeteilt werden. Ein offenes Vorgehen dient hier auch der Stabilität der Infrastruktur des Internets. Werden technische Normen verletzt, ist die Uneinheitlichkeit von Domain-Namen oder IP-Adressen zumindest klarzustellen, ähnlich wie dies aktuell bei Suchmaschineneinträgen erfolgt. Dies erspart dem Nutzer möglicherweise aufwändige Fehlerkontrollen.

---

163 *Germann*, Gefahrenabwehr und Strafverfolgung im Internet, S. 450.

Darüber hinaus muss berücksichtigt werden, dass der Einsatz von Anonymizern und anderen Proxy-Lösungen auch eine Form von „Grundrechtsschutz durch Technik“ darstellt und im Interesse eines wirksamen Grundrechtsschutzes und einer stabilen Demokratie erhaltenswert ist. Derartige Maßnahmen können nicht als bloße „Umgehungsstrategien“ von Inhaltskontrollen und Zugriffssperren angesehen werden. Was schon allgemein zum Schutz der bestehenden Infrastruktur ausgeführt wurde, gilt auch für den Erhalt dieser die Privatheit schützenden Zugriffsmöglichkeiten auf Internetinhalte. Wie in totalitären Staaten zu beobachten ist, kommt solchen Techniken ein demokratiefördernde Potential zu. Demgegenüber haben sich die tatsächlichen Missbrauchsgefahren in der Praxis bisher als vergleichsweise gering herausgestellt.

## IV. Gesamtabwägung

Bei einer Gesamtbetrachtung der konfligierenden Interessen fällt auf der Seite der durch Sperrverfügungen tangierten Rechtsgüter auf, dass die Grundrechte der Nutzer im Hinblick auf das Fernmeldegeheimnis und die Interessen der verpflichteten Provider in die gleiche Richtung streben: Die Grenze der Zumutbarkeit zieht sowohl für Art. 12 und 14 GG als auch für Art. 10 GG die konkrete Diensteerbringung des verpflichteten Providers. *De lege ferenda* scheint deshalb zwar eine Inpflichtnahme denkbar, die auch die Auswertung zusätzlicher – in den Schutzbereich des Art. 10 GG fallenden – Anknüpfungskriterien auf höheren Schichten des Internetprotokolls erfordert. Jedoch kann von den Providern keine Umsetzung eines Sperr-Ansatzes verlangt werden, der ihnen eine gänzlich andere Diensteerbringung abverlangen würde. Ebenso würde auch in das Fernmeldegeheimnis der Nutzer sehr viel tiefer eingegriffen, wenn Verkehrsdaten ausgewertet würden, die bei der Geschäftserbringung des Anbieters nicht benötigt werden.

Im Hinblick auf die Meinungs- und Informationsfreiheit sind vor allem das Gefährdungspotential im konkreten Fall und die Zielgenauigkeit der jeweiligen Sperrung maßgeblich. Es sind Angebote mit einem derart großen Gefährdungspotential vorstellbar, bei denen selbst größere, nicht vermeidbare Kollateralschäden hinzunehmen sind. Ebenso sind jedoch auch nicht intendierte Nebenwirkungen denkbar, die dazu führen, dass ein inkriminiertes Angebot trotz eines Verstoßes gegen JMStV-Vorschriften hinzunehmen ist. Dies kann auch der Fall sein, wenn auf Seiten der Kommunikatoren oder Rezipienten neben Art. 5 Abs. 1 GG weitere Grundrechte zu beachten sind.

Auf der „Gegenseite“ der durch Sperrverfügungen geschützten Rechtsgüter hat insbesondere der Jugendschutz eine hohe Bedeutung. Dabei ist allerdings zu berücksichtigen, dass dieses Schutzziel aufgrund der – teilweise einfachen – Umgehungsmaßnahmen durch Sperrverfügungen nur in eingeschränktem Maß realisiert werden kann. Die damit nur begrenzt mögliche Zweckerreichung limitiert die Eingriffsintensität der verschiedenen – unterschiedlich effektiven – Sperrmaßnahmen im Rahmen der Abwägung ebenfalls.

Die vorliegende abstrakte Betrachtung von Sperrmaßnahmen erlaubt über diese Darstellung der in den Abwägungsprozess einzubeziehenden Faktoren hinaus keine weitergehende abschließende Stellungnahme. Diese kann nur am konkreten Fall anhand einer Einbeziehung der Inhalte und der Treffsicherheit der angeordneten Maßnahme erfolgen. Die Angemessenheit von Zugriffssperren kann nach alledem jedenfalls nicht – wie in der Literatur vertreten wird – schlechthin ausgeschlossen werden. Sie ist allerdings durch verfassungsrechtliche Gesichtspunkte und Abwägungen wesentlich begrenzt.

# Teil 6: Zusammenfassung und Ergebnis

## A. Problemstellung

Die im Internet weltweit abrufbaren illegalen Angebote sind schwer zu verhindern und zu verfolgen, weil die Kompetenzen der nationalen Sicherheitsbehörden grundsätzlich an den Staatsgrenzen enden. Auch wenn der Anwendungsbereich des materiellen Strafrechts auf ausländische Server erstreckt wird, bleibt die internationale Rechtsdurchsetzung wegen der fehlenden Gebietshoheit für prozessuale Ermittlungs- und Vollstreckungsmaßnahmen in der Praxis schwierig. Ein staatliches Vorgehen gegen illegale Inhalte im Ausland ist deswegen oft nicht möglich.

Vor diesem Hintergrund versuchen viele Staaten eine Strategie der nationalen Abschottung gegen illegale Inhalte im Internet: Wenn nicht direkt gegen die auf ausländischen Servern gespeicherten Inhalte vorgegangen werden kann, so sollen wenigstens technische Sperrmaßnahmen der inländischen Internetprovider eine Zugriffsmöglichkeit der Bürger unterbinden. Bekannt sind hier vor allem die Maßnahmen der Volksrepublik China oder des Iran, welche die Informations- und Meinungsfreiheit stark beschränken. Seit einigen Jahren implementieren aber auch westliche Demokratien wie Großbritannien technische Sperren gegen illegale Inhalte im Internet. Die vorliegende Analyse untersucht, ob derartige Sperrverfügungen auch in Deutschland möglich sind. Sie bezieht dabei technische sowie rechtliche Fragen ein.

## B. Technische Grundlagen

Die rechtliche Beurteilung von nationalen Sperrmaßnahmen im Internet hängt wesentlich davon ab, inwieweit solche Maßnahmen technisch möglich sind und welche Konsequenzen sie haben. In der einschlägigen Diskussion über die Grundstrukturen von internationalen Computernetzen dominiert heute zwar noch immer der Aspekt des national kaum regulierbaren „globalen Cyberspace“. Gerade Visionäre dieser Entwicklung stellen inzwischen jedoch die Frage nach einer „Territorialisierung des Internet“, um den Nationalstaaten in globalen Computernetzen einen Restbestand ihrer Souveränität zu erhalten sowie die Durchsetzung von Normen und Werten nicht allein der Kontrolle des Marktes zu überlassen.

Die Berechtigung dieser Frage nach einer territorialen Kontrolle des Internets zeigt sich besonders in dem hier untersuchten Bereich der nationalen Sperrverfügungen gegen illegale Inhalte: Seitdem Sperrmaßnahmen im Internet vor über zehn

Jahren in dem deutschen CompuServe-Verfahren vom Amts- und Landgericht München erstmals gerichtlich beurteilt wurden, haben sich die technischen Möglichkeiten erheblich weiterentwickelt. Sie sind inzwischen durch unterschiedliche Internet-Provider und in unterschiedlichen Formen möglich. Ihre Durchführbarkeit hängt vor allem vom Diensteangebot des die Sperrung durchführenden Providers ab sowie insbesondere von den Daten, die von diesem zur Geschäftserbringung ausgewertet werden.

Mit Blick auf die technisch möglichen und rechtlich zulässigen Sperrmöglichkeiten ist deswegen zwischen den verschiedenen Providern zu differenzieren:

- Bei den Access-Providern, deren Diensteangebot in der Bereitstellung eines Einwahlknotens liegt, sind die Zugangsvermittler auf der Internetschicht (die in einfacher Weise IP-Adressen und Ports sperren können) und die Proxy-basierten Zugangsvermittler auf der Anwendungsschicht (die darüber hinaus auch URLs und spezifische Inhalte sperren können) zu unterscheiden.
- Bei den Network-Providern, welche die hinter den Einwahlknoten befindliche Netzinfrastruktur betreiben, ist dagegen zu differenzieren zwischen den Betreibern von Routern (die wie die Zugangsvermittler auf der Internetschicht IP-Adressen – auch auf bestimmten Ports – sperren können) und den sonstigen Carriern (die nur mit hohem Analyseaufwand gezielte Sperrungen vornehmen könnten).
- Hinzu kommen die Aktionsmöglichkeiten beim Betrieb eines DNS-Servers (mit der Manipulation von Domain-Namen) sowie der Suchmaschinenbetreiber (mit der Möglichkeit einer Unterdrückung von Suchtreffern in der algorithmisch erzeugten Suchtrefferliste).

Für die im Mittelpunkt der Untersuchung stehenden Access- und Network-Provider lässt sich stark vereinfacht feststellen, dass drei Sperransätze zur Verfügung stehen: „Grobe“ Sperrtechniken (z.B. anhand der IP-Adresse oder der Portnummern) sind einfach durchzuführen, jedoch nicht trennscharf, da oft zahlreiche legale Inhalte miterfasst werden, die nur zufällig am gleichen Standort gespeichert sind. „Feinere“ Techniken (vor allem auf der Basis von URL-Adressen) sind zwar von größerer Treffsicherheit, setzen jedoch einen hohen technischen und organisatorischen Aufwand voraus und können von zahlreichen Providern nicht im Rahmen der üblichen Geschäftserbringung implementiert werden. Die in den letzten Jahren neu entwickelten hybriden Technologien kombinieren die Vorteile der genannten Verfahren, indem sie zunächst an den Routern eine grobe Vorfilterung auf „verdächtige“ (IP-)Adressen und ggf. Ports vornehmen und dann nur die dadurch vorselektierte und an einen zentralen Proxy-Server ausgeleitete Kommunikation im Hinblick auf URL-Adressen genauer analysieren. Dieses – den Internet-Kontrollen in China und England zugrunde liegende – Verfahren erfordert jedoch eine spezielle technische Infrastruktur.

Alle Sperrmaßnahmen können von – mehr oder weniger – fachkundigen Internetnutzern umgangen werden. Dabei spielt die jeweils nutzbare Netzinfrastruktur (mit verschiedenen Zugangsvermittlern im Inland, einer möglichen Einwahl über ausländische Zugangsvermittler oder dem Zugang zu Anonymisierungsdiensten) sowie das jeweilige Regierungssystem (Demokratie oder totalitärer Staat) eine wichtige Rolle. Die Sperrungen werden durch Umgehungsmöglichkeiten allerdings in der Regel auch in marktwirtschaftlich geprägten und freiheitlichen Demokratien nicht völlig nutzlos oder auf eine symbolische Politik reduziert. Trotz der bestehenden Umgehungsmöglichkeiten werden Kinder und Jugendliche jedenfalls vor einem zufälligen Kontakt mit schädlichen Inhalten geschützt und Nutzer ohne solche Kenntnisse vom gewünschten Zugriff auf illegale Inhalte abgehalten.

Die Umgehungsmöglichkeiten können durch die Wahl der Sperrtechnologien erschwert werden. Dies führt allerdings ebenso wie eine Verfeinerung der Sperrmaßnahmen zu intensiveren Eingriffen in die Rechtspositionen von Access-Providern, Inhaltsanbietern und Nutzern sowie zu höheren Kosten bei der Implementation der Sperrungen. Maßnahmen gegen Betreiber von DNS-Servern und Suchmaschinenbetreiber beeinträchtigen darüber hinaus technische Normen und essentielle Funktionen des Internets.

Die Problematik der Sperrverfügungen liegt damit vor allem in den dadurch verursachten Eingriffen in grundrechtlich geschützte Positionen, in schädlichen Nebenwirkungen (wie der Mitsperrung legaler Inhalte) sowie in den anfallenden Kosten und den erfolgenden Eingriffen in die Infrastruktur des Internets. Für ihre Beurteilung zu berücksichtigen sind deswegen allgemein und in jedem konkreten Einzelfall insbesondere die Informationsfreiheit sowie der Schutz des Fernmeldegeheimnisses der Nutzer, die Meinungsfreiheit der Content-Provider sowie die Berufsfreiheit und der Eigentumsschutz der Provider.

Von besonderer Bedeutung ist, dass die Umsetzung von Sperrverfügungen in vielen Fällen mit der Analyse der vom Nutzer angeforderten IP-Adressen, URLs und Inhaltsdaten in das grundrechtlich geschützte Fernmeldegeheimnis der Internetnutzer eingreift. Die entsprechende Problematik der neuen hybriden Sperrtechnologien zeigt sich unter anderem daran, dass diese Technologie (vor allem mit der Ausleitung der Datenkommunikation von und zu verdächtigen IP-Adressen zum Zweck einer näheren Inhaltskontrolle auf Proxy-Servern) bei Schaffung einer *zentralen* Kontrollarchitektur nicht nur die Sperrung von ausländischen Internetadressen ermöglichen, sondern zugleich eine effektive und flächendeckende Überwachung der Internetkommunikation erleichtern würde.

# C. Verfassungsrechtliche Grundlagen

Aufgrund der eingangs dargestellten Probleme ist die Zielsetzung legitim, dass die Nationalstaaten mit hoheitlichen Sperrverfügungen gegen Internet-Service-Provider (vor allem Access- und Network-Provider) vorgehen wollen, um im Ausland gespeicherte illegale Inhalte in einem rechtsstaatlich kontrollierten Verfahren dem Zugriff deutscher Nutzer zu entziehen: Solange eine Rechtsharmonisierung und ein weltweit koordiniertes Vorgehen selbst im Kernbereich rechtswidriger Inhalte noch nicht erfolgreich sind, stehen insoweit keine – rechtlichen oder außerrechtlichen – alternativen Strategien zur Verfügung, die staatlich angeordnete Sperrmaßnahmen völlig ersetzen könnten. Es ist daher durch die Einschätzungsprärogative des Gesetzgebers gedeckt, dass dieser die bestehenden Inhaltsverbote mit hoheitlichen Maßnahmen nicht nur offline durchsetzen will, sondern auch im Internet bei dem wesentlich wichtigeren Online-Zugriff auf ausländische Server.

Die entsprechende Regelung des deutschen Gesetzgebers in §§ 20 Abs. 4 JMStV, 59 Abs. 4 RStV ist auch verfassungsgemäß. Ein Verstoß gegen das Zensurverbot liegt nicht vor, solange der Staat das Internet nicht anlassunabhängig so systematisch und engmaschig kontrolliert, dass unmittelbar nach der Publikation eingeschritten wird und deshalb die Gefahr einer Lähmung des Geisteslebens (sog. chilling effect) droht.

Bei der Regulierung von Sperrmaßnahmen haben – wie auch die Gesetzesmotive zeigen – der Bundes- und die Landesgesetzgeber allerdings übersehen, dass die Umsetzung zahlreicher Sperrtechnologien aufgrund ihrer Analyse der vom Nutzer übermittelten IP-Adressen, Port-Nummern und URLs in das Fernmeldegeheimnis eingreift. Der Gesetzgeber hat deswegen nicht normiert, ob und inwieweit zur Erlangung von Daten über das für die Geschäftserbringung erforderliche Maß hinaus oder durch eine Aufhebung der Zweckbindung bei einer Verwendung von zur Diensteerbringung benötigten Daten in das Fernmeldegeheimnis eingegriffen werden darf. Dabei hat er nicht nur gegen die Zitiergebote von Art. 19 Abs. 1 Satz 2 GG und § 88 Abs. 3 Satz 3 TKG verstoßen, da er für die Sperrverfügungen an keiner Stelle die Möglichkeit einer *Einschränkung* des Fernmeldegeheimnisses erwähnt. In § 7 Abs. 3 Satz 2 TMG, auf den die §§ 20 Abs. 4 JMStV, 59 Abs. 4 RStV Bezug nehmen, hat er vielmehr – im Gegenteil – sogar festgelegt, dass bei Sperrverpflichtungen das Fernmeldegeheimnis „zu wahren" ist. Das Fernmeldegeheimnis verbietet gemäß § 88 TKG nicht nur die unbefugte Kenntnisnahme der ihm unterliegenden Daten, sondern auch die Verwendung von rechtmäßig im Rahmen der Diensteerbringung erworbenen Kenntnissen für andere Zwecke.

Die geltende Rechtslage erlaubt damit gegenwärtig keine Sperrmaßnahmen, die in das Fernmeldegeheimnis gemäß Art. 10 GG, § 88 TKG eingreifen. Von daher scheiden auf der Grundlage der geltenden Rechtslage alle Maßnahmen – einschließlich der hybriden Techniken – aus, die auf der Analyse von IP-Adressen, Port-Nummern, URLs oder Inhaltsdaten im Rahmen einer Internetkommunikation beruhen. Möglich bleiben nur die – *nicht* in das Fernmeldegeheimnis eingreifenden – DNS-Manipulationen sowie die Unterdrückung von Suchtreffern durch Suchmaschinenbetreiber, da sich insoweit nicht die typische Gefährdungslage räumlich distanzierter Kommunikation realisiert, sondern die Anbieter der DNS-Dienste und der Suchmaschinen (intermediäre) Kommunikationspartner der Nutzer und als solche nicht an das Fernmeldegeheimnis gebunden sind. Dies bedeutet, dass die effektiven, aber eingriffsintensiven Kontrollen nach chinesischem oder englischem Vorbild in Deutschland nicht angeordnet werden können.

Der Gesetzgeber sollte deswegen prüfen, ob und inwieweit er durch eine Änderung von § 7 Abs. 2 TMG bei der Durchführung von Sperrmaßnahmen Eingriffe in das Fernmeldegeheimnis zulassen will. Bejaht er diese Frage, so muss er aufgrund der genannten Zitiergebote von Art. 19 GG, § 88 TKG eindeutig klarstellen, dass und wieweit in das Fernmeldegeheimnis eingegriffen werden darf. Insoweit kommt in Betracht, dass die Access- und Network-Provider die von ihnen zur Geschäftserbringung sowieso schon ausgewerteten und daher bei ihnen vorliegenden Daten (durch eine Nutzungsänderung) auch zur Umsetzung von behördlich angeordneten Sperren verwenden dürfen. Eine hierüber hinausgehende Verpflichtung zur Erhebung und Analyse zusätzlicher Daten insbesondere auf höheren als den von ihnen sowieso genutzten Internetschichten wäre wegen der damit erfolgenden sehr viel stärkeren Eingriffe in Art. 12 und 14 GG der Diensteanbieter dagegen grundsätzlich problematisch. Die Verpflichtung der Provider, zu Sperr- und Kontrollzwecken Daten (z.B. der Anwendungsschicht) über das für die Geschäftserbringung erforderliche Maß hinaus zu erheben, würde eine neue Qualität der Inpflichtnahme Privater begründen, wie sie nicht einmal bei der Vorratsdatenspeicherung verlangt wird.

Im Rahmen der gesetzlichen Änderungen könnte der Gesetzgeber auch untersuchen, ob zur Schaffung einer deutschlandweit einheitlichen technischen Infrastruktur für Sperrmaßnahmen auf der Grundlage einer gesetzlichen Regelung bestimmte Vorgaben normiert werden sollten, um Maßnahmen sowohl einheitlich, kostengünstig und effektiv als auch grundrechtskonform, transparent und kontrolliert umzusetzen. Die entsprechenden technischen und organisatorischen Maßnahmen stehen in engem Zusammenhang mit Möglichkeiten der Telekommunikationsüberwachung im Internet, die zum Teil auf ähnlichen technischen Grundlagen wie Sperrverfügungen beruhen. Es handelt sich dabei um überaus sensible Fragestellungen, die nur im Rahmen einer gesetzlichen Regelung unter sorgfältiger Beachtung des Schutzes der Privatsphäre sowie des Fernmeldegeheimnisses angegangen werden könnten. Es sprechen gute Gründe gegen den Aufbau einer technischen Infrastruktur, die mit Missbrauchsrisiken für die gezielte Ausleitung von spezifischen Kommunikationsinhalten verbunden ist.

# D. Einzelheiten der rechtlichen Regelung

Da die geltende Rechtslage nach der hier vertretenen Auffassung keine Sperrmaßnahmen erlaubt, die (wegen ihrer Analyse von IP-Adressen, Port-Nummern, URLs oder Inhaltsdaten) in das Fernmeldegeheimnis gemäß Art. 10 GG, § 88 TKG eingreifen, bräuchten zahlreiche rechtliche Fragestellungen hier nur im Hinblick auf DNS-Manipulationen sowie Maßnahmen von Suchmaschinenbetreibern entschieden zu werden. Die entsprechenden Fragestellungen werden in der vorliegenden Veröffentlichung allerdings gleichwohl für alle Sperrmaßnahmen und damit hilfsweise für den Fall behandelt, dass entweder der Gesetzgeber eine dem Zitiergebot Rechnung tragende Ermächtigungsgrundlage schafft oder aber die Rechtsprechung der hier vertretenen Auffassung zur Verletzung des Zitiergebots und der Auslegung von § 7 Abs. 2 TMG nicht folgen sollte. Unter dieser Bedingung einer Sperrermächtigung, die Eingriffe in Art. 10 GG nicht schon aus formalen Gründen wegen Verstoßes gegen das verfassungsrechtliche Zitiergebot und die Anforderungen des § 88 Abs. 3 Satz 3 TKG ausschließt, gilt:

a) Sperrverfügungen gegen illegale Inhalte setzen im jeweiligen konkreten Einzelfall eine strenge verfassungsrechtliche Abwägung voraus, bei der das geschützte Rechtsgut (insb. Jugendschutz) und seine durch die konkrete Sperrmaßnahme erreichte tatsächliche Bewahrung mit den grundrechtsrelevanten Folgen der Sperren (einschließlich ihrer Kosten und unerwünschten Nebenwirkungen wie der Mitsperrung rechtmäßiger Seiten) konkret abzuwägen ist. Zu diesen grundrechtsrelevanten Folgen gehören vor allem Eingriffe in das Fernmeldegeheimnis der Nutzer, in die Meinungsfreiheit der Content-Provider sowie in die Berufsfreiheit und den Eigentumsschutz der zur Sperrung verpflichteten Provider. Wenn der Gesetzgeber – zum Beispiel durch eine Änderung von § 7 Abs. 2 TMG – Beschränkungen im Hinblick auf Art. 10 GG erlauben und dabei dem Zitiergebot des Art. 19 GG und des § 88 TKG Rechnung tragen würde, so kämen für die verschiedenen Access- und Network-Provider Sperrmaßnahmen insbesondere auf derjenigen Schicht der technischen Referenzmodelle in Betracht, auf der ihnen die übermittelten Daten zur normalen Geschäftserbringung ohnehin vorliegen. Eine hierüber hinausgehende Analyse von übermittelten Daten auf höheren Schichten des Internetprotokolls wäre dagegen im Regelfall unter den Gesichtspunkten von Art. 10, 12 und 14 GG problematisch. Die Beurteilung von entsprechenden Anordnungen ist jedoch immer nur im konkreten Einzelfall möglich.

b) Sperrverfügungen gegen Provider erfordern gemäß § 20 Abs. 4 JMStV i.V.m. § 59 Abs. 4 RStV i.V.m. §§ 7 bis 10 TMG, dass andere Maßnahmen gegen die jeweiligen Inhaltsanbieter nicht durchführbar oder nicht Erfolg versprechend sind. § 59 Abs. 4 RStV eröffnet hier einen Prognosespielraum. Die genannten Voraussetzungen können deshalb auch aufgrund von belegbaren und gesicherten Erfahrungswerten der Medienaufsicht in ähnlich gelagerten Fällen bejaht werden. Insoweit ist nicht zwingend erforderlich, dass in jedem einzelnen Fall zum Beispiel über die an die KJM angebundene und sie unterstützende Stelle jugendschutz.net versucht wird, auf die ausländischen Inhaltsanbieter oder Hosts tatsächlich einzuwirken, wenn keine Ergebnisse zu erwarten sind. Das nach den bisherigen Berichten in vielen Fällen erfolgreiche Vorgehen von jugendschutz.net gegen ausländische Provider sollte jedoch grundsätzlich fortgesetzt werden, da eine freiwillige Beseitigung schädlicher Inhalte durch die Host-Provider sehr viel wirksamer ist, als die Durchsetzung von – umgehbaren – Sperrverfügungen.

c) Die den Providern aufgegebenen Sperrmaßnahmen müssen gemäß § 20 Abs. 4 JMStV i.V.m. § 59 Abs. 4 RStV i.V.m. §§ 7 bis 10 TMG technisch möglich und zumutbar sein. Mit dieser Forderung drückt das Gesetz einen allgemeinen Rechtsgrundsatz aus, nach dem nichts Unmögliches verlangt werden kann. Die Zumutbarkeit wird durch die unter Ziffer a) genannte Abwägung gewährleistet.

d) Die – überaus komplexe – Verweisungskette von § 20 Abs. 4 JMStV, § 59 Abs. 4 RStV, §§ 7 bis 10 TMG unter Einbeziehung von § 2 Abs. 1 JMStV ermöglicht Sperranordnungen gegen alle oben genannten Access-Provider, gegen die über einen Router verfügenden Network-Provider, die Betreiber von DNS-Server und die Suchmaschinenbetreiber. Es wäre allerdings wünschenswert, dass der Gesetzgeber die komplexe und unübersichtliche Verweisungskette, nach der es sich bei den Adressaten sowohl um „Anbieter von Telemedien" als auch um „Diensteanbieter im Sinne der §§ 8 bis 10 TMG" handeln muss, vereinfacht und den Adressatenkreis von Sperrverfügungen unter funktionalen Gesichtspunkten klar und verständlich regelt.

e) Die KJM kann Sperrverfügungen aufgrund der vorgenannten Ermächtigungsgrundlage wegen aller in §§ 4 und 5 JMStV normierten Inhalte erlassen. Dies schließt eine Sperrung von entwicklungsbeeinträchtigenden Inhalten ein, bei denen jedoch der Verhältnismäßigkeitsgrundsatz enge Grenzen zieht. Sperrungen von Domain-Namen oder IP-Adressen, die auch zahlreiche legale Internetseiten betreffen, werden daher nur noch in besonderen Fällen in Betracht kommen. Entsprechendes gilt für die entwicklungsbeeinträchtigenden Inhalte gemäß § 5 JMStV, für die das Gesetz nur eine Erschwerung der Wahrnehmungsmöglichkeiten fordert. Darüber hinaus sind im Hinblick auf die von §§ 4 und 5 JMStV nicht erfassten sonstigen Straftaten Sperrverfügungen durch die gemäß § 59 RStV zuständigen Aufsichtsbehörden möglich. Der Gesetzgeber sollte jedoch prüfen, ob diese – vor allem durch den engen Katalog des § 4 Abs. 1 JMStV begründete – auf unterschiedliche Behörden verteilte Zuständigkeit sinnvoll ist oder aber (wofür gute Gründe sprechen) eine Konzentration der Sperranordnungen bei einer Stelle vorzuziehen ist.

f) Für die Durchführung von Sperrverfügungen stellen sich weitere spezifische Probleme. Dies gilt zum Beispiel für Zuständigkeit, Verfahren und Drittwirkung bei entsprechenden Verfügungen, für Dauerverwaltungsakte, für die präzise Bestimmung und Beschreibung der zu sperrenden Angebote, für die Kostentragung und für alternative Maßnahmen des Jugendmedienschutzes. Insoweit wird auf die obigen Ausführungen verwiesen.

# E. Gesamtbeurteilung und Konsequenzen

In der Gesamtbeurteilung erweist sich das in Deutschland geltende gesetzliche Regelungssystem als unzureichend und wenig ausgereift. Dies gilt sowohl im Hinblick auf seine Effektivität als auch im Hinblick auf den Schutz der von Sperrverfügungen tangierten Grundrechte und sonstigen Werte. Die *Effektivität* des geltenden Rechtssystems leidet an den Zuständigkeiten unterschiedlicher Behörden für Sperrverfügungen, den zu Durchsetzungsproblemen führenden rechtlichen Unklarheiten, Verweisungsketten und Systembrüchen sowie dem bisher noch fehlenden strategischen Konzept für Sperrverfügungen und den hierzu erforderlichen Umsetzungsmaßnahmen und entsprechenden Vorschriften. Der mangelhafte Schutz der von Sperren erheblich tangierten *Grundrechte* und sonstigen Werte zeigt sich vor allem an der ungenügenden Regelung zu Eingriffen in das Fernmeldegeheimnis, den fehlenden Überlegungen und Normen zu Transparenz, Kontrolle und spezifischen Rechtsschutzmöglichkeiten sowie der nicht vorhandenen Kostenregelung. Bei der Durchführung von nationalen Sperrmaßnahmen im Internet geht es um derart zentrale Fragestellungen für die Freiheitsrechte der Bürger und die Integrität des Internets, dass der Versuch zum Aufbau eines einigermaßen effektiven Sperrsystems nicht ohne entsprechende Überlegungen und Leitentscheidungen des Gesetzgebers erfolgen darf.

Lehnt man nationale Sperrungen und Abschottungsstrategien im Internet gegen illegale Inhalte aufgrund ihrer Eingriffsintensität und sonstigen Folgen für die Infrastruktur des Cyberspace sowie ihrer nur begrenzten Wirksamkeit grundsätzlich ab, so kann man – abgesehen von der zu zahlreichen Fragen bestehenden Rechtsunsicherheit – mit der geltenden Rechtslage leben, da deren Mängel und der bestehende Grundrechtsschutz den Aufbau eines Erfolg versprechenden Sperrsystems ebenso wie gravierende Eingriffe in das Fernmeldegeheimnis verhindern. Die geltende Regelung ist – wieder abgesehen von ihrer Rechtsunsicherheit – auch noch akzeptabel, wenn zur Kontrolle des globalen Cyberspace eine symbolische Politik mit einzelnen punktuell und begrenzt wirksamen Maßnahmen (wie einem Vorgehen gegen DNS-Server und Suchmaschinenbetreiber) als ausreichend und angemessen betrachtet wird. Soll dagegen eine – in ihren Erfolgsaussichten gleichwohl fragliche – wirkungsvollere, präzisere, transparente und kontrollierte nationale Abschottung gegen illegale Inhalte im Internet angestrebt werden, so sind gesetzliche Neuregelungen notwendig. Diese erfordern zuvor eine Grundsatzdiskussion über technische Konzepte und Möglichkeiten zur „Territorialisierung des Internet" in freiheitlichen Gesellschaften, über die entsprechenden grundrechtlichen Grenzen sowie vor allem auch über alternative Schutzstrategien, zum Beispiel die „regulierte Selbstregulierung“.

Zum Scheitern verurteilt wäre daher die Erwartung oder der Versuch der KJM, aufgrund der bestehenden gesetzlichen Regelungen und mit den in Deutschland vorhandenen technischen Strukturen eine effektive Sperrpolitik gegen illegale Inhalte im Internet durchführen zu können, die über punktuelle Maßnahmen mit einer nur beschränkten und vor allem symbolischen Wirkung hinausgeht.

# Anhang

# Übersicht über die jeweiligen Fassungen der Ermächtigungsgrundlage

## Vorläuferregelung (str.) im BtX-Staatsvertrag vom 31.1.1991

**§ 13 [Aufsicht]**

(1) Die nach Landesrecht zuständige Verwaltungsbehörde überprüft die Einhaltung der Bestimmungen dieses Staatsvertrages, insbesondere wenn ihr Beschwerden oder sonstige Anhaltspunkte für eine Verletzung dieser Bestimmungen vorliegen.

(2) Stellt die zuständige Verwaltungsbehörde einen Verstoß gegen die Bestimmungen dieses Staatsvertrages, gegen die allgemeinen Strafgesetze oder gegen sonstige Rechtsvorschriften, soweit sie mit Strafe oder Geldbuße bewehrt sind, fest, trifft sie die zur Beseitigung des Verstoßes erforderlichen Maßnahmen. Sie kann das Angebot untersagen und die Sperrung anordnen. Die Untersagung darf nicht erfolgen, wenn die Maßnahme außer Verhältnis zur Bedeutung des Angebots für den Anbieter und die Allgemeinheit steht. Eine Untersagung darf nur erfolgen, wenn ihr Zweck nicht in anderer Weise erreicht werden kann. Die Untersagung ist, soweit ihr Zweck dadurch erreicht werden kann, auf bestimmte Arten und Teile von Angeboten oder zeitlich zu beschränken. Soweit jemand unter Verstoß gegen § 2 Abs. 2 und 3 als Anbieter auftritt, ist die Sperrung anzuordnen.

(3) Wird durch ein Angebot in Rechte Dritter eingegriffen und ist für den Dritten hiergegen der Rechtsweg eröffnet, sollen Anordnungen der Verwaltungsbehörde im Sinne von Absatz 2 Satz 2 nur erfolgen, wenn dies aus Gründen des Gemeinwohls geboten ist.

## Gesetzeslage vom 1.8.1997 bis zum 1.7.2002

**§ 5 MDStV [Verantwortlichkeit]**

(1) Anbieter sind für eigene Inhalte, die sie zur Nutzung bereithalten, nach den allgemeinen Gesetzen verantwortlich.

(2) Anbieter sind für fremde Inhalte, die sie zur Nutzung bereithalten, nur dann verantwortlich, wenn sie von diesen Inhalten Kenntnis haben und es ihnen technisch möglich und zumutbar ist, deren Nutzung zu verhindern.

(3) Anbieter sind für fremde Inhalte, zu denen sie lediglich den Zugang zur Nutzung vermitteln, nicht verantwortlich. Eine automatische und kurzzeitige Vorhaltung fremder Inhalte auf Grund Nutzerabfrage gilt als Zugangsvermittlung. § 18 Abs. 3 bleibt unberührt.

**§ 8 MDStV [Unzulässige Mediendienste, Jugendschutz]**

(1) Angebote sind unzulässig, wenn sie

1. gegen Bestimmungen des Strafgesetzbuches verstoßen,
2. den Krieg verherrlichen,
3. offensichtlich geeignet sind, Kinder oder Jugendliche sittlich schwer zu gefährden,

4. Menschen, die sterben oder schweren körperlichen oder seelischen Leiden ausgesetzt sind oder waren, in einer die Menschenwürde verletzenden Weise darstellen und ein tatsächliches Geschehen wiedergeben, ohne dass ein überwiegendes berechtigtes Interesse gerade an dieser Form der Berichterstattung vorliegt; eine Einwilligung ist unbeachtlich,
5. in sonstiger Weise die Menschenwürde verletzen.

(2) Angebote für Verteildienste nach § 2 Abs. 2 Nrn.1 bis 3, die geeignet sind, das körperliche, geistige oder seelische Wohl von Kindern oder Jugendlichen zu beeinträchtigen, dürfen nicht verbreitet werden, es sei denn, der Anbieter trifft auf Grund der Sendezeit oder auf andere Weise Vorsorge, dass Kinder oder Jugendliche die Sendungen üblicherweise nicht wahrnehmen.

(3) Angebote für Verteildienste nach § 2 Abs. 2 Nr. 1, die geeignet sind, das körperliche, geistige oder seelische Wohl von Kindern oder Jugendlichen zu beeinträchtigen, dürfen nur verbreitet werden, wenn ihre Verbreitung durch akustische Zeichen angekündigt oder durch optische Mittel während des gesamten Angebots kenntlich gemacht wird.

(4) Angebote nach § 2 Abs. 2 Nr. 4, die geeignet sind, das körperliche, geistige oder seelische Wohl von Kindern oder Jugendlichen zu beeinträchtigen, sind nur zulässig, wenn Vorkehrungen durch den Anbieter oder andere Anbieter bestehen, die dem Nutzer die Sperrung dieser Angebote ermöglichen.

(5) Wer gewerbsmäßig Mediendienste zur Nutzung bereithält, hat einen Jugendschutzbeauftragten zu bestellen, wenn diese jugendgefährdende Inhalte enthalten können. Der Jugendschutzbeauftragte ist Ansprechpartner für Nutzer und berät den Anbieter in Fragen des Jugendschutzes. Er ist vom Anbieter bei der Angebotsplanung und der Gestaltung der Allgemeinen Nutzungsbedingungen zu beteiligen. Er kann gegenüber dem Anbieter eine Beschränkung von Angeboten vorschlagen. Die Verpflichtung des Anbieters nach Satz 1 kann auch dadurch erfüllt werden, dass er eine Organisation der freiwilligen Selbstkontrolle zur Wahrnehmung der Aufgaben nach den Sätzen 2 bis 4 verpflichtet.

**§ 18 MDStV [Aufsicht]**

[…]

(2) Stellt die jeweils zuständige Aufsichtsbehörde nach Absatz 1 einen Verstoß gegen die Bestimmungen dieses Staatsvertrages mit Ausnahme der § 6 Abs. 2, § 7 Abs. 2 und 3, §§ 10, 12 bis 16 fest, trifft sie die zur Beseitigung des Verstoßes erforderlichen Maßnahmen gegenüber dem Anbieter. Sie kann insbesondere Angebote untersagen und deren Sperrung anordnen. Die Untersagung darf nicht erfolgen, wenn die Maßnahme außer Verhältnis zur Bedeutung des Angebots für den Anbieter und die Allgemeinheit steht. Eine Untersagung darf nur erfolgen, wenn ihr Zweck nicht in anderer Weise erreicht werden kann. Die Untersagung ist, soweit ihr Zweck dadurch erreicht werden kann, auf bestimmte Arten und Teile von Angeboten oder zeitlich zu beschränken.

(3) Erweisen sich Maßnahmen gegenüber dem Verantwortlichen nach § 5 Abs. 1 und 2 als nicht durchführbar oder nicht Erfolg versprechend, können Maßnahmen zur Sperrung von Angeboten nach Absatz 2 auch gegen den Anbieter von fremden Inhalten nach § 5 Abs. 3 gerichtet werden, sofern der Anbieter unter Wahrung des Fernmeldegeheimnisses gemäß § 85 des Telekommunikationsgesetzes von den Inhalten Kenntnis erlangt und eine Sperrung technisch möglich und zumutbar ist.

[…]

# Gesetzeslage vom 1.7.2002 bis zum 1.4.2003 (Art. 3 des 6. RÄStV)

## § 7 MDStV [Durchleitung von Informationen]

(1) Diensteanbieter sind für fremde Informationen, die sie in einem Kommunikationsnetz übermitteln oder zu denen sie den Zugang zur Nutzung vermitteln, nicht verantwortlich, sofern sie

1. die Übermittlung nicht veranlasst,
2. den Adressaten der übermittelten Informationen nicht ausgewählt und
3. die übermittelten Informationen nicht ausgewählt oder verändert haben.

Satz 1 findet keine Anwendung, wenn der Diensteanbieter absichtlich mit einem der Nutzer seines Dienstes zusammenarbeitet, um rechtswidrige Handlungen zu begehen.

(2) Die Übermittlung von Informationen nach Absatz 1 und die Vermittlung des Zugangs zu ihnen umfasst auch die automatische kurzzeitige Zwischenspeicherung dieser Informationen, soweit dies nur zur Durchführung der Übermittlung im Kommunikationsnetz geschieht und die Informationen nicht länger gespeichert werden, als für die Übermittlung üblicherweise erforderlich ist.

## § 11 MDStV [Inhalte, Sorgfaltspflicht, Meinungsumfragen]

(1) Für die Angebote gilt die verfassungsmäßige Ordnung. Die Vorschriften der allgemeinen Gesetze und die gesetzlichen Bestimmungen zum Schutz der persönlichen Ehre sind einzuhalten.

(2) Verteildienste nach § 2 Abs. 2 Nrn. 1 bis 3 und Angebote nach § 10 Abs. 3 haben, soweit sie der Berichterstattung dienen und Informationsangebote enthalten, den anerkannten journalistischen Grundsätzen zu entsprechen. Nachrichten über das aktuelle Tagesgeschehen sind vom Diensteanbieter vor ihrer Verbreitung mit der nach den Umständen gebotenen Sorgfalt auf Inhalt, Herkunft und Wahrheit zu prüfen. Kommentare sind von der Berichterstattung deutlich zu trennen und unter Nennung des Verfassers als solche zu kennzeichnen.

## § 12 MDStV [Unzulässige Mediendienste, Jugendschutz]

(1) Angebote sind unzulässig, wenn sie

1. gegen Bestimmungen des Strafgesetzbuches verstoßen,
2. den Krieg verherrlichen,
3. offensichtlich geeignet sind, Kinder oder Jugendliche sittlich schwer zu gefährden,
4. Menschen, die sterben oder schweren körperlichen oder seelischen Leiden ausgesetzt sind oder waren, in einer die Menschenwürde verletzenden Weise darstellen und ein tatsächliches Geschehen wiedergeben, ohne dass ein überwiegendes berechtigtes Interesse gerade an dieser Form der Berichterstattung vorliegt; eine Einwilligung ist unbeachtlich,
5. in sonstiger Weise die Menschenwürde verletzen.

(2) Angebote für Verteildienste nach § 2 Abs. 2 Nrn. 1 bis 3, die geeignet sind, das körperliche, geistige oder seelische Wohl von Kindern oder Jugendlichen zu beeinträchtigen, dürfen nicht verbreitet werden, es sei denn, der Diensteanbieter trifft aufgrund der Sendezeit oder auf andere Weise Vorsorge, dass Kinder oder Jugendliche die Sendungen üblicherweise nicht wahrnehmen.

(3) Angebote für Verteildienste nach § 2 Abs. 2 Nr. 1, die geeignet sind, das körperliche, geistige oder seelische Wohl von Kindern oder Jugendlichen zu beeinträchtigen, dürfen nur verbreitet werden, wenn ihre Verbreitung durch akustische Zeichen angekündigt oder durch optische Mittel während des gesamten Angebots kenntlich gemacht wird.

(4) Angebote nach § 2 Abs. 2 Nr. 4, die geeignet sind, das körperliche, geistige oder seelische Wohl von Kindern oder Jugendlichen zu beeinträchtigen, sind nur zulässig, wenn Vorkehrungen durch den Diensteanbieter oder andere Diensteanbieter bestehen, die dem Nutzer die Sperrung dieser Angebote ermöglichen.

[…]

**§ 22 MDStV [Aufsicht]**

(1) Die in den Ländern für den gesetzlichen Jugendschutz zuständige Behörde überwacht die Einhaltung der Bestimmungen nach § 12 und § 13 Abs. 1. Die nach den allgemeinen Datenschutzgesetzen des Bundes und der Länder zuständigen Kontrollbehörden überwachen für ihren Bereich die Einhaltung der Bestimmungen nach §§ 16 bis 20. Die Einhaltung der übrigen Bestimmungen dieses Staatsvertrages wird durch eine nach Landesrecht bestimmte Aufsichtsbehörde überwacht.

(2) Stellt die jeweils zuständige Aufsichtsbehörde nach Absatz 1 einen Verstoß gegen die Bestimmungen dieses Staatsvertrages mit Ausnahme der § 10 Abs. 3, § 11 Abs. 2 und 3, §§ 14, 16 bis 20 fest, trifft sie die zur Beseitigung des Verstoßes erforderlichen Maßnahmen gegenüber dem Diensteanbieter. Sie kann insbesondere Angebote untersagen und deren Sperrung anordnen. Die Untersagung darf nicht erfolgen, wenn die Maßnahme außer Verhältnis zur Bedeutung des Angebots für den Diensteanbieter und die Allgemeinheit steht. Eine Untersagung darf nur erfolgen, wenn ihr Zweck nicht in anderer Weise erreicht werden kann. Die Untersagung ist, soweit ihr Zweck dadurch erreicht werden kann, auf bestimmte Arten und Teile von Angeboten oder zeitlich zu beschränken.

(3) Erweisen sich Maßnahmen gegenüber dem Verantwortlichen nach § 6 Abs. 1 als nicht durchführbar oder nicht Erfolg versprechend, können Maßnahmen zur Sperrung von Angeboten nach Absatz 2 auch gegen den Diensteanbieter von fremden Inhalten nach den §§ 7 bis 9 gerichtet werden, sofern eine Sperrung technisch möglich und zumutbar ist. § 6 Abs. 2 Satz 2 bleibt unberührt.

## Gesetzeslage vom 1.4.2003 bis zum 1.3.2007 (JMStV: § 25 Abs. 4)

## Mediendienste-Staatsvertrag

**§ 11 [Inhalte, Sorgfaltspflicht, Meinungsumfragen]**

(1) Für die Angebote gilt die verfassungsmäßige Ordnung. Die Vorschriften der allgemeinen Gesetze und die gesetzlichen Bestimmungen zum Schutz der persönlichen Ehre sind einzuhalten.

(2) Verteildienste nach § 2 Abs. 2 Nrn. 1 bis 3 und Angebote nach § 10 Abs. 3 haben, soweit sie der Berichterstattung dienen und Informationsangebote enthalten, den anerkannten journalistischen Grundsätzen zu entsprechen. Nachrichten über das aktuelle Tagesgeschehen sind vom Diensteanbieter vor ihrer Verbreitung mit der nach den Umständen gebotenen Sorgfalt auf Inhalt, Herkunft und Wahrheit zu prüfen. Kommentare sind von der Berichterstattung deutlich zu trennen und unter Nennung des Verfassers als solche zu kennzeichnen.

(3) Bei der Wiedergabe von Meinungsumfragen in Angeboten, die vom Diensteanbieter durchgeführt werden, ist anzugeben, ob sie repräsentativ sind.

**§ 12 [Unzulässige Mediendienste, Jugendschutz]**

Die für Mediendienste geltenden Bestimmungen des Jugendmedienschutz-Staatsvertrages finden Anwendung.

**§ 22 [Aufsicht]**

(1) Die nach den allgemeinen Datenschutzgesetzen des Bundes und der Länder zuständigen Kontrollbehörden überwachen für ihren Bereich die Einhaltung der Bestimmungen nach §§ 16 bis 20. Die Einhaltung der übrigen Bestimmungen dieses Staatsvertrages wird durch eine nach Landesrecht bestimmte Aufsichtsbehörde überwacht.

(2) Stellt die jeweils zuständige Aufsichtsbehörde nach Absatz 1 einen Verstoß gegen die Bestimmungen dieses Staatsvertrages mit Ausnahme der § 10 Abs. 3, § 11 Abs. 2 und 3, §§ 14, 16 bis 20 fest, trifft sie die zur Beseitigung des Verstoßes erforderlichen Maßnahmen gegenüber dem Diensteanbieter. Sie kann insbesondere Angebote untersagen und deren Sperrung anordnen. Die Untersagung darf nicht erfolgen, wenn die Maßnahme außer Verhältnis zur Bedeutung des Angebots für den Diensteanbieter und die Allgemeinheit steht. Eine Untersagung darf nur erfolgen, wenn ihr Zweck nicht in anderer Weise erreicht werden kann. Die Untersagung ist, soweit ihr Zweck dadurch erreicht werden kann, auf bestimmte Arten und Teile von Angeboten oder zeitlich zu beschränken.

(3) Erweisen sich Maßnahmen gegenüber dem Verantwortlichen nach § 6 Abs. 1 als nicht durchführbar oder nicht Erfolg versprechend, können Maßnahmen zur Sperrung von Angeboten nach Absatz 2 auch gegen den Diensteanbieter von fremden Inhalten nach den §§ 7 bis 9 gerichtet werden, sofern eine Sperrung technisch möglich und zumutbar ist. § 6 Abs. 2 Satz 2 bleibt unberührt.

(4) Wird durch ein Angebot in Rechte Dritter eingegriffen und ist für den Dritten hiergegen der Rechtsweg eröffnet, sollen Anordnungen der Aufsichtsbehörde im Sinne von Absatz 2 nur erfolgen, wenn dies aus Gründen des Gemeinwohls geboten ist.

(5) Für den Vollzug dieses Abschnitts ist die Aufsichtsbehörde des Landes zuständig, in dem der betroffene Diensteanbieter seinen Sitz, Wohnsitz oder in Ermangelung dessen seinen ständigen Aufenthalt hat. Ergibt sich danach keine Zuständigkeit, so ist diejenige Aufsichtsbehörde zuständig, in deren Bezirk der Anlass für die Amtshandlung hervortritt.

(6) Der Abruf von Angeboten im Rahmen der Aufsicht ist unentgeltlich. Diensteanbieter haben dies sicherzustellen. Der Diensteanbieter darf seine Angebote nicht gegen den Abruf durch die zuständige Aufsichtsbehörde sperren.

## Jugendmedienschutz-Staatsvertrag

**§ 4 [Unzulässige Angebote]**

(1) Unbeschadet strafrechtlicher Verantwortlichkeit sind Angebote unzulässig, wenn sie

1. Propagandamittel im Sinne des § 86 des Strafgesetzbuches darstellen, deren Inhalt gegen die freiheitliche demokratische Grundordnung oder den Gedanken der Völkerverständigung gerichtet ist,
2. Kennzeichen verfassungswidriger Organisationen im Sinne des § 86a des Strafgesetzbuches verwenden,
3. zum Hass gegen Teile der Bevölkerung oder gegen eine nationale, rassische, religiöse oder durch ihr Volkstum bestimmte Gruppe aufstacheln, zu Gewalt- oder

Willkürmaßnahmen gegen sie auffordern oder die Menschenwürde anderer dadurch angreifen, dass Teile der Bevölkerung oder eine vorbezeichnete Gruppe beschimpft, böswillig verächtlich gemacht oder verleumdet werden,

4. eine unter der Herrschaft des Nationalsozialismus begangene Handlung der in § 6 Abs. 1 und § 7 Abs. 1 des Völkerstrafgesetzbuches bezeichneten Art in einer Weise, die geeignet ist, den öffentlichen Frieden zu stören, leugnen oder verharmlosen,
5. grausame und sonst unmenschliche Gewalttätigkeiten gegen Menschen in einer Art schildern, die eine Verherrlichung oder Verharmlosung solcher Gewalttätigkeiten ausdrückt oder die das Grausame oder Unmenschliche des Vorgangs in einer die Menschenwürde verletzenden Weise darstellt; dies gilt auch bei virtuellen Darstellungen,
6. als Anleitung zu einer in § 126 Abs. 1 des Strafgesetzbuches genannten rechtswidrigen Tat dienen,
7. den Krieg verherrlichen,
8. gegen die Menschenwürde verstoßen, insbesondere durch die Darstellung von Menschen, die sterben oder schweren körperlichen oder seelischen Leiden ausgesetzt sind oder waren, wobei ein tatsächliches Geschehen wiedergegeben wird, ohne dass ein berechtigtes Interesse gerade für diese Form der Darstellung oder Berichterstattung vorliegt; eine Einwilligung ist unbeachtlich,
9. Kinder oder Jugendliche in unnatürlich geschlechtsbetonter Körperhaltung darstellen; dies gilt auch bei virtuellen Darstellungen,
10. pornografisch sind und Gewalttätigkeiten, den sexuellen Missbrauch von Kindern oder Jugendlichen oder sexuelle Handlungen von Menschen mit Tieren zum Gegenstand haben; dies gilt auch bei virtuellen Darstellungen, oder
11. in den Teilen B und D der Liste nach § 18 des Jugendschutzgesetzes aufgenommen sind oder mit einem in dieser Liste aufgenommenen Werk ganz oder im Wesentlichen inhaltsgleich sind.

In den Fällen der Nummern 1 bis 4 und 6 gilt § 86 Abs. 3 des Strafgesetzbuches, im Falle der Nummer 5 § 131 Abs. 3 des Strafgesetzbuches entsprechend.

(2) Unbeschadet strafrechtlicher Verantwortlichkeit sind Angebote ferner unzulässig, wenn sie

1. in sonstiger Weise pornografisch sind,
2. in den Teilen A und C der Liste nach § 18 des Jugendschutzgesetzes aufgenommen sind oder mit einem in diese Liste aufgenommenen Werk ganz oder im Wesentlichen inhaltsgleich sind, oder
3. offensichtlich geeignet sind, die Entwicklung von Kindern und Jugendlichen oder ihre Erziehung zu einer eigenverantwortlichen und gemeinschaftsfähigen Persönlichkeit unter Berücksichtigung der besonderen Wirkungsform des Verbreitungsmediums schwer zu gefährden.

In Telemedien sind Angebote abweichend von Satz 1 zulässig, wenn von Seiten des Anbieters sichergestellt ist, dass sie nur Erwachsenen zugänglich gemacht werden (geschlossene Benutzergruppe).

(3) Nach Aufnahme eines Angebotes in die Liste nach § 18 des Jugendschutzgesetzes wirken die Verbote nach Absatz 1 und 2 auch nach wesentlichen inhaltlichen Veränderungen bis zu einer Entscheidung durch die Bundesprüfstelle für jugendgefährdende Medien.

### § 5 [Entwicklungsbeeinträchtigende Angebote]

(1) Sofern Anbieter Angebote, die geeignet sind, die Entwicklung von Kindern oder Jugendlichen zu einer eigenverantwortlichen und gemeinschaftsfähigen Persönlichkeit zu

beeinträchtigen, verbreiten oder zugänglich machen, haben sie dafür Sorge zu tragen, dass Kinder oder Jugendliche der betroffenen Altersstufen sie üblicherweise nicht wahrnehmen.

(2) Bei Angeboten wird die Eignung zur Beeinträchtigung der Entwicklung im Sinne von Absatz 1 vermutet, wenn sie nach dem Jugendschutzgesetz für Kinder oder Jugendliche der jeweiligen Altersstufe nicht freigegeben sind. Satz 1 gilt entsprechend für Angebote, die mit dem bewerteten Angebot im Wesentlichen inhaltsgleich sind.

(3) Der Anbieter kann seiner Pflicht aus Absatz 1 dadurch entsprechen, dass er

1. durch technische oder sonstige Mittel die Wahrnehmung des Angebots durch Kinder oder Jugendliche der betroffenen Altersstufe unmöglich macht oder wesentlich erschwert oder
2. die Zeit, in der die Angebote verbreitet oder zugänglich gemacht werden, so wählt, dass Kinder oder Jugendliche der betroffenen Altersstufe üblicherweise die Angebote nicht wahrnehmen.

(4) Ist eine entwicklungsbeeinträchtigende Wirkung im Sinne von Absatz 1 auf Kinder oder Jugendliche anzunehmen, erfüllt der Anbieter seine Verpflichtung nach Absatz 1, wenn das Angebot nur zwischen 23 Uhr und 6 Uhr verbreitet oder zugänglich gemacht wird. Gleiches gilt, wenn eine entwicklungsbeeinträchtigende Wirkung auf Kinder oder Jugendliche unter 16 Jahren zu befürchten ist, wenn das Angebot nur zwischen 22 Uhr und 6 Uhr verbreitet oder zugänglich gemacht wird. Bei Filmen, die nach § 14 Abs. 2 des Jugendschutzgesetzes unter 12 Jahren nicht freigegeben sind, ist bei der Wahl der Sendezeit dem Wohl jüngerer Kinder Rechnung zu tragen.

(5) Ist eine entwicklungsbeeinträchtigende Wirkung im Sinne von Absatz 1 nur auf Kinder zu befürchten, erfüllt der Anbieter von Telemedien seine Verpflichtung nach Absatz 1, wenn das Angebot getrennt von für Kinder bestimmten Angeboten verbreitet wird oder abrufbar ist.

(6) Absatz 1 gilt nicht für Nachrichtensendungen, Sendungen zum politischen Zeitgeschehen im Rundfunk und vergleichbare Angebote bei Telemedien, soweit ein berechtigtes Interesse gerade an dieser Form der Darstellung oder Berichterstattung vorliegt.

**§ 20 [Aufsicht]**

(1) Stellt die zuständige Landesmedienanstalt fest, dass ein Anbieter gegen die Bestimmungen dieses Staatsvertrages verstoßen hat, trifft sie die erforderlichen Maßnahmen gegenüber dem Anbieter.

(2) Für Veranstalter von Rundfunk trifft die zuständige Landesmedienanstalt durch die KJM entsprechend den landesrechtlichen Regelungen die jeweilige Entscheidung.

(3) Tritt die KJM an einen Rundfunkveranstalter mit dem Vorwurf heran, er habe gegen Bestimmungen dieses Staatsvertrages verstoßen, und weist der Veranstalter nach, dass er die Sendung vor ihrer Ausstrahlung einer anerkannten Einrichtung der Freiwilligen Selbstkontrolle im Sinne dieses Staatsvertrages vorgelegt und deren Vorgaben beachtet hat, so sind Maßnahmen durch die KJM im Hinblick auf die Einhaltung der Bestimmungen zum Jugendschutz durch den Veranstalter nur dann zulässig, wenn die Entscheidung oder die Unterlassung einer Entscheidung der anerkannten Einrichtung der Freiwilligen Selbstkontrolle die rechtlichen Grenzen des Beurteilungsspielraums überschreitet. Bei nichtvorlagefähigen Sendungen ist vor Maßnahmen bei behaupteten Verstößen gegen den Jugendschutz, mit Ausnahme von Verstößen gegen § 4 Abs. 1, durch die KJM die anerkannte Einrichtung der Freiwilligen Selbstkontrolle, der der Rundfunkveranstalter angeschlossen ist, zu befassen; Satz 1 gilt entsprechend. Für Entscheidungen nach den §§ 8 und 9 gilt Satz 1 entsprechend.

(4) Für Anbieter von Telemedien trifft die zuständige Landesmedienanstalt durch die KJM entsprechend § 22 Abs. 2 bis 4 des Mediendienste-Staatsvertrages die jeweilige Entscheidung.

(5) Gehört ein Anbieter von Telemedien einer anerkannten Einrichtung der Freiwilligen Selbstkontrolle im Sinne dieses Staatsvertrages an oder unterwirft er sich ihren Statuten, so ist bei behaupteten Verstößen gegen den Jugendschutz, mit Ausnahme von Verstößen gegen § 4 Abs. 1, durch die KJM zunächst diese Einrichtung mit den behaupteten Verstößen zu befassen. Maßnahmen nach Absatz 1 gegen den Anbieter durch die KJM sind nur dann zulässig, wenn die Entscheidung oder die Unterlassung einer Entscheidung der anerkannten Einrichtung der Freiwilligen Selbstkontrolle die rechtlichen Grenzen des Beurteilungsspielraums überschreitet.

## Gesetzeslage seit dem 1.3.2007 (9. RÄStV; TMG)

## Jugendmedienschutz-Staatsvertrag

**§ 20 [Aufsicht]**

(4) Für Anbieter von Telemedien trifft die zuständige Landesmedienanstalt durch die KJM entsprechend § 59 Abs. 2 bis 4 des Rundfunkstaatsvertrages unter Beachtung der Regelungen zur Verantwortlichkeit nach den §§ 7 bis 10 des Telemediengesetzes die jeweilige Entscheidung.

## Staatsvertrag über Rundfunk und Telemedien

**§ 54 [Allgemeine Bestimmungen]**

(1) Telemedien sind im Rahmen der Gesetze zulassungs- und anmeldefrei. Für die Angebote gilt die verfassungsmäßige Ordnung. Die Vorschriften der allgemeinen Gesetze und die gesetzlichen Bestimmungen zum Schutz der persönlichen Ehre sind einzuhalten.

(2) Telemedien mit journalistisch-redaktionell gestalteten Angeboten, in denen insbesondere vollständig oder teilweise Inhalte periodischer Druckerzeugnisse in Text oder Bild wiedergegeben werden, haben den anerkannten journalistischen Grundsätzen zu entsprechen. Nachrichten sind vom Anbieter vor ihrer Verbreitung mit der nach den Umständen gebotenen Sorgfalt auf Inhalt, Herkunft und Wahrheit zu prüfen.

(3) Bei der Wiedergabe von Meinungsumfragen, die von Anbietern von Telemedien durchgeführt werden, ist ausdrücklich anzugeben, ob sie repräsentativ sind.

**§ 59 [Aufsicht]**

[...]

(2) Die Einhaltung der Bestimmungen für Telemedien mit Ausnahme des Datenschutzes wird durch eine nach Landesrecht bestimmte Aufsichtsbehörde überwacht.

(3) Stellt die jeweils zuständige Aufsichtsbehörde einen Verstoß gegen die Bestimmungen mit Ausnahme der § 54, § 55 Abs. 2 und 3, § 56, § 57 Abs. 2 oder der Datenschutzbestimmungen des Telemediengesetzes fest, trifft sie die zur Beseitigung des Verstoßes erforderlichen Maßnahmen gegenüber dem Anbieter. Sie kann insbesondere Angebote untersagen und deren Sperrung anordnen. Die Untersagung darf nicht erfolgen, wenn die Maßnahme außer Verhältnis zur Bedeutung des Angebots für den Anbieter und die Allgemeinheit

steht. Eine Untersagung darf nur erfolgen, wenn ihr Zweck nicht in anderer Weise erreicht werden kann. Die Untersagung ist, soweit ihr Zweck dadurch erreicht werden kann, auf bestimmte Arten und Teile von Angeboten oder zeitlich zu beschränken. Bei journalistisch-redaktionell gestalteten Angeboten, in denen ausschließlich vollständig oder teilweise Inhalte periodischer Druckerzeugnisse in Text oder Bild wiedergegeben werden, ist eine Sperrung nur unter den Voraussetzungen des § 97 Abs. 5 Satz 2 und des § 98 der Strafprozessordnung

(4) Erweisen sich Maßnahmen gegenüber dem Verantwortlichen nach § 7 des Telemediengesetzes als nicht durchführbar oder nicht Erfolg versprechend, können Maßnahmen zur Sperrung von Angeboten nach Absatz 3 auch gegen den Diensteanbieter von fremden Inhalten nach den §§ 8 bis 10 des Telemediengesetzes gerichtet werden, sofern eine Sperrung technisch möglich und zumutbar ist. § 7 Abs. 2 des Telemediengesetzes bleibt unberührt.

## Telemediengesetz

### § 7 [Allgemeine Grundsätze]

(1) Diensteanbieter sind für eigene Informationen, die sie zur Nutzung bereithalten, nach den allgemeinen Gesetzen verantwortlich.

(2) Diensteanbieter im Sinne der §§ 8 bis 10 sind nicht verpflichtet, die von ihnen übermittelten oder gespeicherten Informationen zu überwachen oder nach Umständen zu forschen, die auf eine rechtswidrige Tätigkeit hinweisen. Verpflichtungen zur Entfernung oder Sperrung der Nutzung von Informationen nach den allgemeinen Gesetzen bleiben auch im Falle der Nichtverantwortlichkeit des Diensteanbieters nach den §§ 8 bis 10 unberührt. Das Fernmeldegeheimnis nach § 88 des Telekommunikationsgesetzes ist zu wahren.

### § 8 [Durchleitung von Informationen]

(1) Diensteanbieter sind für fremde Informationen, die sie in einem Kommunikationsnetz übermitteln oder zu denen sie den Zugang zur Nutzung vermitteln, nicht verantwortlich, sofern sie

1. die Übermittlung nicht veranlasst,
2. den Adressaten der übermittelten Informationen nicht ausgewählt und
3. die übermittelten Informationen nicht ausgewählt oder verändert haben.

Satz 1 findet keine Anwendung, wenn der Diensteanbieter absichtlich mit einem Nutzer seines Dienstes zusammenarbeitet, um rechtswidrige Handlungen zu begehen.

(2) Die Übermittlung von Informationen nach Absatz 1 und die Vermittlung des Zugangs zu ihnen umfasst auch die automatische kurzzeitige Zwischenspeicherung dieser Informationen, soweit dies nur zur Durchführung der Übermittlung im Kommunikationsnetz geschieht und die Informationen nicht länger gespeichert werden, als für die Übermittlung üblicherweise erforderlich ist.

### § 9 [Zwischenspeicherung zur beschleunigten Übermittlung von Informationen]

Diensteanbieter sind für eine automatische, zeitlich begrenzte Zwischenspeicherung, die allein dem Zweck dient, die Übermittlung fremder Informationen an andere Nutzer auf deren Anfrage effizienter zu gestalten, nicht verantwortlich, sofern sie …

**§ 10 [Speicherung von Informationen]**

Diensteanbieter sind für fremde Informationen, die sie für einen Nutzer speichern, nicht verantwortlich, sofern …

## § 88 Telekommunikationsgesetz (ehemals: § 85)

(1) Dem Fernmeldegeheimnis unterliegen der Inhalt der Telekommunikation und ihre näheren Umstände, insbesondere die Tatsache, ob jemand an einem Telekommunikationsvorgang beteiligt ist oder war. Das Fernmeldegeheimnis erstreckt sich auch auf die näheren Umstände erfolgloser Verbindungsversuche.

(2) Zur Wahrung des Fernmeldegeheimnisses ist jeder Diensteanbieter verpflichtet. Die Pflicht zur Geheimhaltung besteht auch nach dem Ende der Tätigkeit fort, durch die sie begründet worden ist.

(3) Den nach Absatz 2 Verpflichteten ist es untersagt, sich oder anderen über das für die geschäftsmäßige Erbringung der Telekommunikationsdienste einschließlich des Schutzes ihrer technischen Systeme erforderliche Maß hinaus Kenntnis vom Inhalt oder den näheren Umständen der Telekommunikation zu verschaffen. Sie dürfen Kenntnisse über Tatsachen, die dem Fernmeldegeheimnis unterliegen, nur für den in Satz 1 genannten Zweck verwenden. Eine Verwendung dieser Kenntnisse für andere Zwecke, insbesondere die Weitergabe an andere, ist nur zulässig, soweit dieses Gesetz oder eine andere gesetzliche Vorschrift dies vorsieht und sich dabei ausdrücklich auf Telekommunikationsvorgänge bezieht. Die Anzeigepflicht nach § 138 des Strafgesetzbuches hat Vorrang.

(4) Befindet sich die Telekommunikationsanlage an Bord eines Fahrzeugs für Seefahrt oder Luftfahrt, so besteht die Pflicht zur Wahrung des Geheimnisses nicht gegenüber der Person, die das Fahrzeug führt oder gegenüber ihrer Stellvertretung.

# Literaturverzeichnis

*Ahlert, Christian*, Wer regiert den Cyberspace?, http://www.heise.de/tp/r4/artikel/5/5645/1.html.

*Ahrens, Hans-Jürgen*, Das Herkunftslandprinzip in der E-Commerce-Richtlinie. CR 2000, 835–841.

*Altenhain, Karsten*, Jugendschutz. In: Thomas Hoeren/Ulrich Sieber (Hrsg.), Handbuch Multimedia-Recht. München, Loseblatt, Stand: 17. Ergänzungslieferung Dezember 2006.

– Europäisches Herkunftslandprinzip und nationales Strafanwendungsrecht. In: Frank Zieschang/Eric Hilgendorf/Klaus Laubenthal (Hrsg.), Strafrecht und Kriminalität in Europa. Baden-Baden 2003, S. 107–126.

American Civil Liberties Union, Fahrenheit 451.2: Is Cyberspace Burning? Electronic Privacy Information Center, Filters and Freedom 2.0, S. 97, 100.

AOL, Allgemeine Geschäftsbedingungen für AOL Access Produkte, http://www.aol.de/Portalkontakt-AGB/AOL-Nutzungsbedingungen-1468763363-0.html.

Arcor, Allgemeine Geschäftsbedingungen für Arcor Telekommunikationsdienstleistungen und den Verkauf von Produkten aus dem Arcor-Warenangebot, http://www.arcor.de/pdf/arcor/privat/preise_und_leistungen/agb_telekommunikation.pdf.

*Aydın, Öykü*, Die strafrechtliche Bekämpfung von Hassdelikten in Deutschland und in den Vereinigten Staaten von Amerika. Freiburg 2006.

*Bachmair, Ben*, medienimpulse 9/2006, http://mediamanual.at/mediamanual/themen/pdf/kompetenz/57_Bachmair-Kann_%20Medienkompetenz_.pdf.

*Bandehzadeh, Mona*, Jugendschutz im Rundfunk und in den Telemedien. Frankfurt am Main 2007.

*Barlow, John Perry*, Unabhängigkeitserklärung des Cyberspace, http://www.heise.de/tp/r4/artikel/1/1028/1.html.

*Beisel, Daniel*, Die Strafbarkeit der Auschwitzlüge. Zugleich ein Beitrag zur Auslegung des neuen § 130 StGB. NJW 1995, 997–1001.

*Bender, Rolf/Kahlen, Christine*, Neues Telemediengesetz verbessert den Rechtsrahmen für Neue Dienste und Schutz vor Spam-Mails. MMR 2006, 590–594.

*Bertram, Günter*, Der Rechtsstaat und seine Volksverhetzungs-Novelle. NJW 2005, 1476–1478.

*Billen, Kai*, Verordnete Zensur-Instrumentarien, Filterpilot – Sperrverfügungen in NRW, http://hp.kairaven.de/zensur/filterpilot2.html.

*Billmeier, Eva*, Die Düsseldorfer Sperrungsverfügung. Berlin, Münster 2007.

*Bittner, John R.*, Mass Communication. 2. Aufl. Englewood Cliffs 1980.

*Bizer, Johann*, Was sind Telemedien? DuD 2007, 40.

*Bleich, Holger*, GEMA fordert Provider zur Sperrung von Websites auf, http://www.heise.de/newsticker/meldung/61331.

– Schweizer Richterin verlangt Website-Sperrung von Providern, http://www.heise.de/newsticker/meldung/33051.

*Böder, Jochen*, Das Internet und seine Folgen, http://www.intelligenzia.de/Texte/Internet.pdf.

*Boije, Daniel*, Swedish ISPs block child pornography, http://www.saferinternet.org/ww/en/pub/insafe/news/articles/0605/se_isps.htm.

*v. Bonin, Andreas*, Die Kontrolle digitaler Kommunikationsinhalte – Grenzen staatlicher Regelung und Möglichkeit kooperativer Kontrolle. Baden-Baden 2000.

*Bornemann, Roland*, Der Jugendmedienschutz-Staatsvertrag der Länder. NJW 2003, 787–791.

*Bounin, Ingrid*, Happy Slapping und Snuff-Videos, http://www.mediaculture-online.de/Happy_Slapping_und_Snuff-Video.1084.0.html.

*Boyd, Clark*, Die Zensur wird immer ausgefeilter, http://www.heise.de/tr/artikel/90272.

*Boyle, James*, Foucault in Cyberspace, http://www.law.duke.edu/boylesite/foucault.htm.

*Bremer, Karsten*, Radikal-politische Inhalte im Internet – Ist ein Umdenken erforderlich? MMR 2002, 147–152.

*Breyer, Patrick*, Die systematische Aufzeichnung und Vorhaltung von Telekommunikation. Berlin 2005.

*Briegleb, Volker*, Pirate Bay wird offenbar doch nicht gesperrt, http://www.heise.de/newsticker/meldung/92502.

– YouTube will mit thailändischer Zensur kooperieren, http://www.heise.de/newsticker/meldung/879889.

*Briner, Robert G.*, Die Rechtsstellung des Access-Providers. In: Reto M. Hilty (Hrsg.), Information Highway, S. 489–529.

*Bullinger, Martin*, Strukturwandel von Rundfunk und Presse – Rechtliche Folgewirkungen der neuen elektronischen Medien. NJW 1984, 385–390.

*Bumke, Ulrike*, Die öffentliche Aufgabe der Landesmedienanstalten. München 1995.

Bundesministerium des Innern und der Justiz, 1. Periodischer Sicherheitsbericht, http://www.bmj.bund.de/files/-/368/periodischer%20Sicherheitsbericht%202001%20KURZ.pdf.

Bundesministerium des Innern, Verfassungsschutzbericht 2006, http://www.verfassungsschutz.de/de/publikationen/verfassungsschutzbericht/vsbericht_2006/

*Burke, Lynn*, Hackers New Track on Child Porn, http://www.wired.com/news/politics/0,1283,33869,00.html.

*Calliess, Christian/Ruffert, Matthias*, EUV/EGV, Das Verfassungsrecht der Europäischen Union mit Europäischer Grundrechtecharta, Kommentar. 3. Aufl. München 2007 (zitiert: *Bearbeiter* in Calliess/Ruffert).

Center for Democracy and Technology, The Pennsylvania ISP Liability Law, http://www.cdt.org/speech/030200pennreport.pdf.

*Christiansen, Per*, Selbstregulierung, regulatorischer Wettbewerb und staatliche Eingriffe im Internet. MMR 2000, 123–128.

*Clauß, Felix*, Anm. zu BGH, 12.12.2000, 1 StR 184/00. MMR 2001, 232–233.

*Clayton, Richard*, Failures in a Hybrid Content Blocking System, http://www.cl.cam.ac.uk/~rnc1/cleanfeed.pdf.

*Clayton, Richard/Murdoch, Steven J./Watson, Robert N.M.*, Ignoring the Great Firewall of China, www.cl.cam.ac.uk/~rnc1/ignoring.pdf.

*Cornils, Karin*, Der Begehungsort von Äußerungsdelikten im Internet. JZ 1999, 394–398.

*Czychowski, Christian*, Auskunftsansprüche gegenüber Internetzugangsprovidern „vor" dem 2. Korb und „nach" der Enforcement-Richtlinie der EU. MMR 2004, 514–519.

*Decker, Oliver/Brähler, Elmar/Geißler, Norman*, Vom Rand zur Mitte, http://library.fes.de/pdf-files/do/04088a.pdf.

*Degen, Thomas A.*, Freiwillige Selbstkontrolle der Access-Provider. Stuttgart u.a. 2007.

*Degenhart, Christoph*, Buchbesprechung zu Wolfgang Hoffmann-Riem Personalrecht. DÖV 1992, 760.

*Denninger, Erhard/Hoffmann-Riem, Wolfgang/Schneider, Hans-Peter/Stein, Ekkehart*, Kommentar zum Grundgesetz für die Bundesrepublik Deutschland, Reihe Alternativkommentare. Neuwied, Kriftel, Loseblatt, Stand: 3. Aufl. Oktober 2001 (zitiert: *Bearbeiter* in AK-GG).

*Derksen, Roland*, Perspektiven für eine wirksame Bekämpfung von Rechtsradikalismus und Rassismus im Internet. ZFIS 1999, 150–160.

*Dietlein, Johannes*, Anm. zu EuGH, 6.3.2007, C-338/04 u.a. ZUM 2007, 462–463.

– Illegales Glücksspiel und staatliche Gefahrenabwehr. Gewerbearchiv 2005, 89–94.

*Dietlein, Johannes/Heinemann, Jan*, Ordnungsrecht und Internetkriminalität. K&R 2004, 418–424.

*Dietlein, Johannes*, Rechtsfragen der übergangsweisen Fortgeltung des Sportwettenrechts der Länder. K&R 2006, 307–313.

*Dolzer, Rudolf/Vogel, Klaus/Graßhof, Karin* (Hrsg.), Bonner Kommentar zum Grundgesetz. Heidelberg, Loseblatt, Stand: 129. Ergänzungslieferung Juni 2007 (zitiert: *Bearbeiter* in Bonner Kommentar).

*Dornseif, Maximilian*, Government Mandated Blocking of Foreign Web Content, http://md.hudora.de/publications/200306-gi-blocking/200306-gi-blocking.pdf.

*Dornseif, Maximilian/Schumann, Kay/Klein, Christian*, Tatsächliche und rechtliche Risiken drahtloser Computernetzwerke. DuD 2002, 1–5.

*Dreier, Horst* (Hrsg.), Grundgesetz, Kommentar, Band I.. 2. Aufl. Tübingen 2004 (zitiert: *Bearbeiter* in Dreier).

*Eberwine, Eric T.*, Sound and fury signifying nothing?: Jürgen Büssow's battle against hate-speech on the internet. New York Law School Law Review, Vol. 49/2005, 353–410.

eco-Verband der deutschen Internet-Wirtschaft e.V., Deutscher Commercial Internet Exchange, http://www.eco.de/servlet/PB/menu/1015055_11/.

*Edelman, Benjamin*, Web Sites Sharing IP Addresses: Prevalence and Significance, http://cyber.law.harvard.edu/people/edelman/ip-sharing/.

*Engel, Christoph*, Internet-Service-Provider als Geiseln deutscher Ordnungsbehörden. MMR-Beilage 4/2003, S. 1–36, http://rsw.beck.de/rsw/downloads/Beilage4_03.pdf.

– Inhaltskontrolle im Internet. AfP 1996, 220–227.

*Engel-Flechsig, Stefan*, Das Informations- und Kommunikationsdienstgesetz des Bundes und der Mediendienstestaatsvertrag der Bundesländer. ZUM 1997, 231–239.

*Epping, Volker*, Grundrechte. Berlin, Heidelberg 2004.

*Erdemir, Murad*, Jugendschutzprogramme und geschlossene Benutzergruppen. Zu den Anforderungen an die Verbreitung entwicklungsbeeinträchtigender und jugendgefährdender Inhalte im Internet. CR 2005, 275–282.

*Ermert, Monika*, Ein Netz für Kinder, http://www.heise.de/newsticker/meldung/89652.

– Jugendschutz im Netz: Selbstverpflichtung soll US-Gesetzeswelle verhindern, http://www.heise.de/newsticker/meldung/76309.

– Jugendschutz: Selbstverpflichtung für Provider und weitergehende Verantwortlichkeitsregelungen, http://www.heise.de/ct/hintergrund/meldung/91599.

– Provider sollen mehr gegen „Hass-Seiten“ im Internet tun, http://www.heise.de/newsticker/meldung/88443.

– Sperrverfügungen im Web als äußerstes Mittel denkbar, http://www.heise.de/ct/hintergrund/meldung/43117.

– Staatsanwaltschaft stellt Verfahren zu Domain-Sperre im DNS ein, http://www.heise.de/newsticker/meldung/34513.

*Ermert, Monika/Briegleb, Volker*, Neue Fernsehrichtlinie nach langer Diskussion verabschiedet, http://www.heise.de/newsticker/meldung/90234.

*Ermert, Monika/Kuri, Jürgen*, Neuordnung des Telemedien-Rechts: Gut geschüttelt, nicht gerührt, http://www.heise.de/newsticker/meldung/54242.

*Espenschied, Dragan/Freude, Alvar C.H.*, insert_coin – Verborgene Mechanismen und Machtstrukturen im freisten Medium von allen, http://odem.org/insert_coin/.

EU-Kommission, Sichere Handys für Kinder. MMR 2007, Heft 3, XXII, XXIII.

*Faber, Tim*, Jugendschutz im Internet. Berlin 2005.

*Faßbender, Kurt*, Zu Inhalt und Grenzen des rundfunkrechtlichen Sendestaatsprinzips. AfP 2006, 505–512.

*Federrath, Hannes*, Zur Kontrollierbarkeit des Internet. ZUM 1999, 177–180.

*Fiedler, Christoph*, Meinungsfreiheit in einer vernetzten Welt. Baden-Baden 2002.

– Die formale Seite der Äußerungsfreiheit. Berlin 1999.

*Fischer, Thomas*, Das Verhältnis der Bekenntnisbeschimpfung (§ 166 StGB) zur Volksverhetzung (§ 130 StGB). GA 1989, 455–468.

*Foucault, Michel*, Überwachen und Strafen. Frankfurt am Main 1979.

*Freude, Alvar C.H.*, Freenet zensiert kritische Websites, http://odem.org/aktuelles/news_7532.de.html.

*Friedrich, Dirk*, Die Verpflichtung privater Telekommunikationsunternehmen, die staatliche Überwachung und Aufzeichnung der Telekommunikation zu ermöglichen. Aachen 2001.

*Fromm, Rainer/Kernbach, Barbara*, Rechtsextremismus im Internet. München 2001.

*Geppert, Martin/Piepenbrock, Hermann-Josef/Schütz, Raimund/Schuster, Fabian*, Beck'scher TKG-Kommentar. 3. Aufl. München 2006 (zitiert: *Bearbeiter* in Beck'scher TKG-Kommentar).

*Gercke, Marco*, Zugangsprovider im Fadenkreuz der Urheberrechtsinhaber. CR 2006, 210–216.

*Gerling, Rainer W.*, E-Mail-Server: Was der Datenschutz fordert, http://www.software-offensive-bayern.de/pdf/systems2003/Dienstag/gerling_systems200316_00.pdf.

*Germann, Michael*, Gefahrenabwehr und Strafverfolgung im Internet. Berlin 2000.

*Glaser, Stefan/Günter, Thomas/Schindler, Friedemann*, Jugendschutz im Internet, Jahresbericht 2006, S. 8, http://www.jugendschutz.net/pdf/bericht2006.pdf.

*Goltzsch, Patrick*, Werkeln an der Zollstation, http://www.telepolis.de/r4/artikel/4/4197/1.html.

*Grapentin, Sabine*, Neuer Jugendschutz in den Online-Medien. CR 2003, 458–464.

*Greiner, Arved*, Sperrungsverfügungen als Mittel der Gefahrenabwehr im Internet. CR 2002, 620–623.

– Die Verhinderung verbotener Internetinhalte im Wege polizeilicher Gefahrenabwehr. Hamburg 2001.

*Grote, Michael/Sinnokrot, Carmen*, Rechtmäßigkeit einer bundesgesetzlichen Verbotsregelung für die Einfuhr, den Verkauf und die Vermietung von gewaltverherrlichenden Computerspielen, http://www.bundestag.de/bic/analysen/2006/killerspiele.pdf.

*Grzeszick, Bernd*, Neue Medienfreiheit zwischen staatlicher und gesellschaftlicher Ordnung. Das Beispiel des Internets. AöR 1998, 173–200.

*v. Hammerstein, Christian*, Kostentragung für staatliche Überwachungsmaßnahmen nach der TKG-Novelle. MMR 2004, 222–227.

Hans-Bredow-Institut (Hrsg.), Analyse des Jugendmedienschutzsystems – Jugendschutzgesetz und Jugendmedienschutz-Staatsvertrag, Endbericht, Oktober 2007, www.hans-bredow-institut.de/forschung/recht/071030Jugendschutz-Gesamtbericht.pdf.

*Hansjürgens, Bernd/Lübbe-Wolff, Gertrude*, Symbolische Umweltpolitik – Einführung und Überblick. In: Bernd Hansjürgens/Gertrude Lübbe-Wolff (Hrsg.), Symbolische Umweltpolitik. Frankfurt am Main 2000, S. 11–24.

*Harms, Sven*, Ist das „bloße" Anschauen von kinderpornographischen Bildern im Internet nach geltendem Recht strafbar? NStZ 2003, 646–650.

*Härting, Niko*, Anm. zu OLG Hamburg, 4.11.1999, 3 U 274/98 (Haftung eines Domain-Name-Providers bei Glücksspielen im Internet – „goldenjackpot.com"). K&R 2000, 143–144.

*Hartstein, Reinhard/Ring, Wolf-Dieter/Kreile, Johannes/Dörr, Dieter/Stettner, Rupert*, Rundfunkstaatsvertrag, Band III: Jugendmedienschutz-Staatsvertrag. München, Loseblatt, Stand: 23. Ergänzungslieferung Februar 2005.

*Hassemer, Winfried*, Symbolisches Strafrecht und Rechtsgüterschutz. NStZ 1989, 553–559.

*Hauger, Stefan*, Sperrung auf Routern und alternative Wege, http://www.ks.uni-freiburg.de/download/papers/interdiszWS0506/Routersperrungen/seminararbeit_hauger.pdf.

*Heghmanns, Michael*, Anm. zu BGH, 12.12.2000, 1 StR 184/00. JA 2001, 276–280.

*Herdegen, Matthias*, Europarecht. 9. Auflage München 2007.

*Hilgendorf, Eric*, Neue Medien und Strafrecht. ZStW 113 (2001), S. 650–680.

*Hoeren, Thomas*, Das Telemediengesetz. NJW 2007, 801–806.

– Zoning und Geolocation – Technische Ansätze zu einer Reterritorialisierung des Internet. MMR 2007, 3–6.

– Anm. zu BGH, 11.3.2004, I ZR 304/01 (Internetversteigerung; ROLEX). MMR 2004, 672–673.

– Stellungnahme zur geplanten Sperrungsverfügung der Bezirksregierung Düsseldorf (Anhörung am 13.11.2001), http://odem.org/zensur/stellungnahme-prof-hoeren.pdf und http://www.jurawelt.com/sunrise/media/mediafiles/13565/stellungnahme-prof-hoeren.pdf.

*Hoffmann-Riem, Wolfgang*, Kommunikations- und Medienfreiheit, § 7. In: Ernst Benda (Hrsg.), Handbuch des Verfassungsrechts der Bundesrepublik Deutschland. 2. Aufl. Berlin u.a. 1994, S. 191–262.

– Medienregulierung als objektiv-rechtlicher Grundrechtsauftrag. Medien & Kommunikationswissenschaft 2002, 175-194, online unter: http://www.m-und-k.info/MuK/hefte/MuK_02_02.pdf.

– Personalrecht der Rundfunkaufsicht. Baden-Baden 1991.

*Hörnle, Tatjana*, Pornographische Schriften im Internet: Die Verbotsnormen im deutschen Strafrecht und ihre Reichweite. NJW 2002, 1008–1013.

*Holznagel, Bernd*, Meinungsfreiheit oder Free Speech im Internet. AfP 2002, 128–133.

*Holznagel, Bernd/Kussel, Stephanie*, Möglichkeiten und Risiken bei der Bekämpfung rechtsradikaler Inhalte im Internet. MMR 2001, 347–352.

*Hopf, Kristina*, Jugendschutz im Fernsehen. Frankfurt u.a. 2005.

– Jugendschutz im Rundfunk und das verfassungsrechtliche Zensurverbot des Art. 5 Abs. 1 Satz 3 GG. ZUM 2000, 739–748.

*Hopf, Kristina/Braml, Birgit*, Virtuelle Kinderpornographie vor dem Hintergrund des Online-Spiels Second Life. ZUM 2007, 354–363.

*Hornig, Michael*, Möglichkeiten des Ordnungsrechts bei der Bekämpfung rechtsextremistischer Inhalte im Internet – Zur Internet-Aufsicht auf der Grundlage des § 18 Mediendienste-Staatsvertrags. ZUM 2001, 846-857 (auch unter: http://www.jurawelt.com/download/aufsaetze/zum-artikel.pdf).

*Hüper, Melanie*, Zensur und neue Kommunikationstechnologien. Hamburg 2004.

*Huster, Stefan*, Das Verbot der „Ausschwitzlüge“, die Meinungsfreiheit und das Bundesverfassungsgericht. NJW 1996, 487–491.

*Ipsen, Hans Peter*, Gesetzliche Indienstnahme Privater für Verwaltungsaufgaben. In: Um Recht und Gerechtigkeit, Festschrift für Kaufmann. Stuttgart, Köln 1950, S. 141–161.

*Jani, Michael*, Die partielle verwaltungsrechtliche Inpflichtnahme Privater zu Handlungs- und Leistungspflicht. Pfaffenweiler 1992.

*Jarass, Hans D.*, Rundfunkbegriffe im Zeitalter des Internet. AfP 1998, 133–141.

*Johnson, David R./Post, David G.*, Law and Borders – The Rise of Law in Cyberspace, http://www.cli.org/X0025_LBFIN.html.

*Jørgensen, Rikke Frank*, Blocking access to child pornography, http://ec.europa.eu/information_society/activities/sip/docs/forum_june_2006/rikke_frank_joergenseng.pdf.

*Jürgens, Uwe/Köster, Oliver*, Jugendschutz bei Suchmaschinen. MMR 1/2005, XX–XXI.

jugendschutz.net, Erfahrungsbericht 2005, http://www.jugendschutz.net/materialien/bericht_2005.html.

*Kaiser, Günther*, Kriminologie. 10. Aufl. Heidelberg 1997.

*Kaufmann, Tim*, Neonazi Lauck verliert US-Domains an Bundesrepublik, http://www.golem.de/0506/38936.html.

*Kazemi, Robert*, Anm. zu VG Köln, 3.3.2005, 6 K 7151/02. MMR 2005, 404–405.

*Kilchling, Michael*, Die Neuregelung der Auslandskopfüberwachung gemäß § 4 TKÜV, http://www.vatm.de/content/sonstige_materialien/inhalt/08-09-2006.pdf (abgerufen: 8.9.2006, derzeit nicht mehr online verfügbar).

*Kleinz, Thorsten*, Europäisches Parlament gegen Webseitensperrungen, http://www.heise.de/tp/r4/artikel/12/12300/1.html.

– Internet-Provider Freenet sperrt Seiten von Kritikern, http://www.heise.de/newsticker/meldung/45099.

*Kleist, Thomas/Scheuer, Alexander*, Audiovisuelle Mediendienste ohne Grenzen. MMR 2006, 127–132.

– Neue Regelungen für audiovisuelle Mediendienste. Vorschriften zu Werbung und Jugendschutz und ihre Anwendung in den Mitgliedstaaten. MMR 2006, 206–212.

*Knemeyer, Franz-Ludwig*, Polizei- und Ordnungsrecht. 8. Aufl. München 2000.

*Knupfer, Jörg*, Expertenanhörung zum Gesetzentwurf „Bekämpfung der Kinderpornografie“. MMR 8/2007, XIV.

*Koch, Alexander*, Zur Einordnung von Internet-Suchmaschinen nach dem EGG. K&R 2002, 120–126.

*Köhler, Michael*, Zur Frage der Strafbarkeit des Leugnens von Völkermordtaten. NJW 1985, 2389–2391.

*Köhntopp, Kristian*, Inkomplöhntopp-Eintrag vom 27.7.1996, Re: Neue Ermittlungen in Mannheim, http://kris.koehntopp.de/inkomploehntopp/01773.html.

– Inkomplöhntopp-Eintrag vom 5.2.1996, Re: www.webcom.com wieder erreichbar aus dem WiN, http://kris.koehntopp.de/inkomploehntopp/00429.html.

*Köhntopp, Kristian/Köhntopp, Marit/Seeger, Martin*, Sperrungen im Internet – Eine systematische Aufarbeitung der Zensurdiskussion (Stand: Mai 1997), http://kris.koehntopp.de/artikel/blocking/.

*Koenig, Christian/Koch, Alexander/Braun, Jens-Daniel*, Die Telekommunikationsüberwachungsverordnung: Neue Belastungen für Internet Service Provider und Mobilfunknetzbetreiber? Zugleich ein Beitrag zur Verfassungsmäßigkeit des § 88 TKG. K&R 2002, 289–297.

*Koenig, Christian/Loetz, Sascha*, Sperrungsanordnungen gegenüber Network- und Access-Providern. CR 1999, 438–445 (auch: http://www.artikel5.de/sperrungsanordnungen.html).

Kommission für Jugendmedienschutz, Altersdifferenzierte Jugendschutzfilter entwickeln, http://www.kjm-online.de/public/kjm/downloads/09-11%20Jugendschutzfilter.pdf.

– Zweiter Bericht der Kommission für Jugendmedienschutz (KJM) über die Durchführung der Bestimmungen des Staatsvertrags über den Schutz der Menschenwürde und den Jugendschutz in Rundfunk und Telemedien (Jugendmedienschutz-Staatsvertrag – JMStV) gemäß § 17 Abs. 3 JMStV, http://www.kjm-online.de/public/kjm/downloads/2.KJM-Bericht.pdf.

*Kopp, Ferdinand/Ramsauer, Ulrich*, VwVfG. 8. Aufl. München 2003.

*Kreile, Johannes/Detjen, Stephan*, Rechtliche Vorgaben und Verfahren für die Kontrolle von Gewalt- und Sexdarstellungen im Rundfunk. ZUM 1994, 78–87.

*Krempl, Stefan*, Netzsperre für Fritzchen Doof, Telepolis Artikel vom 22.11.2001, http://www.heise.de/tp/r4/artikel/11/11175/1.html.

– Arcor hat Widerspruch gegen Verfügung zur YouPorn-Sperre eingelegt, http://www.heise.de/newsticker/meldung/99404.

– Kieler Landgericht weist Antrag auf Sperrung von Pornoseiten zurück, http://www.heise.de/newsticker/meldung/99468.

*Kröger, Detlef/Gimmy, Marc A.*, Handbuch zum Internetrecht. Berlin u.a. 2000.

*Kube, Hanno/Schütze, Marc*, Die Kosten der TK-Überwachung. CR 2003, 663–671.

*Kuch, Hansjörg*, Der Staatsvertrag über Mediendienste. ZUM 1997, 225–239.

*Kudlich, Hans*, Herkunftslandprinzip und internationales Strafrecht, HRRS 08/2004, 278–284, http://www.hrr-strafrecht.de/hrr/archiv/04-08/index.php3?seite=6.

*Kuri, Jürgen*, Politologe: Rechtsextremisten nutzen Internet alarmierend effektiv, http://www.heise.de/newsticker/meldung/92554.

*Lackner, Karl/Kühl, Kristian*, StGB. 26. Aufl. München 2007.

*Ladeur, Karl-Heinz*, Der prozedurale Schutz der Medienfreiheit. ZUM 2004, 1–13.

*Lagodny, Otto*, Anm. zu BGH, 1 StR 184/00, 12.12.2000. JZ 2001, 1198–1200.

Land Brandenburg, Verfassungsschutzbericht 2004, http://www.internetwache.brandenburg.de/fm/85/vs_bericht_2004.pdf.

*Landmann, Dieter*, Kap. VI, Medienjugendschutzrecht. In: Carl-Eugen Eberle/Walter, Rudolf/Klaus Wasserburg (Hrsg.), Mainzer Rechtshandbuch der Neuen Medien. Heidelberg 2003, S. 261–295.

Land Nordrhein-Westfalen, Verfassungsschutzbericht 2001, http://web.archive.org/web/20021003083740/http://www.im.nrw.de/inn/doks/vs/jb2001.pdf.

*Langenfeld, Christine*, Zur Neuordnung des Jugendschutzes im Internet, http://www.jura.uni-saarland.de/projekte/Bibliothek/text.php?id=193, gekürzte Fassung (Die Neuordnung des Jugendschutzes im Internet) in MMR 2003, 303–310.

*Lau, Jörg*, Allah und der Humor, http://www.zeit.de/2006/06/D_8anemark_neu.

*Lehdonvirta, Vili*, Finnish ISPs must voluntarily block access, http://www.edri.org/book/print/683.

*Lehle, Thomas*, Der Erfolgsbegriff und die deutsche Strafrechtszuständigkeit im Internet. Konstanz 1999.

*Lengning, Kurt*, Post- und Fernmeldegeheimnis. Kiel 1967.

*Lessig, Lawrence*, Code und andere Gesetze des Cyberspace. Berlin 2001.

*Lessig, Lawrence/Resnick, Paul*, The Architectures of Mandated Access Controls. Michigan Law Review 1999, 395–431.

*Leube, Sabine C.*, Die Rolle des Staates im Internet. München 2004.

*Liesching, Marc*, Legitimierung der NS-Gewalt- und Willkürherrschaft. Zum neuen Straftatbestand des § 130 Abs. 4 StGB. JMS-Report 4/2005, 2–5.

*Liesching, Marc/Knupfer, Jörg*, Verantwortlichkeit von Internetcafé-Betreibern für die Zugangsgewährung zu jugendgefährdenden Inhalten. MMR 2003, 562–570.

*Lischka, Konrad*, China blockiert alle Flickr-Fotos, http://www.spiegel.de/netzwelt/web/0,1518,487453,00.html.

LKA Nordrhein-Westfalen und AG Kinder und Jugendschutz NRW, Neue Phänomene bei der Handynutzung durch Kinder und Jugendliche, Bericht vom Mai 2006, www.ajs.nrw.de/juschure/pdf/LKA_AJS.pdf.

*Löffler, Martin*, Das Zensurverbot der Verfassung. NJW 1969, 2225–2229.

*Löffler, Martin/Ricker, Reinhart*, Handbuch des Presserechts. 5. Aufl. München 2005.

*Lober, Andreas*, Jugendschutz im Internet und im Mobile Entertainment. K&R 2005, 65–71.

*Lonardo, Ilaria*, Italy: Service Provider's Duty to Block Content. CRi 3/2007, 89–90.

*Lübbe-Wolff, Gertrude*, Verfassungsrechtliche Grenzen symbolischer Umweltpolitik. In: Bernd Hansjürgens/Gertrude Lübbe-Wolff (Hrsg.), Symbolische Umweltpolitik. Frankfurt am Main 2000, S. 217–238.

*Lücke, Jörg*, Der additive Grundrechtseingriff sowie das Verbot der übermäßigen Gesamtbelastung des Bürgers. DVBl 2001, 1469–1478.

*Malina, Michael*, Sexualität in den neuen Medien, http://www.profamilia.de/getpic/4755.pdf.

*v. Mangoldt, Hermann/Klein, Friedrich/Starck, Christian* (Hrsg.), Das Bonner Grundgesetz, Band I. 4. Aufl. München 1999 (zitiert: *Bearbeiter* in v. Mangoldt/Klein/Starck).

*Mankowski, Peter*, Die Düsseldorfer Sperrungsverfügung – alles andere als rheinischer Karneval. MMR 2002, 277–278.

*Mansmann, Urs*, Arcor sperrt Zugriff auf Porno-Seiten, http://www.heise.de/newsticker/meldung/95758.

*Manssen, Gerrit*, Telekommunikations- und Multimediarecht. Berlin, Loseblatt, Stand: 19. Ergänzungslieferung Juni 2007 (zitiert: *Bearbeiter* in Manssen).

*Marberth-Kubicki, Annette*, Computer- und Internetstrafrecht. München 2005.

*Matzky, Ralph*, Kinderpornographie im Internet – Strafgesetzgeberischer Handlungsbedarf? ZRP 2003, 167–170.

*Maunz, Theodor/Dürig, Günter*, GG, herausgegeben von Roman Herzog/Matthias Herdegen/Rupert Scholz/Hans H. Klein. München, Loseblatt, Stand: 49. Ergänzungslieferung März 2007 (zitiert: *Bearbeiter* in Maunz/Dürig, GG).

*Maurer, Hartmut*, Allgemeines Verwaltungsrecht. 16. Aufl. München 2006.

– Der enteignende Eingriff und die ausgleichspflichtige Inhaltsbestimmung des Eigentums. DVBl 1991, 781–786.

*Mayer, Patrick G.*, Das Internet im öffentlichen Recht. Berlin 1999.

*McCullagh, Declan*, German registrar bans Web Site, http://news.com.com/2100-1023-984248.html.

*McHugh, Josh*, Google vs. Evil, http://www.wired.com/wired/archive/11.01/google_pr.html.

*Meckel, Miriam*, Das „magische Dreieck". In: Marcel Machill/Norbert Schneider (Hrsg.), Suchmaschinen: Neue Herausforderungen für die Medienpolitik. Düsseldorf 2005, S. 17–27.

Medienpädagogischer Forschungsverbund Südwest, KIM-Studie 2006, Kinder und Medien – Computer und Internet, http://www.mpfs.de/fileadmin/KIM-pdf06/KIM2006.pdf.

*Miller, Konrad/Schmittmann, Michael*, Jugendschutz im Internet – Selbstregulierung und Aufklärung statt Sperren. AfP 2004, 422–423.

*v. Münch, Ingo/Kunig, Philip*, GG. 5. Aufl. München 2000 (zitiert: *Bearbeiter* in v. Münch/Kunig).

*Mynarik, Nadine*, „Mobile Entertainment" und das Jugendmedienschutzrecht. ZUM 2006, 183–188.

*Namgalies, Clivia*, Anm. zu Tribunal de Grande Instance de Paris, 20.11.2000 – procédures n° 00/05308 und 00/05309. MMR 2001, 309–310.

*Neubauer, Mathias*, Haftung der Betreiber von Internet-Auktionsplattformen für (marken-)rechtsverletzende Inhalte Dritter. K&R 2004, 482–485.

*Neumann, Andreas*, Ordnungsrechtliche Sperrungsverfügungen und die Informationsfreiheit nach Art. 5 Abs. 1 S. 1 2. Alt. GG, http://www.artikel5.de/artikel/sperrunginffreiheit.html.

*Nickolay, Bernd*, Rechtsextremismus im Internet. Würzburg 2000.

*Nikles, Bruno W./Roll, Sigmar/Spürck, Dieter/Umbach, Klaus*, Kommentar zum Jugendschutzgesetz (JuSchG) und zum Jugendmedienschutz – Staatsvertrag (JMStV). 2. Aufl. Neuwied 2005.

*Nolde, Malaika/Schnabel, Christoph*, Verfassungsrechtliche Grenzen der staatlichen Inhaltskontrolle im Internet. In: Jürgen Taeger/Andreas Wiebe (Hrsg.), Aktuelle Entwicklungen im Informationstechnologierecht (Tagungsband DGRI-Herbstakademie 2007). Edewecht 2007, S. 285–300.

*Nolden, Dirk*, IVD für „Paradigmenwechsel" bei Haftungsfreistellung von Access-Providern. JMS-Report 3/2007, 6–7.

– Diskussion um Killerspiele geht weiter. JMS-Report 6/2006, 8.

– Medienforscher kritisiert Altersfreigaben bei Computerspielen und „lasche Kontrollen" des Handels. JMS-Report 5/2006, 9.

– Bundesweite Debatte um Gewaltvideos auf Schülerhandys. JMS-Report 2/2006, 4.

– Kleines ABC des Jugendmedienschutzes. Zur Bedeutung von Altersfreigaben, Indizierungen und Beschlagnahmen/Einziehungen. JMS-Report 4/2005, 6–9.

*Nünke, Anja*, Verwaltungshilfe und Inpflichtnahme des Sicherheitsgewerbes. Hamburg 2005, http://deposit.d-nb.de/cgi-in/dokserv?idn=976682168&dok_var=d1&dok_ext=pdf &filename=976682168.pdf.

OpenNet Initiative (ONI), Country Profiles, http://opennet.net/research/profiles.

*O'Reilly, Tim*, What is Web 2.0, http://www.oreilly.de/artikel/web20.html.

OSZE/Reporter ohne Grenzen, On Guaranteeing Media Freedom on the Internet, https:// www.osce.org/documents/rfm/2005/06/15239_en.pdf.

OSZE, Governing the Internet, http://www.osce.org/item/25667.html?ch=918.

*Ott, Stephan*, Ich will hier rein! Suchmaschinen und das Kartellrecht. MMR 2006, 195–202.

*Persson, Christian*, NRW hält an Sperrung rechtsextremer Websites fest, http://www. heise.de/newsticker/meldung/27441.

*Pfitzmann, Andreas/Köpsell, Stefan/Kriegelstein, Thomas*, Sperrverfügung gegen Access-Provider – Technisches Gutachten der TU Dresden vom 22.12.2006, S. 1–90 (bislang nicht veröffentlicht).

*Plewa, Dietrich*, Die Verfassungsmäßigkeit der Indienstnahme Privater für Verwaltungsaufgaben. Dissertation, Speyer 1978.

*Plöchinger, Stefan*, Zentralrat der Juden droht YouTube mit Anzeige, http://www.spiegel.de/ netzwelt/web/0,1518,502093,00.html.

*Pooth, Stefan*, Jugendschutz im Internet. Hamburg 2005.

*Post, David G.*, Against „Against Cyberanarchy". In: Adam Thierer/Clyde Wayne Crews (Hrsg.), Who rules the net? Washington 2003, S. 71–89, auch online unter: http://btlj. boalt.org/data/articles/17-4_fall-2002_post.pdf.

*Rath, Christian*, Ein Schwein, ans Kreuz genagelt, http://www.taz.de/index.php?id= archivseite&dig=2006/02/04/a0154.

*Rath, Michael*, Zur Haftung von Internet-Suchmaschinen. AfP 2005, 324–333.

*Rebei, Daniel*, Über die Umsetzbarkeit von Sperrverfügungen durch Veränderungen am DNS, http://www.ks.uni-freiburg.de/download/studienarbeit/WS06/02-07-drebei-sperrverf.pdf.

*Reidenberg, Joel R.*, The Yahoo! Case and the International Democratization of the Internet. Fordham University School of Law, Research Paper 11/2001, S. 17, auch online unter: http://papers.ssrn.com/paper.tag?abstract_id=267148.

*Rentrop, Christian*, Psiphon: Hackertool gegen Internet-Zensur, http://www.netzwelt.de/news/74101-psiphon-hackertool-gegen-internetzensur.html.

Reporters without borders, http://www.rsf.org/article.php3?id_article=19603.

*Riklin, Franz*, Information Highway und Strafrecht. In: Reto M. Hilty (Hrsg.), Information Highway. Bern 1996, S. 559–595.

*Ring, Wolf-Dieter*, Suchmaschinen und aktuelle Rechtslage zum Jugendschutz. In: Marcel Machill/Norbert Schneider (Hrsg.), Suchmaschinen: Neue Herausforderungen für die Medienpolitik. Düsseldorf 2005, S. 51–54.

*Roos, Jürgen*, Polizei- und Ordnungsbehördengesetz Rheinland-Pfalz. Stuttgart u.a. 1995.

*Rosenkranz, Timo*, Anm. zu OVG NRW, 19.3.2003, 8 B 2567/02. Verwaltungsrundschau 2003, 210–216.

– Sperrungsanordnungen gegen Access-Provider, Teile I und II, www.jurpc.de/aufsatz/20030016.htm.

*Rössel, Markus*, Ermessensausübung bei Sperrungsverfügungen. ITRB 2005, 7.

*Rossen, Helge*, Staatsfreie Rundfunkaufsicht. ZUM 1992, 408–414.

*Roßnagel, Alexander*, Das Telemediengesetz – Neuordnung für Informations- und Kommunikationsdienste. NVwZ 2007, 743–748.

– Globale Datennetze: Ohnmacht des Staates – Selbstschutz des Bürgers. ZRP 1997, 26–30.

*Roßnagel, Alexander* (Hrsg.), Recht der Multimedia-Dienste, Teil 4: MDStV-Kommentar. München, Loseblatt, Stand: 7. Ergänzungslieferung April 2005 (zitiert: *Bearbeiter* in Roßnagel, Recht der Multimedia-Dienste).

*Rost, Martin/Herrmann, Thomas*, Jugendschutz im Internet aus soziologischer Sicht, 2000, http://www.maroki.de/pub/sociology/mr_jsi.html.

*Rötzer, Florian*, Im Namen der Meinungs- und Pressefreiheit, http://www.heise.de/tp/r4/artikel/122/12630/1.html.

– Israel plant Internet-Sperren zum Schutz von Minderjährigen, http://www.heise.de/newsticker/meldung/92508/from/rss09.

– Türkei will Internetzensur verschärfen, http://www.heise.de/newsticker/meldung/87961.

– Virtueller Grünlichtbezirk für Kinder, http://www.heise.de/tp/r4/artikel/13/13735/1.html.

*Sachs, Michael* (Hrsg.), Grundgesetz, Kommentar. 4. Aufl. München 2007 (zitiert: *Bearbeiter* in Sachs, GG).

*Säcker, Franz-Jürgen* (Hrsg.), Berliner Kommentar zum TKG. Frankfurt am Main 2006 (zitiert: *Bearbeiter* in Säcker).

*Safferling, Christoph/Liesching, Marc*, Protection of Juveniles in Germany – A Report on the New Legislation, http://www.germanlawjournal.com/print.php?id=279.

*Scheffler, Uwe*, Strafgesetzgebungstechnik in Deutschland und Europa. ZStW 117 (2005), S. 766–800.

*Scheurle, Klaus-Dieter/Mayen, Thomas*, Telekommunikationsgesetz – Kommentar. München 2002 (zitiert: *Bearbeiter* in Scheurle/Mayen, TKG).

*Schilling, Aiko*, Präventive staatliche Kontrollmaßnahmen im Internet und ihre Vereinbarkeit mit dem Europarecht. Dissertation, Regensburg 2003, http://www.opus-bayern.de/uni-regensburg/volltexte/2003/239/.

*Schimank, Uwe*, Weltgesellschaft und Nationalgesellschaften, Funktionen von Staatsgrenzen. In: Bettina Heintz/Richard Münch/Hartmann Tyrell (Hrsg.), Weltgesellschaft. Stuttgart 2005, S. 394–414.

*Schindler, Friedemann*, Suchmaschinen und Jugendschutz. In: Marcel Machill/Norbert Schneider (Hrsg.), Suchmaschinen: Neue Herausforderungen für die Medienpolitik. Düsseldorf 2005, S. 55–71.

– Initiativen zum Jugendschutz und der Zensurvorwurf, 2002, http://www.suchfibel.de/aktuell/jugendschutz.htm.

*Schmid, Viola*, Informations- und Datenschutzrecht II – Modul 5, http://vwww10.hrz.tu-darmstadt.de/jus4/lehre/folien/cl2-modul5.pdf (derzeit nicht mehr online verfügbar).

*Schmidt-Bleibtreu, Bruno/Klein, Franz* (Hrsg.), Kommentar zum Grundgesetz. 9. Aufl. Neuwied 1999 (zitiert: *Bearbeiter* in Schmidt-Bleibtreu/Klein)

*Schmidt-Mühlisch, Lothar*, Computerspiele und aggressives Denken – Der negative Lerneffekt bei gewalthaltigen Computerspielen. JMS-Report 6/2005, 61.

*Schmidt-Preuß, Matthias*, Die verfassungsrechtlichen Anforderungen an die Entschädigung für Leistungen der Telekommunikationsüberwachung, Kurzgutachten im Auftrag des BITKOM, http://www.sfu.ca/cprost/prepaid/relateddocs/Germany/Schmidt-PreuB_and_German_Constitution.pdf.

*Schmittmann, Michael*, Neuer Lotteriestaatsvertrag und Must-carry-Bestimmungen in den Landesmediengesetzen – Deutschland vor neuen Vertragsverletzungsverfahren. AfP 2007, 25–26.

*Schmitz, Peter*, Übersicht über die Neuregelung des TMG und des RStV. K&R 2007, 135–138.

*Schnabel, Christoph*, Sperrungsverfügungen gegen Access-Provider, http://www-en.eulisp.uni-hannover.de/media/Abschlussarbeiten/schnabel_christoph.pdf.

– „Porn not found" - Die Arcor-Sperre. K&R 2008, 26–30.

*Schneider, Gerhard*, Sperren und Filtern im Internet. MMR 2004, 18–24.

– Die Wirksamkeit der Sperrung von Internet-Zugriffen. MMR 1999, 571–577 (auch unter http://omnibus.ruf.uni-freiburg.de/~gjas/publikationen/dfn-gba.html).

*Schoch, Friedrich*, Polizei- und Ordnungsrecht. In: Eberhard Schmidt-Aßmann (Hrsg.), Besonderes Verwaltungsrecht. 13. Aufl. Berlin 2005.

*Schöttle, Hendrik*, Sperrungsverfügungen im Internet: Machbar und verhältnismäßig? K&R 2007, 366–370.

*Scholz, Rainer/Liesching, Marc*, Jugendschutz, Kommentar. 4. Aufl. München 2004.

*Scholz, Rupert*, Zur Kostenerstattungspflicht des Staates für gesetzliche Maßnahmen der Telefonüberwachung. ArchivPT 1995, 169–189.

*Schreier, Torsten*, Düsseldorfer Sperrungsverfügungen: Warum ein Provider erfolgreich war. MMR 2003, 297–298.

*Schroll, Willi/Neef, Andreas*, Web 2.0, Was ist dran?, http://competence-site.de/ebusiness.nsf/CD34EB344E29F0CFC12571D4002D4E06/$File/web2-0_teil1.pdf.

*Schulz, Wolfgang*, Jugendschutz bei Tele- und Mediendiensten. MMR 1998, 182–187.

– Zum Vorschlag für eine Richtlinie über audiovisuelle Mediendienste, http://www.hans-bredow-institut.de/publikationen/apapiere/17EU-Mediendiensterichtlinie.pdf.

*Schulz, Wolfgang/Held, Thorsten/Laudien, Arne*, Suchmaschinen als Gatekeeper in der öffentlichen Kommunikation. Düsseldorf 2005.

*Schulzki-Haddouti, Christiane*, IP-Adresssperrung gefordert, Parallelen zum Somm-Prozess, http://www.heise.de/tp/deutsch/inhalt/te/1512/1.html.

– Schweizer Provider in der Verantwortung, http://www.heise.de/tp/deutsch/inhalt/te/1512/1.html.

*Schuster, Fabian*, Die Störerhaftung von Suchmaschinenbetreibern bei Textausschnitten („Snippets“). CR 2007, 443–446.

*Schwarzenegger, Christian*, Sperrverfügungen gegen Access-Provider – Über die Zulässigkeit polizeilicher Gefahrenabwehr durch Sperranordnungen im Internet. In: Oliver Arter/Florian S. Jörg (Hrsg.), Internet-Recht und Electronic Commerce Law. Bern 2003, S. 249–286.

*Schwichtenberg, Günter*, Prüfung einer Filtertechnik zur weitgehenden Sperrung rechtsradikaler Web-Seiten, Abschlussbericht, http://www2.bocatel.de/2002-1216_Filterpilot-Abschlussbericht.pdf.

*Sellman, Christian*, Co-Regulierung in concreto. K&R 2007, 196–202.

*Semken, Hartmut*, Sperren von Inhalten im Internet. In: Peter W. Heermann/Ansgar Ohly (Hrsg.), Verantwortlichkeit im Netz. Stuttgart 2003, S. 9–36.

*Sieber, Ulrich*, Grenzen des Strafrechts. ZStW 119 (2007), S. 1–68.

– Cybercrime and Jurisdiction in Germany. In: Bert-Jaap Koops/Susan Brenner (Hrsg.), Cybercrime and Jurisdiction – A Global Survey. Den Haag 2006, S. 183–210.

– Technische Grundlagen, Teil 1. In: Thomas Hoeren/Ulrich Sieber (Hrsg.), Handbuch Multimedia-Recht. München, Loseblatt, Stand: 17. Ergänzungslieferung Dezember 2006.

– Die Bekämpfung von Hass im Internet – Technische, rechtliche und strategische Grundlagen für ein Präventionskonzept. ZRP 2001, 97–103.

– Internationales Strafrecht im Internet – Das Territorialitätsprinzip der §§ 3, 9 StGB im globalen Cyberspace. NJW 1999, 2065–2073.

*Sieber, Ulrich*, Strafrechtliche Verantwortlichkeit für den Datenverkehr in internationalen Computernetzen: (1), JZ 1996, 429–442, (2), JZ 1996, 494–507.

– Informationsrecht und Recht der Informationstechnik – Die Konstituierung eines Rechtsgebietes in Gegenstand, Grundfragen und Zielen. NJW 1989, 2569–2580.

– The Threat of Cybercrime. In: Council of Europe (Hrsg.), Organized Crime in Europe. Straßburg 2005, S. 81–218.

– Verantwortlichkeit im Internet. München 1999.

*Sieber, Ulrich/Brunst, Phillip*, Cyberterrorism and other Use of the Internet for Terrorist Purposes – Threat Analysis and Evaluation of International Conventions. In: Council of Europe (ed.), Cyberterrorism and the Use of the Internet for Terrorist Purposes. Straßburg 2007, S. 10–105.

*Sieber, Ulrich/Höfinger, Frank Michael*, Allgemeine Grundsätze der Haftung, Teil 18.1. In: Thomas Hoeren/Ulrich Sieber (Hrsg.), Handbuch Multimedia-Recht. München, Loseblatt, Stand: 18. Ergänzungslieferung Oktober 2007.

*Sieber, Ulrich/Liesching, Marc*, Die Verantwortlichkeit der Suchmaschinenbetreiber nach dem Telemediengesetz. MMR-Beilage 8/2007, S. 1–30.

*Spindler, Gerald*, Das neue Telemediengesetz – Konvergenz in sachten Schritten. CR 2007, 239–245.

*Spindler, Gerald* (Hrsg.), Vertragsrecht der Internet-Provider. Köln 2004.

– Das Gesetz zum elektronischen Geschäftsverkehr – Verantwortlichkeit der Diensteanbieter und Herkunftslandprinzip. NJW 2002, 921–927.

– Anm. zu OLG Hamburg, 4.11.1999, 3 U 274/98 (Störerhaftung bei Glücksspielen). MMR 2000, 279–280.

– E-Commerce in Europa. MMR-Beilage 7/2000, 4–21.

*Spindler, Gerald/Schmitz, Peter/Geis, Ivo*, Teledienstegesetz. München 2004 (zitiert: *Bearbeiter* in Spindler/Schmitz/Geis, TDG).

*Spindler, Gerald/Volkmann, Christian*, Anm. zu OVG Münster, 19.3.2003, 8 B 2567/02 (Sperrungsverfügung). MMR 2003, 353–355.

– Die öffentlich-rechtliche Störungshaftung der Access-Provider. K&R 2002, 398–409.

*Stadler, Thomas*, Proaktive Überwachungspflichten der Betreiber von Diskussionsforen im Internet. K&R 2006, 253–257.

– Haftung für Informationen im Internet. 2. Aufl. Berlin 2005.

– Anm. zu VG Düsseldorf, 19.12.2002, 15 L 4148/02 (Sperrungsverfügung gegen Access-Provider) MMR 2003, 205–211.

– Der Widerspruchsbescheid zur Düsseldorfer Sperrungsverfügung, 2002, www.artikel5.de/artikel/widerspruchTS.html.

– Sperrungsverfügungen gegen Access-Provider. MMR 2002, 343–347.

*Stegbauer, Andreas*, Der Straftatbestand gegen die Auschwitzleugnung – eine Zwischenbilanz. NStZ 2000, 281–286.

*Stegers, Fiete*, Interview mit Jugendschützer Schindler, „Viele verhalten sich noch unsicher", http://www.tagesschau.de/aktuell/meldungen/0,1185,OID6378876,00.html.

*Stelkens, Paul/Bonk, Heinz J./Sachs, Michael*, Verwaltungsverfahrensgesetz. 6. Aufl. München 2001 (zitiert: *Bearbeiter* in Stelkens/Bonk/Sachs).

*Stober, Rolf*, Handbuch des Wirtschaftsverwaltungs- und Umweltrechts. Stuttgart u.a. 1989.

*Stöcker, Christian*, Minister will Internet-Zensur einführen, http://www.spiegel.de/netzwelt/web/0,1518,493636,00.html.

*Storr, Stefan*, Voraussetzungen und Reichweite von Sperrverfügungen. In: Peter W. Heermann/Ansgar Ohly (Hrsg.), Verantwortlichkeit im Netz. Stuttgart 2003, S. 103–123.

*Sulzbacher, Klaus*, Bedauerliche Gesetzeslücke, Anmerkung zum Beschluss des BGH vom 2. Februar 2006, Az.: 4 StR 570/05. JMS-Report 4/2006, 8–9.

*Tauss, Jörg*, Jugendmedienschutz-Staatsvertrag: Verfassungsrechtlich bedenklich, http://www.tauss.de/presse/pressearchiv/presse_2002/20020821_jugendmedienschutzstaatsvertrag/.

*Thornburgh, Dick/Lin, Herbert S.*, Youth, Pornography, and the Internet. Washington 2002.

*Timofeeva, Yulia*, Censorship in Cyberspace. Baden-Baden 2006.

*Tröndle, Herbert/Fischer, Thomas*, Strafgesetzbuch und Nebengesetze. 54. Aufl. München 2007 sowie 52. Aufl. München 2004.

*Umbach, Dieter C./Clemens, Thomas* (Hrsg.), GG, Band I. Heidelberg 2002 (zitiert: *Bearbeiter* in Umbach/Clemens, GG).

*Vassilaki, Irini*, Anm. zu OVG NRW, 19.3.2003, 8 B 2567/02. CR 2003, 361–368.

– Anm. zu BGH, 12.12.2000, 1 StR 184/00. CR 2001, 262–265.

*Vielhaber, Sabine*, Neuer Schutz vor neuen Gefahren? – Jugendschutz im Internet. MMR-Beilage 9/2001, 16–19.

*Villeneuve, Nart*, The filtering matrix: Integrated mechanisms of information control and the demarcation of borders in cyberspace, First Monday 11/2006, http://firstmonday.org/issues/issue11_1/villeneuve/.

*Violka, Karsten*, Schweden will ThePirateBay sperren, http://www.heise.de/newsticker/meldung/92377.

Vodafone, Pressemitteilung vom 26.9.2005, Mobilfunkanbieter engagieren sich für den Jugendschutz, http://www.vodafone.de/unternehmen/presse/97964_76311.html.

*Volkmann, Christian*, Anm. zu VG Düsseldorf, 10.5.2005, 27 K 5968/02 (Sperrungsverfügung gegen Access-Provider). CR 2005, 885–894.

– Der Störer im Internet. München 2005.

*Waechter, Kay*, Bereitstellungspflicht für Fernmeldeanlagenbetreiber. Verwaltungsarchiv 1996, 68–96.

*Wallraff, Georg*, Jugendschutz im Spannungsfeld zwischen Selbstregulierung der Medien und staatlicher Medienkontrolle. AfP 2004, 42–44.

*Weber, Ulrich*, Die Vorverlegung des Strafrechtsschutzes durch Gefährdungs- und Unternehmensdelikte. In: Hans-Heinrich Jescheck (Hrsg.), Die Vorverlegung des Strafrechtsschutzes durch Gefährdungs- und Unternehmensdelikte. Berlin 1987, S. 1–36.

*Weichert, Thilo*, Der Schutz vor schädlichen informationstechnisch gespeicherten Daten. RDV 2007, 54–58.

*Weimann, Gabriel*, Terror on the Internet. Washington D.C. 2006.

*Weiner, Christian/Schmelz, Christoph*, Die elektronische Presse und andere neue Kommunikationsformen im neuen rechtlichen Regulierungsrahmen. K&R 2006, 453–460.

*Wellkamp, Ludger*, Inhaltsbeschränkung im Internet – Beschränkungsbedarf und Beschränkungsmöglickeiten. RDV 2000, 255–263.

*Whitt, Richard*, A Horizontal Leap Forward: Formulating a New Communications Public Privacy Framework Based on the Network Layers Model. Federal Communications Law Journal Vol. 56, 2004, 587–672.

Wikipedia-Artikel: Das Gesicht Mohammeds, http://de.wikipedia.org/wiki/Das_Gesicht_Mohammeds.

– Geschichte der Zensur, http://de.wikipedia.org/wiki/Geschichte_der_Zensur.

Wikipedia-Projektseite: AOL-Sperre, http://de.wikipedia.org/wiki/Wikipedia:AOL-Sperre.

*Wilkens, Andreas*, Baden-Württembergs Innenminister lässt Musikvideo sperren, http://www.heise.de/newsticker/meldung/91741.

– Bwin (Betandwin) will Verbot mit Hilfe des Internets unterlaufen, http://www.heise.de/newsticker/meldung/76655.

– Oberstes US-Gericht will sich nicht mit Rechtsstreit um Nazi-Auktionsseiten befassen, http://www.heise.de/newsticker/meldung/73693.

– Registrar muss Domain im DNS sperren, http://www.heise.de/newsticker/meldung/34462.

– Verfassungsschutz: Rechtsextreme bauen ihre Online-Präsenz weiter aus, http://www.heise.de/newsticker/meldung/59615.

– Yahoo unterliegt im Rechtsstreit um Auktionsseiten mit Nazi-Andenken, http://www.heise.de/newsticker/meldung/68314.

*Wolak, Janis/Mitchell, Kimberly/Finkelhor, David*, Online Victimization of Youth: Five Years Later, http://www.missingkids.com/en_US/publications/NC167.pdf.

*Wuttke, Alexander*, Polizeirecht und Zitiergebot. Hamburg 2004.

*Zettel, Claudia*, Internetzensur erlebt Hochblüte, www.pressetext.at/pte.mc?pte=070316004.

*Zimmermann, Andreas*, Polizeiliche Gefahrenabwehr und das Internet. NJW 1999, 3145–3152.

*Zittrain, Jonathan/Edelman, Benjamin*, Localized Google search result exclusions, http://cyber.law.harvard.edu/filtering/google.

– Empirical Analysis of Internet Filtering in China, http://cyber.law.harvard.edu/filtering/china/.

# Schriftenreihe des Max-Planck-Instituts für ausländisches und internationales Strafrecht

Die zentralen Veröffentlichungen des Max-Planck-Instituts für ausländisches und internationales Strafrecht werden in Zusammenarbeit mit dem Verlag Duncker & Humblot in den folgenden vier Unterreihen der „Schriftenreihe des Max-Planck-Instituts für ausländisches und internationales Strafrecht" vertrieben:

- „Strafrechtliche Forschungsberichte",
- „Kriminologische Forschungsberichte",
- „Interdisziplinäre Forschungen aus Strafrecht und Kriminologie" sowie
- „Sammlung ausländischer Strafgesetzbücher in deutscher Übersetzung".

Diese Publikationen können direkt über das Max-Planck-Institut unter <www.mpicc.de> oder über den Verlag Duncker & Humblot unter <www.duncker-humblot.de> erworben werden.

Darüber hinaus erscheinen im Hausverlag des Max-Planck-Instituts in der Unterreihe „research in brief" zusammenfassende Kurzbeschreibungen von Forschungsergebnissen und in der Unterreihe „Arbeitsberichte" Veröffentlichungen vorläufiger Forschungsergebnisse. Diese Veröffentlichungen können über das Max-Planck-Institut bezogen werden.

Detaillierte Informationen zu den einzelnen Publikationen des Max-Planck-Instituts für ausländisches und internationales Strafrecht sind unter <www.mpicc.de> abrufbar.

The main research activities of the Max Planck Institute for Foreign and International Criminal Law are published in the following four subseries of the "Schriftenreihe des Max-Planck-Instituts für ausländisches und internationales Strafrecht" (Research Series of the Max Planck Institute for Foreign and International Criminal Law), which are distributed in cooperation with the publisher Duncker & Humblot:

- "Strafrechtliche Forschungsberichte" (Reports on Research in Criminal Law),
- "Kriminologische Forschungsberichte" (Reports on Research in Criminology),
- "Interdisziplinäre Forschungen aus Strafrecht und Kriminologie" (Reports on Interdisciplinary Research in Criminal Law and Criminology), and
- "Sammlung ausländischer Strafgesetzbücher in deutscher Übersetzung" (Collection of Foreign Criminal Laws in German Translation).

These publications can be ordered from the Max Planck Institute at <www.mpicc.de> or from Duncker & Humblot at <www.duncker-humblot.de>.

Two additional subseries are published directly by the Max Planck Institute for Foreign and International Criminal Law: "research in brief" contains short reports on results of research activities, and "Arbeitsberichte" (working materials) present preliminary results of research projects. These publications are available at the Max Planck Institute.

Detailed information on all publications of the Max Planck Institute for Foreign and International Criminal Law can be found at <www.mpicc.de>.

Max-Planck-Institut für ausländisches
und internationales Strafrecht

Auswahl aus dem strafrechtlichen und dem interdisziplinären Veröffentlichungsprogramm:

S 106 *Clivia von Dewitz*
**NS-Gedankengut und Strafrecht**
Die §§ 86, 86a StGB und § 130 StGB zwischen der Abwehr neonazistischer Gefahren und symbolischem Strafrecht
2006 • 310 Seiten • ISBN 978-3-86113-872-3 € 31,00

S 107 *Helmut Kreicker*
**Völkerrechtliche Exemtionen**
Grundlagen und Grenzen völkerrechtlicher Immunitäten und ihre Wirkungen im Strafrecht
2007 • 2 Bände • 1538 Seiten • ISBN 978-3-86113-868-6 € 99,00

S 108 *Konstanze Jarvers*
**Massen- und Kleinkriminalität vor dem italienischen Friedensrichter**
Neue Wege durch alternative Erledigungsmöglichkeiten und Sanktionsformen
2007 • 308 Seiten • ISBN 978-3-86113-866-2 € 31,00

S 109 *Johanna Rinceanu*
**Völkerstrafrecht in Rumänien**
2008 • 284 Seiten • ISBN 978-3-86113-864-8 € 31,00

S 110 *Peggy Pfützner*
**Organisierte Kriminalität im französischen Strafverfahren**
Zur Einführung eines besonderen Strafverfahrens durch die Loi Perben II
2008 • 302 Seiten • ISBN 978-3-86113-863-1 € 31,00

S 111 *Silvia Tellenbach* (Hrsg.)
**Die Rolle der Ehre im Strafrecht**
2007 • 813 Seiten • ISBN 978-3-86113-862-4 € 55,00

S 112 *Richard Vogler/Barbara Huber* (eds.)
**Criminal Procedure in Europe**
2008 • 656 Seiten • ISBN 978-3-86113-865-5 € 52,00

I 14 *Ulrich Sieber/Hans-Jörg Albrecht* (Hrsg.)
**Strafrecht und Kriminologie unter einem Dach**
Kolloquium zum 90. Geburtstag von Professor Dr. Dr. h.c. mult. Hans-Heinrich Jescheck
2006 • 214 Seiten • ISBN 978-3-86113-874-7 € 25,00

Auswahl aus dem kriminologischen Veröffentlichungsprogramm:

K 129 *Annette Louise Herz*
**Menschenhandel**
Eine empirische Untersuchung zur Strafverfolgungspraxis
2005 • 404 Seiten • ISBN 978-3-86113-074-1 € 35,00

K 130 *Carsten Schäfer/Letizia Paoli*
**Drogenkonsum und Strafverfolgungspraxis**
Eine Untersuchung zur Rechtswirklichkeit der Anwendung des § 31 a BtMG und anderer Opportunitätsvorschriften auf Drogenkonsumentendelikte
2006 • 460 Seiten • ISBN 978-3-86113-075-8 € 35,00

K 132 *Gunda Wößner*
**Typisierung von Sexualstraftätern**
Ein empirisches Modell zur Generierung typenspezifischer Behandlungsansätze
2006 • 280 Seiten • ISBN 978-3-86113-079-6 € 31,00

K 133 *Maria Kafatou-Haeusermann*
**The Media-Crime Nexus Revisited: On the Re-Construction of Crime and Law-and-Order in Crime-Appeal Programming**
2007 • 536 Seiten • ISBN 978-3-86113-082-6 € 35,00

K 134 *Gundula Schäfer-Vogel*
**Gewalttätige Jugendkulturen – Symptom der Erosion kommunikativer Strukturen**
2007 • 591 Seiten • ISBN 978-3-86113-083-3 € 35,00

K 135 *Stefanie Tränkle*
**Im Schatten des Strafrechts**
2007 • 392 Seiten • ISBN 978-3-86113-084-0 € 35,00

K 136 *Tim Lukas (ed.)*
**Crime Prevention in High-Rise Housing**
Lessons from the Crime Prevention Carousel
2007 • 132 Seiten • ISBN 978-3-86113-085-7 € 31,00

K 137 *Evelyn Shea*
**Why work?**
A Study of Prison Labour in England, France and Germany
2007 • 195 Seiten • ISBN 978-3-86113-086-4 € 31,00